# 审判新视野

（第二辑）

主编 徐清宇

法律出版社
LAW PRESS · CHINA

**副 主 编** 马生安
**执行编辑** 刘仁海 唐雨虹 周永军

# 目　录

序 …………………………………………………………………… 公丕祥( 1 )

## 学理争鸣

当今我国司法权威的缺失反省及重塑思考 ……… 徐清宇　周永军( 3 )
论我国司法救助制度的改革与发展 ………………………… 马生安( 18 )
为了纠纷的全面彻底化解
——对“分别起诉”强制合并的理论与实践 ……………… 刘仁海( 29 )
驾驭和规范:论对不当关联诉讼的规制 ……………………… 唐雨虹( 41 )
审判管理　路在何方
——以审判权为中心的中国特色审判管理机制之构建 … 许建兵( 53 )
困境与出路:论法官裁判中的压力因素 ……………………… 许雪峰( 64 )
我国法官在个案刑法适用中的角色困境研究 ……………… 林　毅( 76 )
民间劳务习惯及其适用分析
——以苏北地区农村工匠包工建房为例证 ………………… 王如平( 89 )
民间习俗导入司法的理性思考
——以“自生自发秩序”理论为源流 ………………………… 徐俊华(100)

## 实务探讨

《物权法》抵押权新设规则实务问题研究 …………………… 吴　敦(115)
“一房多卖”民事纠纷裁判规则研究 ……………… 黄旭东　郑　治(125)
对驰名商标司法认定“异化”现象的思考

——以虚构商标侵权诉讼为视角 …………………………… 贾　娟(135)
从仲裁与诉讼的程序冲突看劳动争议案件的处理 ………… 朱文峰(146)
单务合同中的利益衡平
——试论保证人利益的合理保障 ………………………… 杨　奇(158)
浅析劳务派遣关系中的雇主责任
——兼评派遣职员在被派遣岗位上造成他人损害责任之承担
…………………………………………………………………… 陈菁华(170)
城市房屋拆迁程序中的利益衡平研究 ……………………… 夏　慧(176)
完善我国股东派生诉讼制度的若干思考 …………………… 朱立龙(188)
被执行人财产申报制度的解读与运用 ………… 杨劲松　潘俊凡(196)
民事审判适用实体法错误之辨析 …………………………… 郑　刚(203)

## 制度构建

我国公司非破产清算制度研究 ……………………………… 宋长琴(217)
试论基层法院司法职权的优化配置 ………… 黄德海　韩立勇(230)
完善我国多元化纠纷解决机制之探讨 ……………………… 周　宏(240)
错案责任追究中权力运行的制约
——以某基层法院一年发改案件为背景 ………………… 刘长力(252)
庭前审查与起诉书一本主义
——刑事一审庭前程序和起诉方式的完善 ……………… 于　浩(260)
司法信用的缺失与补救
——基于案件质量综合评估工作实践 …………………… 王立新(271)
现代法治下构建刑事调解程序之思考
——以基层法院审理刑事附带民事诉讼案件为视角 …… 朱艳萍(284)
司法资源困境下立案调解机制探析
——立、调、结"三合一"纠纷解决模式 ………………… 王元元(296)
徘徊在理论与实践之间
——论我国刑事被害人国家补偿制度的建构 …………… 苏　颢(304)

## 司法调研

法官撰写裁判文书能力问题研究
——基于对盐城法院裁判文书撰写情况的调查
…………………………………………… 盐城市中级人民法院课题组(317)

# 序

我很高兴看到凝聚盐城法院广大法官心血和智慧的《审判新视野》付梓出版,这是全省法院系统司法调研领域的又一成果,也是司法实践部门对法学研究的新的贡献。

近年来,盐城市两级法院坚持“公正司法,一心为民”指导方针和“公正与效率”工作主题,紧紧围绕全市工作大局,充分发挥审判职能作用,审判管理、行政审判、人民法庭、业绩考核等诸项工作都取得了显著的成绩,形成了盐城法院工作的特色,为依法保障和服务全市经济社会又好又快发展作出了应有的贡献。当前,盐城正处于全面建成小康社会的关键阶段。实现“全面奔小康、建设新盐城”的目标,需要有更加优质高效的法治环境来予以保障。因此,人民法院的司法审判工作将有更大的作为,承担起更重要的责任。

调查研究是谋事之基,成事之道。法院和法官充分发挥司法职能,履行司法职责,必须建立在一系列扎实有效的调查研究工作基础之上。在法院工作中,调研是更高层次的审判,也是衡量审判工作质量和水平的重要标准。调研工作能为我们的审判活动提供指导和依据,高水平、高质量的审判活动离不开高水平、高质量的调查研究工作。从宏观角度而言,只有做好司法调研工作,才能准确把握人民司法工作的基本矛盾、内在规律、主要特征、价值取向和功能定位,才能为建设公正高效权威的社会主义司法制度提供理论支撑和智力支持。从微观角度而言,司法裁判的过程是把“静态”的法律运用于“动态”的案件审理的过程。由于立法活动不可能准确预测复杂多变的社会生活的各个方面,既定的法律规则也难以与具体的案件情况完全“契合”,这就需要法官在审判过程中进行严肃认真的思考,准确把握案件的具体情况,正确理解法律的基本精神。

法院的司法调研属于应用法学研究的范畴,旨在阐发法的运用价值,解决法在实际运用中遇到的各种问题。因此,调研能力是司法能力的有机组成部分,调研也是培养专家型法官、提高司法队伍综合素质的重要途径。在审判实践中,我们会不断地遇到新情况、新问题,不断地触及一些新的社会关系和社会矛盾,不断地需要寻找适用法律的新途径、新方法。只有加强应用法学研究,才能加深法官对各项法律制度、司法政策的理解,从而提高处理矛盾、化解纠纷、适用法律的水平和能力,并因此而培育出一批懂法律、善思考、会研究的高素质法官,为司法审判工作提供有力的人才支持。

司法裁判是一种实践理性,需要理论与实践相结合。司法的实践性,决定了我们不能单纯地搞纯粹的理论研究,而要立足于审判实践,紧密结合审判实践开展调查研究,从实践中来,到实践中去,用调查研究的实际成果指导审判实践。司法审判是一个取之不尽、用之不竭的宝贵财富。法院系统的同志们一定要挖掘好、利用好这块资源,发挥好自身优势,多开展一些有指导意义和实践价值的探索和研究,加强审判经验总结,不断地提高司法工作水平。

从另一方面来说,法官办案不是机械地“套用公式”的过程,而是在认识的基础上进行思绪整合、思维创新、思辨推理的过程,是从感性认识上升到理性认识的过程。在办理具体案件时,法官要对事实认定、证据分析、法律适用、程序运作等进行深入细致的研究。这个过程融入了法官的智慧,凝结着法官的经验,是很有价值的知识积累与释放的过程,值得我们用文字的形式记载下来、反映出来。

盐城既是红色之都,又是文化名城。历史上盐城地区就人文荟萃,文人辈出，文化底蕴浓厚。东汉"建安七子"之一陈琳、南宋时期左丞相陆秀夫、北宋宰相范仲淹、《水浒》作者施耐庵、《三国演义》作者罗贯中以及当代被誉为"党内第一笔"的胡乔木和杰出外交家乔冠华等都在此留下足迹。长期以来，盐城法院的广大法官继承悠久的文化传统，积极撰写调研文章，取得了丰硕的成果，多人多次在全国法院系统的学术讨论会中获奖。本书汇集了盐城广大法官新近撰写的调研文章，许多文章都触及了司法审判前沿中的热点和难点问题，兼具思想性、理论性和实务性。尽管本书中有的观点或许还考虑欠周，但它却能促成法官们更加勤于学习、勤于思考、勤于研究，这对司法审判工作来说不失为一个有益的推动。

一分耕耘，一分收获。我衷心希望盐城法院广大法官在应用法学研究的天空里展翅翱翔，在司法调研的园地里采撷更多的果实。

是为序。

公丕祥

二〇〇八年三月

# 学理争鸣

# 当今我国司法*权威的缺失反省及重塑思考

徐清宇　周永军

［内容提要］　司法权威是现代法治国家的重要标志。权威是司法的天然品质，一国的司法权威状况是该国法治现代化程度的“晴雨表”。由于历史文化、内部系统及外部环境等多种原因，我国当前的司法权威存在与应然意义相脱节的缺失现象。遵循权威的基本属性，努力实现司法权威的外在强制与内心服从的有机统一，方能构建合乎理性的司法权威。

［关键词］　权威缺失　司法制度　司法权威

权威是依赖、尊重、顺从的逻辑起点。一套社会公共系统如果缺失权威，那么它就难以引起公众的普遍服从，难以有效承担公共管理的责任。司法权作为一种解决矛盾纠纷的公力救济手段，是国家公权力的重要组成部分，必须依赖一定的权威来支撑，失却权威就意味着权力性能的丧失。而且司法调节社会关系作用的发挥与其权威之间有着显明的正向比例关系，权威越高则作用越大，权威越弱则作用越小。司法形成权威也是社会实现法律治理的重要标志，“司法权威的实现程度也是衡量一个国家司法现代化程度的重要标尺……司法是否具有权威在相当大程度上表征了司法现代化

---

* 根据对司法机关的不同理解，形成了小司法、中司法和大司法三种解释。其中小司法严格将司法机关限定为法院；中司法将司法机关扩大到检察机关；而大司法是以解决纠纷的动态过程来考察司法，将司法看作为以审判为核心，内容确定、层次分明的开放性系统。参见周世中：《法的合理性研究》，山东人民出版社 2004 年版，第 381 页。本文所探讨的司法及司法权威则立足于法院这个小司法概念，因为审判是司法的核心，只要把这个核心问题解决好了，其他问题就会迎刃而解。

的水平和状况”。[1] 欠缺司法权威的社会很难说是真正意义上的现代法治社会。然而令人担忧的是，当今我国司法正面临着不可忽视的权信危机，司法不被信任、司法权威不受尊敬的现象实为普遍，不仅给司法现代化带来了前所未有的挑战，而且也成为构建社会主义法治国家的深层次障碍。

## 一、应然含义：司法权威是司法的天然品质

司法制度是一个包括司法主体、司法客体、司法内容、司法环境等诸多要素的综合系统，而司法权威多反映的是司法与外界的关系、司法在社会中的地位、司法的实然状态等环境性问题，因此也是司法制度的有机组成部分。可以说，“司法权威是司法的本质属性之一”，[2]是常态司法的天然品质。

1. 从权威与权力的关系角度分析，司法权威是司法权力性的必要保证。顾名思义，权威是“权力＋威信”的结合体，两者相辅相成、相得益彰，权力可以生成威信，威信可以增强权力。可见，权威是权力的衍生物，权威以权力为基础，而添加了威信成分的权威可以强化权力的“权”属性，是将应然意义上的权力变成实然意义上的权力的必要保证。司法权是宪法和法律赋予司法机关的纠纷解决权，本质上属于公共权力，它也需要一定的权威来维系其权力属性。假若司法缺乏权威，司法固有的权力只能是得不到社会认同的自娱自乐型权力，不会对社会产生多大的实际效用，也就没有实然意义上的存在价值。而高度的司法权威可以带来广泛的公众认同，司法权会因人们的认可、接受而发挥实质性的权力效用，起到公共权力具有的管理与支配作用。

2. 从权威与信仰的关系角度分析，司法权威是司法公信力的必要保证。判断一个国家是不是成熟的法治国家可以有多种标准，然而，法治能否赢得社会公众足够的信任和信赖，应当是一个不可或缺的标准。[3] 美国法学家伯尔曼在其《法律与宗教》一书中强调：“法律必须被信仰，否则它将形同虚设。”这些原理落实到司法活动中，就要求司法必须具有良好的公信力，获得公众普遍的信任、信服和信赖。信仰意味着不容置疑的内心确信，虽是人

① 刘旺洪为季金华著《司法权威论》一书所作的序，山东人民出版社2004年版，序第8页。
② 李修源：《司法公正理念及其现代化》，人民法院出版社2002年版，第328页。
③ 郑成良：“法治公信力与司法公信力”，载《法学研究》2007年第4期，第155页。

们内心对某事物的定位、评判、追求活动,但这些内心活动是外在情况的内在反映,显然与事物外在的权威状况有着密切联系。因为权威代表着一种无可亵渎的力量和不容辩驳的能力,代表着公共管理和解决问题的基本保障,它可以作为一颗“定心丸”而促成人们信赖这种权威的力量。相反,如果某一权力缺乏权威性,言而无威、言而无力,最终只能导致言而无信,当然无法获取人们的信仰。在司法活动中,如果司法没有权威可言,其解决纠纷的正当性、有效性都会受到人们的合理怀疑,对司法的信仰也就无从谈起。所以,司法要被信仰、要有公信力,必须以司法的权威作为保障。

3. 从权威与秩序的关系角度分析,司法权威是司法秩序性的必要保证。秩序是司法的第一功能,古有定分止争的司法功能之说,今有秩序之法律基本价值之谓。① 规范和引导是法律的基本功能,它们的基本目标是趋向法律秩序。而秩序离不开制度的权威性,权威的制度可以形成人们的自觉认同与自愿遵守,从而在管理者与被管理者之间建立起有序的管理秩序。缺乏了权威的保证,人们不会自觉接受制度的管理,不会按照制度确定的秩序实施行为,每个人的我行我素必然导致整体的杂乱无章。司法活动的秩序性不仅体现在通过法院的裁判活动恢复、矫正被纠纷破坏了的社会秩序,而且也体现在法院裁判过程自身的有序性。司法活动程式性很强,有一套严谨规范的程序安排,只有把诉讼参与人在处理纠纷过程中的各项行为都纳入既定的程序之内,依照法定程序行使权利、履行义务,诉讼活动才会井井有条、井然有序。也只有当司法有了权威,当事人才会认可法院裁判这种方式的正当性以及通过这种方式获得的结果,才会自觉遵守裁判的规则并按规则“出牌”,以法律规定的和法官预期的程序和方式行事。相反,如果因失却司法权威而引发司法失信,当事人很可能对在这种程序安排下产生的结果根本不抱希望或拒绝服从,在诉讼中行为无常也就不难想象,秩序就会远离司法。

4. 从权威与服从的关系角度分析,司法权威是司法执行力的必要保证。公共权威的核心内容就在于服从,权威的实现最终必然建立在客体对权威

---

① 汪习根:“在冲突与和谐之间——对司法权本性的追问”,载中国人民大学复印报刊资料:《法理学、法史学》2005 年第 12 期,第 10 页。

主体意志服从的基础上。[①] 人们对司法的服从状况体现着司法的权威程度。在司法活动中,绝大多数当事人进行诉讼的最终目的不是乞求一纸裁判文书,而是为了真正实现自己的实体权益,说白了就是将纸上的东西变为现实的利益,而这有赖于法院裁判文书的实际执行力。裁判文书的兑现固然要依靠法律赋予法院的强制执行权,但也离不开当事人的主观意志。司法实践的经验告诉我们,如果义务人不主动配合法院执行,执行的难度将会明显增大,执行效果也将明显降低。而当事人的主观意志取决于其内心服从程度,如果司法有了权威和公信,当事人充分信任了法官,无论输赢都能够心悦诚服地认可、接受裁判的结果,则无疑会提高裁判的自动履行率。相反,如果司法没有权威,当事人从心底就不认同裁判结果的正当性,不觉得履行法院裁判文书是件有意义的事,甚至产生抗拒执行反而是追求正义的快感,则会大大影响司法的执行力。

## 二、实然状态:当今司法权威的缺失及其原因

理性呼唤司法的权威,但实际情形却不容乐观。当今我国司法权威还存在令人堪忧的缺失现象,与应然意义上的司法权威需要达到的程度还有不小的差距,这已成为司法发展的致命性危害。

### (一)司法权威缺失的表现

1. 司法理念缺乏权威。理念是事物的最高信念和终极目标,也是其本质特征和内在规律的集中体现。任何事物都应有量体裁衣的理念,否则就会形神俱散。司法活动同样如此,需要权威的、公信的理念来支撑和指导,"没有正确的解决纠纷的理念,再好的制度和程序规范在司法实践中也会被扭曲"。[②] 司法裁判作为一项处理纷争的专业性活动,在任何时候、任何地方都有其本质相通的共性内核,有着普遍适用和遵循的规律和特征,不因时空和环境的不同而出现差异。只有依照这样的理念实施司法活动,才是合乎原理、遵循规律的活动。长期以来,我国的司法审判仅被当做一项普通的活动而已,起初并无明确的理念意识,20 世纪末期开始尝试研究司法的

---

① 于洪生:"论公共权威认同的机理——一种透视权威现象的新视角",载《理论探讨》2006 年第 2 期,第 103 页。

② 公丕祥主编:《纠纷的有效解决——和谐社会视野下的思考》,人民法院出版社 2007 年版,第 63 页。

理念，但仍缺乏深度的思考，要么盲目提倡西方现代司法理念，要么一味坚守本土特色司法理念，司法理念始终处于流变、飘移的状态。一些所谓的理念仅是口号式的标语而已，理论界和实务界对司法的理念也各执己见、争论颇多，导致司法理念的内涵、要素、内容、特征等都没有形成一个统一的、权威的、符合自身规律的体系，司法工作仍然欠缺一个独有的、高度集中的核心价值理念。

2. 司法主体缺乏权威。好的制度需要有好的主体去执行，否则，制度的执行就会大打折扣。法官是司法裁判的主体，是司法权力的具体操作者、执行者、代表者，其权威状况在很大程度上影响着人们对司法权威的评判结论。在西方法治发达的国家，法官往往德高望重、令人敬仰，人们对法官奉若至尊。如在英国民众的眼里，法官是有修养的伟人，甚至具有慈父般的威严。[①] 在美国，在最可敬重的十种人中，法官排在第一位。[②] 在日本，京都大学历年来的社会调查表明，法官是社会公信度最高的群体。[③] 但在我国，法官一直被作为普通的公职人员，并无超然的权威形象，法官的地位谈不上受人敬仰，反而备受责难，社会评价偏低。据一项调查反映，1/3 的诉讼当事人、律师和法律工作者对法官职业形象的评价为一般，17.13% 的人还作了负面评价。[④]《中国新闻周刊》2001 年曾以"中国法官遭遇'公众信任危机'"为题报道了一项社会调查，法官在律师、检察官、警察、法官 4 个法律职业中最不受欢迎，其欣赏率仅为 8.7%，在对 5673 位城市居民的随机访问中，竟然有 40.7% 的人给予法官高度消极的评价。[⑤] 可以肯定地说，我国法官的权威度与法治发达国家存在着鸿沟式的差距，它直接影响着司法的权威和形象。

3. 司法品格缺乏权威。作为独立运行的权力系统，司法权应当由司法机关按照自己的意志、依据自己的规则独立自由地行使，这是司法的应然品质和内在逻辑。如果司法权失却独立自由的品格，依附于其他权力而存在，

---

① [美]约翰·亨利·梅利曼：《大陆法系》，顾培东等译。转引自贺绍奇："英国法官制度"，载唐明毅、单文华主编：《英美法评论》，法律出版社 2003 年版，第 262 页。

② 陈桂明：《程序理念与程序规则》，中国法制出版社 1999 年版，第 39 页。

③ 贺卫方：《司法的理念与制度》，中国政法大学出版社 1998 年版，第 137 页。

④ 四川省高级人民法院课题组："人民法院司法公信力调查报告"，载《法律适用》2007 年第 4 期，第 38 页。

⑤ 《中国新闻周刊》2001 年第 44 期。

甚至对它们唯唯诺诺、唯命是从,那么司法权就难以享有充分的自治权力,在失去身份、失去尊严、失去力量的同时也就失去权威。但目前我国司法机关的独立性形象未能牢固确立,人们并不充分相信法院能够完全摆脱各方干扰独立地行使裁判权力。当事人和社会公众对法院居中裁判、公平裁判的信心不足,导致"案子一进门,两头都找人"的尴尬局面,司法权易受干扰反而成了许多人的定势思维。据调查反映,20%以上社会公众认为老百姓与政府"打官司"基本不能赢;法院"执行不能"也被认为一半以上是因"地方保护主义和行政压力"造成的;高达61.11%的诉讼当事人、69.78%的国家机关工作人员和58.54%的法院工作人员认为,"各种干预"是影响司法公正的主要因素;超过30%的社会公众和国家机关工作人员认为,政府与法院就是领导与被领导的关系。① 这些数据足以说明我国司法的独立品格尚未确立。特别是司法的行政化趋势更严重削弱司法的权威性,"司法与行政之间的界限渐趋模糊,虽然仍还被冠以'司法'的名义,但司法显然已经'权威'不足而'威权'有余了。"②

4. 司法产品缺乏权威。司法代表国家对案件进行处理,最终形成体现司法机关意志乃至国家意志的裁判文书,这是司法机关向社会交出的产品。而司法机关是专门性的纠纷解决机构,裁判文书应具有命令的绝对效力,理应受到人们的尊重和遵守,任何人都不得挑战和损贬裁判文书的权威。但在实践中,因当事人的误解、抵触,或因裁判本身有失公允,或因裁判没有充分说理,或因裁判文书存在制作上的瑕疵和问题,有些裁判文书尚未对当事人和公众的心理形成强制约束力,拒绝受领裁判文书、漠然置之甚至抵抗裁判文书确定的义务的现象屡有发生,社会公众也往往对裁判文书作出不恰当、不适宜的负面评价,这些都使得司法产品威严扫地。而裁判文书的实际执行力低弱,又给人以"空头支票"的感觉,反过来又加剧了裁判文书权威缺失程度。

5. 司法机制缺乏权威。司法机制的权威是司法权威的外在表现。当前我国司法运行机制应有的权威也存在明显的不足,集中表现在人们对司法机制的信任度不够,不愿接纳和服从司法程序的管理,超出"游戏规则"的

---

① 四川省高级人民法院课题组:"人民法院司法公信力调查报告",载《法律适用》2007年第4期,第39~40页。

② 谢佑平主编:《司法公正的建构》,中国检察出版社2005年版,第137页。

现象俯拾皆是。首先,司法裁判机制的威信不足。裁断和化解纠纷的机制有多种,司法裁判应是最权威、最严肃、最规范、最具强制力的机制,与仲裁、民间调解、行政协调等其他纠纷解决机制相比有着天然的优势。但在实践中,由于诉讼程序复杂、司法效率低下等原因,司法裁判并未成为普遍信赖的纠纷解决机制,诉讼在许多当事人看来并不是解决纠纷的第一理想选择,而只是其他途径走不通后的无奈之举。其次,司法程序机制的威信不足。程序正义的观念还未深入人心,人们对法院根据诉讼程序安排的诉讼活动缺乏足够的理解和信任。一些程序性规则与人们长期形成的实质正义观念存在冲突,难以取得公众认同,如证据规则在实践中出现适用困难就与此有关。无节制地、轻率地启动再审程序,使得终审不终现象越发严重。司法程序自身运行的公开性、透明度不够,导致司法程序以及通过司法程序形成的结果缺乏说服力。最后,司法职权机制的威信不足。国家既然赋予司法机关裁判纠纷的权力,那么司法机关应有终局裁判的职权,有权对进入诉讼程序的案件作出确定性的裁判意见。但是,目前当事人对司法职权的信赖程度有所下降,最为突出的是涉诉信访问题愈演愈烈。一些当事人不是通过法定的诉讼渠道寻求法律解决,而是动辄到上级机关上访,甚至以上访作为要挟,给法院施加压力。对于一些终局性裁判,当事人很容易通过上访的渠道启动再审程序,给法院工作带来很大的被动。加之确实有部分当事人通过信访渠道获得了诉讼渠道不能获得的利益,从而形成"信访不信法"的观念偏差,严重挑战着裁判的权威。

(二)司法权威缺失的原因

1. 历史文化方面,文化底蕴不足使得司法权威的形成基础不牢。司法活动的产生和发展历史悠久,各个国家在长期的法律发展与变革过程中积淀了相应的法律文化,成为司法活动的内在品质和文化基础。法律文化是人们对有关法律体系最基本最核心的看法,[①]人们所从事的每一项与法律有关的活动都是在法律文化的引导下进行的。司法的权力、地位与威信都与法律文化背景有关,西方法治发达国家的司法权威正是建立在浓厚的法文化基础之上的。而我国司法恰恰欠缺先进的法律文化传统,法治的土壤贫瘠。张中秋教授指出,现代意义上的"法治"和"法学"一样,并不是中国文化的产物,而是来源于近代西方法律文化,他并且确认传统中国未曾出现

① 张中秋:"法律文化与政治文明和社会发展",载《法学》杂志2004年第3期,第25页。

和存在过法治。[①] 中国社会曾经长期处于封建专制体制下,传统的社会文化包括法律文化根深蒂固,仍然在较长的一段时期和一定的范围内影响人们的思想和行为。中国传统的社会治理方式主要是人治,寄托贤君明主来治理国家,而不是主要依靠法律来治理社会,人们对法律的依赖性不强。法治程度的弱化导致司法终局机制缺失,很多司法范畴内的问题并不能由司法人员通过司法程序来解决,相反行政机制却有着权威性强、效率高的优势,人们往往追随行政权而冷落司法权。历史上我国就存在"告御状"传统,实际上当今的涉诉信访与此传统在文化基础上是一脉相承的。此外,司法在传统中国是不独立的,无论是在中央还是地方,它实质上只是行政职能的一部分,司法权完全消融在行政权中。[②] 在这一背景下,司法裁判的自主性较弱,人们看不到真正意义上独立的司法机关和法官,给人们的信号是解决纠纷的不是法官,而是行政长官。长此以往,人们对司法裁判的依赖感缺失,而司法裁判对行政权的依赖性却得以强化,"传统司法的特质使它不可能具有现代意义的司法权威"。[③]

2. 内部系统方面,系统供应不力使得司法权威的发育先天不良。就内部而言,司法权威必须建立在健康的司法机体之上。符合司法基本原理和规律的内生系统,不仅会公正、高效地解决纠纷,而且会增强司法系统自身的正当性和权威性。目前,我国司法系统内部存在着明显缺陷和薄弱环节,机体体征异化现象制约着司法权威的生成与发育。

首先是人的因素。法官队伍的整体素质离法官特质要求还有不小的距离。一是专业素养的欠缺。现有的法官中非法律专业出身的较多,相当一部分法官是半路出家改行而来,这样的法官队伍能否理解和把握法律的正义性、能否具有职业家的水平、能否在具体个案中作出公正裁判,难免要受公众怀疑。"外行领导内行"的现象在法院系统中还较为普遍,进一步降低了法官队伍职业能力的社会信任度。二是个人修养的欠缺。法官群体违法违纪问题时有发生,以身作则的表率形象不佳,法官腐败虽然只是极个别的少数现象,但却给法官队伍的整体声誉带来破坏性打击,动摇司法信仰和司法权威的根基。三是职业价值意识的欠缺。法律的价值需要通过法官的价

① 张中秋:《中西法律文化比较研究》,南京大学出版社 1999 年版,第 276 ~ 278 页。

② 张中秋:《中西法律文化比较研究》,南京大学出版社 1999 年版,第 287 页。

③ 刘旺洪为季金华著《司法权威论》一书所作的序,山东人民出版社 2004 年版,序第 6 页。

值修养阐发出来,“执法官员是否具有一定的法的价值修养与是否具有法的价值修养的状况,直接关系着法的价值的实现状况”。[①] 当前法官群体还缺乏整体性的共同价值意识和价值追求,“作为未经专业化训练而摇身一变为司法人员的芸芸大众,必然缺乏对社会目标和职业使命的统一认识和坚定信念”,[②]为数不少的法官仅仅把法官职业当做养家糊口的工作而已,而非崇高神圣的事业追求,导致职业同质性虚弱,这样的职业群体实难引起人们对司法的景仰。

其次是定案机制的因素。由于现实的原因,目前法院内部相当多地采取行政管理的模式,庭长对所在庭案件负责,分管院长对分管范围内的案件负责,院长对全院案件负责,院、庭长必须加强对案件的控制和管理。在这种模式下,裁判决策机制仍是行政审批制,合议庭、独任审判员有时并不能直接对案件进行裁判,需要层层汇报请示,最后由院、庭长定夺。这种“判者不审、审者不判”的现象由于透明度、公开性不够,往往难以让当事人信服。此外,上下级法院之间的审级监督未能发挥应有的作用,内部请示现象仍大量存在,既使当事人对一审法院失去信任,又使当事人对二审法院失去信心。

最后是裁判确定力的因素。裁判的权威和公信很大程度上取决于裁判的稳定性和确定力,即经过法定诉讼程序作出的终审裁判具有确定的效力,没有法定事由不被轻易推翻。但现实并非如此,出于法院自身的原因或迫于外部的压力,再审程序的启动变得轻率而又随意,一些终审的裁判经常处于不确定、不稳定的状态之中,部分再审程序的启动以及改判也非单纯出于法律考量,而是利益博弈和利益平衡的结果。它直接的危害是导致“终审不终”,浪费司法资源,在深层的意义上则损害了司法的权威和公信。

3. 外部环境方面,外部环境不佳使得司法权威的成长举步维艰。司法权威的确立有赖于司法系统与外部环境之间协调关系的构建,这是司法权威成长的外力支撑。当前,不甚和谐的司法环境成为司法权能发挥的阻力和障碍,使司法权威的形成步履艰难。

在分权体制上,司法权过于依赖行政权。公正裁判、独立裁判必须有一套良好的体制加以保障,现状是法院的人、财、物都离不开地方供给,法院的

① 卓泽渊:《法的价值论》,法律出版社 2006 年版,第 513 页。

② 谢佑平主编:《司法公正的建构》,中国检察出版社 2005 年版,第 137 页。

生存和发展很大程度上依赖于地方行政部门的支持。贺卫方教授曾评论说“法院在政府的权力结构中处于边缘化的地位”。[①] 当法院不能自给自足时,它必定不能自治,意志表达必定不能自由,司法权的附属性显而易见。在这样的体制下,公众不可能相信法院还能够完全保持中立,保证诉讼各方平等地享有诉讼权利并获得公正判决。而且我们国家的治理方式主要实行“行政最终解决”甚至“政治最终解决”,而不是“司法最终解决”的原则,[②] 由此导致司法裁判终结性缺乏彻底性,失去应有的权威。

在职业保障上,基本保障还未充分到位。司法职业保障影响着法官是否能够正当地履行司法职权,与权威的实现不无关系。目前,我国法官行使职权的职业保障很不充分,法官不能完全解除后顾之忧,行使职权时难免有所顾虑,很难保证裁判案件时心无杂念。比如法官身份保障不稳定,法官有随时被剥夺职务或被调离的可能,他(她)就难免要听从他人;再比如法官薪金待遇不高,总体收入水平与所付出的劳动并不相称,在各种诱惑面前就难以保证每个法官都能做到心如止水,等等。

在司法监督上,承受方方面面多重压力。司法权虽然名义上属于纠纷裁判权,但社会显然并不放心让司法独掌大权,各种社会力量纷纷打着监督的大旗,堂而皇之地“关心”、“关注”乃至插手、干预法院的案件。所谓的“专家意见”、“媒体炒作”等或多或少影响着法院和法官对案件的独立裁判。除了宪法规定的人大监督、检察监督等有权监督之外,其他一些强力部门也对监督司法乐此不疲,泰然自若地对案件审理作出批示、指令乃至指责和批评。而且外部监督绝大多数是对具体个案的监督,有的甚至是以监督之名行定案之实,先声夺人地对案件下结论,干扰着司法机关独立裁判的自由意志。多头监督、无序监督的后果是司法权被层层束缚起来,自由意志难以发挥,权威品质备受侵蚀。

在司法评价上,违背司法规律的现象时有出现。评价裁判是否公正,评价者心中各有一套标准,立场不同,结论当然不一。公众往往以客观公正的标准进行评价,但司法裁判有其自身的运行规律,裁判思维和评判标准与日常生活有一定的差异,所以,以日常经验对司法所作的评价往往并不合理。由于社会评价司法活动有着结论多重性、标准模糊性、价值情感性和取向从

① 贺卫方:《司法的理念与制度》,中国政法大学出版社 1998 年版,第 245 页。

② 翁晓斌:“追求司法改革理想目标的现实思路”,载《法学》2001 年第 2 期,第 9 页。

众性等特征，有时一项符合司法公正标准的具体司法活动，却可能被社会评价为不公正。[①] 尽管对司法活动的各种社会评价未必科学、准确，但由于评价者具有某些地位上、身份上、时间上、工具上的优势，可能会有较强的社会影响力，从而损害司法裁判的力量。

**三、解题之道：重塑司法权威的对策建议**

按照目前学界通说，权威是一种被正当化了的权力，能够引起人们的自愿服从，而不仅仅甚至主要不是以强制手段引起的服从。[②] 没有强制的服从，仅是宗教而已；没有服从的强制，仅是暴力而已。在重塑司法权威的过程中，必须尊重权威的这一属性。只有实现了外在强制与内心服从的有机统一，司法权威才是合乎理性的权威。

1. 硬化树立权威的司法至上意识。司法的权威从根本上反映司法在社会生活中的地位，有什么样的地位就有什么样的权威。在西方法治先进的国家，人们对司法推崇备至、奉为圭臬，司法裁判具有至高无上的社会地位，法官作出的裁决具有不可动摇的权威性。要构建一种强势的司法权威，必须赋予司法相应的地位，并且这个地位不能仅停留在书本上、口头上，而要落实到观念中、行动中。要提升司法的公信力，首要的和根本的是要培养民众的法律信仰。[③] 法律信仰作为法律文化的组成部分，不是一朝一夕就能确立的，它是一个长期的、潜移默化的过程，需要不断地加强法制的教育和传播，点点滴滴向公众灌输法律知识，渗透法律精神，需要不断地提高公众的法律意识，培养公众的法律情结。当然，最重要的是法律自身必须展示出强劲的正当性，以实实在在的公平正义照亮社会的每个角落，感染公众主动向法律靠拢，以此拉近公众与法律的心理距离。

2. 突出实现权威的司法公正理念。理念应是最高层次的观念，能成为理念的观念应当与一般观念有层次上的差异。司法理念作为司法活动的终极性目标，应当是司法活动最核心、最关键的精神支柱和生命力所在，应当折射出司法活动最深层次的本质。只要牵理念这一“发”，即可动司法之

---

① 李修源：《司法公正理念及其现代化》，人民法院出版社 2002 年版，第 37 ~ 38 页。

② 曾哲：“简论和谐社会的司法公信力基础”，载《广东行政学院学报》2007 年第 2 期，第 33 页。

③ 于慎鸿：“影响司法公信力的因素分析”，载《河南师范大学学报》（哲学社会科学版）2006 年第 4 期，第 92 页。

"全身"。因此在探求司法理念时,应当抓住核心的价值观念,而不必纠缠于普通观念的是非争执之中。西方法谚称"法律乃善良公平之学问"、"法律乃公正之准绳"。[①] 在司法工作的诸多观念中,公平正义是最有意义、最有价值、最为重要的观念,这是司法的最本质的内涵和应追求的目标,而其他司法观念无法与此比拟。司法工作只要真正实现了公平正义、维护了公平正义,那么它就已经彰显其本色,定能取得人们的信任和赞同,司法权威也就随之而来。因为"公正是司法的生命,公正也是司法权威的最深刻的价值基础",[②]"司法公信力的获得,不是依靠野蛮的司法强制,而是凭借公正的司法裁判。"[③]所以,在把握司法理念时,必须突出公平正义这一核心理念,如果与其他观念掺杂在一起,则会冲淡这一主旨,分散人们对司法公正的注意,并有可能削弱公正带给司法的权威性。

3. 健全保障权威的司法独立体制。"独立性及公正性是司法权威的主要评价标准,要树立司法权威必须以此为基准在制度上建构自治的司法体系"。[④] 司法的权威来自于公众的服从,这种服从的前提是司法能够作为一种独立的纠纷解决力量,有权对案件中的利益进行分配和调整,说到底就是法院能够说话算得了数,做事做得了主。因此在构建司法体制过程中,应当把司法独立作为基本的价值取向。只有真正把司法独立问题解决好,司法才有底气摆脱来自外部权力系统的干扰和掣肘,司法权才能更好地自治运行,司法意志才能更好地自由表达,公平正义的司法精髓才会更好地体现出来,这样的裁判才能受到社会的尊重,才有人们自觉服从的权威。针对我国目前的体制现状,迫切需要把地方法院从"地方的法院"角色中解脱出来,建立一套法院自治系统,实现法院人、财、物上的自我供给、自我管理、自我保障,成为独立的、不受他人支配和控制的组织体系。根据我国的权力分布格局,可在最高人民法院建立专门的司法政务管理委员会,由中央组织人事部门和财政部门直接予以保障。将各地法院的人事、财政权力从地方党委政府中剥离出来,统一交由该委员会负责管理,在中央保障充足的基础上,根据实际情况按需配置,统筹协调全国法院各项资源分配,使各地法院"不

---

① 孙笑侠编译:《西方法谚精选——法、权利和司法》,法律出版社2005年版,第20页。

② 刘旺洪为季金华著《司法权威论》一书所作的序,山东人民出版社2004年版,序第5页。

③ 赵建华、谭红:"论司法公信力的属性",载《法律适用》2006年第12期,第46页。

④ 季金华:《司法权威论》,山东人民出版社2004年版,第186页。

为五斗米而折腰”。

4. 优化促进权威的司法终局机制。司法机关作为专门性、专业性的纠纷处理机构，应当对案件有确定性的裁决权力，让受到破坏的社会秩序稳定下来，实现定分止争的功能。这就需要司法对案件裁判有终局权，作出的裁判有一经决定、不被改变的确定性权威。美国一位大法官感言，“我们能够作出最终判决并非因为我们判决正确，相反，我们之所以判决正确，是因为我们享有终审权。”①我国有学者认为，“司法的权威性鲜明地体现在司法裁判的终局性上，即法院对依法应由其管理的案件享有最终裁判权”。② 因此，应当尽量维护裁判的终局性，不到万不得已不应轻易推翻既定裁判。

实践中，再审程序的过多过滥，极易造成司法权威的自我贬抑。对已经终审的案件，法院在启动再审程序时必须慎重，严格控制在谨慎的确有必要的范围内。一方面要减少再审的主动性，对已经生效的裁判，可改也可不改的，尽量从维护生效裁判的权威角度考虑不随意启动再审程序；另一方面要抵御再审的被动性，对裁判正确的案件，不能因为外界的压力而不当地启动再审程序。此外，对涉诉信访的无原则妥协和退让，也极易造成司法权威的外部贬抑。信访等非司法程序的介入，往往会越位干涉法院的司法活动，损害法律程序的权威。“鉴于司法权的特殊性质，决定了人民接近司法的方式，不可能是上访等行政式的途径，而只能采取诉讼的形式，通过向法院提出一个具体的诉讼请求，法院产生了对于该纠纷的管辖权。”③所以，对涉诉信访问题应有正确的处理导向，不能夸大信访程序的作用，也不必怯于信访现象的压力。信访仅是当事人表达意志的一种方式而已，它不是洪水猛兽，不会对国家结构体系产生根本性冲击。法院和其他权力体系应正确对待涉诉信访问题，尽量避免通过信访程序解决法律问题，减少当事人对信访程序的依赖，尽可能把纠纷导入诉讼等正当、常态程序，以维护司法程序的权威性。

5. 强化提升权威的司法职业建设。“徒法不足以自行”。再好的制度如果没有让人信任、具有实质权威的人来操作，其权威也将遥不可及。司法裁判是一项职业性、专业性很强的活动，裁判者需要经过系统的专业知识学

---

① 贺卫方：《司法的理念与制度》，中国政法大学出版社 1998 年版，第 262 页。

② 陈光中、崔洁：“司法、司法机关的中国式解读”，载《中国法学》2008 年第 2 期，第 81 页。

③ 谢佑平主编：《司法公正的建构》，中国检察出版社 2005 年版，第 134 页。

习和严格的审判技能培训,才能具备从事裁判活动的本领。早在17世纪,英国大法官爱德华·柯克就曾说,“法律是一门艺术,它需经长期的学习和实践才能掌握,在未达到这一水平前,任何人都不能从事案件的审判工作”。[①] 法官队伍只有做到高度专业化,才能赢得人们的尊重和信任。对此,应借鉴西方经验并结合本土特色,大力加强法官职业化建设。要走“少而精”的道路,实行法官员额制,严格控制法官数量。进一步完善法官“入口”条件,严格法官准入制,确保进入法官队伍的人员都具备学历、专业、从业经历、职业道德等方面的完整资格。完善法官遴选制度,逐步将下级法院专业水平高、审判能力强的法官选拔到上级法院,以利上下指导、审级监督。实行法官等级管理制度,取消法官的行政级别制,使法官从行政官员的身份中解脱出来,按法官等级确定法官的地位、薪金、待遇。强化法官身份保障和薪金保障,法官一经任命不应随意失去法官身份,同时享有令人羡慕的薪酬,这既可体现法官职业的价值,也可解除法官的后顾之忧。大力加强法官职业培训,提升法官的审判技能,增强法官实现公平正义的能力。

6. 完善维护权威的司法监督机制。司法监督着眼于对司法活动的外部制约,监督得当,当然可以促进司法公正,但监督失当往往会有损司法公正和司法权威。社会各界在监督评价司法工作时,一方面要尊重司法规律,遵循司法特有的思维方式和判断标准,多从法律角度对司法进行监督评价,而不能实施双重标准。另一方面要把握监督的度,不能超出合理的界限,干涉司法的权力。这不仅要处理好其他国家权力与司法权的关系,确保严格按照宪法和法律的规定履行监督职责,不侵越司法的领域;而且还要注意处理好司法裁判与舆论监督的关系,因为“中国媒体对法官的影响力和约束力远远大于西方国家的媒体,媒体对法官的批评往往可以起到相当的震慑作用,法官迎合媒体的情况屡见不鲜”。[②] 而在西方国家,新闻媒体很少介入法官、法院正在进行的审判工作。[③] 在香港,媒体对案件的审判结果作出判断是属于藐视法庭的行为。[④] 所以,媒体应把握好尺度,不应当对正在审理中的案件不加限制地加以品头论足,更不应当将法学上争议的观点带入到

① [美]罗斯科·庞德:《普通法的精神》,唐前宏等译,法律出版社2001年版,第42页。

② 葛洪义:“法官的权力”,载《中国法学》2003年第4期,第30页。

③ 夏国佳:“西欧司法考察之思考”,载《人民司法》2001年第10期,第51页。

④ 夏利民:“香港法庭新闻报道限制与藐视法庭罪”,载《人民司法》2001年第6期,第51页。

评论中去。

冰冻三尺,非一日之寒。当今我国司法权威的缺失是长期累积而成的,同样,消除其中的各种障碍也非朝夕之功就能完成的。我们应当朝着理想的方向,从点滴做起,从细微处入手,只要不懈地求索和努力,就一定能够到达期望的彼岸。

(作者单位:江苏省盐城市中级人民法院)

# 论我国司法救助制度的改革与发展*

马生安

[内容提要] 司法救助制度是贯彻宪法平等原则、保障公民平等行使诉讼权利的一项重要法律制度。由于理论认识上的模糊、立法上的缺陷及实践操作上的偏差等原因,我国现行的司法救助制度还存在着诸多的缺陷与不足。本文在对司法救助的概念与制度功能予以简要分析的基础上,对该制度在实践中存在的若干问题进行了全面的梳理与分析,并对如何改革与发展我国的司法救助制度,提出了一些切实可行的对策和建议。

[关键词] 司法救助 改革 发展

## 一、司法救助的概念及其制度功能

### (一)司法救助的概念

在我国,司法救助有广义与狭义之分,广义的司法救助包括民事诉讼及行政诉讼中的诉讼费用救助、刑事诉讼中的指定辩护、法律咨询援助和诉讼保险等;①狭义的司法救助是指人民法院在民事诉讼、行政诉讼中,通过提供缓交、减交或免交诉讼费用的救济措施,减轻或者免除经济上确有困难的当事人的负担,保证其能够正常参加诉讼,依法维护其合法权益的一项法律

---

* 本文为江苏省法院系统 2009 年重点调研课题《关于司法救助实施状况的调研》的阶段性成果。

① 陈颖:"我国现行司法救助制度的缺陷及完善",载《福建公安高等专科学校学报》2005 年第 3 期,第 82 页。

制度。[1] 鉴于法律援助的概念在我国已成为一个专门的法律术语，刑事诉讼中的指定辩护、法律咨询援助在司法实践中也已经纳入法律援助的范畴，本文对司法救助取狭义说，并从司法救助制度的国家责任等方面对狭义的司法救助概念予以适度修正。司法救助，又称"诉讼救助"，即诉讼费用救助，是国家对于有胜诉之可能，但却因经济能力无法使用诉讼程序的当事人依法给予帮助，使其能够利用诉讼程序以维护其合法权益的制度。其具体包括以下几层含义：

1. 司法救助的责任主体是国家。当事人依法平等获得司法保护乃是一项宪法性权利，在当事人因为经济能力而无法实现这一权利时，则由国家来保障其这一权利的实现。因此，在现代法治国家，保证经济确有困难者亦能有机会平等地利用司法程序，这在本质上是一种国家责任。因此，司法救助的主体应该是国家，而不应该是人民法院。在概念界定上，狭义的司法救助将人民法院界定为司法救助的主体，无疑是不准确的，也是不科学的。

2. 司法救助的对象是有胜诉之可能，但因经济能力无法使用诉讼程序的当事人。作为司法救助对象的当事人必须是有胜诉之可能的当事人，对于显无胜诉可能的当事人，即使其因为经济能力无法使用诉讼程序，也不能成为司法救助的对象。否则，必然会导致当事人诉讼权利的滥用。

3. 司法救助的目的是保障经济困难的当事人平等地利用诉讼程序以维护其合法权益。司法救助应是保障经济困难的当事人能够平等地行使诉权，平等地利用诉讼程序以维护其合法权益的制度。换言之，司法救助的目的在于消除因为经济原因而导致的诉讼程序使用上的不平等。

（二）司法救助的制度功能

1. 建立和实施司法救助制度，有利于保护当事人的诉讼权利和保障人权。诉讼是保障人权的最为重要的方式之一，没有诉讼的保障，人权保障必将沦为空谈。作为公民基本权利之一的诉讼权利，乃公民的"第一人权"，是保障人权的基础性权利，国家应当保障公民这一权利的顺利实现。而当事人若不具备经济能力使用诉讼程序的，国家则应当给予一定协助。建立和实施司法救助制度，有利于保障所有公民诉讼权利这一司法人权的实现，

---

① 见2005年最高人民法院颁布的《关于对经济确有困难的当事人提供司法救助的规定》第2条之规定，即"本规定所称司法救助，是指人民法院对于当事人为维护自己的合法权益，向人民法院提起民事、行政诉讼，但经济确有困难的，实行诉讼费用的缓交、减交、免交"。

从而有利于其他各项人权的保障和实现。

2.建立和实施司法救助制度,有利于保障宪法平等原则的实现。根据宪法之平等原则,所有公民都享有平等的诉讼权利,即司法保护请求权。而司法救助的制度功能,就在于保障所有公民,无论其性别、出身、职业、社会地位、居住条件、财产状况等如何,都能平等地实现其诉讼权利。司法救助制度是对法律面前人人平等原则的制度化阐释,它是“公民在法律面前人人平等原则”在司法上的价值体现。①

3.建立和实施司法救助制度,有利于实现社会的公平与正义。司法公正是诉讼的总的价值目标,司法公正的前提是立法公正,即由立法机关制定公正的、不偏不倚的法律,包括公正的程序法和公正的实体法。而公正的程序法,其内容既应当包括保障双方当事人享有同等的权利,履行相应的义务,以立法的形式规定处于劣势的一方当事人也有实现诉权,得到律师法律援助的权利。如果应该能够诉讼胜诉的案件却不能进入诉讼程序,当事人应该说的理却自己不会说理,应该引用法条的却不懂引用法条为自己申辩或辩护,那么,当事人很有可能得不到公正的判决。② 形式上的平等或公平并不意味着实质意义上的公平。如果对经济确有困难者实行同样的收费标准和原则,这部分人将无法享受真正的平等。同时,机械地执行诉讼费收费标准,与设立诉讼费制度的目的也不一致,最终也无法发挥诉讼机制的作用。③

4.建立和实施司法救助制度,有利于法律秩序价值的实现。司法救助是实现法律秩序价值的需要。从秩序优先的观点出发,司法救助制度在社会不平等的现实中通过帮助弱者寻求法律救济,避免了私力救济,促进弱者合法权益的实现,维护了社会秩序,从而为法律其他价值的实现提供条件。④

---

① 李文华、王文鑫:“试论我国司法救助之价值及其实现”,载《经济与社会发展》2006年第4卷第2期,第130页。

② 王洪昱:“法律援助与司法救助衔接的探索”,载《佳木斯大学社会科学学报》2008年第26卷第2期,第28页。

③ 谭星光:“现代司法理念和司法救助制度的完善”,载《三江论坛》2005年第12期,第34页。

④ 涂师铭、郭海龙:“我国司法救助制度的缺失及其完善”,载《法制与社会》2007年第12期,第499页。

5. 建立和实施司法救助制度,有利于维护社会稳定及促进社会和谐。司法救助制度的实施,有利于把因经济困难或有其他特殊原因而不能纳入法律规范范围的弱势群体这一社会关系重新纳入法治轨道。同时,通过司法救助这一信息渠道,可以使政府及时掌握各种涉及稳定的因素的动向,以便及时、稳妥地落实措施,处理好各种社会矛盾。因此,建立和实施司法救助制度,能够保障民众的诉权,能够使其较容易地接近司法寻求司法救济,有利于维护社会稳定及促进社会和谐,从而促进改革和发展。①

## 二、我国司法救助实践中存在的若干问题

### (一)司法救助的概念严重泛化

在我国,由于认识上的模糊乃至错误,司法救助这一概念和术语在实践中的使用相当随意和混乱,致使这一概念已被严重泛化。如下几篇报道,足以说明这一概念泛化和被误用的程度之深。

**报道1②**:5月25日,武夷山法院院长陈芳等到章素飞家中,将一笔刑事被害人救助资金送到她手中。这是武夷山法院自2008年出台《刑事被害人救助办法(试行)》制度以来救助的第一个被害人,该救助资金由法院与政府共同出资设立,旨在帮助特困刑事被害人解决生活困难,切实化解社会矛盾,维护社会和谐稳定。

被救助人章素飞是一起刑事案件中被害人的母亲,2005年4月,章素飞年仅16岁的长女遭人杀害,案件至今尚未侦破,因悲痛心情长期得不到缓解,夫妻双方的身体都十分不好。章与丈夫都没有固定工作,以打工为生,不久前她的丈夫又得了重病无法工作,家中还有老人和正在读书的小女儿要扶养,生活十分窘困。因章素飞自女儿被害后,曾向法院提起民事诉讼,是法院重点联系对象。了解到章素飞家庭的生活现状后,陈芳院长十分重视,迅速研究并决定按照《武夷山市人民法院刑事被害人救助办法(试行)》规定,给予章素飞司法救助,以解决其生活困难,帮助渡过难关。

……

① 黄真伟:"社会正义与我国司法救助制度的完善",载《河南师范大学学报》(哲学社会科学版)2002年第29卷第4期,第48页;涂师铭、郭海龙:"我国司法救助制度的缺失及其完善",载《法制与社会》2007年第12期,第499页。

② 熊慎端、詹兴寿:"武夷山法院为特困案件当事人送上司法救助金",载厦门分类网,http://www.my0592.com/newshtml800/news26691.htm,于2009年6月9日访问。

**报道2**[①]**:**浙江省平阳县检察院细化公诉环节司法救助工作,制定出台《关于公诉环节实施司法救助的暂行办法》,为诉讼参与人广泛地得到司法救助开辟了一条“绿色通道”。

这项司法救助主要对象是:犯罪嫌疑人个人无劳动能力,无生活来源,无法定赡养、抚养义务人;犯罪嫌疑人及家庭成员的人均收入低于最低生活保障标准;犯罪嫌疑人因在押导致家庭经济困难;未成年犯罪嫌疑人的家庭经济严重困难;遭受人身、财产侵害且无法获得足额赔偿的被害人。

从公诉环节的实际情况和特点出发,这项规定确立了三个司法救助原则:一是专款专用原则。由上级政法委申请专款核拨到位后,设立司法救助金专门款项,专用于上述五类司法救助对象工作。二是小额救助原则。司法救助金坚持小额救助,最高额不超过5000元,特殊情况需放宽的,从严审批,最高不超过1万元。三是适时救助原则。司法救助工作与检察环节案件审理同步进行,确保司法救助金适时发放。

**报道3**[②]**:**云南省高级人民法院日前宣布,正式启动民事执行案件司法救助。目前,在一些执行案件中,由于被执行人无执行能力,致使申请执行人的权益得不到保护,判决成了无法兑现的“白条”。这类案件在云南省未执行的案件中比较集中和突出。

为此,云南省高院制定了《民事执行案件司法救助实施办法(试行)》,并由财政拨款500万元作为启动资金,建立了执行救助资金。依照这个办法,在民事执行案件中,申请执行人因遭受侵害不能维持当地最低生活标准,或因部分或全部丧失劳动能力、缺乏必要的生活及医疗费用、生活难以维持,或因受害致死给家庭生活造成困难的,可向人民法院申请救助以解燃眉之急。

在申请执行人提出申请并提供相关材料后,经过执行机构的审查程序,申请人可得到临时性、应急性、一次性的生活补助,最高金额可达5000元。

据悉,目前昆明市、曲靖市中级法院已经设立了执行救助资金。全省各基层法院也在积极行动,主动争取当地党委政府的支持,设立救助资金,扩

---

① 沈钧权:“浙江平阳检察院设立司法救助金”,载搜狐网,http://business. sohu. 8580. 2/com/20071101/n253006157. shtml,于2009年6月9日访问。

② 屈明光、李玲艳:“云南省高级人民法院启动民事执行案件司法救助”,载《中国社会报》2007年3月21日。

大救助范围。

可见在实践中,“司法救助”术语被混用、误用的情况非常严重,其已与执行救助、刑事被害人救助、困难救助等救助情形混为一谈,其行使主体也由法院扩大至检察院等机关,司法救助的界限已模糊,概念被泛化,几乎已成为所有涉法救助的统称了。

(二)司法救助的范围无限扩大

当前,所谓的“司法救助”的范围正在无限扩大,致使人民法院已经不堪重负。例如,为解决涉法涉诉上访案件当事人的实际生活困难,及时有效解决上访群众的合理利益诉求,实现矛盾纠纷的就地化解,促进社会和谐稳定,根据《德兴市涉法涉诉救助资金管理办法(试行)》规定,其司法救助的对象适用于政法部门办理的刑事案件未破或犯罪嫌疑人、被告人缺乏经济赔偿能力,致使受害人或受其赡养、扶养的直系亲属遭受严重生活困难;执行案件中,因一方当事人缺乏履行能力,致另一方当事人遭受严重生活困难;证人、鉴定人因作证、鉴定受到打击报复,造成严重生活困难等方面。①又如,重庆市江津区江津司法救助的对象为在法院审判、执行中,因实体权利受到侵害,急需救助的当事人。救助的条件是生活严重困难,其中包括五类情形:城乡居民最低生活保障对象、农村五保对象、正在领取失业救济金的、因自然灾害或其他不可抗力造成生活困难、正在接受国家救济的和其他生活严重困难的。② 再如,湖南省永州市东安县司法救助基金救助的对象主要为:重大刑事案件被害人或其家属;执行申请人;涉法涉诉上访人员;其他需要司法救助的人员。③ 还有,新疆昌吉州玛纳斯县司法救助的对象主要包括政法机关办理的刑事案件中,因案件未破或犯罪嫌疑人、被告人缺乏经济赔偿能力,致受害人或受其赡养、扶养的直系亲属遭遇生活困难,其他社会救助措施又难以落实,确需救助的等五种情形的涉法涉诉案件当事人。④

司法救助不同于民政救助,司法救助是为了保障经济确有困难的当事人能够顺利实现其诉讼权利的,不是用来解决人们的生活困难的。由于对

---

① 王云、祝文锋、祝志永:“德兴首发司法救助金”,载《上饶日报》2008 年 8 月 20 日。

② 汪放、张继荣:“江津司法救助基金为当事人解困”,载《人民法院报》2008 年 3 月 12 日。

③ 蒋向东:“东安建立司法救助基金制度”,载《永州日报》2008 年 4 月 11 日。

④ 杨蓉:“玛纳斯县建立司法救助专项资金”,载《昌吉日报》2008 年 8 月 9 日。

司法救助概念的模糊认识,在化解涉诉信访案件和构建和谐社会政治任务的压力下,某些法院竟然给诉讼当事人发放生活困难救济金,且在全国法院有愈演愈烈之势。这种做法一方面违背了最高人民法院关于司法救助的规定,另一方面也严重背离了人民法院的司法职能,造成了司法职能与行政职能的错位和越位。

(三)司法救助的立法层级过低

在西方资本主义国家,特别是在成文法国家,公民所应享有的司法救助权利,都直接或间接地规定在宪法原则之中。而在我国,宪法并无公民司法救助权的规定,现行的《民事诉讼法》中也只有诉讼费用缓、减、免交的原则规定,真正对司法救助作具体规定的,却是最高人民法院的司法解释。从当今世界一些国家和地区的普遍做法来看,尽管有关司法救助的名称和具体内容不尽相同,但它们往往都是通过民事诉讼立法而非以司法解释的方式来规定司法救助制度的。简言之,我国的司法救助制度立法层级过低,应从目前的司法解释层面上升为国家正式立法。①

(四)司法救助对象的范围狭窄

从最高人民法院2005年颁布的《关于对经济确有困难的当事人提供司法救助的规定》(以下简称《救助规定》)第3条的列举可以看出,司法救助所能适用的主体形态一般仅限于自然人,另外还包括一些社会公共福利事业单位和社会福利企业,但排除对社会公共福利单位和社会福利企业之外的法人或其他组织实施司法救助,这显然有违当事人诉讼权利平等的原则。从域外立法来看,在诉讼救助适用主体的具体形态上,均没有仅限于自然人而将单位当事人排除在外的规定,②在其司法实务中也不存在区别对待的做法。而且,即便从我国的审判实践来看,最高人民法院也曾在一定时期针对特殊类型的案件做出过对单位当事人实施司法救助的指示,例如最高人民法院2000年3月17日"法函(2000)20号"《关于〈海南省高级人民法院关于减收积压房地产案件受理费申请执行费的请示〉的函》,就同意到2000年12月31日止,对海南的积压房地产案件按50%减收案件受理费和申请

---

① 赵钢、朱建敏:"关于完善我国司法救助制度的几个基本问题",载《中国法学》2005年第3期,第176页。

② 如日本诉讼救助适用的对象大部分是经济贫困的自然人,但作为民事诉讼当事人的法人、企业等团体组织如果有发不起工资等情形,也能够作为诉讼救助的对象。常怡主编:《比较民事诉讼法》,中国政法大学出版社2002年版,第495~500页。

执行费,而这类案件中的司法救助对象基本上都是各商业银行等法人。①

(五)司法救助条件的标准模糊

根据《救助规定》第2条,实施司法救助必备的前提条件有两个:一是当事人为维护自己的合法权益;二是当事人经济上确有困难,难以承担全部或部分诉讼费用。然而此条的规定却并不完备,如德国法规定,申请诉讼费用救助的案件应有胜诉的可能和希望;日本法规定,诉讼救助案件方面的要件就是"并非没有胜诉可能";我国台湾地区规定,诉讼费救助案件方面的条件是诉讼不是明显无胜诉可能。② 而我国却无这方面的规定。在救助条件的具体执行标准上,其一,当事人进行诉讼是否是为维护自己的合法权益,有些时候往往很难判断,全凭当事人自己说了算,这无疑为滥用诉权留下缺口;其二,由于"经济确有困难"的界定标准十分模糊,致使司法救助的条件亦模糊不清,最终导致司法救助实践操作经常出现偏差:要么是放宽司法救助的条件,使一些本不应适用司法救助的情形也适用了司法救助;要么是司法救助条件把握过严,使一些原本符合司法救助条件的当事人没有得到应有的司法救助。司法救助条件的标准模糊,导致了实践中司法救助决定具有极大的随意性,往往仅凭法官的个人意志任意决定,缺乏必要的监督与限制。一方面,随意提高司法救助的门槛,导致一部分需要救助的当事人得不到救助;另一方面是将司法救助当成"人情救助",变相送"人情"、照顾"关系",造成国家财产的流失,使不应得到救助的当事人得到了救助。③

(六)司法救助的费用项目不全

司法实践中,人民法院只对当事人的案件受理费的缓、减、免交申请进行审批,而对于鉴定、公告等其他诉讼费用等并非由法院收取的费用不予救助,故,因无力预交其他诉讼费用而使当事人无法进入诉讼程序的情形时有发生。为了最终实现司法救助制度的价值,也应将其他诉讼费用纳入司法

① 赵钢、朱建敏:"关于完善我国司法救助制度的几个基本问题",载《中国法学》2005年第3期,第179~180页。

② 常怡主编:《比较民事诉讼法》,中国政法大学出版社2002年版,第503页;《日本新民事诉讼法》第82条;我国台湾地区现行"民事诉讼法"第107条。

③ 谭星光:"现代司法理念和司法救助制度的完善",载《三江论坛》2005年第12期,第35页。

救助范围内。①

(七)司法救助程序规定不够具体明确

《救助规定》第7条规定,对当事人请求缓交诉讼费用的,由承办案件的审判人员或合议庭提出意见,报庭长审批;对当事人请求减交、免交诉讼费用的,由承办案件的审判人员或合议庭提出意见,经庭长审核同意后,报院长审批。但在实践操作中,还是存在一些问题。因此,要使司法救助在具体实践中更趋规范化,应该对当事人申请司法救助的程序作出明确的规定。②

(八)司法救助的成本负担不合理

根据《救助规定》第2条的规定,我国的司法救助是人民法院对于经济确有困难的当事人实行诉讼费用的缓、减、免交。由于国家财政并没有拿出专项资金用于司法救助,故在人民法院决定当事人缓、减、免交诉讼费用的案件中,人民法院所支出的司法救助成本在很大程度上是由法院自身负担的。在现代法治国家,当事人依法获得司法保护乃是一项宪法性权利,而保证经济确有困难者亦能有机会平等地利用司法程序则是一种国家责任。正因如此,司法救助所导致的成本耗费悉由人民法院自己承担显为不妥,毕竟人民法院作为审判机关并无扶贫济困的专门义务。对人民法院而言,实施救助越多,则"亏本"越多,负担越重,"热情"越低。在司法救助与人民法院"自身利益"之间存在直接冲突的情况下,人民法院必然缺乏对当事人"保质、保量"地积极实施司法救助的动力机制和热情。

(九)司法救助的经费保障不力

目前司法救助的成本悉数由人民法院承担,这是很不科学、很不合理的。其实,司法救助是一种国家职能、政府行为,其费用也应纳入国家财政予以保障,以便能更好地保护弱势群体的合法权益,实现社会的公平与正义。司法救助的费用由国家财政负担,也是顺应社会发展的要求和完善司法救助制度的需要。但是,目前我国的司法救助经费还没有纳入国家财政予以保障,司法救助经费的保障严重不力。

---

① 李文华、王文鑫:"试论我国司法救助之价值及其实现",载《经济与社会发展》2006年第4卷第2期,第130~131页。

② 谭星光:"现代司法理念和司法救助制度的完善",载《三江论坛》2005年第12期,第34页。

(十)司法救助未能与相关制度实现有效衔接

目前,司法救助还未能与民政救助、法律援助、社会救助等相关救助制度实现有效的衔接。以司法救助与法律援助为例,由于两者在适用范围和条件、实施主体、审批程序上的不同,造成两者在实施过程中的衔接出现了问题,致使这两种法律制度难以在相互协调配合中正常有序地发挥其各自的功能。而就司法救助与民政救助的衔接而言,实践中,由于种种复杂的原因,司法救助承担了一些本应由民政救助承担的职能,在一定程度上造成了司法救助和民政救助职能的错位与越位。至于司法救助与社会救助的衔接问题,目前还基本上处于空白状态。

## 三、我国司法救助制度的改革与发展:对策与建议(纲要)

### (一)理论层面

没有理论的实践,必然是盲目的实践。我国司法救助制度的改革与发展,必须首先对司法救助理论进行深入的研究。在中外司法救助理论比较研究的基础上,结合中国的实际情况,建立起适合中国国情的司法救助理论。我国司法救助理论的研究,主要是解决好以下几个方面的问题:

1. 司法救助概念的准确界定。司法救助的概念界定是司法救助制度理论研究中的一个基础性问题,科学地界定司法救助的概念,有助于人们正确地认识这一制度的本质,从而更好地指导司法救助制度的建设与司法救助的实践。笔者认为,由于司法救助这一概念容易被误解或误用,我国应该摈弃司法救助这一术语,以“诉讼(费用)救助”的用语取代“司法救助”的用语,并将诉讼救助界定为:诉讼救助,即诉讼费用救助,是国家对于有胜诉之可能,但却因经济能力无法使用诉讼程序的当事人依法给予帮助,使其能够利用诉讼程序以维护其合法权益的制度。根据这一定义,诉讼救助显然不包括法律援助的内容。法律援助是指由政府设立的专门机构组织执业律师或公职律师对符合条件的公民提供律师服务并根据具体情况予以免收、减收或缓收律师费用的一项法律制度。由此可见,法律援助实际上是一种法律服务的救助。为了更为准确地揭示法律援助的含义,笔者建议摈弃“法律援助”的术语而代之以“法律服务救助”的术语。在法律服务救助和诉讼费用救助之上,使用“法律救助”的术语,以统摄“法律服务救助”和“诉讼费用救助”。

2. 司法救助的制度功能及其价值目标。在我国,司法救助应该发挥怎样的制度功能？司法救助制度的价值目标是什么？这对于我国司法救助制度的建设亦非常重要。

3. 司法救助对象的范围。

4. 司法救助条件的标准。

5. 司法救助费用的项目。

6. 司法救助的程序。

7. 司法救助的成本负担。

8. 司法救助的经费保障。

9. 司法救助与相关制度的有效衔接。

(二) 实践层面

整合目前的有关法律援助和司法救助的相关法律及司法解释,制定统一的《法律救助法》。统一的《法律救助法》,主要应该解决好以下几个方面的问题:

1. 明确法律救助(法律服务救助、诉讼费用救助)的立法目的与宗旨。这是反映法律救助的制度功能与价值目标的重要内容。

2. 明确法律救助、法律服务救助及诉讼费用救助的概念及其相互关系。在统一的《法律救助法》中,应该明确法律救助包括法律服务救助及诉讼费用救助两个方面的内容,其中"法律服务救助"即为原"法律援助"的内容,诉讼救助(诉讼费用救助)即为原来狭义上的司法救助的内容。

3. 明确由国家司法行政机关统一实施法律救助(法律服务救助、诉讼费用救助)。

4. 明确法律救助(法律服务救助、诉讼费用救助)的成本负担与经费保障。

5. 明确法律救助(法律服务救助、诉讼费用救助)的对象与条件。

6. 明确法律救助(法律服务救助、诉讼费用救助)的具体程序。

7. 明确法律救助中法律服务救助与诉讼费用救助制度的衔接。

(作者单位:江苏省盐城市中级人民法院)

# 为了纠纷的全面彻底化解

## ——对“分别起诉”强制合并的理论与实践

刘仁海

**[内容提要]** 本文通过分析“分别起诉”的发生机理，从“诉的同质性”、“审的一元性”、“判的确定性”三个理论层面来论述“分别起诉”及各自审理的不当；继而以最具有代表性的德国和美国为例，介绍了域外可资借鉴的经验；最后，为解决问题，本文提出了修改和完善民事诉讼法的建议，并给出了“案件发现”、“案件移送”、“合并裁判”三个配套机制。

**[关键词]** 分别起诉　合并审理　理论论证　配套机制

要实现纠纷的全面彻底化解，让社会关系回归和谐状态，需要法院和当事人的密切配合与共同努力。但是，并非所有的当事人都追求这种和谐诉讼的效果，也并非所有的诉讼原则都能得到贯彻落实。已有学者呼吁，要关注“制度在适用过程中的变形、变异等非正常状态”，“随着民事案件的急剧上升和诉讼程序的广泛适用，当事人滥用诉讼权利的问题也日益凸显出来。”①其中，当事人基于同一法律关系或同一法律事实，以不同的诉讼请求，向有管辖权的不同法院“分别起诉”的现象，②非常普遍，各有管辖权的法院基本上是各自受理、分别判决。但是，“只要切实可行，事实或法律问

---

① 陈桂明、刘田玉：“民事诉讼法学的发展维度——一个时段性分析”，载《中国法学》2008年第1期，第177页。

② 当事人的分别起诉可能是“善意”的，也可能是“蓄意”的，但客观上都会产生不和谐诉讼的效果以及对司法活动的危害。前者没有主观故意因素和人为的复杂操作，识别和处理起来都较为简单。同时，只要妥善解决了“蓄意”的情形，“善意”的情形也就迎刃而解。所以，虽然本文旨在规范“蓄意”的情形，但是为了涵盖两种主观意识上的分别起诉，本文中统而称之为“分别起诉”。

题相同的所有请求或当事人都应一案审理,当事人相同的其他请求也允许一案审理。"①所以,这一反常现象,不仅不利于纠纷的有效解决,而且给司法的公正、高效和权威带来了极大危害,亟须寻求破解之策。

## 一、问题的提出

案例一:甲用很低的价款从某银行购得"打包转让"的债权480万元,为试探该转让的债权是否有效,同时试探债务人的偿债能力,甲先以其中的80万元债权在某地区基层法院起诉,庭审中,债务人予以认可并同意调解。随后,甲以剩余的400万元债权向该地区中级人民法院起诉,中级人民法院也予立案并进行了审理。

案例二:甲与乙之间为履行加工承揽合同发生纠纷,甲交付定作物后,乙逾期未支付报酬,甲在A法院提起诉讼。乙接到应诉通知后,以甲没有遵守定作要求为由,要求甲支付违约金,并向有管辖权的B法院起诉。甲向B法院提出管辖权异议,被驳回。

案例三:甲、乙、丙三人为分配合伙期间的债权达成协议,由丙全权负责追索债务共38万元,向甲、乙各支付10万元后,其余归丙所有。履行期届满后,丙未能付款,甲作为独立的债权人向自己住所地、同时也是合伙事务履行地的A法院提起诉讼。A法院很快作出判决,支持了甲的诉讼请求。在上诉期内,丙以对三方达成的协议存在重大误解、乙隐瞒了真实债权状况且没有向丙提供债权凭证为由,向自己住所地的B法院提起撤销三方协议的诉讼,B法院同时也处于被告乙的住所地,所以予以受理。B法院经审查,发现丙的撤销权确实成立。此时,A法院的判决因上诉期届满而生效。

司法实践中,与以上案例相近似的例子不胜枚举,给司法活动带来了显而易见的危害。

首先,危害司法公正。"同一事项,以多个诉讼,个别审理,则对于事实之确定,法律解释及适用,均不免歧异。"②相反,如果合并起诉、合并审理,

一是确保原告持有作为他的请求的实体法上的权利;二是避免诉讼在不是由真正权利人提出的情况下,保护被告不受第二次诉讼的折磨;三是既保护

---

① [美]迈克尔·D.贝勒斯:《法律的原则——一个规范的分析》,张文显译,中国大百科全书出版社1996年版,第57页。

② 邵勋、邵峰:《中国民事诉讼法论》(下),中国方正出版社2005年版,第412页。

那些原本没有参与到程序中但判决会影响到他们的利益的人,又保护了合并审理后原当事人的利益,因为没有后者的参加原当事人的利益可能无从保护。[①]

其次,危害司法效率。"效率"一词中包含着经济概念和时间概念。"为了减少成本,最好是在合理的范围内一次同时处理尽可能多的请求。"[②]"分别起诉"和分别审理,不仅浪费司法资源,效率低下,也会导致裁判冲突,而"每一个错误的判决都会导致资源的无效率利用,因而会支出不适当的费用,这种不适当的费用就是错误成本"。[③]

最后,危害司法权威。"司法判决的权威不仅及于当事人而且影响到处于同一个法治语境下的整个人类社会"。[④] 因"分别起诉"而得利的当事人,对法院的所谓感激并非发自内心;因分别审理而受损的当事人,会对法院失去信任。在出现裁判冲突时,司法权威会因司法标准不一而动摇;在纠正错误的裁判时,司法权威会伴随着既判力的打破而蒙羞。

## 二、原因分析

### (一)当事人诉讼目的的异化,是"分别起诉"的原发诱因

一是意图诉讼投机,最常见的是利用不同法院之间在认定事实或法律适用上的不一致,进行试探。如前文案例一,就属试探性投机诉讼。二是设计诉讼对抗,故意制造多个案件,增加问题的复杂性,意图"浑水摸鱼"。如前文案例二,将本可以在一个程序中提起的反诉另行起诉。三是谋求"人缘管辖",民事诉讼中关于管辖的规定,为当事人选择法院提供了广阔的空间,当事人会根据与法院之间的情感张力选择法院起诉,如前文案例三。

以上只是类型化分析,在实践中往往不是这样单纯和泾渭分明,而是交错融合,生动而复杂。如在案例三中,当事人首先追求的是人缘管辖,但也怀有诉讼对抗的目的。

### (二)诉讼制度设计的缺陷,给"分别起诉"提供了可乘之机

在一个法治国家,任何的不和谐或非常态,都应当到法律与制度中去寻

---

① 沈达明:《比较民事诉讼法》(上),中信出版社 1991 年版,第 86 页。

② [美]迈克尔·D. 贝勒斯:《法律的原则——一个规范的分析》,张文显译,中国大百科全书出版社 1996 年版,第 55 页。

③ [美]波斯纳:《法律的经济分析》(下),蒋兆康译,中国大百科全书出版社 1997 年版,第 68 页。

④ 季金华:《司法权威论》,山东人民出版社 2004 年版,第 2 页。

根溯源。“分别起诉”的制度缺陷存在于两个层面。第一个层面是诉讼立法存在缺陷。我国现行《民事诉讼法》中没有规定诉的强制合并,[①]各方当事人的起诉只要符合《民事诉讼法》第108条的规定,人民法院就无法拒绝受理。[②] 虽然《民事诉讼法》第126条对各方当事人的请求规定了合并审理,但用的是“可以”的措辞;尽管有司法解释规定了“应当合并审理”,但法律效力嫌低,[③]或根本就缺乏可执行性。[④] 第二个层面是缺乏从操作程序到审理裁判的配套机制。程序方面,各受诉法院之间缺乏沟通机制,除非当事人披露,各法院之间很难知晓,即使知晓,各受诉法院之间的协作也无章可循。[⑤] 裁判方面,如果合并审理,针对各方所提出的诉讼请求,如何一并处理?对于应当提出但未提出的诉讼请求,是否释明?合并审理判决的既判力的主观和客观范围如何?等等,这些关系到实体权利的问题,只有理论研究,缺乏实践规则。

(三)司法主体原则意识的缺位,使“分别起诉”渐行渐远

“徒德不足以为政,徒法不足以自行。”[⑥]良好的诉讼秩序离不开司法者对法律精神的正确把握,制度的漏洞可以通过坚守诉讼法的基本原则来填补。最早可以追溯到罗马法的“一事不再理”原则,旨在防止滥诉和有效息讼,是各国所确立的基本诉讼法原则之一。但是,我国的民事诉讼法对该原则没有明确和直接的规定,司法实践中对这一原则的违反也习以为常。以

---

① 《民事诉讼法》中关于诉的合并的规定仅有4条。其中,第53条规定的是共同诉讼,第55条规定的是代表人诉讼,第56条规定的是第三人参加诉讼,第126条规定的是对诉讼中增加诉讼请求的处理。

② 张晋红:“诉的合并制度的立法缺陷与立法完善之价值分析”,载《法学评论》2007年第4期,第95~96页。

③ 最高人民法院于1994年在《关于在经济审判工作中严格执行〈中华人民共和国民事诉讼法〉的若干规定》中规定:“当事人基于同一法律关系或者同一法律事实而发生纠纷,以不同诉讼请求分别向有管辖权的不同法院起诉的,后立案的法院在得知有关法院先立案的情况后,应当在七日内裁定将案件移送先立案的法院合并审理。”该规定在实践中基本上没有得到贯彻。

④ 最高人民法院《关于适用〈中华人民共和国民事诉讼法〉若干问题的意见》第156条对《民事诉讼法》第126条的内容作了强化性的规定:“在案件受理后,法庭辩论结束前,原告增加诉讼请求,被告提出反诉,第三人提出与本案有关的诉讼请求,可以合并审理的,人民法院应当合并审理。”根据该条规定,合并审理是被动的,如果当事人没有在同一程序中增加这些诉讼请求,而是在其他法院另行起诉,合并审理之措则无从启动。

⑤ 张晋红:“诉的合并制度的立法缺陷与立法完善之价值分析”,载《法学评论》2007年第4期,第96页。

⑥ 出自《孟子·离娄上》。

“部分请求”为例，司法实践中，债权人将金钱债权拆分成若干部分，分别、先后起诉，法院会当做不同的诉分别受理和判决，这种做法，实际上是对“一事不再理”原则和既判力的严重悖反，[①]但是大家浑然不觉。所以，也就无怪乎当事人把“分别起诉”当做是正常的权利行使，法院把分别受理、各自判决当做是妥当的审判活动。

## 三、理论解读

### (一)诉的同质性，决定了各方当事人的起诉应当在一个程序中提出

“诉讼标的”理论是诉讼理论中最核心的理论，对于其内涵，有“旧实体法说”、“诉讼法说”和“新实体法说”。[②] 为说明问题的需要，暂将这三种学说的内容简要概括为：旧实体法说 = 法律关系 + 实体法上的请求权；诉讼法说 = 事实关系 + 诉讼法上的请求权；新实体法说 = 事实关系 + 实体法上的权利地位。“尽管为了准确阐明诉讼标的的概念在教义上花费甚巨，但在实践经验中，各个理论和观点之间的区别并不明显”，“在绝大多数案件中，各理论的结局是相同的”。[③] 因为，尽管三种学说存在差异，但都基本认可诉讼标的包括两个方面：“诉讼原因”和“诉的声明”。

“所谓的诉是指原告请求法院进行审判的申请。”[④]诉的要素为“主观要素 + 客观要素”即“当事人 + 诉讼标的”。[⑤] 根据诉讼标的理论的主流观点，结合我国和大陆法国家的司法实践，尽管诉讼标的包括“诉讼原因”与“诉的声明”，但只要“诉讼原因”相同，“诉讼标的”就相同。“大家一致认为：

---

① 关于“部分请求”的各种观点和评价，可参见邓辉辉：《既判力理论研究》，中国政法大学出版社 2005 年版，第 127 ~ 129 页。

② 李汉昌：《诉讼标的理论研究——以实体法说为中心》，中国政法大学 2006 年博士学位论文，第一章“诉讼标的的历史考查”和第四章“请求权竞合与诉讼标的的确定”。

③ [德]汉斯—约阿西姆·穆泽拉克：《德国民事诉讼法基础教程》，周翠译，中国政法大学出版社 2005 年版，第 92 页。

④ [日]高桥宏志：《民事诉讼法：制度与理论的深层分析》，林剑锋译，法律出版社 2003 年版，第 55 页。

⑤ 该说称“新二元论”，笔者赞同该说，因为该说尊重了诉讼标的本身的内涵，抓住了诉的本质，克服了法学理论与司法实践脱节的流弊，实现了与我国现行民事诉讼法规定的衔接。持“新二元论”的论文，参见李仕春：“诉之合并制度研究”，载《诉讼法论丛》(第 5 卷)，法律出版社 2000 年版，第 338 页；以及李龙：“民事诉讼诉的合并问题探讨”，载《现代法学》2005 年第 3 期，第 78 页。

如果诉讼标的是同一个,则涉及同一个'争议案件'"。[①] 所以,基于同一法律关系或法律事实的"分别起诉",只是诉的多寡问题,而诉的实质即"诉讼标的"是同一个,各诉之间具有同质性。"分别起诉"只不过是当事人给同一个纠纷编写了不同的诉的曲名,利用"同一首歌"在不同法院之间进行"巡回演唱"。

(二)审的一元性,决定了后立案的法院应当将案件移送先立案的法院管辖

在起诉前,尽管具有管辖权的法院是多元的,但是每个法院享有的是"准管辖权",当事人的合法起诉产生选定"现实管辖权"法院的效果。这不仅是避免管辖权冲突的需要,也是实现司法权统一行使的要求。我国《民事诉讼法》第35条是这一法律原则的直接体现。[②] 但从该条规定的字面意思来看,似乎仅规定了同一当事人以同一个诉讼请求和事实理由向不同法院起诉的情形,所以还需要根据诉讼法理和司法实践作扩张解释。

一方当事人以不同的诉讼请求向不同法院起诉的情形相对简单,原、被告诉讼地位是确定的,诉讼标的相同(诉讼原因相同,诉的声明不影响诉讼标的),诉也就是相同的(当事人+诉讼标的),所以两个诉在实质上是同一个,后立案法院丧失管辖权。

各方当事人分别以不同诉讼请求向不同法院起诉的,是"分别起诉"的典型形态。此时,原、被告诉讼地位倒置,属于不同的诉,但诉讼标的相同,如果在一个程序中提出,则互为本、反诉,而对本、反诉的处理原则是由受理本诉的法院合并审理,实质上也是指由"先立案"的法院管辖。我国已有学者认识到,后诉相对于前诉而言,本质上属于"强制的反诉",即本来就应该在一个程序中提出。[③] 所以,尽管双方当事人的"分别起诉"属于不同的诉,

---

① [德]汉斯—约阿西姆·穆泽拉克:《德国民事诉讼法基础教程》,周翠译,中国政法大学出版社2005年版,第79、92页。

② 该条规定:"两个以上人民法院都有管辖权的诉讼,原告可以向其中一个人民法院起诉;原告向两个以上有管辖权的人民法院起诉的,由最先立案的人民法院管辖。"

③ 王福华:"论反诉制度中的诉讼权能平衡——完善我国反诉制度的一个新视角",载《法学论坛》2000年第2期,第85~86页。该文认为反诉应分为强制反诉与任意反诉,并将强制反诉界定为:(1)本诉请求与反诉请求产生于同一个法律关系或法律事实;(2)反诉请求必须是自己所享有的权利;(3)法院对反诉请求有主管权和管辖权;(4)其他法院既没有审理过也没有正在审理这一反诉请求。相同或类似的观点,参见房保国:"论反诉",载《比较法研究》2002年第4期,第78页;以及蒋为群、蓝光喜:"反诉制度的反思与重构",载《时代法学》2005年第5期,第80页。

但各诉应该在同一程序中向同一法院提出，向后一个法院起诉以及后立案法院行使管辖，都不符合诉讼法理。我国民事诉讼法没有强制反诉制度，大量“强制的反诉”成了另案的本诉，是导致“分别起诉”泛滥的重大制度漏洞之一。

（三）判的确定性，决定了各方当事人的所有诉讼请求应当在一个程序中解决

既判力是“一事不再理”这一古老而重要的诉讼原则的体现。我国通说认为，它是指法院作出的生效判决关于诉讼标的的判断所具有的通用力或者确定力。[①] 既判力的客观范围是指确定判决中的哪些判定事项产生既判力的问题。“无论是德国、日本的诉讼法学界，还是我国台湾地区的诉讼法学者，都毫无例外地以诉讼标的作为划分既判力的客观范围的标准。”[②] 诉讼标的由诉讼原因和诉讼请求构成，其中，诉讼原因是诉讼标的的内在本质，诉讼请求是诉讼标的的外在“声明”。所以，产生于同一诉讼原因的所有诉讼请求也就当然地归属于同一诉讼标的，需要接受同一判决的既判力的约束。所以，这些诉讼请求就应当在一个程序中提出，否则将产生“一事不再理”的后果。既然所有的诉讼请求都需要在一个程序中提出，相应地，这些诉讼请求的权利主体即各方当事人也就需要参与到一个程序中来，自动接受既判力的主观范围的约束，[③]否则将丧失诉权。

## 四、域外经验

### （一）德国的“不曾诉讼系属”

《德国民事诉讼法》第 261 条第 3 款第 1 项规定了“不曾诉讼系属”原则：在“争议案件”诉讼系属过程中，不允许任何当事人让该案件另外系属。如果法院确认违反了该禁令，则应当依职权视第二个程序中的诉不合法而予以驳回，而不取决于当事人的责问和被告的同意。诉讼系属的“阻挡功能”只希望阻止对同一“争议案件”的双重裁判，所以，为这一目标确定了主观的和实体的界限。主观界限方面，“对此并不依赖于是否第二个诉讼中

---

① 江伟：《民事诉讼法学》，高等教育出版社、北京大学出版社 2000 年版，第 276 页。

② 李汉昌：《诉讼标的理论研究——以实体法说为中心》，中国政法大学 2006 年博士学位论文，第五章第二节第一段。

③ 邓辉辉：《既判力理论研究》，中国政法大学出版社 2005 年版，第 163 页。既判力的主观范围，是指既判力及于什么人或者对什么人发生法律效力的问题。

的当事人的角色发生了调换,即第一个诉讼的原告成为第二个诉讼的被告。"实体界限方面,认定是否属于同一"争议案件"的标准,仍然以"诉讼标的"为依据,如果诉讼标的是同一个,则属同一个"争议案件"。[①]

(二)美国的"强制的反请求"与"协调和统一审前程序"

首先,美国采用了"强制的反请求"的方法,来限制"分别起诉"。根据美国的《联邦民事诉讼规则》第 13 条的规定,对方当事人提出"相同之交易或事件"的反请求是强制性的,他可以提出任何反请求,但必须在同一个程序中提出,"否则,他不得随后就这些反请求提起一个单独的诉"。[②] 其次,与美国有着发达的审前程序相一致,美国还创制了"协调和统一审前程序"的机制。根据 1968 年通过的《司法法典》第 1407 条,美国设立专门的"跨区诉讼合议庭",当案件符合法定条件时,[③]便将在不同司法区、涉及一个或多个共同事实问题的两个或者两个以上未决民事诉讼暂时移送到某一个司法区来"协调和统一审前程序"。被移送法院在审前程序结束后,由跨区诉讼合议庭决定"仍然必须将被合并的案件发回最初受理的法院"以作进一步的审理。[④]

(三)法国与英国的职权主义

根据法国《新民事诉讼法典》第 368 条和第 766 条的规定,"诉的分离与合并之决定属于司法行政措施","审前准备法官得进行诉之合并与分离"。[⑤] 因此,法国主要由法院依职权来识别"分别起诉",并决定是否合并审理,具有很强的司法行政性。根据英国《民事诉讼规则》,合并只是在以下两种情形下是方便的:第一,两个诉讼请求之间存在着严重的重叠;第二,存在着出现矛盾判决的风险。对这样的紧密联系的各个诉讼请求,是由法

---

① [德]汉斯—约阿西姆·穆泽拉克:《德国民事诉讼法基础教程》,周翠译,中国政法大学出版社 2005 年版,第 77 ~79 页。

② [美]杰克·H. 弗兰德泰尔等:《民事诉讼法》(第三版),夏登峻等译,中国政法大学出版社 2003 年版,第 338 页。

③ [美]杰克·H. 弗兰德泰尔等:《民事诉讼法》(第三版),夏登峻等译,中国政法大学出版社 2003 年版,第 84 页。三个法定条件是:"(1)有共同事实问题;(2)移送会方便当事人和证人;(3)移送将促进被协调案件得到公正和高效的审理。"

④ [美]杰克·H. 弗兰德泰尔等:《民事诉讼法》(第三版),夏登峻等译,中国政法大学出版社 2003 年版,第 84 ~85 页。

⑤ [法]让·文森、塞尔日·金沙尔:《法国民事诉讼法要义》(下),罗结珍译,中国法制出版社 2005 年版,第 1035 页。

院命令合并的方式来处理的。[1]

在我国,尽管当事人的诉讼主体地位日益增强,但是,人们对职权主义的警惕从未放松,[2]且职权主义确需在一定范围和限度内行使。所以,法、英两国的做法,对解决本文所提出的问题时实行一定的职权主义,有着说服意义。

**五、制度构建**

（一）确立强制合并起诉制度,从立法上根本解决“分别起诉”的问题

针对“分别起诉”,要想实现纠纷的全面彻底化解,就要做到“三个统一”:将各方当事人的起诉统一到一个法院受理,将每个当事人的所有诉讼请求统一到一个程序解决,将各方当事人的所有诉讼请求统一到一个程序解决。其中,合并起诉是前提和关键。建议在现行《民事诉讼法》第 52 条中增加以下内容作为第二款:“(原条文)原告可以放弃或者变更诉讼请求。被告可以承认或者反驳诉讼请求,有权提出反诉。(增加的第二款)基于同一法律关系或者法律事实产生的诉讼请求,只能在同一程序中提出。”这样完善,一是符合“一事不再理”原则的要求,即:同一个诉讼既不能事后再行起诉,也不能事中分别起诉;二是为人民法院对“分别起诉”启动形式审查和实质审查提供了依据;三是直接借鉴了德国法中“不曾诉讼系属”这一切实有效的原则;四是与美国法中的“强制反请求”有异曲同工的效果;五是为人民法院开展合并审理提供了依据。

（二）建立强制合并的配套机制,实现从程序到实体的权利保障与制约

首先需要疏通案件移送和合并审理的渠道。为了涵盖各方当事人的各种分别起诉情形,而不再仅仅是指原规定的同一“原告”的“一案两诉”,建议把现行《民事诉讼法》第 35 条中的两处“原告”都改为“当事人”:“两个以上人民法院都有管辖权的诉讼,当事人可以向其中一个人民法院起诉;当事人向两个以上有管辖权的人民法院起诉的,由最先立案的人民法院管辖。”然后,建立相应的配套机制。

---

① 沈达明、冀宗儒编著:《1999 年英国〈民事诉讼规则〉诠释》,中国法制出版社 2005 年版,第 289~293 页。

② 刘荣军:“民事诉讼中‘新职权主义’的动向分析”,载《中国法学》2006 年第 6 期,第 181~187 页。

配套机制一:案件发现机制。

1. 关联案件信息强制申报制:立案前令原告如实申报同一法律关系或法律事实引发的其他案件的信息,内容包括当事人情况、案件所在法院、案件处于哪个审理阶段、诉讼请求等四项。告知其隐瞒不报的法律后果:即使进入审理也可能被驳回起诉,情节严重的将被处以民事制裁。

2. 全国民商事案件立案受理信息联网制:将包括当事人姓名、诉讼原因、诉讼请求三项内容的立案信息实行全国法院联网。

配套机制二:案件移送机制。

1. 先立案确认制:以法院在起诉状及其副本上所签的受案时间来确定立案先后,最早的视为最先立案,无论受案法院的级别;①受诉法院必须如实签时间章,及时送达给被告接受监督,以防止日期倒签。

2. 立案前的形式审查和移送制:经形式审查发现属于"分别起诉"的,询问原告是否同意移送,同意的,裁定移送;不同意的,裁定不予受理,原告可以到先立案法院起诉。

3. 立案后的实质审查和移送制:立案后,经审理发现有下列情形之一的,应当移送先立案法院管辖:(1)"分别起诉"的各个案件都处于一审阶段的;(2)当事人通过"自行法律解释"、"创设联结点"等手段规避管辖的;②(3)"分别起诉"的各个案件分别处于一、二审阶段的。③ 移送前应当履行风险告知,原告同意撤诉的,裁定准予撤诉,不同意撤诉也不同意移送的,裁定驳回起诉,准予撤诉或驳回起诉的裁定生效后,原告丧失诉权,不得再诉。另外,审理中发现有相同诉讼标的的案件已审结生效,如果诉讼请求不是新发生的,直接裁定驳回起诉。

---

① 低级别法院先立案的,不宜再适用从前的由高级别法院吸收的规则。这既符合最高人民法院将一审民商事案件管辖权下移的精神,又符合一审民事案件适宜由低级别法院管辖的原理,潘剑锋:"第一审民事案件原则上应由基层法院统一行使管辖权",载《法律适用》2007年第6期,第14~18页。

② 江伟、王铁玲:"地域管辖规避行为的现状分析及规制",载《人民司法》2007年第2期,第50~51页。

③ 这种情况较为复杂,建议这样处理:管辖权应当由一审的法院行使的,二审的法院应撤销本法院的下级法院的一审判决,将案件一并移送;一审的法院无现实管辖权的,应将案件移送二审的法院,由二审的法院征询各方当事人意见后在二审阶段合并审理或一并发回本院的下级法院重审。

配套机制三:合并裁判机制。

1. 人的合并:先起诉的当事人列为“原告暨反诉被告”,后起诉的当事人列为“被告暨反诉原告”,有独立请求权或无独立请求权的第三人列为“第三人”。①

2. 一方当事人所有诉讼请求的合并:对每一方当事人,法官都应当尽提醒和释明之责,让其穷尽已经发生的诉讼请求,并告知不能穷尽的后果是除新产生的诉讼请求外,不得另诉或再诉。

3. 各方当事人所有诉讼请求的合并:将所有的诉讼请求划分为确认之诉、形成之诉、给付之诉三类,先处理确认之诉或形成之诉,②以明确基础的权利义务关系,然后再判定各方的给付之诉是否成立,成立的给付之诉,同类的予以抵消,不同类的要分别列明,裁判说理要全面、周到。

(三)完善妨害民事诉讼立法,对情节严重的“分别起诉”采取强制措施

根据我国目前的立法,对情节严重的滥用诉权行为采取民事强制措施,还无法可据,民事诉讼法在体现保障诉权的同时,也变成了“没有牙齿的老虎”。建议在现行《民事诉讼法》第102条第1款中增加第(七)项:“滥用诉讼权利情节严重的。”这也是德、日、法等国的立法例。③ 这样一来,就可以对情节严重的“分别起诉”行为人进行罚款或拘留,如通过规避管辖手段就反诉另行起诉,制造诉讼对抗,导致裁判冲突的;利用请求权竞合或增减当事人,以其他诉讼请求另行起诉,谋求诉讼投机,导致裁判冲突的。

## 六、结语

我国民事诉讼中的诸多非常态与不和谐运作,都不利于纠纷的全面彻底化解,但是不难从诉讼法理和域外经验中找到修整对策。如果仅作局部修整,可能会产生整部法律的不协调,如本文基于“一事不再理”原则对第

---

① 第三人的请求或辩解也产生于同一原因,所以也应当并入同一程序处理。德国的辅助参加是“半遮半掩”的对第三人的强制合并,美国的合并制度中也包含了对第三人的强制合并。严仁群:“诉之主体的强制合并”,载《法学评论》2006年第3期,第77~82页。

② 诉讼法上的形成之诉是对实体法上的形成权进行确认,所以实质上属于确认之诉的特殊情形。陈桂明、李仕春:“形成之诉独立存在吗?——对诉讼类型传统理论的质疑”,载《法学家》2007年第4期。

③ 张晓薇:《民事诉权滥用规制论》,四川大学2005年博士论文,“3.2 滥用诉权的规制机制”部分。

52条所作的完善,就会冲击现行民事诉讼法中与二审期间增加、变更诉讼请求及提出反诉等有关的规定,第108条关于受理条件的规定可能也要作相应的修改。2007年对民事诉讼法典的修改是一项局部工程而非系统工程,是应急性的,因此,很有必要尽快启动系统的修改工作。[①] 在即将到来的系统修改中,如果吸收诉讼标的理论、既判力理论等诉讼核心理论的研究成果,将“一事不再理”等重要原则写入法律,并作出内在统一、便于操作的制度设计,相信目前包括“分别起诉”在内的许多司法难题会得到有效缓解。

(作者单位:江苏省盐城市中级人民法院)

① 陈桂明、刘田玉:“民事诉讼法学的发展维度——一个时段性分析”,载《中国法学》2008年第1期,第187页。

# 驾驭和规范:论对不当关联诉讼的规制

唐雨虹

[内容提要] 当前,滥用诉权以谋取不正当利益,损害他人权益的现象正在升级,不当关联诉讼问题即是其中危害较大的情形。应从审判权和立法权两个层次对其进行规制:审判权的规制包括培养审慎裁判的司法态度、严格司法裁判权的规范行使、树立既判力相对性的裁判理念等三个方面;立法权的规制则包括程序法规制和实体法规制两个方面。

[关键词] 不当关联诉讼 既判力 审判规制 法律规制

> “我们所看到的法律污点,都是人类用自己的手涂上去的,这些手,也同样可以将那些污点抹去。”
>
> ——美国法理学家 J. M. 赞恩

凡有权利的地方,必然存在权利滥用。伴随权利保护全盛期的来临,我们也忧虑地见证着权利保护矫枉过正的“负效应”。在诉讼领域,人们的权利意识日益高涨,从以往的厌讼、畏讼、避讼,到如今的将诉讼视为纠纷解决的首选方法、凡争必讼,诉讼观从一个极端走向另一个极端。“诉讼爆炸”中,一股暗流正在悄然涌动——恶意诉讼、诉讼欺诈等滥用诉权行为迅速蔓延,危及法院的权威,侵害他人的利益,严重地破坏了有序的诉讼环境。不当关联诉讼就是其中危害较大的一个问题,本文从司法权和立法权两个层次,对不当关联诉讼的规制问题进行分析和探讨。

## 一、辨识:不当关联诉讼的本位考量

### (一)不当关联诉讼的基本内涵

**[案例1]** A从B处购买商品,因使用不当致A损伤,A、B合谋让生产者C赔偿,后A起诉B要求赔偿,诉讼中,经被贿买的鉴定机构鉴定,商品为不合格产品,A、B对此均无异议,法院遂判决B承担赔偿责任。后B向C追偿,C认为A之损伤系不当使用产品所致,并非质量问题,对鉴定结论有异议,要求重新鉴定。

**[案例2]** 丁购买甲之房屋,并实际居住,但房屋未办理过户,不久甲死亡,甲子乙、丙明知房屋已售于丁,却凭甲之房产证诉至法院,要求分割遗产,法院判决房屋归乙所有后,乙将房屋过户至自己名下。丁知悉后,起诉乙、丙,要求确认房屋归丁所有。

**[案例3]** 2003年X承包N厂,Y参与经营,2004年双方签订合伙协议,2005年二人产生矛盾,X意图谋夺Y利益,与Z串通,于2006年持其与Z签订的落款日期为2003年、公证日期为2006年的合伙合同,以Z出资不足为由诉至P法院,要求Z补足出资。P法院认定X、Z于2003年合伙,合伙合同合法有效,判决Z补足出资。2007年,Z以Y未经其同意擅自吸收X入伙为由诉至Q法院,要求确认X、Y的合伙协议无效;并要求X停止侵害。Q法院判如Z之所请,二审法院以X、Y间系合伙而非入伙关系,且该合伙合法有效、已实际履行为由,改判驳回Z的诉讼请求。

上列案例有共同之处,即存在两个以上的诉,数诉之间既相对独立又互相关联,或一诉之启动须以另一诉之结果为前提,或数诉在事实或法律关系上互有联系,且已产生生效裁判,此谓关联诉讼。关联诉讼的出现是社会生活和社会关系复杂化加剧的结果。许多时候,当事人的诉讼目的是综合性的,涉及物权、债权、行政关系等诸多方面。由于单个诉只能解决单一问题,于是“九连环”式的关联诉讼开始出现。关联诉讼可以是民民关联、行民关联、刑民关联等。关联诉讼的数诉当事人可以是相同的,也可以是不同的。关联诉讼是社会进步和经济发展的产物,它一方面能够理顺当事人间错综复杂的法律关系,满足处理复杂纠纷的需要,另一方面却又常被变相利用成为侵害他人的工具,从而变异成为不当关联诉讼,不仅损害诉权的正当性,而且破坏常态的诉讼秩序。

不当关联诉讼,是指诉讼当事人以谋取不正当利益为目的,故意(或重大过失)滥用诉讼权利,以合法的诉讼形式,利用生效法律文书,所启动的旨在损害他人合法权益或阻断他方维护权益的关联诉讼行为。不当关联诉讼的"诉讼链"大多由恶意诉讼、诉讼欺诈等滥用诉权[①]行为构成,其基本类型有:(1)诉讼欺诈型。行为人恶意串通、捏造事实,造成先诉不利于他人的既成事实,并以之为前提启动损害他人利益的后诉,如案例1、3。(2)阻断维权型。在排除权利人参与的情况下,恶意制造虚假法律关系,抢先套取生效裁判,使权利人维权之诉不能胜诉,如案例2。(3)误导诉讼型。法院不当行使裁判权,误导当事人启动不当关联诉讼,当属特例。[②]

(二)不当关联诉讼的基本属性

1. 从手段看,不当关联诉讼是滥用权利的行为。权利滥用,是指权利主体表面上合法行使权利,实质上却背离了权利本旨或超越了权利界限。"民事诉权是国民请求法院行使审判权解决民事纠纷或保护民事权益的权利。"[③]"民事诉讼的目的包括私权保护、纠纷解决、维护法律(或私法)秩序……"[④]而不当关联诉讼却是为了谋取非法利益、侵夺他人财产而行使诉权,违背了民事诉讼的目的,也超越了诉权正当行使的界限,是滥用诉讼权利的违法行为。

2. 从本质看,不当关联诉讼是违反诚实信用原则的行为。诚信原则本是民法的基本原则,随着社会的进步、诉讼观念的衍化以及民事诉讼制度的发展,诚信原则已为许多国家的民事诉讼法所采用。民事诉讼中的诚信原则,是指法院、当事人以及其他诉讼参与人在进行民事诉讼时必须公正、诚实和善意。其包含行为和实质两方面含义。行为意义的诚信原则是指行为主体主观上应诚实、善意。实质意义的诚信原则是指在民事诉讼过程中必

---

① "滥用诉权"指当事人故意或重大过失,明知不享有诉权而提起诉讼或虽享有诉权,但本着侵犯他人合法权益之目的恶意行使,从而实现不法诉讼利益的行为。"恶意诉讼"指为达非法目的,恶意利用合法的诉讼形式,对对方当事人或案外人的合法权益造成侵害的行为。"诉讼欺诈"指行为人为达非法目的,做虚假陈述、提供虚假证据或者串通证人作伪证,欺骗法院作出错误判决,损害对方当事人或案外人利益的行为。

② 此类情形虽少但危害极大,其虽非本文主要针对内容,但因对其规制确有必要而将之作为不当关联诉讼的特例考察。

③ 江伟主编:《民事诉讼法》,复旦大学出版社2005年版,第52页。

④ 江伟主编:《民事诉讼法》,复旦大学出版社2005年版,第47页。

须维持当事人各方利益平衡和当事人利益与社会利益的平衡。[①] 而不当关联诉讼从目的到行为无不充斥着不诚信的因子,是对诚信价值的根本背叛。

3. 从表现形式看,不当关联诉讼是侵权行为。“侵权行为者,因故意或过失不法侵害他人之权利或故意以背于善良风俗之方法,加损害于他人之行为也。简言之,为侵害他人权利或利益之违法行为。”[②]侵权行为的构成要件包括:行为的不法性或侵权性、损害事实的发生、侵权与损害之间的因果关系、行为人具有主观过错。而不当关联诉讼亦有四个特点:一为行为人实施了不正当诉讼的违法行为;二为行为人具有主观故意(或重大过失);三为行为人造成他人权益的损害;四为他人的权益损害与行为人的行为之间存在因果关系。可见,不当关联诉讼符合侵权行为的法律特征,应为民事侵权行为。

(三)不当关联诉讼规制的必要性

1. 社会层面:实现社会有效控制,促进社会和谐发展的需要。

和谐社会需要社会控制,社会控制是依靠道德、宗教、法律等手段对人的内在本性进行的控制,而人的逐利本性正是不当关联诉讼形成的内在诱因。当前我国正处于转型期,“人与人的交往方式从一种源于共同体的内在道德和心理约束方式,转变为强调人与人之间的外在的利益约束和法律调整的新方式。”[③]社会道德控制乏力,人们一旦发现诉讼权利可资利用,就会趋之若鹜,更遑论在法律对滥用诉权行为规制缺位、行为风险极小的情况下,其消极示范作用和负面效应更是不容小觑。加之个体间法律素养的较大差距,客观上加剧了滥用诉权行为的泛滥。当前离婚诉讼中“盛行”的夫妻一方为多分财产或使对方少分财产,串通他人制造“夫妻共同债务”,套取法院生效法律文书的做法当属对此的最佳诠释。不当关联诉讼破坏正常的社会秩序,徒增人与人之间的不和谐因素,易于引发新的社会冲突,必须加以规制。

2. 法律层面:弥补法律漏洞,体现法律公正的需要。

规制规范的匮乏是不当关联诉讼形成的外在诱因,有控制才会有秩序,

---

① 聂明根:“民事诉讼法上诚实信用原则研究”,载陈光中主编:《诉讼法论丛》(第4卷),法律出版社2000年版,第107页。

② 史尚宽:《债法总论》,中国政法大学出版社2000年版,第105页。

③ 张晓薇:“论民事诉权滥用在我国出现的外在诱因”,载《河北大学学报》2006年第3期,第71页。

缺乏必要的规制，行为的失控在所难免。我国立法对不当关联诉讼的规制从实体法到程序法都有欠缺。例如，未明确不当关联诉讼的法律后果和应承担的法律责任；无专门的司法强制措施以有效规制不当关联诉讼；案外人无参与恶意先诉和申请再审的权利等诉讼制度上的缺陷；等等。这些规范的缺位，客观上纵容了不当关联诉讼的恣意，当务之急是弥补法律空白，遏制不当关联诉讼肆虐之势头。

3. 司法层面：规范法官审判，维护司法权威的需要。

法官的素质良莠不齐，审判经验和责任感的个体差异较大是客观存在的事实。在当前案件数量居高不下的情形下，更暴露出审判中存在的诸多弊端，例如，片面追求效率，机械执法办案；草率认定案件事实，轻易评价法律关系；过分重视调解，缺乏必要节制；滥用自由裁量权，随意行使释明权，误导当事人诉讼等，这些均易酿成不公正的裁判。而正如培根在《论司法》中指出的："一次不公正的裁判，其恶果甚至超过十次犯罪。因为犯罪虽是无视法律——好比污染了水流，而不公正的审判则毁坏法律——好比污染了水源。"且不公正的裁判极易被人利用，使法院成为侵害他人的"帮凶"，不仅浪费了宝贵的诉讼资源，而且使法院的公信力遭受严重质疑，极大损害了法院的形象，有必要规范审判行为，有效规制不当关联诉讼，还法院应有的权威。

## 二、驾驭：审判权对不当关联诉讼的规制

审判权的本质是判断权，旨在使权利免受侵害。而不当关联诉讼则是对审判权的极大挑战，其难点在于：我国的生效裁判具有确定力、拘束力和执行力，实务界亦形成共识——生效裁判对后诉具有绝对拘束力，可以直接作为定案依据。不当关联诉讼的行为人正是利用这一点，在不同法院或同一法院的不同审判人员之间投机，用生效裁判的绝对效力"诱逼"法官就范，以达到侵犯他人利益的目的。在规则缺位的情况下，如何发挥司法能动性，有效驾驭不当关联诉讼，既保证法院生效裁判的权威，又维护无辜者的合法权益，成了摆在法官面前的重要课题。

### （一）培养审慎裁判的司法态度

审慎裁判是法官应持的基本司法态度，但伴随诉讼爆炸时代的来临，法院面临诉讼压力的骤增，效率追求已跃居工作首位，身心疲惫的法官在不经意间已淡化了审慎裁判理念，从而使不当关联诉讼有了可乘之机。

1. 严谨认定事实、慎重判断法律关系。不当关联诉讼有其隐蔽性,即使是经验最丰富的法官都未必能发现诉讼背后的真实意图。但是,如果法官在审案时能够做到审慎严谨,完全可以减少裁判给可能的后诉造成的消极影响。如严格审查证据,叙述事实客观公正,不作随意认定(如生产者缺席的产品质量纠纷,不要将销售者出售的产品表述为"××生产的产品",而应表述为"标明生产厂家为××的产品",以免侵犯生产者的权利);无证据佐证的自认事实在不影响裁判定性的前提下不要轻易认定;紧扣诉求判断法律关系,不要评价与案件无关、联系不密切或涉及案外人利益的法律关系;等等。

2. 排除先诉干扰,避免轻率"跟进"。对审理后诉的法官而言,案件可能存在"先天不足",但法官应坚持独立理性地审理,切勿"先入为主"。面对可能对一方当事人的利益产生不利影响的生效裁判,法官的首要任务是以正确的思路理顺法律关系,尽可能减轻生效裁判的不利影响,而不是被先诉的审理思路,甚或当事人的观点左右了自己的判断。如上述案例3,X、Z的意图是以先诉取得法院对X、Z合伙关系的确认,并认定该合伙的时间事实(先于X、Y的合伙时间),再以"入伙"的法律规则,用后诉排除Y的合伙权利。但后诉二审法官并未受"入伙"论的影响,认为X、Y系合伙而非入伙关系——即X、Y、Z三方存在两个独立的合伙关系——驳回了Z的诉讼请求。

(二)严格司法裁判权的规范行使

1. 谨慎调解,警惕恶意调解情形。调解一直是我国民事纠纷解决的主要方式之一,其对和谐社会的构建起着重要作用。但在强调以调解率、错案率等作为评价法官业绩标准的今天,法院系统的"调解热"和片面追求"调解率"的现状却为滥用诉权者套取法院调解书创造了条件,恶意调解渐呈上升之势。这就要求法官在积极调解,钝化社会矛盾的同时,始终保持警惕之心,对双方几无争议,为调解而调解;事实证据存有可疑,当事人不在意查清事实而仅热心于调解等情形,应详加审查,以防被人利用。

2. 严格规范释明义务,避免误导当事人启动不当新诉。法官释明的目的是为了最大限度地澄清事实,平等保护当事人的程序和实体权利。当法官认为当事人的诉讼请求存在缺陷、证据自相矛盾、主要证据不充分时,可以通过发问、提醒等方式促使其更正错误。从某种意义上讲,释明是法官心证过程的展示,这也是对法官"裁判突袭"的控制。然而有的法官往往过于自负，未经考虑成熟就随意与当事人评点法律关系，不负责任地指导当事人，如“你应提起撤销权之诉”或“这是另一个法律关系，你可另行主张”之类，极易误导当事人提起不当新诉，故应对此严格规范。

3. 规范裁判文书写作，防止因恣意判断引发不当关联诉讼。近年来，法院大力改革裁判文书写作，然而不少法官从传统的叙事、说理过于简单、空洞，发展到另一个极端，认为裁判文书越长越好，以至于叙事啰嗦、说理冗长、条理不清、逻辑不严，难免会有不严谨之处遭人利用。故应端正裁判文书写作观，做到详略得当、思路清晰、逻辑缜密、论证严谨；紧扣当事人的诉求和争议论述，避免天马行空，以防留有“后患”，成为启动不当关联诉讼的“导火索”。

（三）树立既判力相对性的裁判理念

有既判力才会产生拘束力，不当关联诉讼的症结集中体现在将先诉生效裁判的既判力绝对化上。既判力是大陆法系民事诉讼法学的基本范畴，指民事判决实质上的确定力，即形成确定的终局判决内容的判决，所具有的基准性和不可争性效果。[①] 既判力产生“一事不再理”的效果，其在维护司法权威，保证诉讼经济、保障法的安定性等方面有着重要作用。然而，既判力不是绝对的，而是相对的，既判力的相对性体现在既判力的主体、客体和时间界限上。

1. 主体界限。

既判力除及于法院外，原则上只限于当事人，对案外人不发生效力。因为民事诉讼解决的是特定当事人间的纠纷，判决以当事人在庭审中的诉辩为基础，因而判决亦只能拘束双方当事人，若判决随意拘束第三者，则会侵犯其诉讼权利。既判力主体界限可适当扩张至当事人的承继人、法律规定的对他人实体权利义务或者财产拥有管理或处分权的人、诉讼担当时的实体权利义务的归属人等。[②] 有学者提出质疑：生效裁判“所确定的实体权利义务关系不仅仅是当事人所必须遵守的，全社会都应当尊重，并不存在主体范围界限”。[③] 笔者以为此种观点有失偏颇，既判力主体相对性能够较好地处理先、后诉的关系，但应区分不同情形。

---

① 吴明童：“既判力的界限研究”，载《中国法学》2001年第6期，第76页。

② 江伟主编：《民事诉讼法》，复旦大学出版社2005年版，第73页。

③ 耿宝建：“既判力理论的发展及在审判中的运用”，载《法律适用》2004年第2期，第56页。

(1)债权性结论。债权有相对性特点,故生效裁判的债权性结论不应对当事人外的他人之权利义务产生实质影响,即其能够产生既判力主体相对性的效果(如案例3)。只要法院能准确把握债的有效与履行的关系,保护已履行之债的履行利益,对虽有效、但未实际履行之债以追究责任人违约责任等方式解决,则先、后诉之间就不会产生矛盾,如此,既保障了无辜者的合法利益,挫败了不诚信者的阴谋,同时也维护了司法裁判的权威。

(2)排他性法律关系结论。既判力主体相对性不能适用于生效裁判的结论是物权性(或能够产生物权效果的)、特殊身份关系(如劳动关系、夫妻关系)等排他性法律关系的情形。因为排他性具有对抗他人的效力,故确认劳动关系等特殊身份关系,确认所有权、抵押权等物权关系,明确特定物的给付之类能产生物权效果的生效裁判可以产生拘束当事人外第三人的法律效果。如“一房多卖”,法院可先后确认就同一房屋形成的数个买卖合同均为有效,而不会产生任何冲突,但只能将房屋判归一方买受人所有,而判决出卖方对其他买受人承担违约责任,驳回其他买受人要求交付房屋的诉讼请求。再如案例2,有学者认为,若丁拥有房屋的实际所有权,则应支持丁的诉讼请求。① 但是,笔者以为,鉴于物权的排他性特征,法院不能就一物之所有权形成先后矛盾的生效判决,在先诉被撤销之前,后诉不可径行支持丁的诉求,否则不仅有损于司法裁判的权威,亦会使案件的执行陷于困境。

2. 客体界限。

判决包括事实、判决理由和判决主文等内容。既判力的客体界限原则上仅限于判决主文。但理论界就事实与判决理由是否具有既判力存有很大争议,试分析之:

(1)事实。将生效裁判的既判力绝对化的弊端已经引起重视,《最高人民法院关于民事诉讼证据的若干规定》第9条规定:已为人民法院发生法律效力的裁判所确认的事实,当事人无须举证,但当事人有相反证据足以推翻的除外。笔者以为,该条的适用应区分情形:①生效裁判所确认的排他性法律关系结论,即使当事人有相反证据足以推翻,也不能绕过生效裁判直接作出相反认定。②除此之外的其他定案事实若确有相反证据足以推翻的,应予支持。如案例1,先诉鉴定结论虽系定案事实,但因先诉排除C的参

① 翁晓斌:“我国民事判决既判力的范围研究”,载《现代法学》2004年第12期,第79页。

与,C在后诉中申请重新鉴定,只要符合重新鉴定条件,法院应予支持。③无证据证明或未经质证的非定案事实,对后诉没有拘束力。④先诉当事人主张或自认并得到先诉裁判确认的事实,在后诉中对该当事人有直接拘束力,此系诚信原则之禁反言的要求。

(2)判决理由。有学者主张既判力客体界限应扩张至判决理由,或在既判力之外有条件地另设判决理由的拘束力,如"争点效"。[①] 但笔者以为判决理由不具有既判力。理由是:①民事诉讼的目的主要为解决当事人间的纠纷,而法院对纠纷解决的实体确认具体体现在判决主文上,故而"既判力在形式上系于判决主文,在实质上便是随着诉讼标的判断而产生,即既判力的客观范围与诉讼标的范围相一致。"[②]②有人认为赋予判决理由以既判力可以减少法官的重复劳动,其实不然。既判力并非要求机械服从,法官同样要对后诉之事实和法律关系进行独立评价,先诉判决理由若仅具参考价值而非既判力,反而能够减轻后诉法官的论证负担。③因法官素质参差不齐,现实中存在相当数量的"歪打正着",即判决结论是正确的,但判决理由却存在偏差甚至错误。而只要判决结果达到预期,即使裁判的事实认定、裁判理由存在错误,当事人也不会单纯就此提起上诉。④法院可灵活根据诚信原则及禁反言规则决定"争点效"对后诉的拘束力,而不必冠之以"既判力"的称谓。例外情形是:判决理由中对债之抵消抗辩[③]成立与否的判断应有既判力。若非如此,则使被告就已被抵消之债权另行起诉原告成为可能,这是不公正的。

3. 时间界限。

既判力的时间范围,指以事实审言词辩论终结时为基准,当事人间的权利义务关系被确定,不得复为争执。[④] 即生效判决有使在先诉基准时之前存在但未适时主张的事由(攻击防御方法)在后诉中不得提出的效力,或者

---

① 争点效指被双方当事人作为主要争点争执,且法院对该争点已进行审理并作出判断,当同一争点作为主要先决问题出现在后诉的审理中时,先诉法院对该争点的判断产生通用力。邓辉辉:"论判决理由的既判力",载《理论探索》2006年第6期,第150页。

② 骆永家:《既判力之研究》,三民书局1996年版,第31页。

③ 抵消抗辩指被告以对原告享有的、与诉讼请求毫无关系的债权,主张以对等数额消灭原告请求债权的一种特殊抗辩。翁晓斌:"我国民事判决既判力的范围研究",载《现代法学》2004年第12期,第83页。

④ 翁晓斌:"我国民事判决既判力的范围研究",载《现代法学》2004年第12期,第85页。

说当事人在该诉讼中应该提出而未提出的诉讼资料,以后即丧失提出的权利,这一效果称为既判力的失权效,也称遮断效。① 由此,可令恶意隐瞒证据另行诉讼,以诉讼突袭来满足自己不当利益的当事人的计策落空。

## 三、规范:立法权对不当关联诉讼的规制

### (一)对不当关联诉讼的程序法规制

1.确立诚实信用原则为我国民诉法之基本原则。

诉讼法上的诚信原则要求当事人排除不正当方法形成的利己诉讼状态、禁反言、禁止诉讼权利滥用、禁止虚假陈述等;要求法院禁止滥用自由裁量权、禁止实施突袭性裁判等。② 它的精神内涵和“空框结构”既便于法官灵活运用,有效规制形式各异的不当关联诉讼行为;同时也是对法官裁判权的必要限制,以防因自由裁量权的过度行使而侵犯了当事人的诉讼利益。当前,虽然我国的民事诉讼法及相关司法解释的部分条文与诚信原则精神有暗合之处,但并不能因此认定我国在民事诉讼领域已经确立了诚信原则,因为“该原则采用的基本标志是看有没有形成贯彻诚实信用的立法理念,以及以倡导和维护诚实信用为中心的规范体系”。③ 故立法应明确规定诚实信用原则是我国民事诉讼法的基本原则。

2.加强对案外人的权利救济。

没有救济就没有权利。在不当关联诉讼中,被先诉损害了利益的权利人在先诉中并无地位,仅为案外人,无法参与诉讼以保护自己的权利。故应在先诉中为其设定诉讼地位,可扩大有独立请求权第三人的范围,将对诉讼标的虽无独立请求权,但诉讼结果将损害其利益的情形也包括进去。立法例可参考日本的“诈害防止参加”和法国的“任意参加”制度。④ 此外,还应扩大申请再审的主体范围,赋予未能参与先诉却被其损害了利益的主体以

---

① 骆永家:《既判力之研究》,三民书局1996年版,第18页。

② 江伟主编:《民事诉讼法》,复旦大学出版社2005年版,第111~113页。

③ 江伟主编:《民事诉讼法》,复旦大学出版社2005年版,第110页。

④ 法国的“任意参加”是指某人为请求法院宣告有争议的权利属其所有,或为保全其因诉讼结果有可能受到影响的权利,以自己的行动参加并非由其提起或并非直接针对其提起的诉讼。日本的“诈害防止参加”是指主张由于诉讼结果而使其权利受到损害的第三人,或主张诉讼标的的全部或一部分属于自己的第三人,可作为当事人将双方或一方当事人作为对方当事人参加诉讼。邱星美:“论诈害案外人恶意诉讼之程序法规制”,载《法律科学》2005年第3期,第106页。

申请再审，撤销先诉法律文书的权利。法国新民事诉讼法就赋予了案外人“第三人异议”的权利，即第三人取消生效判决的异议制度，[①]该立法例值得借鉴。当然，案外人申请再审的条件应作严格限定，以防有人随意申请再审，危害生效裁判的安定性。

3. 完善相关诉讼制度。

(1)完善民事诉讼调解制度。针对不当关联诉讼中恶意调解的情形，有必要完善调解制度，可规定：①双方无争议纠纷的调解移交人民调解组织处理，若双方坚持要求法院出具调解书的，应加强案件事实的举证和查证，以防恶意串通情形；②调解书制作应规范，调解协议中权利义务关系的确立应建立在明确法律关系、查清标的物归属的基础之上，以防当事人处分他人之物，或损害他人利益。

(2)完善自认制度。一般而言，就一方当事人主张的事实和请求，对方当事人自认的，法院可直接认定，尤其是在强调当事人举证的诉讼模式下。但是，为防止出现恶意串通情形，可规定：对当事人自认的事实，法官认为确有审查必要的，可以要求当事人举证，法院亦可以依职权调查取证。

(3)设立专门的民事罚款制度。虽然我国民事诉讼法规定了妨害民事诉讼的强制措施，但其适用范围较之不当关联诉讼等滥用诉权行为并不吻合，且处罚力度不足以起到威慑作用，有必要针对不当关联诉讼行为设立专门的罚款制度，对该行为处以重罚，借以规制此类行为，立法例可参照法国的民事罚款制度。[②]

(二)对不当关联诉讼的实体法规制

1. 设立不当关联诉讼赔偿制度。

明确规定不当关联诉讼行为为侵权行为，应承担相应的赔偿责任。为防止请求人滥用赔偿请求权，将侵权范围扩大化，对此应作必要的规范：

---

① 该法典第 582 条规定：第三人异议，旨在为对判决提出攻击的第三人的利益，撤销判决或请求改判之。第三人异议，相对于提出异议的第三人，即是对受到异议攻击的已判争点再行提起诉讼，以期在法律上与事实上重新裁判之。第 583 条规定：如果于其中有利益的人，均允许提出第三人异议，但以该人在其所攻击的判决中既不是当事人，也未代理进行诉讼为条件。但是一方当事人的债权人与其他权利继受人，对妨害其权益的判决，或者如其提出自己的理由，亦可提出第三人异议。邱星美：“论诈害案外人恶意诉讼之程序法规制”，载《法律科学》2005 年第 3 期，第 106 页。

② 法国《新民事诉讼法典》第 32 条第 1 款规定：以拖延诉讼方式，或者以滥诉方式进行诉讼者，得科处 100 法郎至 10000 法郎之民事罚款，且不影响有可能要求的损害赔偿。汤维建、沈磊：“论诉权滥用及其法律规制”，载《山东警察学院学报》2007 年第 3 期，第 27 页。

(1)行为人实施了损害他人利益的不当关联诉讼行为。(2)行为人主观上应为故意,或重大过失。这一点有别于一般侵权行为的过错责任,由于不当关联诉讼的复杂性,难免会有当事人因欠缺法律知识或诉讼措施失当而造成他人损害,若将它们都归入侵权的范围,则会遏制人们寻找司法保护的内动力,也不能突出打击不当关联诉讼的重要性。此外,受法官释明或裁判文书误导的诉讼情形亦不能纳入侵权之列。(3)不当关联诉讼行为得到了确认。如先诉存在伪造证据、恶意串通情形的;法院生效裁判认定其为恶意诉讼而驳回起诉的;等等。应明确的是,并非所有被驳回诉讼请求或驳回起诉的情形都为侵权行为。

不当关联诉讼赔偿责任包括赔礼道歉、消除影响、赔偿损失。其中赔偿损失应实行全面赔偿原则,包括财产损失("直接损失 + 间接损失"模式)赔偿和精神损失赔偿。非如是,不足以抗衡侵权者为谋夺可能之利而生的冒险之心,起到必要的警示作用。

2. 追究不当关联诉讼行为的刑事责任。

对不当关联诉讼中常见的诉讼欺诈、伪造证据等行为,造成严重后果的,应当依法追究刑事责任。但法无明文规定不为罪,目前我国对此类行为的刑法规制尚处空白,建议将刑法中的伪证罪从仅指刑事诉讼中的伪证行为,扩大到包括民事诉讼中的恶意串通、伪造证据,侵犯他人利益,造成严重后果的行为。或者将不当关联诉讼中的诉讼欺诈等行为统一规定罪名,处以相应的刑罚,以此加大对不当关联诉讼的规制力度。

(作者单位:江苏省盐城市中级人民法院)

# 审判管理　路在何方

## ——以审判权为中心的中国特色审判管理机制之构建

许建兵

［内容提要］　本文以实现“审判权在阳光下运行”为切入点，以对审判权运行的限制、监督为中心，透视现行审判管理的应然目标，论证审判管理运作成果实效，反思现行审判管理运行中的缺陷和不足，提出构建具有中国特色审判管理机制的观点。

［关键词］　审判权　审判管理　机制　构建

### 一、路由：让审判权在阳光下运行

按照西方学者的经典表述和分类，国家权力分为立法、司法和行政三项，主张三项权力相互约束、彼此制衡，保证政治权力在法律规章的限制下运行。审判权是国家权力的一种，自然也应受到严格的限制以避免对个人自由和权利的侵犯和威胁。如何加强审判权运作的监督管理，确保审判权在阳光下运行？法学家偏重于研究传统的诉讼制度并力图通过立法手段对其加以科学化的整合与创新，实务界关注的不仅是法律制度的系统化设计，且更多地注意到了我国当前的现实情况，以及司法权在国家政治制度架构中的特点，正在寻求一种在有限的司法资源得到合理配置的条件下，在现有法律制度框架内，建立以审判权为中心的管理体制，形成配置科学、运行顺畅、公开透明的审判工作机制。

司法公正应当是看得见的公正，司法高效应当是能感受的高效，司法权威应当是被认同的权威。因此，法院审判工作只有做到依法、公开、透明，审判工作才能取信于民,才能建设公正高效权威的社会主义司法制度。党的十七大报告提出,要“深化司法体制改革,优化司法职权配制,规范司法行为,建设公正高效权威的社会主义司法制度,保证审判机关、检察机关依法独立公正地行使审判权、检察权”,“要完善制约和监督机制”,“让权力在阳光下运行”。最高人民法院明确了依法公开、及时公开、全面公开三项原则,确保审判权在阳光下运行。[①]

“审判权在阳光下运行”是指在审判管理的程式下,通过规范化的管理手段,审判权被“程序化”地依法公开、及时公开、全面公开。从2003年开始,在全国法院系统无论是高级法院还是基层法院都陆续探索建立以审判质量效率指标体系为核心的审判管理机制,[②]建立了审判管理机构,主要通过对质效指标的动态管理,保障审判权运行公开、透明、公正。笔者所探求的是:在现有的体制框架内,在已有的实践经验基础上,如何构建以审判权为中心的具有中国特色的审判管理机制。

## 二、透视:现行审判管理应然目标与审判管理运作成果论证

### (一)现行审判管理应然目标归类比较

以控制审判权的运行为手段,各地法院各不相同的审判管理模式,决定了管理职能和内容的差异性,很难就审判管理应然标准给出唯一答案,也很难给出一个统一的尺度。但就实现公正与效率的总体目标而言,却是不约而同的。从现行审判管理实践来看,主要有三种观点。

第一种观点认为,审判管理的目的就是为了保证人民法院的整个诉讼活动合法、有序、高效地运行。司法应成为解决法律争端与讼案的最彻底、最权威和最具有约束力的裁决方式,法院应当成为处理私人和社会组织的权益纠纷的主要的和终极的机关。[③] 审判管理的最终目标应当定位在维护

① 最高人民法院新闻发言人倪寿明于2007年12月4日做客强国论坛,以“建设公正、高效、权威的社会主义司法制度”为主题与网友进行的在线交流。

② 2003年,上海市高级人民法院在全国法院系统率先建立了审判质量效率评估体系,参见上海市高级人民法院2008年1月26日在上海市第十三届人民代表大会第一次会议上作的工作报告。2003年12月10日,江苏省高级人民法院下发了《关于建立全省法院审判质量效率统一指标体系和考评机制的实施意见(试行)》及其三个附件,简称苏高法发(2003)7号文件。2004年下半年,湖南省高级人民法院建立并实施了司法绩效综合评估体系,江必新:“司法绩效综合评价的实践与思考”,载《中国审判》2006年第6期。

③ 王利明:《司法改革研究》,法律出版社2000年版,第3页。

司法公正、提高司法效率、树立司法权威上。“审判管理改革的目的就是要建立公开、公正、高效、规范、有序的审判工作运行机制；向改革要工作效率，要案件质量，要公开公正，要素质威信。”①

第二种观点认为，审判管理的目的在于寻求一种使有限的司法资源得到合理配置，能够有效控制审判权的运行，促进实现司法公正与效率的途径。这是从审判管理的运作执行主体即审判管理组织的单独设置角度得出的观点。“法院作为一个整体性的审判组织，在传统的法院内设机构中，由于没有专司审判管理职责的机构存在，实际上也在一定程度上影响了法院审判职能的发挥。”②

第三种观点认为，“审判管理的目标是建立良好的司法秩序，为正义价值和效率价值的实现创造有利的条件，提供可靠的保障。”③因为正义的广泛实现需要良好的秩序，高效依赖于有序。改革审判管理体制，就是要更好地追求司法的秩序价值，以管理对象的自觉遵守为条件，给予适度的宏观控制，提高审判质量和效率，实现科学管理体制的良性运行。

笔者认为，无论是以规范诉讼活动为中心、以优化资源配置为中心、以建立良好司法秩序为中心，还是以有效管理案件审判为中心，各种观点的本质都是以控制审判权的行使为管理手段，更好地实现秩序的价值、正义的价值和效益的价值，使社会对审判结果有较高的公信度，并有效回应社会的司法评价。由此，现行审判管理的应然目标，可以确定为基本目标和宏远目标两类。基本目标即是提高法院审判质量和效率，提升法官司法能力。宏远目标即是以法的正义、效率、秩序为价值取向，建立公正、高效、权威的社会主义司法体制。

(二)求证审判管理运作之实效

在我国司法体制改革实践中，审判管理改革正在进行着一个自下而上的缓慢过程，求证审判管理所取得的实效，需要运用总揽全局的司法智慧置其于大局之内去鉴别、去思考，从宏观意义上把握其结果和方向，作出适当的司法决策和评判。④

---

① 见《广东省高级人民法院关于加强全省法院审判管理改革工作的意见》。

② 张玲南：“论法院审判管理组织的合理设置”，载法律快车网，于2008年7月2日访问。

③ 郭俭：“质量与效率：一个关乎法院未来的命题——谈现实制度下质量与效率实现的努力”，载上海法院网，于2008年7月2日访问。

④ 孔祥俊：《司法理念与裁判方法》，法律出版社2005年版，第115页。

1. 合法性与创造性衡平。创造性必须以合法性为前提和基础,必须遵循法律的规则、原则和精神。目前的审判管理初步形成了坚守法律与创新管理的衡平机制,具体表现为案件质量效率评估指标的设定。以江苏法院审判管理改革为例证,2003 年,江苏省高级人民法院依据“三大诉讼法”制定了《关于建立全省法院审判质量效率统一指标体系和考评机制的实施意见(试行)》。经过四年的施行,逐步确立了具有江苏特色的审判管理模式。再以湖南法院为例,湖南省高级人民法院在 2004 年建立并实施了“司法绩效综合评估体系”,2006 年在全面总结司法绩效综合评价实践的基础上,借鉴国外司法绩效评价的先进理念和具体方法,结合“三大诉讼法”的规定,运用多学科知识,构建了“三位一体”的司法绩效综合评价体系。①

2. 司法质量与司法效率并重。全国各地法院均在审判管理改革中将公正与效率的有机统一当做一项必须贯彻的重要内容。“在确保公正的前提下,努力提高办案速度,减少诉讼成本,减轻当事人的诉累,以最小的诉讼投入,实现司法的公正”亦成为在此管理理念下评选优秀法官的标准。如全国劳动模范宋鱼水就是质量与效率“双赢”的典型。江苏盐城法院系统评选十佳法官将此作为一项重要条件,并向社会公示法官业绩。这方面的例证不胜枚举,充分证明了“如果不强化审判管理,司法公正与效率的主题很难实现”②的论断。

3. 实体公正与程序公正并举。在司法活动中,法律的形式合理性表现为两种基本形态,一种是法律意义上的实体正义,另一种是法律意义上的程序正义。③ 在审判管理的程序设计上,在加强管控实体公正的同时,都将审判程序管理作为重点,强化在个案中实现程序公正和实体公正的统一。如北京海淀区法院的“审判管理办公室”、河南登封法院的“审务监控评价中心”、成都高新区法院的“审判管理中心”运作的具体职能。④ 江苏东台法院的“审判管理办公室”,其管理职能为 18 项,大多围绕审判流程量身订制,对所有审理、执行案件流程实施不间断的跟踪、管理、监督。

4. 司法公正与司法公信兼容。我国目前正处于一种体制转轨时期,无

---

① 江必新:“司法绩效综合评价的实践与思考”,载《中国审判》2006 年第 6 期,第 46 页。

② 李玉杰:《审判管理学》,法律出版社 2003 年版,第 12 页。

③ 郑成良:《法律之内的正义》,法律出版社 2002 年版,第 176 页。

④ 张玲南:“论法院审判管理组织的合理设置”,载法律快车网,于 2008 年 7 月 2 日访问。

论现代法律制度还是现代市场经济制度，均正在形成和塑造之中，坚持“两个效果的统一”具有特殊的意义。[①] 审判管理的内容纳入了坚持“两个效果的统一”，作为对法官业绩考核的重要因素，主要体现于法官的司法过程。法官积极全面履行释明权，以期赢得当事人的理解和遵从，减少上诉案件和信访申诉、投诉。法院提倡“多调少判”的调解结案方式，普遍推行“诉调对接”和多元化解决纠纷机制，对涉及社会稳定的群体性、婚姻家庭、相邻关系、矛盾易激化等案件，倡导尽量通过协调解决纠纷。

## 三、反思：现行审判管理运行机制阙如与甄别扬弃

反思之一：审判管理权威不高对控制审判权运行的影响。

司法权行政化对审判管理改革有着不可避免的影响。现行的审判管理以所设定的审判质效指标为中心，所谓的指标排名给法院工作带来了空前高压。下级法院因为对提升质效指标的过度苛求，导致了法院工作的急功近利乃至捏造数据。这些负效应不仅突破了制度设计的初衷甚至法律的规定，而且使人们怀疑改革审判管理体制是否能有效控制审判权运行。最为突出者，是在应该绝对信仰和忠诚于法律、应该对审判管理体制改革满怀信心的司法者那里，这种对审判权进行控制的制度的权威性被质疑、被弃置，甚至被指称为“奴化”：在这样的审判管理模式之下，法官审判权被有意无意地弱化，已不能彰显法官在法院中的主体地位；法官处于单纯的被管理者的地位，主人翁意识缺乏；管理者与被管理者之间的张力增加，法官们对被管理导致的心理压力远远大于审判方式改革在刺激司法能动性方面积累的收获；审判管理事务过于烦琐，增加了法官的额外负担，司法活动中的“生产关系”并未得到充分解放。[②]

笔者认为，审判管理权威不高在于管理制度缺少适当“温度”。“激励能够赋予管理者掌控未来的力量”，如果以牺牲法官参与改革的主动性、创造性来片面追求案件的质量效率，那么以这种方式所能实现的公正高效是虚荣的，仅能被看做是为缓解外部环境压力和内部案件压力所采取的权宜

---

① 孔祥俊：《司法理念与裁判方法》，法律出版社2005年版，第211页。

② 上述问题来自于中级法院和基层法院中相当一部分法官的感受。他们普遍认为，需要用审判管理来约束审判权，但现有审判管理中的各种繁杂化的制度、规定，特别是上下级法院之间制度上的不协调、不一致，让法官们感到无所适从，并激发了大家的厌烦情绪。

之计,仅可获得短期效益,随之而来的将是对司法工作固有属性的巨大冲击以及要恢复改革期待的权威性所要耗费的巨大成本。因此,对审判权运行进行管理控制,有必要重新审视现有的管理机制,重塑管理理念,重构以人为本的现代管理模式:"主客体目标协调→激励→权变领导→管理即培训→塑造环境→文化整合→生活质量法→完成社会角色"。[①] 根据马洛斯的需求层次论,要满足法官尊重的需求和自我实现的需求,在人本管理中强调主客体的协调互动和对人的激励和塑造,以和谐管理并借以司法者的自主管理,树立审判管理权威。

反思之二:审判管理程序低效运作对控制审判权运行的影响。

审判管理制度中有关程序的运作是管理者设计的重点,但程序设计所允许的迟延及其所导致的迟延,却成为影响审判权高效运行的重要原因。从长远看,真正能够证明一个制度的合理性和正当性的,必定是该制度在诸多具体的社会制约条件下的正常运作,以及因此而来的人们对于这一制度的事实上的接受和认可。围绕审判程序而进行的大量程序设计,实践中存在相互之间的掣肘和抵消,这一点并没有被重视。有的法院在简化诉讼程序中,随意减少法定诉讼程序的适用,电话通知、强行调解、劝说放弃答辩等,使基本的诉讼权利得不到保障;有的法院滥用程序,与诉讼法打"擦边球",审理案件的中止、执行案件的终结、审限的变更、审限的扣除等设计导致了貌似合法的"隐性超审限案件"。这些做法,为追求审判效率功利地突破程序、滥用程序,规避法定程序所规定的义务,使得程序以一种不良的状态低效随意运行,扩大了程序设计的劣势,增加了诉讼成本,严重影响了司法效率。[②]

笔者认为,任何管理体制都需要体现效率价值。良好的管理体制应该程序运作良好,以较低的管理成本来获取最大限度的管理收益,取得最佳的管理效果和价值。就目前的实践来看,要摒弃制度设计所带来的负面影响,注重程序运作对程序设计的反制作用,至少应在程序设计上做到四点:一是程序设计者应领会并体现立法本意而不是将其曲解;二是应当赋予程序运

① 姚作为:"人本管理研究述评",载《科学学与科学技术管理》2003 年第 12 期,第 68 ~ 73 页。

② 张红、司缓:"程序运作视角下司法效率冷思考",载万鄂湘主编:《现代司法理念与审判方式改革》,人民法院出版社 2004 年版,第 238 ~ 240 页。

作独立的价值和意义，将之作为检验程序设计的工具；三是要保证任何具体、甚至相当细琐的程序均得到有效的遵守和运作；四是要计算管理成本与收益的关系，发挥程序设计的效率优势。

反思之三：审判管理机制无序对控制审判权运行的影响。

“秩序或次序，即常度，指在自然界与社会中存在的某种程度的一致性、连续性和确定性。与秩序相对的是无序，无序表明普遍存在的无连续性、无规律性现象，即缺乏可理解的模式。”①当拥有审判权的司法者在行使职权时失去程式和秩序的约束，审判权就可能发生异化，审判权的拥有者就会成为社会秩序的最大破坏者。如社会公众反映强烈的久审不判、久执不结、严重超审限、滥用强制措施、争夺管辖权等问题，都是审判秩序混乱的反映。导致审判秩序混乱的重要原因之一，就是审判权控制机制运转不畅，审判流程节点控制流于形式化。审判管理模式中缺少了规范的一致性、连续性和确定性，极易导致审判权恣意滥用，不利于秩序的建立和秩序价值的实现。②

笔者认为，秩序是法律永恒追求的基本价值，是构建科学审判管理机制的理论和价值基础。“现代法律的重要任务就是控制公权力，将公权力秩序设计为相互牵制的体系”，③鉴于此，限制审判权行使的审判管理机制的设计和运行，应当首先保证有序协调运行，使各类制度形成相互牵制的管理体系。在法院的内部机构设置上，应设立职能全面并拥有一定权限的专门管理机构，作为保障各项制度运行的“轴心”，使审判管理“集约化”，走上良性发展的轨道。如江苏法院系统的“审判管理办公室”，通过统一管理职能，使各个环节既分工合理、衔接紧密，又互相配合、有效制约。

**四、进路：具有中国特色审判管理机制的建构**

全国各地法院以审判权为中心的审判管理机制已初具雏形，积累了丰富的理论和实践经验。然而，社会现代化进程的反复使法院的制度改革不

---

① [美]博登海默：《法理学——法哲学及其方法》，转引自周永坤：《法理学》，法律出版社2004年版，第225页。

② 黄新华：“完善审判管理制度的若干思考”，载中外民商裁判网，于2008年7月6日访问。

③ 周永坤：《法理学》，法律出版社2004年版，第228页。

可能一蹴而就,因为法院制度改革受制于社会经济、政治、文化、历史条件。[①] 笔者认为,现阶段的审判管理机制改革,应尽可能地在承认既往合理的规范、秩序、机制,适当借鉴"政府推进型"法治变革方略,有限移植域外审判管理制度的基础上,采取内生式、渐进型改革方略。

(一)审判管理制度的承继、移植与发展

中国古代的审判管理制度生存于监察制度之中。中国古代的监察制度,主要是对司法审判活动的监督,可以认为是古代司法制度中审判管理制度与纪检监察制度的结合,是行政权与司法权的高度统一。该制度始建于秦朝,其后为历代所沿袭,负有对官吏的司法审判活动进行监督,纠劾司法审判中的违法行为等职责,对控制、监督官吏行使审判权起到了积极的作用。[②]

当今世界,无论是强调职权主义的大陆法系国家还是强调当事人主义的英美法系国家,都已经接受了"管理型司法"的理念并将其作为司法改革的方向。[③] 在一些法治发达的国家和地区(如美国、英国)的法院都有一套非常具体、苛刻的管理体系,它们叫绩效管理体系,只是各国法院管理的方法、内容不尽相同。英国法院为更有效地管理上诉法院的案件,更简便地评估法院工作绩效,上诉法院开发引进了案件管理信息系统。[④] 美国 National Center for State Courts 之"Trial Courts Performance Measures",从 10 个方面设计了司法绩效指标,对司法绩效综合评估。"尽管评估司法体系的真实效率(包括成本、审理速度和公平性)是个难题,但反映人们对司法体系运行表现感知的指标体系还是构建起来了。"[⑤]

中国当代的审判管理理念、方法伴随着法制的发展和社会大众日益增长的法制需求不断革新,经历了一个较长的实践过程。纵观审判管理发展

---

① 左卫民:"法院制度现代化与法院制度改革",载张明杰主编:《改革司法——中国司法改革的回顾与前瞻》,社会科学文献出版社 2005 年版,第 253 页。

② 张彩凤:《比较司法制度》,中国人民公安大学出版社 2007 年版,第 360 ~ 362 页。

③ 王福坤:"建立以'法官为本'的法院管理机制",载天津法律网,于 2008 年 7 月 20 日访问。

④ 徐昕:"英国民事诉讼改革之进程",载天涯法网,于 2008 年 7 月 20 日访问。

⑤ 屈国华:"司法评价的理论与实践问题",载《人民法院审判质量效率评估体系研讨会论文集》,江苏省高级人民法院 2005 年编印,第 60 ~ 61 页。

的历程，可以将其分为五个阶段：①第一阶段是20世纪80年代以前的强行政化阶段，管理者依托从行政权脱胎而来的权力进行管理，从现代管理的角度看，实质上不是审判管理，而是行政管理。第二阶段是20世纪80年代至90年代初的岗位目标管理的混沌阶段，采用"计件工资"模式对办案数量进行管理，这种管理依托司法行政化基础而展开，不能体现审判工作的内在规律要求。第三阶段是20世纪90年代审判方式改革后的真空阶段，法院自下而上兴起了审判方式改革，"放权"成为改革最显著的特征。但对审判权力如何监控，如何建立符合审判规律和实际需要的审判管理模式，尚未形成理论认识，也未有真正成功的实践。第四阶段是"一五"改革时期的以审判流程管理、质效评估为要素的探索阶段，部分法院以高级法院为主导，推出了审判流程管理制度，借鉴了英美法系国家构建的司法绩效评估体系，建立了审判质量与效率指标体系。这种审判管理新模式虽破解了新时期如何加强审判管理的命题，但缺少了审判管理组织的统一管理，许多改革措施混乱无序，管理成本增加。第五阶段是"二五"改革以来，这是一个深化发展的阶段，以建立审判管理组织制度、审判管理权规范行使制度、审判管理权与审判权之间的协调制度等为改革目标，部分法院建立了审判管理组织，逐步脱离长期以来的行政管理模式，但公正、廉洁、高效、运行良好的审判管理体制仍未形成。

（二）中国特色审判管理机制的构建

基于以上的分析，笔者认为，在现有的政治制度、法律体系框架内，新型的法院审判管理模式应当以司法管理为主导，兼采行政管理模式。

1. 司法管理的非纯粹化。"司法行政化"仍然存在。中国经历了漫长的封建社会，司法、行政合一是其特色。新中国成立后的人民司法，其管理方式仍不能摆脱行政化色彩，即司法权的行政化。《中华人民共和国公务员法》将法官列于其中，足以证明中国司法行政化还将继续存在。必须"以权力制约权力"，权力必须接受监督的宪政理论是审判管理的控制论理论基础，本土化的新型审判管理模式根植于"行政化管理"土壤，行政管理的

① 有观点认为是四个阶段，如江苏省南京市玄武区人民法院："再论构建科学的审判管理新模式"，载《人民法院审判质量效率评估体系研讨会论文集》，江苏省高级人民法院2005年编印，第316～318页。笔者认为，从审判管理模式的发展过程来看，分为五个阶段较为符合其客观的发展过程。

高效能模式在控制审判权运行上仍然会发挥其独特作用。因此,现代化法治国家的"纯司法管理"将定位于宏远蓝图,非纯粹的司法管理在一段时期内具有必要性和现实性。

2.司法管理机构的内化式。《人民法院五年改革纲要》直接明确了审判管理机构的隶属关系,是设立在人民法院内部的专门审判管理机构,是人民法院为实现司法公正高效权威的价值目标,运用计划、组织、指挥、协调和制约等方法,对审判工作各环节进行科学管理,对法院审判质量效率效果进行宏观监测、动态管理和全面评估,保证审判工作严格依照法定程序公开、公正、高效、有序运行的综合性工作机构。

3.管理职权的多功能型。传统与现代法院制度下的我国审判管理的职能定位,应不同于国外绩效评估的单一性。通过对江苏高院、盐城中院、东台法院三级法院形成的一套行之有效的综合性审判管理体系的考量,借鉴全国其他地区法院的做法和经验,集约化的绩效评估应占据主导地位,①并涵盖四大管理职能:一是案件质量效率流程管理,主要包括案件流程管理、案件质量管理、案件期限管理等;二是案件指标数据统计管理,主要包括案件基础数据管理、质效指标数据管理、质效指标评价管理等;三是法官业务能力考核管理,主要包括法官的法律适用能力、庭审能力、裁判文书制作能力、调研能力以及业务知识能力考核等;四是与审判业务相关事项的服务性管理,主要包括审判委员会日常事务、人民法庭指导、诉讼事务服务、审判业务文件制定、审判资源的配置、司法建议等。

4.目标定位推进的阶段性。我国审判管理机制改革处在内发的渐进式转型时期,并未制定确定的目标并一步推行到位,而是根据特有的国情及传统资源设定审判管理目标推进的具体进路与策略,选择基本目标运行阶段和宏远目标实现阶段相结合的渐进方式,防止俄罗斯1991年以后所进行的激进法院改革的破败后果。②

在当前审判管理基本目标运行阶段,还有一些亟须解决的困境:指导审

---

① 2008年2月,最高人民法院下发《关于开展案件质量评估工作的指导意见(试行)》,并在江苏等11个省(市)重点试行。该意见根据审判工作管理的需要,将评估指标体系划分为审判公正、审判效率、审判效果3项二级指标,下列33项三级指标。这是一项庞大复杂的系统工程,不仅需要依托现代化信息技术的支撑,让其发挥公开透明的作用,更需要建立专业化甚至是精英化的管理队伍和管理机构。

② 左卫民、周长军:《变迁与改革——法院制度现代化研究》,法律出版社2000年版,第142页。

判管理改革的理论体系尚未形成，我国法官的整体素质还未达到“独自站立”境界，法院在财政、人事方面还不能“挺直腰杆”，信息化水平仍未跟上管理需求等。为此，笔者建议：(1)修改《人民法院组织法》，最高人民法院制定施行于全国法院的审判管理运行办法，自上而下设置统一的审判管理机构，形成高度统一、自治的体系；(2)开设《审判管理学》学科，推动审判管理的经验研究和实证研究，推动审判管理学与其他交叉学科的研究，同时，作为法官业务培训的一项内容，促进审判管理前沿理论的探究性学习；(3)开发审判管理信息化系统，分设内容通过因特网和局域网，使审判程序的管理公开透明，使人们更加接近司法，赢得社会公众对司法的更大信任；(4)随着我国现代化法治国家的推进，可伺机在各级人大或政法委员会统一成立司法管理机构，让社会公众直接参与对司法绩效的综合评估，实现“任何人都不能成为自己案件的裁判者”的理想监督机制，消除功利性的权力滥用，使社会公众更有效地监督审判权的运行，并作出良好的回应。

## 五、结语：发展的方向

法院的威望不可能是短期形成的，即便是美国最高法院，它公认的权威也是历代大法官们苦心经营的结果。美国最高法院的大法官们运用其卓越才华和过人智慧，用了二百余年的时间才铸就了今日的成就和辉煌。我国正处于建设法治国家的初期，人民法院在法治国家中的地位正在彰显，法官的职业化、精英化进程正在推进。“司法帝国——如果将会有这样的帝国的话，必须一步步地、缓慢地征服建立。一个观念今天是可能隐含的，明天可能会拐弯抹角地陈述，后天就可以直言不讳地宣示。”①我国法院的审判管理制度的成熟也需要一个循序渐进的历练过程。为追求更大的目标，在特定的历史时期需要志恢宏而道中庸，需要迂回渐进，而不能急躁冒进和急于求成，否则反而欲速不达。② 只有这样，才能最终脱离“行政化管理”，最终构建起纯粹的“司法管理”模式。

（作者单位：江苏省东台市人民法院）

---

① [美]罗伯特·麦克洛斯基：《美国最高法院》，任东来等译，中国政法大学出版社2005年版，第26页。

② 孔祥俊：《司法理念与裁判方法》，法律出版社2005年版，第116页。

# 困境与出路:论法官裁判中的压力因素

许雪峰

[内容提要] 法官裁判的进程中,压力因素的影响不容忽视。法官裁判中的压力因素源于多个方面,诸压力因素相互结合,共同作用于法官的裁判进程,使法官的裁判行为形成种种偏差。对法官裁判中的压力因素,应当从缓解法官心理压力、构建法官职业保障体系、深化司法体制改革等方面予以缓释。

[关键词] 法官 裁判 压力 出路

在法律史上,曾有人把法官比作自动售货机,只要投进一定数量的硬币,它就能自动吐出相应的货物。然而,司法成长的历史与现实告诉我们,这只不过是人们一相情愿的天真想法。事实上,法律之效能、作用的发挥不能仅靠其自身的逻辑规则而独立地运作,外部诸因素的介入与牵连对其亦有重大的影响。法官判决是一个复杂的进程,规则当然是法官判决的首选,但并非是唯一的选择,当规则用尽时,法官要借助于价值、后果与压力等因素来决断案件,诸要素在法官面前相互争夺优先权,或单独、或共同影响法官的判决,在法官的判决进程中,诸神共舞在所难免。① 在影响法官裁判的诸要素中,压力因素的影响不容忽视。心理学认为,压力(stress)是个体觉察到"需求一能力"不平衡而引起的身心紧张状态。② 压力是一把"双刃剑",适度的压力有利于我们面对挑战并提高工作效率,完成预期的目标和任务,但过度的压力,不仅会影响我们的身心健康,还会扰乱我们正常的工

---

① 付建平:"法官判决中的竞争性因素",载《法学》2001 年第 3 期,第 12 页。

② 张明岛、陈国福主编:《医学心理学》,上海科学技术出版社 1998 年版,第 49 页。

作、学习及其他方面，以致我们的行为偏离理性的轨道而发生这样那样的偏差。因此，研究法官裁判中的压力因素及其对法官裁判行为的影响，并进行有效的规制就显得十分重要和迫切，但以往我们忽视了这方面的研究。[①] 本文主要从司法实践出发，对此尝试作一探讨，以期对规范司法行为、促进司法公正有所裨益。

## 一、窥入：法官裁判中的压力因素来源

当前我国法官的裁判行为究竟要受到外界哪些压力因素的影响？据笔者在司法实践中的多年观察与分析，并结合国内有关调查研究的成果，主要表现在以下几个方面：[②]

### (一)案件上的压力[③]

随着我国社会逐步从传统走向现代，整个社会正处于转型期，社会矛盾和利益纷争日益呈现多元化的复杂态势，大量的社会矛盾涌向人民法院，人民法院的审判工作面临着空前的压力。据最高人民法院副院长张军透露，2003～2007年，全国法院共受理各类案件3000多万件，是改革开放初五年的260万件的10倍多。[④] 与此同时，法官的人数却没有增加，不少地方法院法官的人数还在减少，案多人少的矛盾十分突出。[⑤] 法官必须在尽可能短的时间内办结尽可能多的案件，同时伴随着新类型案件不断增多所形成

---

① 国内个别探讨文章主要针对的是压力因素对法官身心健康的影响，如董晓军："基层法官心理压力现状分析和缓解对策研究"，载《法律适用》2007年第1期；龚小玲、张庆林："中基层法官心理健康状况调查结果分析"，载《中国健康心理学杂志》2008年第16卷第1期。

② 法官裁判还可能受到家庭压力、人际关系、诉讼成本等其他压力因素的影响，限于篇幅关系，在此只探讨当前十分突出的几种主要情形。

③ 据董晓军法官组织的法官心理问卷调查结果，"案件压力大，工作负担重"，在基层法官的心理压力来源中的重要性程度为五星级(最高级)。参见前引董晓军文。

④ 参见央视"面对面"播出："专访最高人民法院、最高人民检察院负责人"，载http://news.sina.com.cn/c/2008－03－17/121715165664.shtm，于2008年5月29日访问。

⑤ 据法制网组织的《中国西部法院法官荒问题调查》，宁夏、云南、贵州、新疆、甘肃、陕西、青海、内蒙古、四川、广西等西部省份均存在大面积的"法官荒"现象。以青海省为例，在青海省46个基层法院中，15个法院法官不足10人，3个法院法官不足5人，1个法院仅有法官3人。载http://www.legaldaily.com.cn/0705/2007－12/05/content_757743.htm，于2008年6月3日访问。广东、福建、江苏、浙江、山东等东部省份案多人少情况也非常突出，如据浙江省高级人民法院院长齐奇透露，浙江省法官平均两天就要审结一起案件。载http://www.022net.com/2008/3－21/447132312461972.html，于2008年6月3日访问。

的审理难度的不断加大,都无疑给法官带来了巨大的压力。

(二)待遇上的压力[①]

德国哲学家费尔巴哈从感性主义的人本学理论出发,认为人作为一个自然的本质存在,为了生存和发展及感官愿望的满足,必然是追求自我的。法官作为人,从人性的角度来看,亦具有天然的利己性。而对法官而言,由于其掌控对他人利益的裁决权,往往面临着比常人更多的利益诱惑,因而也面临着比常人更多的压力和利益风险。而在现实中,平民化、低薪、缺乏应有的职业荣耀感仍不失为法官当下现状的写照。在这样的背景下,法官职业只不过是一种谋生的手段,与其他一般职业相比并不能从中获得更多的人性满足。因此,一边是无法得到合理满足的利益需求,一边是唾手可得的利益诱惑,利己人性对法官灵魂所产生的冲击力可想而知。

(三)当事人的压力

为在诉讼中争取有利的结果,一些当事人不惜动用一切可以利用的社会资源、力量和手段对法官施加压力。主要表现在:

1. 人情、关系施压。这是目前当事人对法官施压的一种较为典型的方式。实践中法官"案件一到手,两边都托人"就是鲜明的写照。在我国这样一个十分重视人缘、血缘及地缘关系的国家里,一个人如果不讲人情,往往要受到其亲戚朋友或乡土舆论的贬斥,甚至要被他所生活的那个熟人圈子孤立。因此,法官在审理案件时遇到亲戚、朋友或熟人为案件说情、打招呼而又不能违反原则满足其要求时,往往会感到惶恐不安。

2. 暴力、恐吓等施压。[②] 比起人情、关系这种温情脉脉的"软刀子"而言,采用暴力、恐吓、侮辱、诽谤等人身或名誉攻击手段对法官的裁判行为施加影响,堪称一些当事人对法官施压的另一把"硬刀子"。据报道,仅 2005 年上半年,江苏省发生当事人及其他相关人员伤害法官或以其他极端方式要挟法官的暴力抗法事件就达 80 起。[③] 全国范围内法官人身安全受到暴力侵害、威胁的事件呈不断升级的态势。当事人对法官实施暴力侵害或威

① "社会地位不高,待遇低,晋升空间和机会小",在基层法官的心理压力来源中的重要性程度为五星级。参见前引董晓军文。

② "法官职业风险包括诬告、陷害、暴力抗法等",在基层法官的心理压力来源中的重要性程度为四星级。参见前引董晓军文。

③ 华建文、陈煜儒:"江苏半年发生侵害法官事件 80 起",载《法制日报》2005 年 8 月 25 日第 4 版。

胁的方式多种多样，既有通过手机短信、电话及尾追盯梢等方式威胁法官，又有直接辱骂、殴打、残害法官；[①]既有在法院对法官实施暴力侵害或威胁，又有在法官家中或者其他场所对法官实施暴力侵害或威胁；既有以法官本人为暴力侵害或威胁的对象，又有以法官家人为暴力侵害或威胁的对象。

3. 信访、上访施压。采用信访、上访手段影响法官裁判，堪称近年来一些当事人对法官施压的又一“杀手锏”。据统计，2003 年至 2007 年，全国法院来信来访总量达到 1876.4 万件(人)，其中来信年均 79.7 万件，来访年均 295.5 万件。[②] 针对严峻的信访形势，一些地方党委、政府为了控制上访，实行严格的信访问责制，即一旦发生非正常的进市、进省或进京上访，所涉部门的领导和具体经办的工作人员将被追究责任，而不论其在工作中是否有过错，对法院也不例外。就法院内部而言，也形成了上至院长下至承办案件法官的信访责任追究制，审判考核体系中也设置了诸如信访投诉率等社会效果指标，成为约束法官们的沉重包袱。一些当事人正是利用法院或法官怕上访的心理，在审判过程中，为达到个人目的，向党委、政府、人大等多个部门信访投诉，而这些部门向法院批转的“慎重处理”或“公正处理”的交办函无疑给信访当事人增加了一份有利的砝码。一些当事人在与法官的电话或当面接触中，在提交法庭的书面材料以及庭审发言中都会公开扬言“判决不公”就要上访，以此为要挟手段，对法官施加压力。

(四) 系统内部的压力

现在法官普遍感到办案压力越来越大，要求越来越高，来自法院系统内部的压力也是不容忽视的重要根源。

1. 内部考核压力。[③] 比较典型的如错案追究责任制。由于“错案”目前的主要依据仍然是发回重审和改判的案件，这些案件尽管并不一定全部被认定为“错案”，但其中相当一部分是作为“错案”来对待的。如果案件被发改数量较多，则该法院在评先创优方面会大受影响。因此，不少法院严格限制本院发改案件数。如果法官办了“错案”，轻则影响其评先进，重则影响

---

① 如山东聊城的李月臣法官被当事人绑架后用菜刀、铁棍砍打致死并遭焚尸，起因只是该当事人与妻子感情不和，经审理后被李月臣依法判处离婚。再如贵阳的蒋庆法官被刑满释放犯赵某残忍杀死在家中，起因是赵对其抢劫犯罪被判刑心怀积怨。

② 佟季：“全国法院申诉信访案件情况分析”，载《人民司法》2008 年第 9 期，第 34 页。

③ “内部竞争激烈，考核和评比过多”，在基层法官的心理压力来源中的重要性程度为四星级。参见前引董晓军文。

其晋升。近年来,随着公正与效率主题的不断深化,一些地方法院系统逐步建立起审判质效指标管理体系,该体系对提升审判工作水平,促进司法公正具有重要的意义,但由于该体系运行不久,在考核指标的设置和考核办法上仍存在一些欠科学和不合理的因素,某些方面超出了法官的承受能力,给法官增加了新的压力。

2. 内部行政管理压力。按照司法工作的内在要求,司法独立除了指法院整体的独立外还包括法官个体的独立,即法官除了服从法律外没有别的上司。然而在现实中,我国法院对法官实行的仍是行政化的管理模式,法官在法院的前途与命运很大程度上掌控在法院的个别行政领导手中,院、庭长与普通法官在行政上是上级与下级、领导与被领导关系,汇报与听汇报、指示与听指示仍是法院领导对法官实施行政管理的工作方式。这种制度现状,为法院的行政领导借助其行政管理权力影响其他法官乃至干预案件的审理提供了一定的空间。

(五)系统外部的压力

1. 社会舆论的压力。[①] 社会舆论是影响法官裁判的另一重要压力来源。尤其是作为"社会自由的守卫者"和重要的监督主体的新闻媒体,常常自觉或不自觉地成为大众舆论的导向者。而由于司法评价标准与社会评价标准之间的差异性,法官依法裁判某些时候往往难以得到社会的积极回应,这使得法官在审理舆论关注和可能引发舆论关注的案件时面临着巨大的压力。法官如果不想招致普遍的负面性评价而被社会大众所孤立,往往做不到对新闻媒体的声音置若罔闻。

2. 权力部门的干扰。在现行的司法体制下,法院的各种资源都控制在地方权力部门的手中,法官的待遇、晋升都由地方权力部门说了算,致使法院、法官的审判工作不可避免地依附于地方权力部门。司法地方化、司法行政化的趋势愈演愈烈,倾向越来越明显。在这种关系下,如果法院、法官的审判行为违抗了地方权力部门的意见,其人、财、物将受到控制,工作将难以开展。

## 二、困境:压力因素对法官裁判行为之负面影响

上文已经分析了法官裁判中的主要压力因素来源,下面就上述压力因

① "法官工作得不到客观、公正的认可",在基层法官的心理压力来源中的重要性程度为四星级。参见前引董晓军文。

素对法官裁判行为的影响作进一步的实证分析。

(一)案件上的压力影响

超负荷办案令法官们身心疲惫,在巨大的压力之下,法官们有一种较为普遍的厌倦办案的心态,一些法官宁愿放弃审判岗位而选择法院的综合部门工作。而在一线办案的法官要在较短的时间尽可能办结较多的案件,审判质量显然要受到影响。在实体处理上,一些案件的事实认定或法律适用较为复杂本来需要作更深入的调查或推敲,但由于审判人员精力有限而不得不匆忙作出事实认定或法条选择;一些案件的判决本来要通过较为详尽的说理才能使当事人心服口服,但由于审判人员没有那份闲情而不得不在判决论理部分用干巴巴的几句话了事。在程序上,为提高办案节奏,能省的程序就省,甚至连不该省的程序也省掉了。[①] 一些法官忙中出乱,出现送达错误,法律文书中存有错别字、错误计算、错误案号或人名等现象。[②] 另外,案件增多也给法官带来了知识更新的压力,法官们忙于案件,难以静下心来钻研业务,审判质量受到了影响,却又难以提高,形成恶性循环。

(二)待遇上的压力影响

在外部利益诱惑强大而法官待遇偏低的情形下,大多数法官能抵抗得住诱惑,守得住清贫,秉公执法,但也有一些法官在利己之心的驱动下,心理失去平衡,利用手中掌握的审判权力寻租,枉法裁判,误入歧途。全国法院每年都有一些法官因为经济问题被查处,所涉金额从区区几百元至数百万乃至数千万元,[③]所涉人数从单枪匹马至数人组合乃至集体作战,[④]所涉身份从普通法官至法院的"一把手"乃至大法官。[⑤] 出现上述现象固然有多方面原因,但与法官待遇偏低难以抵制较之常人更为强大的利益诱惑以及由

---

① 较为典型的如一些基层法院由于案多人少,合议庭难以组建,合议庭开庭时往往是承办法官"独任审理",又如由于书记员人手紧张,法官开庭时只好自审自记。

② 公众和媒体大多认为这些低级错误完全是法官素质差造成的,这种认识有失偏颇。

③ 如吉林省高级人民法院法官李承禧,从1995年到2002年间共贪污执行款5316.12万元,索取贿赂36.84万元。载 http://www.fzshb.cn/Attention/ShowArticle.asp? ArticleID = 99,于2008年6月31日访问。

④ 如武汉市中级人民法院,包括两名副院长在内的共13名法官受贿400余万元,另有9名法官受到纪律处分,30名处级以上干部调离岗位,被调整者占全院处级以上干部近一半。载 http://news.sina.com.cn/o/2004-04-20/09352355977s.shtml,于2008年6月31日访问。

⑤ 所涉省高级法院院长包括河北省平义杰、广东省麦崇楷、云南省孙小虹、辽宁省田凤岐、湖南省吴振汉、黑龙江省徐衍东等。

此产生的心理失衡应该说不无关联。

(三)当事人的压力影响

1. 人情、关系压力的影响。在不良的社会氛围下，如果法官的意志薄弱，就可能成为人情、关系的俘虏，实践中出现的人情案、关系案就是鲜明的例证。由于人情、关系的影响，一些案件尽管从裁判过程与结果上看都是合法的，但实际上法官对案件的裁判行为具有一定的灵活性，即如果依法判决无法兼顾人情，那么法官在裁判方式的选择上就可能尽量避免判决而选择调解结案，因为调解比起“非黑即白”的判决而言具有较大的包容性，可以隐藏法官的一些非正式动机。即使对那些依法判决的案件而言，由于司法权所具有的天然的模糊性质与裁量空隙，少数法官也可能利用制度提供的便利使天平稍向一方倾斜。有的法官对一些有人情关系影响的案件，案情本身并不复杂，却也提交审判委员会讨论。而承办人在汇报案情时则可能有所倾向，既可以达到偏袒一方的目的，也逃避了应该承担的责任。

2. 暴力、恐吓等压力的影响。虽然我们无法对当事人采用暴力、恐吓等人身攻击手段对法官的裁判行为所造成的影响予以具体描述，但这种影响是无形中存在的。在暴力、恐吓等威胁面前，绝大多数法官能够坚持原则，秉公执法，但也不排除个别法官从自身及家人的安全角度考虑，委曲求全，息事宁人，作出迎合一方当事人无理要求的违法裁判。即使法官坚持原则，但心中那份对自身及家人安危的担忧难以消除，随着耳闻与目睹越来越多的法官因为坚持秉公执法而遭到当事人的暴力打击，这种担忧会越来越强，成年累月地生活在这样的心理压力之下，法官的裁判行为就有可能发生一定的偏差。①

3. 信访、上访压力的影响。如果判决可能导致当事人上访，法官就会考虑尽可能调解结案，为此法官往往使出浑身解数，调解的结果往往是另一方当事人做出让步，满足上访或扬言上访一方当事人的要求。如果调解实在难以奏效，不得不要作出判决时，法官会绞尽脑汁地考虑如何让当事人在判决后不上访，包括在判决前向当事人表明判决意图，观察当事人的态度反映，发现苗头不对立即向院、庭长汇报，研究对策；转移当事人的视线，引导

① 我的一位女法官同事就向我坦言，她在开庭时遇到情绪暴躁的当事人时会不由自主地想到：“如果我的判决对他不利，他会不会在我上下班的路上拦截我，他会不会知道我的家在哪里、我的小孩在哪上学……”

当事人上诉;安排人员对可能上访的重点当事人进行尾追盯梢,实施"稳控";与当事人推心置腹,甚至携带礼品、礼金登门拜访当事人,以"真情"打动当事人;案件能拖则拖,淡化当事人的对立情绪,选择适当的时机下判,尽量避免在敏感时期判决;甚至可能出现顺应"闹得特别凶"的当事人的意愿,违法、违心地作出裁判的个别现象。

(四)系统内部压力的影响

1. 内部考核压力的影响。为了防止办"错案",法院和法官都想尽了各种办法:①一是尽量调解。因为调解结案的案件当事人不能上诉,这是最保险的办法,但片面强调调解可能导致案件久调不决或变相强制调解。二是尽量减少上诉案件。尽量减少判决案件的数量,对已判决的案件法官要花大量的精力和时间做好服判息诉工作。三是向上级法院请示汇报。为了减少案件风险系数,对感到疑难的案件,向上级法院请示后再处理。四是将法官个人责任转化为集体责任。采用合议制讨论案件或将案件提交审判委员会讨论,从而将责任转由集体承担。五是向上级法院请求通融。对有"风声"可能被改判或发回重审的案件,主动到上级法院请求予以调解或作维持判决。

2. 内部行政管理压力的影响。一旦有院、庭长对案件的处理意见与承办案件法官或合议庭的意见不一致,后者不能不有所顾忌,慑于领导威力或碍于情面,有可能违心地作出与院、庭长意见一致的裁判。在此情形下,院、庭长实际上成为案件的幕后操纵者或真正的决策者,而亲历案件审理的独任法官或合议庭仅是裁判的建议者或执行者。

(五)系统外部压力的影响

1. 社会舆论压力的影响。对司法审判而言,舆论监督是一把"双刃剑",一方面有利于提高司法透明度,促进司法公正,但另一方面也可能给司法审判带来负面影响。遇到社会关注较多或媒体关注的案件,承办案件的法官会小心翼翼,殚精竭虑,如果法官依法裁判而不能为大众所理解或与媒体所持的观点正好相反,法官为了保存自己有可能迫于舆论压力而不得不作出顺应"民意"的违法裁判。如泸州二奶继承案,2001 年黄某立遗嘱将财产遗留给情人张某,并进行了公证,黄某去世后,其妻拒绝将其遗产交付

---

① 李富金:"慎言'错案'",载 http://www.dffy.com/faxuejieti/ss/200311/20031118152209.htm,于 2008 年 7 月 3 日访问。

张某,张某遂提起诉讼。该案在进入司法程序后,引起了媒体和地方舆论的广泛关注,对法官的审理工作产生了巨大的压力和影响,法官最终判决驳回了张某的请求。这一典型的案例,体现了法官自身道德观与法律素养的冲突,体现了民间舆论对司法的巨大压力和影响。①

2. 权力部门干扰的影响。法官要围绕党委政府的中心工作行使审判权,对国有企业、集体企业或招商引资的重点企业实行与普通企业、公民不一样的"特殊的保护"。② 在行政诉讼中,法官要小心翼翼地行使自己的权力,尽可能作出对行政机关有利的裁决,甚至对那些明显违法的具体行政行为,也不惜违背行政诉讼不适用调解的原则,对原告施加压力直至其撤诉,从而避免作出令行政机关难堪的败诉判决。遇到权力部门的领导批示或直接过问的案件,法院、法官不得不"慎重处理",能够逆权力部门意愿审判的法官很可能遭到打击报复。③

## 三、出路:法官裁判中的压力因素之缓释

通过以上分析,我们看到,当前法官裁判中的压力因素确实造成了较大的负面影响,不仅法官的身心健康受到严重的摧残,④而且导致法官的裁判行为偏离法治的轨道,产生了种种偏差,若不加以重视和解决,必将对我国的法治建设造成严重的后果。笔者认为,对法官裁判中的压力因素要从以下几个方面予以缓释。

### (一)重视法官的心理健康问题,努力缓解法官的心理压力

外因总是通过内因起作用的,不同的法官由于心理素质不同,对待外界压力的态度和能力也会不同。因此,应当重视法官心理健康问题,除了法官自身要注意心理压力调节外,有以下几点建议:

---

① 刘李明:"社会舆论与司法审判互动的个案研究",载人大报刊复印资料:《诉讼法学、司法制度》2008 年第 5 期,第 34 ~ 35 页。

② 如有的地方党委、政府要求法院对地方招商引资的重点企业不得采取查封、扣押等强制措施。

③ 如河北省卢龙县人民法院前院长贾庭润,因为不按"上面"的意思定案,被免去院长职务,赶出法院;河南洛阳的李慧娟法官因为评判地方性法规与法律相冲突的条款"自然无效",而被有关部门免去审判职务。

④ 研究结果表明,中基层法官的心理健康状况明显不如普通人群,存在着相当程度的心理问题和症状,主要表现在躯体化、强迫症状、忧郁、焦虑、敌对、偏执、精神病性等方面。参见前引龚小玲、张庆林文。

1. 严格法官选任条件，适当提高法官的任职年龄。对初任法官人员应增设测试其心理素质的内容，凡心理素质不过关的人员不得任命为法官。应充分考虑年龄对人的心理的影响，与年长者相比，年轻人面对工作压力时自我调控能力相对较差，必须经过较长时间的磨砺，对社会现实有了深入的认识，才能够自如应对各种矛盾并有效地进行自我心理调控。因此，建议适当提高法官的任职年龄。

2. 加强法官心理素质培训，帮助法官减轻心理负荷。在法官的在职培训中引入心理培训内容，在广大法官中普及心理学常识，传授缓解心理压力的方法。设立法官心理咨询热线，实行匿名服务，为法官们及时解决心理上的问题与困惑。邀请心理专家到法院做定期的心理讲座，帮助法官树立正确的成就观与价值观，增强职业信念等。

3. 营造法官的精神家园，构建法官整体心理防御机制。充分发挥法官协会的职能，通过组织研讨会、法官沙龙等形式，增强法官整体凝聚力。在法官协会设立法官维权机构，接受法官投诉，为受害法官伸张正义。完善法官定期体检、定期休假制度，定期举办法官及其家属联谊会，使法官始终感受到组织的温暖。

(二)构建法官职业保障体系，确保法官尊严、理性地投入工作

要尽快建立起完善的法官职业保障体系，为法官抵御外界风险、压力提供制度上的保障，确保法官尊严、理性地投入工作。该体系至少包括以下几点内容：

1. 在法官的职务保障方面，实行法官不可更换制。为了保证法官能顶住强大的社会势力的影响而依法办案，应当建立法官不可更换制，即法官一经任用，便不得随意更换，只有按照法定条件，才能予以弹劾、撤职、调离或令其提前退休。同时更加明确免除、辞退和处分法官的法定事由和程序，减少法官惩戒中的随意性和不稳定因素，给法官更高的职位安全保障。

2. 在法官的经济保障方面，实行法官高薪制。法官待遇偏低不仅不利于法院吸收社会优秀人才和在职法官队伍的稳定，也不利于法官队伍的廉政建设。应当提高法官的物质待遇，使之与法官的崇高社会地位、神圣使命相适应，从而使法官职业成为能够吸纳优秀法律人才的职业，提高法官队伍的整体素质，增强其抵御外界风险、压力的能力。

3. 在法官的特权保障方面，实行法官的司法豁免制。法官在司法审判中，因履行职务所实施的行为、所发表的言论不受指控或法律追究，对履行

审判职务所涉及的事实享有免负出庭作证义务的特权。如未经任命机关的批准，法官不受拘留、逮捕和刑事指控；法官因为能力的局限造成案件事实认定上存在问题，但不存在徇私舞弊行为的，其应享有司法豁免权等。

4. 在法官的人身保障方面，实行法官的人身特殊保护制。从立法上充分体现法庭的严肃、法官的权威，设立藐视法庭罪，对法庭外威胁、侮辱、诽谤法官的行为，均应当纳入刑事犯罪范畴。建立法官人身保险机制，为法官和司法警察购买职业保险。加强法院内部管理，适当增加警力配置，应用高性能的安检设施。把法警的内保职责延伸到法官的业外、家庭，给予法官全方位、全时制的人身保护。

（三）深化司法体制改革，为法官依法裁判创造良好的内外部环境

1. 适当增加法官编制与司法辅助人员的数量。尽快畅通从社会在职律师和高校法学教员中引进法官的渠道，提高审判质量，缓解审判压力。同时增加司法辅助人员的数量，使除了开庭、起草法律文书外的大量工作由司法辅助人员完成，减轻法官的工作负担，提高审判效率。

2. 实行法官地域回避和定期交流制度。为了割断人情、关系因素对法官裁判行为的影响，铲除人情案、关系案赖以生存的温床，建议在条件成熟的时候对法官实行地域回避制度，即凡新任命的法官不得在其出生地的基层法院任职。对在职法官实行定期交流制度，中、基层法院的法官可在全省或全国范围内进行定期交流。

3. 改革涉诉信访责任追究机制。鉴于审判工作具有极强的专业性，可由司法界或法学界人士组成听证庭，审查涉诉信访上访人的上访理由，并听取法官本人的意见。对确系法官违法审判造成上访的，严格依照有关规定追究法官的违法审判责任。如系当事人无理上访的，应对照规定对其进行严肃处理，加大打击力度。唯有如此，才能解决法官的后顾之忧，使其放心大胆地依法行使审判权。

4. 建立科学合理的法院内部考核体系。一方面，考核指标宜精不宜多。目前有的地方法院对审判考核的指标庞杂，在总指标下有分指标，在分指标下又有若干级别的次分指标，还有奇怪、复杂的数学计算公式，把法官们搞得晕头转向。其实，试图建立一个完美无缺的审判考核体系是违反审判工作的特点和规律的，审判工作不可能全部量化成数字，全部量化成数字的审判工作是灾难，这种错误倾向应避免。另一方面，纯以发改率论质量，以结案数论效率亦不符合审判规律的要求。因此，如何建立更为科学合理的审

判考核体系，是值得最高人民法院和上级法院认真考虑的。

5. 改革司法的行政化管理模式。如何克服司法地方化、行政化，一点比较统一的认识就是法院的财权、法官的任免权上移，以减少地方权力部门对法院或法官施加影响。笔者也同意这一认识，现在关键是落实问题。就法院系统内部而言，可以参照西方国家法院内部的法官管理模式，先行改革，逐步淡化法院内部的行政化管理色彩。就当前而言，考虑到法官队伍的整体素质还有待提高，法院内部对法官的监督管理还是必要的，但要建立更为科学的监督管理体系，要进一步明确院、庭长的监督管理职责、内容及方式，做到监督管理到位而不越位。

6. 建立社会舆论与司法审判之间的良性互动机制。对于正在法院审理的未决案件，媒体只应作陈述性的客观报道，不应发表倾向性意见。新闻媒体对司法的监督应侧重对法官廉政行为的监督，而不是为具体案件提供处理意见。建议尽快通过立法明确新闻媒体参与报道法院案件的途径、方式，既要体现尊重新闻自由，又要体现人民法院独立行使审判权，构建二者的良性互动机制，共同维护好司法公正。

（作者单位：江苏省盐城市中级人民法院）

# 我国法官在个案刑法适用中的角色困境研究

林　毅

[内容提要]　本文围绕法官在个案刑法适用中的地位与作用这一主题，概括介绍法官个案司法角色的理论，具体比较中外法官的角色差异，客观分析我国法官在个案刑法适用权力中的利弊并提出权衡方案，由此尝试改良“司法土壤”——构建我国法官个案刑法适用权良性运作的框架机制。

[关键词]　刑法适用　个案裁判　角色困境

法官是法律世界的国王，除了法律就没有别的上司。

——卡尔·马克思

法官是正义的化身，通过具体个案的裁判实现社会正义是其职责所在。然而，笔者透过被媒体热炒的许霆案，颇感在该案罪与非罪、此罪与彼罪、量刑重与轻等法律问题的处断上，法官在个案刑法适用中面临着法律、法院、社会等诸多因素影响，其角色地位并非其所以然。许霆个案的刑法适用实质凸显了当前法官与法律、法官与法院、法官与社会之间的畸态关系：法官缺少对法律解释的热情、法官急切将责任还原上移法院、法官价值衡量难以推动社会进步，法官作为一个具有法律良知的独立个体该何去何从？能否独立地享有刑法适用的个案解释权？

## 一、法官在个案刑法适用中的角色理论与现状分析

“徒善不足以为政，徒法不足以自行”。卡多佐认为，“法典和制定法的

存在并不使法官显得多余,法官的工作也并非草率和机械。会有需要填补的空白,也会有需要澄清的疑问和含混,还会有需要淡化——如果不是回避的话——的难点和错误。"①

(一)法官在个案刑法适用中的角色理论概述

1.法官是法律与事实的联结者。司法运作的核心过程就是认定事实和适用法律。在依法认定事实后,法官就需要对号入座地适用相应的法律规范,以定分止争。这种将特定的法律规范运用于特定的案件事实的过程,就是法律适用。"法官是会说话的法律"、"法官是法律的嘴巴"等经典名句,形象地道出了法官与法律的关系。② 在个案刑法适用中,法官裁判步骤中至少有三个部分:一是事实认定;二是寻找法律;三是定罪量刑。值得一提的是,在疑难复杂的刑事案件中,事实认定与寻找法律并非一目了然,往往几多迂回。正如张明楷教授认为,"刑法适用就是使规范与事实进入对应关系,解释规范、剪裁事实并且目光不断地往返于规范与事实之间,从而形成结论。"③

2.法官是法律理念的解读者。"法律非经解释不能适用",④法律适用的生命在于解释。与其他部门法适用一样,刑法解释其核心在于把握法律理念和精神,这是法官公正裁判的灵魂。法官解读刑法理念的必要性在于:其一,虽然成文刑法是刑法理念的文字表述,但并不意味着仅仅根据文字就可以发现刑法的全部真实含义。其二,刑法条文并非界定具体犯罪的定义,而是以抽象性、一般性的用语描述具体犯罪类型。因为形式、抽象性、一般性,以及概念性是对于法律的形成完全不可缺少的,否则法将没有所谓的等同对待,也将没有正义存在。而"每次成功的具体化——因其范例的作用——都有助于此种标准的进一步具体化,然而这种标准永远不会到达终点。"⑤

3.法官是法律漏洞的填补者。19世纪前后概念法学派极力强调法律的逻辑理性,坚持"成文法至上"和"法典之外无法源",法官被看做"法律工匠"。20世纪实证法学兴起后,对法律有了新的认识。赫克认为:"即使是

---

① [美]本杰明·卡多佐:《司法过程的性质》,苏力译,商务出版社2000年版,第4页。

② 张新荣:"论法官的创造法司法",载《法律适用》2002年第9期,第43~46页。

③ 张明楷:"刑法理念与刑法解释",载《法学杂志》2004年第4期,第12页。

④ 梁慧星:《民法解释学》,中国政法大学出版社1995年版,第193页。

⑤ [德]卡尔·拉伦兹:《法学方法论》,陈爱娥译,商务印书馆2003年版,第114页。

最好的法律,也存在漏洞。”[①]因为,其一,立法者的观察能力有限,不可能预见将来的一切问题;其二,立法者的表现手段有限,即使预见将来的一切问题,也不可能在立法上完全表现出来。霍姆斯曾有“法官即空隙立法者”的论断。透过大量的刑事实践案例,可以明显感受到刑事立法滞后性特征日益突出,社会上所存在的一些严重危害社会性行为常常并未能纳入立法者思想空间,或者刑法具体罪名客观要件的外延并未明确规定,等等。

(二)当前我国法官在个案刑法适用中的角色现状

1.法律人。“以事实为根据,以法律为准绳”是我国刑事法官判决中必须遵循的原则。法官在涉案司法运作过程中,涉及的法律因素包括:一是法典。“罪刑法定”这一帝王条款在刑法学理论体系中的确立,使得法官必须严格依照法律规定理解、运用刑事法律。二是学说。从方法论上,学理解释为法官适用法律提供了桥梁和平台,以此从内心深处形成自己具体而微观的见解。三是案例。在司法实践中,法官越来越感受到先前典型案例对于审理中相类似案件的处理有非常大的影响力。特别是,当前在全国法院系统自上而下高度重视研究并推广案例参考制度,现实中最高人民法院的公报案例已成为软性的司法解释。

2.社会人。社会利益趋向正潜移默化地影响着法律运作。裁判涉入社会因素层面主要包括:一是自身阅历。法官作为社会一员也定然是承袭社会文化传统的一分子,其社会的传统文化观念,伦理价值积淀也不可能不在法官个人身上得以某种程度的体现。二是当事人及其亲属的态度。苏力先生所言“在中国,基层法院法官在处理司法问题时一个主要的关注就是如何解决好纠纷,而不是执行已有的法律规则”。[②]三是传媒公开报道。考察近几年传媒的新闻实践与法院的审判实践活动,可以明显地感受到传媒对法院的审判工作表现出越来越浓厚的兴趣,传媒越来越多地报道法院审判活动的相关内容,审判活动已经成为社会公众日益关注的新闻热点。

3.行政人。当前我国司法体制与机制方面存在诸多问题构成了司法改革向深层次发展的“瓶颈”,而司法管理行政化就是其中一个突出问题。刑事法官在处理重大疑难案件或者特殊类型案件(涉及缓刑、财产刑等)时,

---

① [德]赫克:《利益法学》,津田利治译,庆应大学研究会1985年版,第13页。

② 苏力:《送法下乡——中国基层司法制度研究》,中国政法大学出版社2000年版,第181页。

裁判者角色自然转变为司法管理权的执行者。最为典型的:一是案件请示。在诸多探讨我国法院管理行政化色彩的专论中均有论及,学者们多将之归为现行法院行政化管理体制带来的弊端。二是层级管理。行政化监督管理的涉入已使应然的诉讼程序价值理念换汤换味,法官在个案中所发挥的作用在于事实审理的亲历者、法律评判的参考者,而最后定夺案件的是行政化管理塔顶上的权力者。三是监督指导。在司法实践中存在诸多别样的行政监督形态,如判前报告、案件质评、明察暗访等机制,无形中让法官产生裁判结论的不确定性或无自信心。

(三)国外法官在个案刑法适用中的角色定位及启示

1. 法官是意识独立的裁判者。法院要实现其司法裁判职能,必须由作为个体的法官来实现。司法独立的抽象概念,最终要以法官独立的形态体现出来。在西方国家,作为司法首要操作者的法官,其行为受到外界干预和不当制约的情形实在很少。西方有句法谚"法官是孤独的贵族",孤独在于法官裁判不受外界的干扰,如裁判过程中很少有人说情、打招呼,法官很少出入于社会广众各项活动之中,社会交往稀疏,形成了法官特有的职业品质;如很少有传媒对司法宣传报道,因为传媒对司法具有天然的侵犯性,传媒监督过当会造成司法独立受到侵害,从而影响司法的公正;如市民具有良好的尊重法律服从裁判习惯传统,法院在民众间确立的公信力,使得当事人无论在审前、审中、审后对于法官裁判均无不恭之意。

2. 法官是现实能动的造法者。众所周知,英美法系国家更强调司法者造法的机制,大陆法系国家则更强调立法者造法的功能。但是从历史发展趋势来看,两大法系都没有绝对地仅采用一种造法模式而排斥另一种。特别是在刑事诉讼活动中,代表普通法传统的抗辩式审判模式和体现"法官造法"机制的判例法仍然是美国刑事法律制度的基本特征。大陆法系国家自19世纪以来尤其是20世纪后,法官作为机械运用法律的"法匠"现象有了很大的改变。在法、德等大陆法系的代表国家,虽然那些精心编制的法典依然存在,但是法官已经开始悄悄地参与到造法的过程中。总体上说,大陆法系也正呈现出一种积极鼓励刑事法官发挥其在填补法律漏洞方面的造法功能、发现社会生活中的活的法律的趋向。

3. 法官是社会发展的推动者。美国社会法学派创始人庞德认为:法律必须稳定,但又不能静止不变。人们必须根据法律所调整的实际生活的变化,不断对法律进行检查和修改。[①] 在解决法律与社会生活相协调的问题上,不仅属于立法者之职责,法官亦有许多事情要做。法官在个案裁判中,能够洞察社会生活发展的需要,把经济、政治、哲学方面的要求及时补充到法律中去,保障法律的发展与时俱进。博登海默认为,法律改革的重大任务应当留待那些享有立法权的人或机构去完成,但是我们如果不是同时也给予司法机关以权利去领导社会道德观,并给予其以权利在司法审判中开创一种同人们所领悟、最高层面的知识和最真实的洞见相一致的新正义观念,那么恐怕就是一种狭窄的观点。[②]

经过上述国内外法官在个案刑法适用角色的粗浅勾勒对比,我国目前法官刑法个案适用地位及作用现状与当代西方国家呈现出明显差异性。在现行的司法体制机制下,如苏力先生所言"我国法院内部有两套正式制度"——宪法职能即审判工作和法院内部的行政管理,[③]法官在个案刑法适用中尤其在疑难案件处理上,作为司法个体的法官并非裁判的主角,仅是裁判的参与者,取而代之的是隐藏在面目法官背后的隐性"法官"。

## 二、我国法官在个案刑法适用中角色困境及权衡

法律既分国界,司法更论国情。我们的法官在个案刑法适用中将何去何从,该担当何种角色并发挥何种作用?笔者认为,这一命题涉及司法国情这一复杂培植"土壤",我们既不能简单地照搬西方模式一口认定中国法官应当完全效仿,也不能胆怯地不敢合理预期今后中国法官职业发展的基本走向,而应当客观辩证地综合考量评判这一在国外不成问题而在中国就是问题的问题。

### (一)角色困境的表现

1. 违背司法裁判规律。司法是一个法律思维活动,其性质决定了思维主体要求具有亲历性。在个案刑法适用中,主审法官或者合议庭作为案件审理的全程亲历者,对于被告人犯罪事实有否、犯罪动机是何、犯罪情节轻重等方面,因为通过直接言词审理使控辩双方就案件事实在法律层面上作

---

① [美]庞德:《法律史解释》,邓正来译,华夏出版社 2002 年版,第 1 页。

② [美]博登海默:《法理学——法律哲学与法律方法》,邓正来译,中国政法大学出版社 2004 年版,第 587 页。

③ 苏力:《送法下乡——中国基层司法制度研究》,中国政法大学出版社 2000 年版,第 64 ~ 79 页。

最原汁原味的回忆,其主观感知相对而言最为真切,是其他人无法替代的,故最具有发言权和判断权。若在司法决策过程中采用现有的"官僚化"的集体决策制,下级法院必须接受上级法官的指令,忽略了法官对案件实体的心证形成,忽略了当事人诉讼行为与诉讼结果的关联以及和平解决纠纷的机制,其认知案件事实、考量法律适用的方式,有悖于司法程序的内在特征和规律,削弱了公众对司法运行机制本身的信任。

2. 影响司法公开公正。"没有公开则无所谓正义"。[①] 在我国行政化审判管理模式下,案件审批制度[②]设置构成了对司法透明和司法公开的严重阻碍。在司法实践中,对一些社会关注、影响重大的刑事案件,司法过程中常常受到外界干扰。如贪污贿赂案件的审理有党委及其纪委部门的过问;重大故意杀人、抢劫案件有社会媒体的关注;等等。司法行政权力对于法官裁判权的过多监督制约不言而喻;同时疑难复杂刑事案件的请示,二审合并一审,违反了审级独立原则,实际上已剥夺了当事人的上诉权。这些成为当事人及其近亲属涉诉信访司法不公开不公正的重要"口舌"。

3. 阻延司法裁判效率。"迟来的正义非正义",适时的正义才是真正意义上的正义。刑事司法实践中,经常会遇到疑难复杂案件因逐级研究、层层请示而久拖不决的现象,更为可怕的是批示结果出来了而被告人被羁押时间超过了最终裁判刑期,或者是因为羁押超过了相应的刑罚而人为地加重处罚,甚至会出现因无罪引发当事人要求司法赔偿等问题。同时,由于个案刑法适用的处处请示、层层上报,特别有些重大影响案件的裁判还要依赖于最高人民法院作出明确的解释,这些烦琐的司法请示步骤,实际造成了司法资源的极大浪费。

4. 抑制法官主观能动。司法过程是要把"纸上的"法律变成社会生活中的"活生生"的法律,需要法官的良知、学识、智慧和技术,离不开法官的主观能动性和创造性。[③] 透视我国现有的科层化监督制约的司法国情,切身感受到在科层越是森严密集的法院,法官越是表现出一种消极而低迷的精神状态,自由裁量权的过多制约使得法官在个案审理中产生了"司法惰

---

① [美]伯尔曼:《法律与宗教》,梁治平译,生活·读书·新知三联书店 1991 年版,第 48 页。

② 审批制度是指合议庭或者独任审判员在对案件进行开庭审理后,作出裁判之前,必须将拟对案件处理意见向法院主管业务的有关行政领导汇报,有关行政领导在进行审查以后,应当作出明确的批示。

③ 张文显:《法理学》,法律出版社 1997 年版,第 117 页。

性”,一方面容易导致法官思维僵化,造成法律思维萎缩;另一方面造成集体司法负担过重,疲于应对,难保司法公正。

(二)运作后果

1. 司法裁判标准的尺度不统一。不同的法官即便是在宣称依据立法者的意图,但每个法官认定的立法者意图却不尽相同。“同命不同价”、“同罪不同罚”等有关裁判尺度不统一的现象,在近年来的司法实践中已屡见不鲜。如果要解决解释主观性的难题,使解释方法变得可靠,那么解释的必要前提是不同的解释主体之间存在价值共识。近年来,尽管我国在大力推进法官职业化建设,但由于长期以来法官队伍来源庞杂、良莠不齐的现状,难以在一时半刻培植相同的司法精神的法官职业共同体。[①] 基于此,面对现阶段法官职业共同体构建的薄弱现况,若完全推翻现有行政化的监督制约机制,当然地赋予法官在个案刑法适用裁量权,在同一地区或同一法院都有可能产生不同法官因价值衡量尺度而裁判结论不一的混乱局面。

2. 司法自由裁量权的恣意与寻租。孟德斯鸠曾经说过:“一切有权力的人都容易滥用权力,他们使用权力一直到遇有界限的地方才休止,这是一条万古不易的经验。”在裁判权自由行使的空间里,法官受到诸多非法律因素影响,而潜在处于滥用公权恣意断案的险境之中。特别是我国作为普通公务员的法官,其薪水与其所付出难以成正比,缺乏国外法官高薪养廉的防腐机制,更易受到外界不法因素的利诱。而刑事司法实践中,个案裁判权限空间包括了事实的认定、行为的定性以及刑罚的裁量,若上述三项基本内容的裁量空间完全托付于个体法官,则由此产生的司法腐败现象将尤为严重。

3. 司法运作的效果产生区域偏差。尽管我国从2002年起实施了统一司法考试,以提高法官准入门槛,但我国各地区社会资源情况差异,人才的“马太效应”,自然造成了法官素质能力的较大差距。与北京、上海等国际大都市及沿海开放城市法院法官的学历层次有了明显提升相比,青海、甘肃等偏远地区法官素质长期得不到明显提升,“高精端”法律人才的频繁流失[②]更是雪上加霜,若赋予法官独立裁判权,而丢弃现有的行政化审判管理

① 刘瑞川:《司法的精神》,人民法院出版社2006年版,第2页。

② 江西省吉安市位处中西部地区,基层法院近年来法律人才流失现象可以作为目前我国欠发达地区基本现状的一个缩影。参见彭海杰、周辉:“挑战与回应——基层法院人才流失情况的调查与思考”,载《人民司法》2005年第7期。

机制，必将引发更为严重的司法混乱。[①] 刑事裁判相对于民事裁判而言，法律思维活动相对纯粹，没有诉讼调解、运用风俗习惯等开放式审判活动，更注重于裁判专业性、技术性等要素，因此，法官在个案刑法适用中的效果差异在区域间表现将更为明显。

4. 司法裁判风险过重转移于法官。透视曾经轰动全国的原河南洛阳中院法官李惠娟裁判种子案事件，尽管承办法官李惠娟裁判有不当之处，但适用法律正确，仅仅是用语表述触犯了河南省人大常委会威严，而最终落得被"一纸罢免"的悲惨下场。[②] 现有的政治和社会体制使一些企盼展露锋芒的法官们必须承受着莫大的政治和社会压力。若法官独立拥有裁判权，失去有效的裁判风险转移机制，个体必将面临各种难以想象和承受的心理压力。特别是刑事裁判责任重于民事裁判，可以感觉到一名法官挥落法槌即将宣告被告人无罪的手是如何的颤抖。

（三）角色权衡之关键

综观上述法官在个案刑法适用中角色困境分析，笔者认为权衡抉择是否让法官拥有独立裁判权实属不易，一方面需要勇气，另一方面还需要智慧。

勇气在于：解读司法运作的客观规律，全观国外司法运作的现实状况，放眼我国司法运作的与时俱进，法官独立裁判而适用法律已是大势所趋。然而，当今中国的司法国情决定着突破行政化司法的"瓶颈"、超然于外界社会干涉并非易事，法官自主裁判牵一发而动全局，且障碍重重：一是面临着司法地方化的反对与阻挠；二是面临着司法机制必须重新洗牌；三是面临着司法公信力明显下滑。笔者认为，法官在个案刑法适用中的独立号角不应由于现今诸多的政治和社会阻力而哑然，在这一进程中还可能遇到意想不到的困难，但是"阳光总在风雨后"，只要勇敢地迈出坚实的第一步，让个案刑法适用沿着规律性、全球化、发展式轨道前进，一切皆将变得可以理解、可以包容、可以适应。

智慧在于：古人云"欲速则不达"，事物发展由量变到质变均有一个过程，司法作为政治领域中的上层建筑，其变革发展也应当结合运作的社会土

---

① 司法混乱包括司法不统一、司法不文明、司法不廉洁等。其中在落后地区出现的司法腐败问题相对于发达地区而言要严重得多。

② 李惠娟事件，载《南方周末》2003 年 11 月 20 日。

壤而不能瞬息全盘“西化”,否则将是一场司法“病变”。法官在个案刑法适用中的独立角色确立应当是一个渐进式的过程,如果机械而不择时机地“脱胎换骨”,势必会在一时产生诸多副作用和负面影响,而使法院及其法官难以消受。笔者认为,对于这一命题应当按照“有序、有别、有度、有效”的方案层层破解。具体应遵循以下“四个结合”原则:

1. 区域法院全面推行法官独立角色与局部试点相结合。我国北京、上海等国际大都市的法官实行了高薪制及法官职业化举措,基本具备了驾驭疑难复杂案件的裁判能力。而对于中西部经济社会发展相对落后地区,暂时不宜完全放权于个体法官独自裁判,仅可以在区域间条件相对较好的法院进行试点尝试。

2. 中基层法院有限推行法官独立角色与高级法院有力推行相结合。高级法院无论从司法理念、法官素质、专业程度、职业保障等各方面均优于中基层法院,相对而言放权于法官个案裁判较有优势。高级法院应当全面推行放权法官个案刑法适用,而中基层法院仅能在上述论及司法基础较好区域有限推行。

3. 一般案件推行法官独立角色与特殊案件例外相结合。现实中诸多法官或合议庭拟宣告死刑或者宣告无罪案件,极易引起社会密切关注度和极大反响,目前法官无法个体担责,继续推行集体裁判负责制。而对于纯粹属于刑法适用疑难或新颖性案件,则可以放权于法官独立能动裁判。

4. 民众参审与法官裁判相结合。在社会学方法的寻求上,法官最直接也最现实的路径就是吸纳民众陪审。陪审员以纯粹社会人的视角发表的个案观点为法官个案法律适用带来了一股清新的社会气息。为消解法官面临的外界压力,应当积极推行以陪审员为主导的民众参审制。

## 三、我国法官在个案刑法适用角色困境消解的进路探析

面对理论与实践的差距、理想与现实的差异,应当着眼于司法运作的土壤培育,特别是对现有的司法机制性障碍,应当采取有效对策加以消解。

### (一)健全法官职业的保障机制

1. 严格规范法官的任职资格与程序。当前我国法官任职要件存在低龄化和低质性问题。法律的生命在于经验,已成为国外考量法官资格和任职要件的重要标准。特别是对于刑事个案的裁判,法官司法经验的重要性尤显突出,对于犯罪事实的认定、证据效力的采纳、行为性质的定论以及刑罚

的裁量等思维活动十分复杂。笔者认为,借鉴国外经验,应当严格我国刑事法官任职保障:必须具备优良的职业道德、法学本科以上学历、通过国家司法考试、拥有6年以上司法工作经历、经过两年以上法官任前业务培训且考试合格。

2. 大力提高现行法官的物质待遇。虽然我国当前并不具有西方国家法官高薪制的条件和基础——法官精英化和司法权威性,但法官职业保障是一个逐步改革的过程,应充分重视物质保障对提高法院整体素质的促进作用,这是其职业保障的前提和基础。财政负担和公众心理是我们的考虑因素,但不能成为阻碍法官物质待遇提高的理由,只有这样才与司法职责的重要性和法官选拔的严格性相称,也才能将优秀的人才吸引到司法系统来,维护法官职业应有的尊荣。

3. 科学合理地落实司法问责制。从司法实践看,法院内部对错案界定,有从外延上扩大的趋势。[①] 错案责任追究上明显带有形而上学的特征,重现象轻本质。当前过滥的错案责任追究,已构成了对法官司法能动性与独立性的严重侵犯。国外通常只注重程序的违法而不计较实体裁判的错对,法官仅因存在主观过错即徇私枉法情形时方受到追责。笔者认为,从法律规定的不确定性给法官留下了自由裁量的空间,个案刑法适用中的法官权限理应受到保障与尊重。尽管强调法官职业共质,但个体差异仍然不可回避。我国的司法问责机制应当借鉴国外经验,理性设立错案范围,以对法官的违法、失职、渎职行为的惩戒制度来代替以个案的对错为标准的错案责任追究制度。

(二)优化审判资源的配置机制

1. 严格规范法官职位的轮岗变动。法律体系中的各部门法不仅在规范调整内容上存在界别,而且在司法运作中具有较大界别。但探究当前我国法官专业化进程,尤感焦急,目前中、基层法院的法官跨部门变动职位情况较为频繁而普遍,一个法官在民事审判部门工作几年刚刚积累了大量实践经验,却突然被一纸行政调令安排至刑事审判部门重新适应新的环境,长此以往不利于一名法官的职业技能成长,也不符合司法工作客观规律要求。笔者认为,从我国法官专业化发展角度出发,应当借鉴医院人力资源管理模式,严格限制跨部门人才岗位交流,好比口腔科医生不能调动到胸外科一

---

① 韩冰:“从法院行政化管理到法官独立”,载《实事求是》2005年第2期,第70页。

样,民事法官不能调动到刑事审判庭,保持法官审判岗位的相对固定。

2. 全面推行普通刑事案件的独任审。随着社会经济的发展,法官员额的增长无法满足陡增的案件数量,合议制往往成为诉讼程序中的形式与摆设,"合而不议"或"名合实独"现象较为普遍。在刑事二审审理中,目前大多数案件以书面审理为主,对于一审认定犯罪事实的支持与否,关键在于承办法官,此在一定程度上已经排斥了合议庭其他成员包括审判长对个案刑法适用权力。综上,根据权力与义务对等性,承办法官需要为裁判负责"埋单",同样也应当赋予其对等的权力。由此,可使法官更加关注负责地审理每一案件,更多时间关注于自身承办的每一件案件中。对于重大疑难复杂案件,应当由现有"个体主办"模式转变为"集体联办"模式。同时,应当调整现有刑事诉讼规则,刑事二审程序中,允许法官独任审模式存在,对于可能改判的案件,可启动合议审模式。

3. 发挥院、庭长亲历裁判的指导功能。院、庭长作为一份行政职务,日常需要承担相应的管理责任,其管理对象就是案件或者说是案件的承办法官(合议庭)。从经济司法角度看,管理成本过高;从司法运作过程看,管理是对承办法官自主裁判权力的限制;从职业技能培养看,管理弱化了法官司法能力。目前一些基层法院突破"官本位"机制,如徐州丰县法院出台《院长、副院长庭审办案制度》,规定院长(副院长)审理新类型案件、本辖区内有较大影响的案件,同时建立院长(副院长)办案考评制度。笔者认为,在刑事审判领域,对疑难复杂案件,院、庭长作为本院刑事领域专业权威担任审判长最能体现法官在个案法律适用中的智慧与价值,同时也消解了审判委员会等一系列行政式审判管理弊病。

(三)完善裁判风险的消解机制

1. 推行委托法律专家咨询制。目前在一些国家法庭及某些国际性法庭中存在着法庭之友制度。① 近年来,法院的案件审理面临严峻挑战,疑难复杂案件持续增加,其中法官适用法律能力与社会对司法公正的期盼还有一定差距。目前,我国有部分法院(如常州中院)已开始尝试专家咨询制度,即遇到棘手案件时,主动将专家们请进门,倾听他们的分析论证,把专家智能嫁接到审判资源上来。这种做法十分值得在当前法院系统内部大力推

---

① 刘卫:"WTO 争端解决机制中的法庭之友",载《经济与社会发展》2004 年第 1 期,第 141 ~ 142 页。

行,其功能价值在于:一是对于体制而言,消除了法律专家干预司法之嫌,不会影响法院审判权的独立;二是对于法院而言,通过与专家们的充分沟通,可以大大消解来自社会不同方面的压力;三是对于法官而言,只要能够在众多的学理解释中学会选择,保持平衡,再辅以多级审判体制的制约,就可以大致达到具体个案得以正确处理的既定目的。

2. 推行重大刑事案件的陪审制。我国陪审制是"参审制",立法宗旨也就在于将陪审制作为司法裁判贴近社会民意的最佳选择。目前人民陪审员参审过程中存在诸多问题。以刑事审判为例,案件中参审率普遍不高,尤其是重大疑难案件几乎为零,法院存在未告知当事人有申请陪审员参审权利之嫌;"陪而不审"现象普遍存在,陪审员参与程度停留在"陪"的基点上;陪审行为监督制约普遍缺乏,部分陪审员存在发表评议随意性或偏袒性。笔者认为,在精心选任与培训陪审员基础之上,对于重大疑难案件积极推行陪审制,确实需要代表民意的陪审员参与,充分吸纳民众呼声。若"许霆案"实行陪审制,则可能避免重审的尴尬局面。

3. 推行裁判结果异议的公开制。法官在合议审中对于刑法适用问题,往往是"仁者见仁、智者见智"。当前我国法院裁判文书与国外法院相比,对于法官不同裁判意见未能公开体现于文书之上,缺乏司法公开,裁判的高度统一让人难以信服。笔者认为,无论法官合议制还是陪审合议制,评议成员的不同意见均要体现于裁判文书之中。尤其要充分体现人民陪审的社会属性,应当积极将陪审意见展示于文书之中,与法官裁判意见同等地位,以示法律适用的平等性和民主性。①

(四)建立司法尺度的校正机制

1. 推行重大疑难案件的备案制。在赋权法官个体裁判独立的前提下,应当转变监督理念,由事先监督转为事后监督,其中较为有效的机制就是裁判备案制。从司法运作的长远效果看,事后的监督备案能够适时地将类案法律适用问题进行客观的审视和规范,以便于事后相同案件在区域内的裁判尺度统一。上级法院还可能借助备案制度,对于裁判效果好、适用法律适当的典型案例进行公示以现指导之功效。对于重大疑难复杂案件,属于刑法规范漏洞或空白地带的情形,应当及时向上级法院备案,以便上级法院根据管辖区域司法实际判断是否应适时作出规范性指导性文件。

---

① 刘青峰:《审判解释引论》,法律出版社2004年版,第257页。

2. 推行重大改判案件的集体研讨制。司法裁判尺度差异现象不仅存在于一审裁判法官之中，而且存在于一、二审之间。目前，刑事司法实践中存在一审法院对二审法院法律适用改判颇有微词，其中隐含着一、二审法官自由裁判权限的博弈。笔者认为，在承认法官个案裁判独立自主的前提下，对于一审裁判中明显适用法律错误的案件，二审法官通过合议产生一致意见的，可以径行改判。而对于那些一审适用法律存有争议，二审合议争论不下的案件，为慎重起见，应当报请院审判委员会集体研究讨论定夺。在此所考虑的问题，不应仅仅是简单的法律适用问题，而是由此引发的深层裁判效果问题。

3. 推行重大裁判标准失衡案件的再审制。我国《刑事诉讼法》第 204 条对案件启动再审程序作了具体规定。法官个案裁判尺度不一属于个体适用法律差异问题，并非错误范畴，从维护司法既判力角度出发，即使裁量严重失衡也不能启动再审。再审条件的苛刻虽然有其必要性，但也未能解决司法标准不一所引发的司法公信危机。笔者认为，对于法官个案刑法适用过程中所引发的业已终结的个案裁量问题，可以适时地启动再审程序进行校正裁判尺度，通过司法个案公正赢回社会对司法整体公正的信任。如“云南许霆”——何鹏基于许霆案的再次裁判，完全可以通过再审程序的尺度校正得以实现良好的司法效果。同时，对于裁判标准失衡的界定问题，笔者认为外延不宜过广而应当有所限制，仅限于无罪、适用重法有失公允或量刑畸重等涉及当事人重大权益的情形。

（作者单位：江苏省盐城市中级人民法院）

# 民间劳务习惯及其适用分析

## ——以苏北地区农村工匠包工建房为例证

王如平

**[内容提要]** 在民事司法实践中,民间劳务习惯因素影响着当事人间法律关系的认定和案件的定性,以农村工匠包工建房为例,工匠与施工人员间形成雇佣关系,与房主间形成房屋建筑承揽合同关系。民间劳务习惯具有佐证案件事实、平衡利益冲突、检验司法公正、验证价值取向等功能,但对民间劳务习惯的适用应有所限制,要遵循扬弃、充分、匹配、限制规则等原则。

**[关键词]** 民间劳务习惯 民事司法 功能 应用规则

案件:被告李某系一农村建筑工匠。2006 年 7 月 10 日,同村陈某欲新建一两层楼房,遂与李某口头约定:由李某承建陈某之房屋,7 月 18 日开工,陈某提供施工图纸和建筑材料,施工人员、施工活动、安全问题、建筑工具及设施则由李某自行召集和负责,房屋竣工后由陈某给付工程款 15000 元。次日,李某召集 5 名工匠(俗称“大工”)、3 名施工辅助人员(俗称“小工”)参与施工,口头约定工资标准为大工每日 60 元、小工每日 35 元,于房主陈某支付工程款时给付。李某就其施工资质未报经所在镇建管所批准。7 月 18 日房屋如期开工。7 月 22 日,工匠江某在施工中不慎摔伤,造成医疗费等各项损失计 16500 元,江某向李某索赔无果,遂以李某、陈某为共同被告诉至法院,请求判令李某承担雇主赔偿责任;而发包人陈某将建筑工程发包给无施工资质的李某,亦应与李某承担连带赔偿责任。在法院审理过程中,有着不同利害关系的三个当事人各执一词。李某认为其与原告江某均系陈某的雇员,应由陈某承担雇主赔偿责任;江某认为李某与陈某间系承、发包关系,李某无建筑施工资质,陈某应承担连带责任;陈某则认为其与李某间系加工承揽关系,而非雇佣关系,根据《最高人民法院关于审理人身损害赔偿案件适用法律若干问题的解释》(以下简称《人损解释》)第10条的规定,其作为定作人只能承担与选任过失相适应的赔偿责任,不应与李某承担连带责任。

问题:农村工匠包工建房,往往只与房主达成口头约定,基于此种民间劳务习惯而形成的各种法律关系的性质应该如何界定?

## 一、民间劳务习惯概述

"劳务"作为一个汉语词汇,《汉语词典》对其释义主要有二:一是"不以实物形式而以劳动形式为他人提供某种效用的活动";二是"劳动者为满足某种行业的需要而提供的劳动力"。而根据理论界和实务界的研究,学者们对习惯的概念主要表述为:习惯首先是一种行为模式,而这种行为模式又是相对固定并为人们普遍自觉遵守的。综上分析,再结合民间劳务习惯所特有的地域性特征,以及与商事交易习惯之不同,笔者认为,苏北民间劳务习惯是指在苏北地区①民间劳务领域里,劳动者为满足社会劳务需求,在长期的劳务活动实践中,逐步形成或者约定俗成的相对定型化的劳务行为习惯或者劳务行为模式。

劳务习惯作为客观存在于世俗社会的一种规则,滥觞于不同行业的劳动者的长期劳务实践。根据劳务习惯是否以给付酬劳为目的,可以将散见于各行各业的众多种类的劳务习惯划分为付酬性劳务习惯和互助性劳务习惯两大类。常见的付酬性劳务习惯主要有农村工匠包工建房、人力三轮车运输服务、固定送货服务、家政钟点服务等四种;常见的互助性劳务习惯主要有农忙季节的换工和学徒工两种。

农村工匠包工建房是种具有代表性的民间劳务习惯,它是指具有从事房屋建造、修缮技能和经验的人员(俗称"包工头"),自行或与他人合伙承建农村房主的房屋,并再雇请一定数量的其他村民(即上文所称的"大工"、"小工")一起施工的劳务形式。被雇请人员听从包工头或包工头委派人员的指挥进行施工,其报酬一般为按日计酬(地区内的报酬标准一般相对统

① 主要指位于江苏省北部的盐城地区,以及与盐城地域相邻、生活习惯相近、经济发展水平相当的泰州、南通等周边地区。

一),在房主支付工程款后,由包工头根据各人的出勤情况结算、支付报酬。一般而言,包工头与房主达成的施工协议多为口头协议,即使订立书面协议,合同内容及其表述亦不全面、不规范。

## 二、民间劳务习惯的法律分析

司法实践中,当劳务习惯成为个案甚至类案的争议焦点时,当事人之间的分歧往往集中于两个方面:一是劳务习惯的民事法律关系,这关乎当事人的请求权基础是否存在并得到司法保护;二是劳务习惯的行为模式,能否作为法律事实予以认定,现试以典型的劳务习惯——农村工匠包工建房为例进行剖析。

在农村工匠包工建房,发生安全事故造成施工人员人身损害引发的赔偿诉讼中,基于劳务习惯而产生的对案件定性产生决定性影响的事实有两个:一是"包工头"对其他施工人员的召集、指挥行为;二是"包工头"与房主之间的约定行为(多为口头)。此二者所涉之民事法律关系有:"包工头"与受其召集的施工人员间的法律关系;"包工头"与房主间的法律关系。这些法律关系的认定也是司法实务中极易发生分歧的问题。

### (一)"包工头"与施工人员间的民事法律关系

就此问题,当事人间的主要分歧是:施工人员主张双方系雇佣关系,"包工头"是雇主,自己是雇员;"包工头"则主张双方系合伙承揽房屋建筑关系,自己是合伙人之一。笔者认为,"包工头"与受其召集、指挥的施工人员之间的民事法律关系,应认定为雇佣关系。理由是:

1. 相互关系。"包工头"与房主"包工"建房约定的劳务习惯模式,决定了建房施工活动由"包工头"负责。建房作为一项需要多个不同施工技能的人员分工合作的综合性活动,一般均由"包工头"(或其委托的人员)对施工人员进行具体分工、指挥施工、安排进度等管理,施工人员负有服从分工安排、接受指挥监督等义务。施工人员受"包工头"召集、约请而来,目的在于提供劳务获取报酬,并不参与出资。可见,双方间地位并不平等,具有明显的支配与服从的从属关系。这与合伙人间基于合伙协议而产生的合伙关系完全不同,在合伙关系中,合伙事务的运作虽然也表现为各合伙人间的共同合作,但各合伙人间的地位是平等的,而非从属关系。

2. 行为性质。"包工头"承揽建房业务的根本目的是以"包工"方式追求更高的经济利益。这种"包工"行为应具有经营性。而其他施工人员提供劳务虽亦有获利之目的,但明显不具有经营的性质。可见,双方间并不构成共同经营的条件,因而也不具有合伙关系中合伙人共同经营的特征。

3. 获利方式。受“包工头”召集参加施工的施工人员基于提供劳务而获利,并非因参与出资、经营而获利。这与合伙关系中,合伙人共同出资、共同经营、共同收益、共担风险的本质属性截然不同。合伙人获利的基础是共同出资、共同经营。

4. 利益分配。施工人员的报酬按照其与“包工头”的约定按工日计算,“包工头”与房主约定的工价总额中扣除其他施工人员的报酬的余额,即为“包工头”的收益,这个收益的性质并非是与其他施工人员同工同酬的劳务报酬,而是一种赢利。这也为“包工头”能够成为经济地位上占据优势的雇主奠定了经济基础。而在合伙关系中,合伙人的利益分配,一般依合伙协议的约定进行。

5. 风险责任。施工人员既不参与出资,又未与“包工头”约定共担风险,因而对内对外都不承担“包工头”承揽建房的盈亏风险。而合伙人对合伙债务是承担无限连带责任的。

综上,认定“包工头”与受其召集、指挥的施工人员之间的民事法律关系为雇佣关系,完全符合雇佣关系的事实构成条件。同时,从裁判效果看,认定雇佣关系更有利于对施工人员的救济和保护,也有利于促进“包工头”吸取教训,加强施工安全管理教育,完善安全防护措施,杜绝安全事故的发生。倘若认定为合伙关系,则易使居于弱势经济地位的施工人员遭受人身和财产上的双重损失,也难以为此类劳务习惯的多数参与者信服。

(二)“包工头”与房主之间的民事法律关系

1. “包工头”与房主之间约定建房行为的事实认定。

从合同法角度看,合同的形式包括口头方式和书面形式达成的协议。农村工匠包工建房时,“包工头”与房主之间就建房的相关事项进行的口头协商应为合同法所指的口头协议。

问题是,一些“包工头”为规避民事法律责任,常以房主无书面协议作为证据为由,极力否认其与房主间存在这一法律事实。而由于担心卷入纠纷,介绍人或其他证人一般都会拒绝到庭就此事实作证。“法律应对习惯予以尊重,除非它是邪恶的。”①遇此情形,法官可结合该劳务习惯的运作特

① [英]K. 茨威格特等:《比较法总论》,潘汉典等译,贵州人民出版社 1992 年版,第 165 页。

点进行认定。例如在下列事实绝大部分能够认定的情况下,法官结合农村工匠包工建房这一劳务习惯中“包工头”与房主就建房事宜协商的惯例,应当选择肯定的答案。(1)“包工头”客观上参与、指挥房主的建房施工活动,或者其委托人在施工现场负责安排、指挥施工活动的;(2)房主能够证明其建房的主要建材在施工活动实施前已自行筹备;(3)施工的主要设备、工具由“包工头”自备或者联系;(4)其他施工人员受“包工头”召集而来,劳务报酬由“包工头”与其直接约定,施工人员参与施工的工作事项均由“包工头”或其委托人安排、指挥;(5)房主能够证明其并未与其他施工人员约定报酬,也未向他们支付报酬;(6)施工过程中“包工头”向房主预支部分建房工价款;等等。

2.“包工头”与房主之间的民事法律关系。

认定“包工头”与房主之间存在“签订房屋建设施工合同”这一事实后,就“包工头”与房主之间存在何种民事法律关系问题,实践中颇有争议。争议集中表现为:是工程承包关系抑或民房建筑承揽关系。从本质上看,建设工程承包也是承揽,但由于承包合同有其特殊性,与承揽合同间应为个别与一般的关系。“在事实认定中,法官的通常活动就是,从当事人陈述的生活事实中为法院找到一个法定的事实构成,换言之,将有争议的某个事实涵摄(归纳、吸纳)到事实构成之下。如果这种涵摄是可能的话,那么就可以直接得出该法律规范的法律后果。在将法律规范适用于某一事实的时候,如果该事实完全满足该规范所规定的法定的事实构成,人们就称之为生活事实被涵摄于该规范之下。”①因此,有必要先从法定的事实构成,分析建设工程承包合同与民房建筑承揽合同的主要区别:

(1)主体上,建设工程承包合同的承包主体应为“具有进入建筑市场进行建筑业务活动而实际行使权利和承担义务的资格,具备这种资格的承包人一般应为建筑企业法人”。② 法律强调的是具有施工资质的“单位”,没有施工资质,将导致合同无效的法律后果;承揽合同的承揽主体则无此强调,单位或自然人均可。农村工匠属于自然人,显然不符合建设工程合同的承包方主体资格条件。

(2)合同形式要求,前者为要式合同;后者可采书面形式,也可采口头

---

① [德]伯恩·魏德士:《法理学》,丁小春、吴越译,法律出版社2003年版,第63~64页。

② 唐德华、孙秀君:《合同法及司法解释理解与适用》,人民法院出版社2004年版,第711页。

形式。由此看来,法律对建设工程合同的订立形式要求严于一般承揽合同。而农村工匠与房主的合同行为,以口头约定为惯例,以书面约定为例外。

(3)法律适用上,建设工程承、发包行为受《建筑法》和《安全生产法》的约束;而当事人间订立、履行一般承揽合同的行为不受上列两法之规范。根据《建筑法》第83条第3款的规定,农村居民两层以下民房建筑活动,不适用《建筑法》的规定,而按规定,农村工匠亦只能从事两层以下民房建筑和一般民房修缮施工活动。

(4)从适用《人损解释》不同规定的裁判后果来看:若将"包工头"与房主间的建房协议认定为建设工程承包合同,则应根据《人损解释》第11条第1款和第2款的规定,判决"包工头"对其雇员承担赔偿责任,房主对"包工头"之赔偿义务承担连带责任;若认定为民房施工承揽合同,则应适用《人损解释》第10条、第11条第1款的规定,判决"包工头"对其雇员承担赔偿责任,房主只在定作、指示或者选任上存有过失的情况下承担相应的赔偿责任。当事人对法律关系的主张,极尽各自所能进行反复的博弈,无非是希望得到司法给予自己最有利的保护。两种不同的结果,对于房主的影响程度截然不同。哪种更为适合?这就必须结合农村实际,兼顾这种劳务习惯的风险约定综合分析,作出比较符合公平正义要求的司法裁判。建房是苏北农村居民一生中最重要的事情,为了建房他们几乎耗费一辈子省吃俭用积攒的全部积蓄,有的甚至为此而债台高筑。而农村工匠所从事的亦是低利润的建筑活动,实际上扣除雇员的报酬,赢利也并不可观。相较于受伤的雇员,房主与工匠在经济上其实并无明显的强弱之分。雇员受害固然应予同情,但在司法裁判上如果过于关注对其损失的保护(如适用连带责任),而忽视了对房主和工匠赔偿能力的考量,裁判结果极有可能陷入一损俱损、难以执行的尴尬境地,也不利于促进雇员谨慎作业、加强安全防范和自我保护。

综上,笔者认为,在农村工匠包工建房这种劳务习惯下,"包工头"与房主之间基于"订立建房施工合同"这一法律事实,其民事法律关系应该定性为一般的房屋建筑承揽合同关系为宜,能够兼顾各方实情和利益,最大限度地保证实现"案结事了"的司法效果。

## 三、民间劳务习惯的功能

民间劳务习惯作为一种民间习惯,在民事司法中有其实践性功能,体现在佐证案件事实、平衡利益冲突、检验司法公正和验证价值取向等四个方面。

(一)佐证案件事实

法律事实是判断法律关系的基础,基于不同的法律事实作出的法律关系判断,结论亦将不同。司法对法律关系的不同判断,关乎当事人的民事权利能否得到公权利的有效保护。民事主体的行为即是民事法律事实的一种,完全可以在此意义上审视劳务习惯,将其认定为能够影响当事人间权利义务关系的民事法律事实。实践表明,个案中当事人就各自行为所代表的法律意义,总是竭尽全力地朝着有利于自己的方向进行解释,目的是为其主张的民事法律关系提供证据支撑。当各方的陈述与主张不一致时,若当事人有充分证据证明其之解释符合当地的劳务习惯的,经法官确认,即应能对争议事实起到佐证作用。“民间规范对法律方法的可能贡献,既指民间法对法律方法的完善和丰富所可能作出的贡献,也指民间规范借助法律方法进入司法过程之中,从而成为国家权力所支持的社会秩序的组成部分。”①劳务习惯对案件争议事实所发挥的佐证作用,也是借助诉讼证明的方式,从而成为司法判断争议事实及民事法律关系的依据之一。

(二)平衡利益冲突

经验层面的评判结论表明,在劳动者与用人者特别是用人单位之间的强弱比较上,后者强于前者的认识至今仍占主流。但是,在当前公民权利意识日趋强化、利益追求缺乏理性、民事活动风险成本不断加大的现实背景下,对于民事司法而言,完全奉行制定法,机械适用法律,其裁判结果往往会带来负面的社会效果,甚至引发意外的道德风险。“审判的主要目的是为了平息矛盾、化解纠纷,智慧和经验相对于知识来说,更体现为一种能力,这是对矛盾进行研判、辨析和甄别的能力,是一个人能够把握事物本质的洞察力和决断力。在社会转型时期,许多纠纷不是纯粹的法律纠纷,只有将法律与政策、民俗习惯结合起来,才能妥善地予以解决。法官不仅要善于从‘案件之中’来研究案件,而且还要善于从‘案件之外’和‘案件之上’多角度、多方面地分析思考问题。只有这样,才能透过冰冷的卷宗看到其后的民生、民

---

① 谢晖:“初论民间规范对法律方法的可能贡献”,载《现代法学》2006年第5期,第28页。

权、民主问题。”①

(三)检验司法公正

习惯“最终得以确立和流行,不能没有乡民之公正观念来支持。许多通行习惯中关于利益分配、损害分担的种种规定,乃经过长时期利益冲突而逐步形成,因此,能够在很大程度上表明民众关于应然的某些共识”。② 审判实践经验和教训告诉我们,在法律信仰于中国社会尚未真正形成的语境里,人民法院依据法律规定所作出的司法裁判,即使具备在法律意义上足以堪称完美无瑕的公正,也未必当然地为社会公众所完全认同、接受和信服。因此,在大多数公民仍以朴素的正义观作为对司法公正与否的评价标准的情势下,对涉民间习惯的民事案件作出实体裁判时,有意识地将民间习惯作为考量因素加以评价,可以更好地评估、检验司法裁判的公正性,从而最大限度地预防司法道德风险,真正使司法裁判定分止争的功能落实到“案结事了”的效果上来。

(四)验证价值取向

民事司法作为解决平等主体权益争议的一种重要途径和手段,其功能并不仅仅局限于个案的定分止争上,还肩负着通过个案或者类案裁判这种公开的信息传递方式,表明国家在私权争议上的态度和倾向,并宣示对某一时期某一地区主流价值取向以及社会正义的积极倡导,从而促进社会秩序的正常运行。依此要求,法官办案显然不能就事论事,就案办案。这也是我国社会转型时期,各级各地人民法院反复要求法官办案要努力追求法律效果、社会效果和政治效果“三统一”的原因所在。为实现民事司法的“三统一”效果,查明事实,准确适用法律自不待言,法官对裁判结论的价值判断也是必不可少的。在这个判断过程中,诸如民情民意、民事习惯、国家政策,等等,都是应当纳入法官视野和思维范围的考量要素。作为法律操作者的法官,在对个案作出司法裁判结论时,就个案处理结论所将宣示的价值取向和司法态度,并不能仅仅凭借一厢情愿式的感受或者认识,而应当更多地将案件置于当地的习俗、社会理想等视野、氛围中加以检测,从而进行适宜的修正,使司法裁判更具说服力、公正性,能尽可能地符合当地的主流价值

---

① 田成有:“民俗习惯在司法实践中的价值与运用”,载《山东大学学报》(哲学社会科学版)2008 年第 1 期。

② 梁治平:《清代习惯法:社会与国家》,中国政法大学出版社 1996 年版,第 55 页。

取向。

## 四、民间劳务习惯的应用规则

“从长远观点来看，个案的判决并不重要，重要的是法院在一系列相似的案件判决中适用的规则。”[①]笔者并不认为劳务习惯可以不分良莠地在司法实践中广泛适用，应当加以必要的规制，从而为涉民间劳务习惯的民事纠纷案件之裁判提供规则保证，以期民间劳务习惯在民事司法中的应用尽可能地取得适时适宜、公平正义的效果。

### （一）扬弃规则

劳务习惯所具有的规范参与者的行为、利益分配、风险负担等作用，从法律角度分析，其在内容上往往夹杂着当事人对某些民事权利义务的约定，此应属私权之范畴。在参与者为执行劳务习惯产生纠纷后，当事人自行遵循习惯所设定的规则自然消解矛盾的，即使其结果不一定符合法律正义，公权亦无须主动介入并予审查和评价。但俟其进入司法程序后，法官应当首先从司法之视角采“扬弃”之态度，对其进行必要的审查、评价和取舍，即基于公平正义的司法理念正面把握劳务习惯，但对于适用结果显然违反公序良俗、易于导致显失公平、引发不良导向的，应当坚决予以摒弃。

### （二）充分规则

劳务习惯的形成虽然都有一个形成期较长的经历，但市场固有的变动规律性，事实上对劳务的需求有着动态的影响，各种具体的劳务习惯也会因此受到劳务市场需求变动的影响，从而决定了它们生命期限的长短。加之即使同类劳务习惯也会存在各式各样的差别，因此，实践中对个案或者类案所涉及的劳务习惯，法官不能简单地根据当事人的陈述，凭借自已的感性认识直接作出判断。当当事人对当地同行或者同业确实存在其主张的劳务习惯进行了举证，但还不足以认定时，法官应在此基础上，深入该行业进行必要的调查，获取第一手资料和信息并仔细甄别，在法院调查和甄别的结论与当事人举证证明的劳务习惯事实充分一致或者充分吻合时，法院方得予以采纳。

### （三）匹配规则

匹配意指彼此相适应、相互协调。从上文对苏北民间劳务习惯之于民

---

① 何家弘：《从通俗到深奥——法治文化杂论》，中国法制出版社 2008 年版，第 243 页。

事司法实践中的地位看,多数情况下涉及司法对它们背后所指向的案件事实包括民事法律关系的认定和判断。但由于法官对它们并不当然具有直接适用的权源,因此,在完成查明案件事实(包括涉及的劳务习惯)的前提下,对当事人主张的法律关系是否与个案所涉劳务习惯真正指向的民事法律关系相匹配,就成为法官需要作出判断的问题。在这个问题的处理上,法官应根据匹配规则,既要考量当事人主张的法律关系是否与案件事实相适应,又要考量法官自己基于案情分析作出的预先判断,与个案所涉劳务习惯指向的法律关系是否恰如其分。这是一个需要反复对比、严格淘滤的过程,只有在二者相互适应程度达到最好的状态,法官对个案作出的裁判,才可能获得世俗社会的认同和法律的检验。

(四)限制规则

一方面,劳务习惯在民事司法中的运用须受限制。谢晖教授指出,"当国家正式法在某种意义上明确否定了或未明示某些民间规范的法律效力时,法官在某些案件的审理上仍然要照顾到民间规范的存在,在民间规范中寻求判案的灵感。这有两种情形:其一是在和案件相关的领域,国家法律空缺;其二是尽管国家法有相关规定,但严重脱离一些社区或地区的实际,根本难以落实。这两种情形,皆要求法官设法借助既有的民间规范作出创造性说明,即法官根据案情,识别最适宜解决该案的民间规范来解决之。"①另一方面,劳务习惯在时空上所具有的特定性和区域性,决定了民事司法实践中对其应用须有时空上的限制,即使被认定甚至适用的劳务习惯所涉案例业已生效,也不能恒久以之作为唯一标尺,在新案涉及原有习惯时,尚需进行必要的考证与甄别,不可直接照搬硬套。

## 五、结语

通过对苏北民间劳务习惯的分析,我们有理由认为,习惯的研究视野,不应仅仅局限于商事领域。民间劳务领域现实存在的各种劳务习惯,也有纳入民法理论和实务研究视野的必要。将劳务习惯从民间习惯的"矿藏"中挖掘、分离出来,以学理分析的路径,揭示它们背后指向的民事法律关系,为劳务习惯褪去世俗的外衣,引入民法的圣殿,既可开阔民间习惯的理论研究视野,也有助于拓展与充实民间习惯的学术研究内容,进一步丰富民法理

---

① 谢晖:"初论民间规范对法律方法的可能贡献",载《现代法学》2006年第5期,第29页。

论。对劳务习惯之于民事司法的实践功能给予合理的评价与规制设计,能使审理涉及劳务习惯的民事案件,在相对统一的法律方法和司法尺度内予以裁判提供有效的制度保证,为一定区域内的相关民事审判提供有益的指导。或许还有助于促进理论和实务界在民间习惯的关注、研究与认识问题上形成一定的共识。当然,劳务习惯既作为一种源于社会生产实践的行为模式,随着劳务市场需求的变化,它也会随之而变化,需要进一步研究的相关法律问题也会越来越多。对于民事审判而言,还有赖于民事法官特别是日益年轻化的民事法官群体,强化重视民生观念,深入更广泛的社会生活实践,更多地接触社会、市场主体,真诚、平等、谦诚地与各方人士沟通,积极学会、掌握和提升了解民风民俗民情的能力,有意识地运用民法原理,理性地分析,在司法服务民生的实践中作出更多有益的贡献。

(作者单位:江苏省东台市人民法院)

# 民间习俗导入司法的理性思考

## ——以“自生自发秩序”理论为源流

徐俊华

[内容提要] 根据哈耶克的“自生自发秩序”理论，民间习俗是一种内生于社会生活的自生自发规则，具有存在的合理性，在司法中导入民间习俗也就具有现实需要和必要性。在现代法治环境下，在司法中适用民间习俗应当处理好与严格规则之治的关系，把握好司法适用适当的度，并且在立法上明确民间习俗的适当地位。

[关键词] 民间习俗　自生自发秩序　规则之治

自清末法制改革以来，中国就力图在法律生活领域实现现代化，其中一个重要的努力方向，就是以国家的名义制定大量的、涉及诸多社会生活领域的法律，企望以新的法律规制人们的行为，形成新的秩序。① 当下的中国，我们仍在不懈地进行着这种努力。作为国家的审判机关，人民法院也正沿着这个方向，努力地按照依法审判的要求，以忠实的态度、执著的精神在现有制定法的框架内判断是非、平衡利益、解决纷争。然而，现实审判往往会出现“合法不合理、合理不合法”的尴尬现象。造成这一现象的一个重要原因，就是司法在处理一些带有“地方特色”的矛盾纠纷时，未能对民间习俗给予应有的尊重和回应，导致依法审判的结果在社会公众看来缺乏正当性和合理性。本文拟以西方著名的法律哲学家哈耶克的“自生自发秩序”理论作为理论源流，从民间习俗的内涵梳理出发，对民间习俗的司法价值进行

① 公丕祥：“民俗习惯运用于司法的价值、可能性与限度”，载《人民法院报》2007 年 8 月 30 日“理论与实践”版。

分析,最后分别从实务和立法两个层面,对民俗运用与严格规则之治的关系把握及民间习俗导入司法的法律构建问题进行研究,以期更好地规范和引导司法裁判者们运用民间习俗进行裁决,在增强司法公信力的同时,推动和促进和谐社会的建设。

## 一、关于民间习俗的内涵梳理

民间习俗作为人们在生活劳作过程中逐渐形成的一种行为规范,是内生于社会的规则,它凝结了有关特定社会的环境特征、人的自然禀赋和人与人冲突及其解决的信息,是反复博弈后形成的人们在日常生活中必须遵循的"定式"。[①] 它一般包括在特定地区、特定人群中所形成的习惯、风俗、礼节、仪式、舆论、禁忌、乡规民约、家法族规、民族规约、宗教戒律、行业习惯等。[②]

### (一)关于民间习俗的本质理论

关于民间习俗的本质探究,西方著名的法律哲学家哈耶克的"自生自发秩序"理论对其作出了精辟的分析。哈耶克该理论的基本理路是,首先,社会秩序是内部生成的秩序。它的形成并非是因计划或设计而生成的,乃是"人之行动而非人之设计的结果",亦即无数个人独立的决策和行动的非意图的结果,是"这些秩序的要素在回应它们的即时环境时遵循某些规则的结果"。[③] 其次,型构自生自发秩序的规则本身也是自生自发的结果。使"自生自发秩序"发展成为可能的规则,事实上在最初的时候并不是根据人们对这一结果所做的预期而设计出来的;而是那些因偶然的缘故而采纳了妥适的规则的人们发展出了一种复杂的文明,此后这种文明又不断扩展到了其他族群。[④] 也即是说,人先行而后思,而不是先懂而后行。这些规则中

---

① 苏力:"现代化视野中的中国法治",载 http://www.civillaw.com.cn/Article/,于 2008 年 5 月 8 日访问。

② 本文主要讨论当前影响司法实践的各类民间习俗,为讨论方便,笔者将民间习俗概念广义化,等同于有的学者提出的"民间社会规范"大概念。在范愉教授"纠纷解决中的民间社会规范"一文中,将民间社会规范归纳成几个基本形式:1. 传统风俗习惯;2. 民族习惯;3. 公序良俗、公共道德;4. 自治性规范;5. 其他社会规范等。该文收录于谢晖主编的《民间法》(第 6 卷),第 7 ~ 108 页。

③ [英]哈耶克:《法律、立法与自由》(第 1 卷),邓正来、张守东、李静冰译,中国大百科全书出版社 2000 年版,序第 7 页。

④ [英]哈耶克:《法律、立法与自由》(第 1 卷),邓正来、张守东、李静冰译,中国大百科全书出版社 2000 年版,第 73 页。

一部分可能是以一种默会的、未阐明的形式存在的。再次,法律是内生于社会生活的普遍规则,“法律先于立法”。哈耶克认为,法律是“某种独立于人之意志而被给定的东西,亦即某种有待发现而非创制的东西”。在他看来,法律不必定形成文字,甚至无法形成文字,出现在现代的立法机关诞生之前,往往是对自发秩序的承认和认可。“所有的立法与法律改革也只是对那些蒙遭违反的善的古老的法律的恢复。”①最后,民间习俗是一种“内部规则”或“自由的法律”,是一种严格意义上的法律。所谓内部规则,乃是指社会在长期的文化进化过程中自发形成的规则,是指那些在它们所描述的客观情势中适用于无数未来事例和平等适用于所有的人的普遍的正当行为规则,而不论个人在一特定情形中遵循此一规则所会导致的后果。这些规则经由使每个人或有组织的群体能够知道他们在追求他们目的时,可以动用什么手段进而能够防止不同人的行动发生冲突而界分出确获保障的个人领域。这些规则一般被认为是“抽象的”和独立于个人目的的。它们导致了平等抽象的和目标独立的自生自发秩序或内部秩序的型构。②

综上可以看出,民间习俗是社会在长期的文化进化过程中自发形成的内部规则,是一个自然的、内生于社会的、未被阐明的法律,是“行动中的法律”、“实践中的法律”,是国家制定法的源泉和基础。

(二)关于民间习俗的固有特性

民间习俗作为一个内生于社会的制度,拥有着自身的一些基本品质特性。

一是民间习俗内容的乡土性。正如美国学者吉尔兹所言,“法律就是地方性知识”,③民间习俗就是一种根植于特定地域的地方性知识,是这个区域的人们通过无数次的互动、调适所发展起来的彼此都熟知的一种本土化知识。它往往紧紧围绕着农村的生产、生活中的日常事务、婚丧嫁娶、节日喜庆、人情往来等诸多事宜,以朴实、向善、简便、合理、易操作的方式规范人们的行为。在特定社会中,它有着较强的可预期性,能普遍地适用于特定

---

①　[英]哈耶克:《法律、立法与自由》(第1卷),邓正来、张守东、李静冰译,中国大百科全书出版社2000年版,第129、130页。

②　邓正来:《规则·秩序·无知:关于哈耶克自由主义的研究》,生活·读书·新知三联书店2004年版,第208页。

③　[美]吉尔兹:“地方性知识:事实与法律的比较透视”,邓正来译,载梁治平:《法律的文化解释》,三联书店1994年版,第74~171页。

地区的特定问题,具有浓厚的乡土性。

二是民间习俗生存的地域性。民间习俗受到各地区、各民族不同生活习性、生产方式,不同地理环境及文化传统等外在客观因素的影响,它孕育和根植于当地特定的历史文化土壤上,不同区域、不同人群有着风格迥异的风俗习惯,具有明显的地域性特征,正所谓"一方水土,一方风情"。

三是民间习俗拘束力的自发性。如前所述,民间习俗是一定区域的人们通过无数次的互动、调适所发展起来的调整特定区域人们生产、生活关系的一般规则,是镌刻在人们心中的规矩,它往往会普遍地得到人们自觉地执行,是人们心目中的"活的法律",具有自发的拘束力。谁违反了这套规则,谁就破坏了这种社会秩序,谁就可能失去自己生存的外部条件和环境,谁就可能陷入被动,甚至受到舆论谴责。①

四是民间习俗品质的差异性。民间习俗丰富多彩,但由于不同的时代动因、不同的人文背景、不同的发展进程,也决定了其不同的品质特征,它们对整个社会秩序的型构具有着不同的作用。有些民俗能体现平等、自由、正义等善良人性价值,能反映传统道德观念和法律精神且得到主流社会或群体的推崇遵从,而有些民俗尽管现实存在并在一定范围内起着作用,但其远离传统道德观念和法律精神且只服务于少数人利益。一如哈耶克所述:"业已确立的规则是否会在任何特定的情势中都导使一个整体秩序的型构,更主要的是取决于这些规则的特定内容。对不确当规则的遵循,完全有可能成为失序的原因。"②因此,民俗与制定法一样,也有着良恶之分。

(三)关于民间习俗的分类标准

民间习俗品质的差异性,表明并非所有的民俗都有其存在的必然性和合理性。本文从司法实用性角度出发,提出民间习俗良恶之分的"四性"标准,以期为司法实务中的法官提供一个较为系统的评判参照体系。

一是特定区域的普适性。通俗地讲,该民俗应该在一定区域内得到绝大多数人的共同认可,这是民俗引入司法的一个必要的前提条件。因为一项民俗如能在司法裁判中被正当地引入,体现出其"善良"的品性,那么该

---

① 滕威:"民事审判视野下的民俗习惯及其运用",载 http://www.fatianxia.com/,于2008年5月8日访问。

② [英]哈耶克:《法律、立法与自由》(第1卷),邓正来、张守东、李静冰译,中国大百科全书出版社2000年版,第166页。

习俗首先应当是得到本区域内民众的共同认可,人们均能自觉接受并依此解决纠纷。否则,民间习俗司法运用的可能性将不复存在。哈耶克在论述内部规则时曾指出,“究竟哪些预期应当受到保护,必须取决于我们如何才能使预期的实现在整体上得到最大化”。[①] 也就是说,遵循一项规则,应当让更多人的预期得以实现,而不是实现少数特定人的预期。因此,对民间习俗进行分类考量时应看其是否具有普遍的认知程度。

二是价值理念的正当性。公平、正义是整个社会的共同价值追求,也是社会共同努力的方向。因此,民间习俗的善恶判断所据以参考的价值观念必须以社会公众的认可程度和承受能力为基准,善良民俗需体现社会的公平性和妥当性。

三是道德评判的时代性。正如梅因评论英国衡平法时所述:“英国法学家很容易看出英国衡平法是建立在道德规则上的一种制度;但是却忘记了这些规则是过去几世纪的道德,忘记了这些规则已经几乎尽它们所能地受到了多方面的应用,并且忘记了虽然它们同我们今天的伦理信条当然并没有很大的区别,但它们并不一定同我们今天的伦理信条处在同一水平线上。”[②]因此,考量民间习俗的品质良恶,思维不能僵化,要站立在时代发展的高度,用现代人的道德标准去评判民间风俗的内在价值。

四是法律精神的契合性。民俗引入司法作为裁判纠纷的规则依据,应当与现行法律及其精神相契合,其内涵不能为现行法律及其精神所排斥。如某项民俗直接为现行法律或法律精神所否定,那么这类民俗一般被排斥在“良俗”之外。如近亲结婚、指腹为婚、人口买卖、私自处刑等旧习,当列“良俗”之外。

## 二、民间习俗的司法价值

### (一)民间习俗导入司法的正当性考察

司法的力量源泉不是来自强制,而是来自于司法的正当性。[③] 司法的权威在某种程度上来源于其运用的规则是否具有正当性。所以,民间习俗

---

① [英]哈耶克:《法律、立法与自由》(第1卷),邓正来、张守东、李静冰译,中国大百科全书出版社2000年版,第164页。

② [英]梅因:《古代法》,商务印书馆1959年版,第40页。

③ 周世中:《法的合理性研究》,山东人民出版社2004年版,第388页。

本身只有具备类似法律规则的正当因素，才能作为一种行为规范在司法过程中予以运用。因此，研究民间习俗司法导入问题，必须首先解决民间习俗的司法正当性问题。我们仍可回到前文述及的民俗本质、特性等方面就其正当性进行考察。

一是民间习俗的法渊源地位考察。根据哈耶克的理论，民间习俗是内生于社会的行为规则，其目的在于促进个人预期间的协调或吻合，是一种严格意义上的法律，是法律的重要渊源。

二是民间习俗的普适性考察。民间习俗作为特定区域的行为规则，具有目的独立性和平等性，也就是说它适用于无数的未来情势，而不是针对特定人或事情，具有普适性。

三是民间习俗的稳定性考察。作为司法裁判的依据应当是相对稳定、可以预期的规则。民间习俗是通过长期的积淀自发形成的，有着深厚的历史文化背景。作为群众的"行为文化"，它常以既成的、习俗的社会现象和"社会遗产"的形式存在，与民族情绪、社会心理相结合，反复出现，①一旦形成会表现出一定程度的稳定性和确定性。人们可以据此作出预判，合理安排自己的行为。

四是民间习俗的善良进步性考察。作为裁判依据的规则应具善良进步性的特征，如前民俗特性分析，尽管民俗品质差异性的存在，但绝大多数民俗是符合正义理性、道德传统和法律精神的善良性民俗，完全可以作为裁判的依据。

（二）民间习俗导入司法的必要性论证

一是规则本源性要求需要司法吸纳民间习俗。民间习俗内生于社会、规制着社会，是调整社会关系、解决民间纠纷的基本规则，司法中吸纳民俗、尊重传统正是自生自发秩序自身的内在要求。

二是制定法粗疏不全需要民间习俗予以补充。众所周知，制定法只是将一部分规范人们生产生活关系的规则成文化，它不可能包罗一切，任何立法和司法规则都无法完全弥补漏洞。司法实践中，在法无明文规定或虽有明文规定，但彼此发生纵横冲突无法参照适用时，有必要将民俗习惯中蕴涵的法律规则和原则引入司法，利用习俗的自由韧性指导司法实践。因为，吸

---

① 王宏璎、王存河："民间习俗国家法律关系初探"，载《甘肃政法成人教育学院学报》2000年第2期，第24页。

纳习惯也是保持制定法律富有生命力,使之与社会保持"地气",尊重人民的首创精神的一种不可缺少的渠道。①

三是社会转型需要民间习俗及时跟进。把确立已久的惯例变成文化,是一个缓慢且复杂的过程,因此现有制定法不可能对全新的情势作出可欲又迅疾的调适,它永远滞后于社会变革。然而社会发展变革势头迅猛,社会关系纷繁复杂,矛盾纠纷层出不穷,仅仅依凭现有制定法很难应对当下司法的现实需求。为寻求全新情势下矛盾冲突的调适规则,需要民间习俗及时跟进,以其特有的、自发的拘束力规范社会变革转型时期的各类关系。

### 三、民间习俗的司法运用与严格规则之治的关系把握

严格规则主义是一种力图在司法活动中排除自由裁量的观念,它曾是欧洲大陆法系国家居于主导地位的司法观念。中国法律现代化基本上走的是与大陆法系国家相同的道路,具有着相同的严格规则主义传统。在严格规则主义背景下,研究民间习俗的司法运用问题,就必须解决好"民间习俗的司法运用与严格规则之治"的关系问题,也就是要解决好民间习俗运用于司法之中的"度"或条件的问题,即在什么样的条件下司法需引入民间习俗,"有法依法",这是严格规则之治的基本要求。因此,严格依据制定法裁判案件既是一项重要的法律原则,也是司法裁判获得合法性、正当性的基本要求。只有在法律没有规定,或者法律规定与民俗发生明显重大冲突时,民俗的司法运用问题才显得更加具有现实意义,当然这也并不排斥在"法有明确规定"情形下民俗在司法中的应用价值。事实上,在调整社会关系、规范社会秩序、解决民间纷争的过程中,国家法与民间习俗总是在不断地妥协与合作中发挥作用,国家法不能完全排斥民间习俗,民间习俗也不能完全拒绝国家法。如同苏力教授所言,"当国家制定法与民俗习惯发生冲突时,不能公式化地强调以国家制定法来同化民俗习惯,而应当寻求国家法与民俗习惯的妥协和合作。"②基于此,我们为民间习俗的司法运用作出一个基本的定位,即运用于司法审判中的民间习俗应是补充性的,民间秩序只能以辅助的方式进入国家秩序的构造中。我们仍以民事诉讼为讨论对象,在现实

---

① 苏力:"当代中国法律中的习惯——一个制定法的透视",载《法学评论》2001年第3期,第32页。

② 苏力:《法治及其本土资源》,中国政法大学出版社1996年版,第61页。

民事诉讼中,制定法与民间习俗的交叉关系问题,不外乎以下几种情形:一是制定法与民俗均有规定,且内容基本一致。二是法无明文规定,但民俗有具体规定。三是制定法与民俗均有规定,但内容相互冲突。法官在处理具体民事案件时,应针对不同情形,作出不同的应对。

一是制定法与民俗均有规定,且内容基本一致。在这种情形下,国家法规定一般比较原则,而民间习俗的内容比较具体,可操作性强,且符合成文法的基本精神。对之,我们首先要以国家制定法为根据,把其作为裁判合法性论证的基本前提,同时灵活运用相关民俗,为法官进一步印证司法裁判的合法性、合理性和正当性起着一种辅助性作用,从而有效实现司法裁判情、理、法的和谐统一。

二是法无明文规定,但民俗有具体规定。由于国家法律范围的局限性和时间的滞后性,现有立法不可能面面俱到,在具体案件事实上,有时缺乏与之对应的国家法律,导致裁判大前提缺失,但民间习俗对之往往有着具体的规定。在这种情形下,法官在不得拒绝裁判的司法要求下,应当坚持公平正义,秉承司法良知,从价值衡量的视角对民俗品质作出合理判断,并合理运用民间习俗填补法律空缺、解决民事纠纷。

三是制定法与民俗均有规定,但内容相互冲突。对于二者内容冲突不大的情形,审判实践中并无太大的操作问题,一般依据上述第一种情形的处理原则加以解决。值得探讨且困扰法官的问题是,当民间习俗确定的规则与现行国家法的规定发生完全冲突时,即合乎国家法的行为却违背民间习俗,而合乎民间习俗的行为又违背国家法。对之,作为法官应作出何种选择?解决这一问题的前提仍然是对该类民俗品质作出科学的评价,对那些不合道德要求、违背法律精神、有违法益原则的习俗应当予以否定性评价,并依据现行法律作出裁判,这一点做到并不难。问题的关键是,个别法律规定严重脱离了一定社区或地区的实际,根本难以落实,依此作出的裁判明显缺乏妥当性和合理性,而民间习俗规则符合道德要求和法律精神,能够得到人们的普遍认同。在这种情形下,如法官避开国家法而引入民间习俗作为论证其裁判合法性的前提,往往要经历违法裁判之风险。即便如此,笔者认为,当法官无法依据现有法律作出一个符合理性、并为人们普遍接受的判决时,应当跳出条文框框,要从民间习俗是"一种严格意义上的法律"这一本质特性上去认识民俗,以不侵害国家、社会和他人的合法权益为度,并依之作出符合民俗、情理的判决。因为司法裁判是以合法性、合理性为前提的,在构建和谐社会的今天,司法裁判的法律效果与社会效果是衡量司法裁判质量不可或缺的两个方面。因此,民意的客观要求,裁判的社会认同度及民间对该类问题的惯常规则等,都是法官在论证合法性问题时必须予以关注的因素。当然,解决这一问题的根本性途径还是前文已作讨论的立法问题。

## 四、关于民间习俗引入司法的立法思考

民间习俗导入司法的路径研究,其中路向之一,就是立法层面上的法律构建问题,就是要归位民间习俗的法源地位,赋予民间习俗导入司法的合法身份。当前,司法实务对民间习俗的忽视,根本症结在于,我国立法未赋予民间习俗一般意义上的法律渊源地位,使得民俗在司法运用过程中显得规范性不强、权威性不足。因此,有必要在立法层面上研究民间习俗导入司法的法律构建问题。

### (一)关于民间习俗法源地位的比较法考察

民间习俗引入司法裁判的前提是其应当具备合法的身份,被赋予法源地位,名正言顺。[①] 从比较法角度考察,至今为止,许多国家和地区都将获得普遍认同的民俗习惯上升为法律,并对习惯法的法源地位明文予以确认。在英美法系国家中,各国相对重视经验主义的司法思维,这些国家的判例法传统就是遵循先例,而先例究其实质就是习惯。因此,习惯一直被视为一种重要的法律渊源,而且还往往处于一种较强势的地位。而在大陆法系国家,习惯也曾是重要的甚至是主要的法源,尽管近现代兴起的大规模立法和法典编纂活动大大削弱了习惯的法源地位,但并没有从根本上消除习惯的法源地位。习惯的法源地位仍在各国立法中得到应有的尊重。如1907年的《瑞士民法典》第1条规定:“如本法无相应规定时,法官应依据习惯法,无习惯法时,依据自己作为立法者应提出的规则裁判。在前一款的情况下,法官应当依据公认的学理和惯例。”《日本民法典》第2条规定:“不违反公共秩序及善良风俗的习惯,限于依法令规定被认许或有关法令中规定的事项者,与法律有同一效力。”我国台湾地区“民法典”第1条也规定:“民事,法律所未规定者,依习惯,无习惯者,依法理。”尽管在上述国家和地区,制定法作为主要法源处于主导地位,习惯法仅作为次要法源处于支配地位,但法

---

① 徐清宇、周永军:“民俗习惯在司法中的运行条件及障碍消除”,载《中国法学》2008年第2期,第91页。

律毕竟赋予了其合法的法源身份。而在我国,自新中国成立及至改革开放以后,中国法制建设突飞猛进,以国家名义制定了大量系统的、涉及社会生活各个领域的法律,包括宪法、刑法、民法、物权法、合同法、行政法、诉讼法等诸多门类。尤其自1978年以来的30年中,立法速度明显加快,立法质量明显提高,先后制定了包括宪法在内的400多部法律、800多部行政法规。[①]可以说,中国现代法律体系已初步建成,法律制度日趋完善,正有效调整和控制着社会生活的各个领域,并有力地规范和指引着社会生活的发展方向。但日趋完善的成文法对民间习俗却采取了相对保守的态度,从我国立法情况看,现有制定法并未对民间习俗赋予一般意义上的法律渊源地位。连作为民事基本法律的《民法通则》也没有规定民俗习惯为法律渊源,而是规定"民事活动必须遵守法律,法律没有规定的,应当遵守国家政策",[②]在对待"法无规定"情形时,却把国家政策作为民法的渊源,使民俗习惯的地位显得更加含混。诚如苏力教授所言,习惯在当代中国制定法中具有某种贬义。正式将习惯纳入民事法律渊源的是1999年颁布施行的《合同法》,其中相关条款对交易习惯的运用作出明确的规定。[③] 而后制定的《物权法》在第85、116条中也对按照"当地习惯"处理相邻关系、按照"交易习惯"分配法定孳息作出了制度上的安排。但上述立法主要还是针对有关物权、合同方面的关系,对其他民事行为没有具体涉足。考虑到我国的法律现代化基本上是沿袭着大陆法系国家相同的道路,因此,上述国家和地区的做法值得我国借鉴,应在今后制定的《民法典》中予以明确,彻底改变现行《民法通则》对民间习俗的歧视性安排。

(二)司法实践对民俗融入立法的现实需求

司法需要民俗介入,回答的是民俗导入司法的必要性问题。而民俗需要立法确认,回答的是民俗导入司法的充分性问题。没有法律上明确确认,民俗将始终是游离于成文法之外的行为规则。近年来,随着学术界的深入研究和实务界的积极探索,民间习俗背后所蕴涵的法律价值渐渐得到了大家普遍的认同。反映到司法审判领域,主要表现为在推进和谐司法、实现案

---

① 公丕祥:"民俗习惯运用于司法的价值、可能性与限度",载《人民法院报》2007年8月30日"理论与实践"版。

② 详见《中华人民共和国民法通则》第6条规定。

③ 蔡绍刚、蒋飞、朱千里:"民俗习惯司法运用的价值与可能性",载《法律适用》2008年第5期,第7页。

结事了的总要求下,法官运用民间习俗处理案件的思维日益清晰,民间习俗介入司法审判的范围日益拓展,民间习俗在司法审判尤其是在基层司法审判实践中正发挥着独特的作用,闪动着智慧的光芒。然而,法官直接运用民俗裁判案件并不是一件容易的事,这首先需要一定的勇气。因为民间习俗自身的复杂性和法源身份的不确定性,在法无明确规定,或现行法律与民俗间形成强烈冲突时,运用民俗裁判案件,对于法官尤其是低层级法院法官而言,是要承担办错案的职业风险的。当下中国法官豁免权保护制度缺失,办案法官在错案责任追究的重压下,在法无明文规定时,主动运用民俗裁判案件的积极性将会大打折扣。因此,尽管近年来把民俗导入司法的呼声日渐高涨,司法审判实践反应则是相对谨慎。主要表现在:一是裁判法律依据的选择上态度谨慎。在缺乏具体法律条文支撑时,法官往往寻找现行法律原则性规定作为论证其裁判合法性的前提依据,而后在自由裁量范围内作一些局部性、迂回式的处理,而不会直接运用民间规则作为裁判论证的依据。二是在运用民俗裁判的数量上微乎其微。出于错案的压力,法官尽管清楚运用民俗更有利于纠纷的解决,但也不会轻易冒险,因此,运用民俗裁判案件真正落实到具体个案裁判的则为数不多。三是在运用民俗解决纠纷的方式上调多判少。从基层司法实践看,能够运用民俗处理案件,主要出现在民事案件的调解过程中,而判决案件中一般回避民俗的正面运用。当前,基层法官对民间习俗普遍怀有"想用不敢用"的心态,而导致这种心态的根本原因在于民间习俗法源地位的缺失,使法官总觉得在民俗运用上存在"引之无据"的不足。因此,赋予民间习俗合法的法源地位,是打开习俗导入司法"瓶颈"的唯一出路。

(三)关于民间习俗的立法定位及条文建议

作为一种法律文化基因,民间习俗来源于长期共同生活的一定地域的社会大众,来源于长久以来规范着人们生产生活行为的习俗与惯例,是深层次的法律精神的蕴涵与体现,具有法的本质特征,有必要通过立法的途径"降其地位,还其本原"。在立法中确立民间习俗的法源地位,首先应该对之要有一个基本的定位,也就是要对民间习俗在整个民法法源体系中的地位、运用原则等问题要有一个清晰的思路。结合我国实际,笔者认为,在民间习俗的立法定位上应遵循"次位地位、固守法益"的原则:一是确立民间习俗的次位法源地位。中国在近代法制现代化进程中,受大陆法系国家及自身传统法律文化的影响,严格规则主义一直占主导地位,从而也注定了成文法在我国民法法源体系中的主导地位。习惯法作为民法法源的一个分支,在与制定法的力量对比上,应当处于辅助、次要的地位。二是固守法益底线的引入原则。“有法依法”,这是严格规则之治的基本要求。严格依据制定法裁判案件既是一项重要的法律原则,也是司法裁判获得合法性、正当性的基本要求。只有在法律没有规定,或者法律规定与民俗发生明显重大冲突时,民俗的司法运用问题才显得更加具有现实意义。所以,对民间习俗引入司法的时点把握上,应界定在法无明文规定和民间习俗与现行法律发生明显重大冲突两种情形。关于运用尺度的把握上,应以合符现代法治精神、法治原则、尊重基本法益为基本尺度。基于上述两点,对今后民法典关于民间习俗的法源地位提出如下四个层次的立法条文建议:第一,“民事活动应当遵守法律”;第二,“法律没有规定的,应当依据习惯”;第三,“当习惯与现行法律发生明显重大冲突时,得以法益底线为原则,选择习惯与法律之适用”;第四,“习惯引用应以符合法律基本精神、满足基本法益为要件”。

我国是一个幅员辽阔,有着56个民族、东西南北风俗习惯迥异的泱泱大国,不同区域之间、不同民族之间有着不同的风俗习惯,甚至是在同一事情上保留着截然相反的民间习俗,能够在全国统一适用的民俗毕竟有限,而更多的是地方性的、局域性的,只能适用于特定地区的民众。从立法上明确民俗的法源地位,这将给司法提出了一个民间习俗司法运用的普适性问题。但在追求案件公平和正义的路程中,尤其是建设和谐社会、倡导和谐司法的今天,回应民俗、尊重民俗、运用民俗,在适当范围内让司法统一作出稍许让步,也是法律普遍性与特殊性相协调的应有之义。我想,在如今强调定分止争、案结事了、和谐稳定的背景之下,让司法统一保留这份“残缺之美”,让民间习俗勃发应有生机,一定会让我们的司法更具人性化、更富亲和力。

(作者单位:江苏省大丰市人民法院)

# 实务探讨

# 《物权法》抵押权新设规则实务问题研究

吴 敦

［内容提要］《物权法》的颁布，是对《担保法》及其司法解释的补充完善，进一步丰富了我国的担保物权制度。具体体现在对抵押权登记及其效力、抵押物转让效力、物的担保与人的担保并存时的处理、抵押物出租的效力、浮动抵押的适用、在建建筑物抵押、土地使用权与建筑物不可分、抵押权物上代位性及担保提存、抵押权实现的方法等的规定。

［关键词］ 物权法　担保法　司法解释　抵押权规则

担保制度是经济生活中十分活跃的因素，而抵押则是担保制度中的重要内容，对于促进交易和经济发展具有重要意义。新颁布的《物权法》吸收先进理论研究成果和司法实践经验，设立了许多抵押权新规则，进一步完善了我国担保物权制度。现笔者拟对《物权法》抵押权新设规则进行研习，以期对司法实践有所裨益。

## 一、抵押权登记与合同效力

一直以来，我国《担保法》都将抵押权登记作为抵押合同的生效要件，属于立法上的严重缺陷。最高人民法院司法解释对此虽作了弥补，规定抵押权人予以救济的途径，但终未能解决此重大规则。①

民法学上将设定债权法上请求权的行为称为债权行为，把直接发生物

① 参见《最高人民法院关于适用〈中华人民共和国担保法〉若干问题的解释》（以下简称法释［2000］44号）第56条之规定。

权变动效果的处分行为叫做物权行为。抵押合同是指债权人与债务人或第三人签订的以债务人或第三人的财产为债权人设定抵押权的合同。[①] 依法理,抵押合同属于债权合同,其权利义务是设立债权行为,而抵押权登记则属于设立物权行为。《担保法》第41条规定:"当事人以本法第四十二条规定的财产抵押的,应当办理抵押物登记,抵押合同自登记之日起生效。"《担保法》不仅把抵押权登记看做抵押权设立的条件,也是抵押合同生效的条件,将抵押物权的设立公示方法与债权合同生效要件混为一谈,未区分物权行为与债权行为的关系,在实践中带来诸多问题。如借款人向银行借款,约定合同签订后10日内办理房屋抵押登记手续,逾期后债务人拒不协助银行办理抵押权登记,使银行的抵押权得不到法律的救济。根据物权变动与其原因行为的区分原则,应当区分抵押合同的生效和抵押权的设定。[②]《物权法》对此问题作了重大修改,第15条规定:"当事人之间订立有关设立、变更、转让和消灭不动产物权的合同,除法律另有规定或者合同另有约定外,自合同成立时生效;未办理物权登记的,不影响合同效力。"《物权法》明确区分了抵押权登记效力与合同效力的关系。经此修改,若抵押人不履行抵押权登记义务,抵押权人既可以要求抵押人承担违约的损害赔偿责任,也可以要求抵押人按照合同约定履行登记义务,人民法院应判决强制其履行登记义务。

## 二、抵押物转让的效力

《担保法》第49条第1款规定:"抵押期间,抵押人转让已办理登记的抵押物的,应当通知抵押权人并告知受让人转让物已经抵押的情况;抵押人未通知抵押权人或者未告知受让人的,转让行为无效。"《担保法》规定抵押物权设立后抵押人转让抵押物时,抵押人应对抵押权人履行通知和对受让人履行告知义务,否则转让抵押物的行为无效。即未对抵押权人履行通知的对内无效,未对受让人履行告知义务的对外无效。这样采取"一刀切"的规定,未免过于武断。因为抵押人虽然履行了通知义务,但抵押权人是否同意转让其并无发言权,只能听任抵押人的摆布,这样规定对抵押权人不公

---

① 张俊浩主编:《民法学原理》,中国政法大学出版社2000年版,第485页。

② 李国光等:《最高人民法院关于适用〈中华人民共和国担保法〉若干问题的解释理解与适用》,吉林人民出版社2000年版,第232页。

平。对受让人履行告知义务的规定有其合理的一面,因为受让人知道受让物已设定了抵押权,并愿意承担此风险,这是其自愿选择的结果。最高人民法院司法解释对此进行了修正,区分两种情况:一是办理抵押登记的抵押物,抵押权具有追及性。[①] 追及性是指不论抵押财产落入何人之手,抵押权人得追及该财产行使权利。[②] 二是未办理抵押权登记的抵押物,抵押权不具有追及性。[③]《物权法》充分尊重抵押权人的权利,将"通知抵押权人"修改为"经抵押权人同意"。《物权法》第 191 条第 1 款规定:"抵押期间,抵押人经抵押权人同意转让抵押财产的,应当将转让所得的价款向抵押权人提前清偿债务或者提存……"反之,未经抵押权人同意,抵押权人不得转让抵押物,否则转让行为无效。但此只是作为一般原则加以规定的,同时也设置了例外规定。第 191 条第 2 款规定:"抵押期间,抵押人未经抵押权人同意,不得转让抵押财产,但受让人代为清偿债务消灭抵押权的除外。"因为抵押权的设立是为了维护抵押权人的债权能够实现,既然抵押权人的债权已经实现,若规定转让行为无效,有违法理,对受让人不公平。

**三、物的担保与人的担保并存的处理**

在实践中,物的担保与人的担保并存的情况十分普遍,而《担保法》规定了物的担保优先规则。《担保法》第 28 条规定:"同一债权既有保证又有物的担保的,保证人对物的担保以外的债权承担保证责任。债权人放弃物的担保的,保证人在债权人放弃权利的范围内免除保证责任。"因债权人需经过拍卖、变卖等方式来实现抵押权。一是程序繁琐,二是成本高,不利于抵押权的实现。《物权法》对此进行了修正,第 176 条规定:"被担保的债权既有物的担保又有人的担保的,债务人不履行到期债务或者发生当事人约定的实现担保物权的情形,债权人应当按照约定实现债权;没有约定或者约定不明确,债务人自己提供物的担保的,债权人应当先就该物的担保实现债权;第三人提供物的担保的,债权人可以就物的担保实现债权,也可以要求保证人承担保证责任……"可见,《物权法》是区分两种情形的:一是第三人

① 法释[2000]44 号第 67 条第 1 款前段:抵押权存续期间,抵押人转让抵押物未通知抵押权人或者未告知受让人的,如果抵押物已经登记的,抵押权人仍可以行使抵押权。

② 郭明瑞:《担保法》,中国政法大学出版社 1999 年版,第 109 页。

③ 法释[2000]44 号第 67 条第 2 款:如果抵押物未经登记的,抵押权不得对抗受让人,因此给抵押权人造成损失的,由抵押人承担赔偿责任。

提供物的担保与他人提供信用担保的,由债权人选择。因为第三人无论是提供物的担保或信用担保,其都是自愿的。二是债务人自己提供物的担保,第三人提供信用担保的,因是债务人自己的债务,由其财产首先进行清偿是合理的。所以,只有当债务人提供的物的担保变现后不能清偿全部债务时,才能责令第三人承担保证责任。

## 四、抵押物出租的效力

抵押权是指债权人对债务人或者第三人不移转占有而供作债权担保的财产,在债务人不履行债务时,就该财产的变价款优先受偿的权利。① 抵押物的出租权是指抵押人于抵押设定后得将抵押物出租给他人的权利。② 当同一物上抵押权与租赁权并存时,即存在抵押权与租赁权竞合的处理规则问题。根据《物权法》的规定,设定抵押权目的有二:一是保障债权人的债权得以实现;二是充分发挥物的效用。抵押权存续期间,抵押物出租可以充分发挥物的效用,真正实现"物尽其用"。实践中,抵押财产出租分为两种情况:一是财产抵押前出租;二是财产抵押后出租。《担保法》对第一种情况作了规定,而对第二种情况未设规定。《担保法》第48条规定:"抵押人将已出租的财产抵押的,应当书面告知承租人,原租赁合同继续有效。"③最高人民法院司法解释对第二种情况进行了补充,法释[2000]44号第66条第1款规定:"抵押人将已抵押的财产出租的,抵押权实现后,租赁合同对受让人不具有约束力。"《物权法》确认了这一规则,第190条规定:"订立抵押合同前抵押财产已出租的,原租赁关系不受该抵押权的影响。抵押权设立后抵押财产出租的,该租赁关系不得对抗已登记的抵押权。"这一规则同时强调了抵押权登记的公示力和公信力。

## 五、浮动抵押的适用情形

浮动抵押,又称"企业担保"、"浮动担保"或"浮动债务负担"。根据《物权法》第181条的规定,浮动抵押是指债务人以其现有的和将来所有的

---

① 中国物权法草案课题组:《中国物权法草案建议稿——条文、说明、理由与参考立法例》,社会科学文献出版社2000年版,第601页。

② 郭明瑞:《担保法》,中国政法大学出版社1999年版,第132页。

③ 此为类推适用"买卖不得击破租赁"规则。

动产作为债权的担保,债务人不履行到期债务或者发生当事人约定的实现抵押权的情形,债权人有权就实现抵押权时的动产优先受偿。浮动抵押是一种新型的抵押方式,《物权法》在吸收借鉴英国法浮动抵押制度的基础上,尚有自己的特色。

一是浮动抵押的形式特定。动产抵押的设定应当采用书面协议的方式,这是法律行为方式的法定要求。《物权法》第 172 条规定,设立担保物权,应当依照本法和其他法律的规定订立担保合同。二是浮动抵押的主体特定。包括企业、个体工商户、农业生产经营者。企业包括具有法人资格的企业,如公司,也包括非法人企业,如合伙企业、中外合作经营企业等。个体工商户是指公民以个人财产或者家庭财产作为经营资本,依法经过核准登记,并在法定范围内从事非农业性经营活动的个人或者家庭。农业生产经营者则是指主要从事农村土地耕作或其他与农村经济发展有关的生产经营活动的农民、个体经营户等。[①] 三是浮动抵押的客体特定。一般抵押权的客体包括动产、不动产等各类财产。而《物权法》允许设定浮动抵押的客体只能是动产,如生产设备、原材料、半成品、产品等。既包括抵押人现有的动产,还包括抵押人将来所有的动产。四是浮动抵押权确定的情形特定。浮动抵押权的确定可以是基于法定事由或约定事由而发生。[②]《物权法》第 196 条用列举和概括方式规定了浮动抵押权确定的情形:(1)债务履行期届满,债权未实现;(2)抵押人被宣告破产或者被撤销;(3)当事人约定的实现抵押权的情形;(4)严重影响债权实现的其他情形。特别是最后兜底条款的规定,涵盖了其他可能出现的导致浮动抵押确定的事由。如抵押人与其他公司合并的场合,因为企业的合并将导致合并前的企业一方或双方解散的,当然属于"严重影响债权实现的其他情形"。[③]

### 六、正在建造中的建筑物抵押

《物权法》的亮点之一是第 180 条第 2 款第(五)项规定的"正在建造的建筑物、船舶、航空器"可以设定抵押。对正在建造中的建筑物因当事人尚

---

① 刘智慧主编:《中国物权法释解与应用》,人民法院出版社 2007 年版,第 526 页。

② 刘智慧主编:《中国物权法释解与应用》,人民法院出版社 2007 年版,第 571 页。

③ 最高人民法院物权法研究小组编著:《〈中华人民共和国物权法〉条文理解与适用》,人民法院出版社 2007 年版,第 587 页。

未取得建筑物所有权,能否设定抵押,历来存在争论:一种观点认为,在建的建筑物因未建成,当事人尚未取得所有权登记,不存在独立的交换价值,因此不能设定抵押。另一种观点认为,在建的建筑物虽不具有独立的使用价值,但其具有独立的交换价值,并有可让与性,依法预售就是证明。① 因此,可以设定抵押。实践中,在建建筑物设定抵押的情况大量存在,1988 年 2 月中国农业银行发布的《抵押、担保贷款暂行办法》中规定:"依法获准建造的房屋或其他建筑物,可自动工建造之日起设定抵押权,但该贷款必须用于该建筑物的建造。"依据法理,以在建建筑物抵押的,抵押人并不是以自己的所有权为权原,而是以其期待权为权原设定抵押权。最高人民法院司法解释也承认在建建筑物抵押的效力。② 具体到制度层面,《物权法》设置了预告登记制度,第 20 条规定:"当事人签订买卖房屋或者其他不动产物权的协议,为保障将来实现物权,按照约定可以向登记机构申请预告登记。预告登记后,未经预告登记的权利人同意,处分该不动产的,不发生物权效力。预告登记后,债权消灭或者自能够进行不动产登记之日起三个月内未申请登记的,预告登记失效。"据此,当事人可参照该制度,对正在建造的建筑物设定预告登记,以担保债权得以实现。③

## 七、建设用地使用权与建筑物不可分离

建筑物与土地不可分离,为使土地使用权与建筑物所有权的主体一致,减少权利冲突,《担保法》第 36 条第 1 款规定:"以依法取得的国有土地上的房屋抵押的,该房屋占用范围内的国有土地使用权同时抵押。"该法第 34 条第 1 款第(三)项还规定:"下列财产可以抵押:……抵押人依法有权处分的国有的土地使用权、房屋和其他地上定着物。"按照《土地管理法》和《城市房地产管理法》的规定,依法取得国有土地使用权的方式有两种:一是划拨取得;一是出让取得。依划拨方式取得的国有土地使用权是无偿的,当事人无权处分,所以这种土地使用权不得设定抵押。以出让方式取得的国有土地使用权是有偿的,当事人有权处分,可以设定抵押。从上述第 1 款法条

---

① 郭明瑞著:《担保法》,中国政法大学出版社 1999 年版,第 116 页。

② 法释[2000]44 号第 47 条:以依法获准尚未建造的或者正在建造中的房屋或者其他建筑物抵押的,当事人办理了抵押物登记,人民法院可以认定抵押有效。

③ 此应为浮动抵押的登记。参见刘智慧主编:《中国物权法释解与应用》,人民法院出版社 2007 年版,第 529 页。

文义上理解,无论是以划拨方式还是以出让方式取得的国有土地使用权都可以设定抵押,而从法的体系上理解,即该法第2款规定的“以出让方式取得的国有土地使用权抵押的,应当将抵押时该国有土地上的房屋同时抵押”,限制了第1款规定的以划拨方式取得的土地使用权设定的抵押,并与第34条第1款第(三)项的规定相对应。《担保法》的上述规定相互矛盾,给实务带来适用上的困难。为此,《物权法》采“房随地走”和“地随房走”的双向原则,将两种方式取得的国有土地使用权统一称作建设用地使用权。建设用地使用权是权利主体在法律允许的范围内依法享有的对国家所有的土地占有、使用和收益的权利,权利主体有权利用该土地建造并经营建筑物、构建物及其附属设施。[①]《物权法》第182条规定:“以建筑物抵押的,该建筑物占用范围内的建设用地使用权一并抵押。以建设用地使用权抵押的,该土地上的建筑物一并抵押。抵押人未依照前款规定一并抵押的,未抵押的财产视为一并抵押。”笔者认为,《物权法》规定的建设用地使用权,应包括划拨和出让两种方式取得的国有土地使用权。依无偿划拨取得的国有土地使用权抵押的,拍卖的国有土地使用权所得的价款在缴纳相当于应缴纳的土地使用权出让金之前,抵押权人不得对拍卖所得的价款优先受偿。[②]

## 八、抵押权物上代位性及担保提存

抵押权的物上代位是指当抵押权的标的物因灭失、毁损而使其价值转化为他种形态时,抵押权的效力仍可及于该他种形态的物之上。[③] 因抵押物是支配抵押财产的交换价值,即使抵押物的形态或性质发生变化,只要能维持其交换价值,则仍不失去担保的意义。[④] 我国《担保法》承认了物上代位性,第58条规定:“抵押权因抵押物灭失而消灭。因灭失所得的赔偿金,应当作为抵押财产。”因《担保法》只规定因抵押物灭失所得的赔偿金,其范围过于狭窄,不能为实践所用,司法解释对适用范围进行了扩大,弥补了

---

① 最高人民法院物权法研究小组编著:《〈中华人民共和国物权法〉条文理解与适用》,人民法院出版社2007年版,第535页。

② 参见《城市房地产管理法》第50条、《担保法》第56条之规定。

③ 郑玉波:《民法物权》,台北三民书局1999年版,第232页。转引自王利民等:《民法学》,法律出版社2005年版,第394页。

④ 郭明瑞:《担保法》,中国政法大学出版社1999年版,第109页。

《担保法》的不足。法释[2000]44号第80条第1款规定:"在抵押物灭失、毁损或者被征用的情况下,抵押权人可以就该抵押物的保险金、赔偿金或者补偿金优先受偿。"《物权法》对此予以确认,第174条规定:"担保期间,担保财产毁损、灭失或者被征收等,担保物权人可以就获得的保险金、赔偿金或者补偿金等优先受偿……"《物权法》虽承认抵押权物上代位性的性质和效力,扩大了物上代位权的适用范围,但遗漏了抵押物的另外的变形物类型。如抵押物为房屋,而该房屋被毁变成一堆砖、瓦、门、窗、椽等。此为各个动产而非不动产,亦非不动产的一部分,抵押权的效力及于它们的根据,只能是抵押权物上代位效力及于抵押物的变形物的原理。抵押权应当然地追及该变形后的动产,但此需待将来的司法解释对代位物和变形物的范围作出明确的界定。

根据司法部《提存公证规则》的规定,我国目前的提存主要包括清偿提存和担保提存两种类型。清偿提存是以清偿为目的之提存,是由于债权人的原因,债务人将无法清偿的标的物交给提存机关保存从而消灭债权关系的制度。担保提存是以担保为目的之提存,指债务人或第三人将标的物交给与债权人约定的第三人保存从而保证债务的履行或者替代其他的担保形式的制度。清偿提存则是《合同法》等债法已设定的规则,而担保提存则是《物权法》新设立规则。《物权法》第174条规定,被担保债权的履行期未届满的,也可以提存该保险金、赔偿金或者补偿金等。《物权法》对如何提存及提存的效力未设规定。笔者认为,主要涉及以下几个方面:一是债权未届清偿期。若债权已届清偿期,债权人可直接适用该条之规定,行使物上代位权,主张对担保财产因毁损、灭失或者被征收等而获得的保险金、赔偿金或者补偿金等优先受偿。二是提存人的效力。提存的义务主体是抵押人(债务人),其必须将保险金、赔偿金或者补偿金等提存的标的物交给与担保物权人约定的第三人保管。否则,抵押权人可诉请人民法院责令其提交。三是对债权人的效力。债权人于债权履行期届满,可直接从提存人处领回保险金、赔偿金或者补偿金等。四是对提存机关的效力。提存机关必须按提存人与债权人的约定以及法律的规定,妥善保管和处埋标的物,不得挪用提存标的物。

**九、抵押权实现的方法**

设立抵押权的目的是保障债权人的债权得以实现。债权期满后,为有效地实现抵押权,应设置一套快捷简便的程序。按照《担保法》第53条的规定,抵押权实现的法定程序分为两种:一是协议。抵押权人到期未获清偿的,可与抵押人协议,或以抵押物折价抵债,或以拍卖、变卖抵押物所得的价款优先受偿。二是诉讼。协议不成的,抵押人可以向人民法院提起诉讼,由法院拍卖,抵押权人从拍卖所得的价款中优先受偿。实践中,当事人达不成协议是常有之事。通过诉讼程序解决的需待判决生效后抵押权人才能申请强制执行,这样成本高、效率低、周期长,程序繁琐。抵押权实现方法,我国台湾地区"民法典"规定有三种:一是申请法院拍卖;二是订立契约取得抵押物之所有权;三是用拍卖以外的方法处分抵押物。① 《物权法》没有沿用"诉讼解决"程序,而是借鉴我国台湾地区"民法典""申请法院拍卖"和保留"当事人协议"程序。《物权法》第195条第2款规定:"抵押权人与抵押人未就抵押权实现方式达成协议的,抵押权人可以请求人民法院拍卖、变卖抵押财产。"但抵押权人的申请程序,《物权法》未予设定。2000年修正后的"台湾强制执行法"第4条第5款规定:"抵押权人或质权人,为拍卖抵押物或质物之申请,经法院为许可强制执行之裁定者。"笔者认为,因抵押权争议涉及主债务效力的认定问题,可参照台湾地区"强制执行法"的规定,并设置抵押权异议前置程序来处理。由抵押权人提出申请,人民法院作出许可强制执行裁定,并告知抵押人在一定期间内是否提出执行异议。抵押人对抵押权无异议的,人民法院依许可强制执行裁定直接对抵押物进行拍卖或变卖。抵押人对抵押权提出异议的,人民法院适用特别程序进行审理。异议成立的,裁定不予执行,当事人可通过诉讼程序解决;异议不成立的,裁定驳回抵押人的异议,对抵押财产进行拍卖。人民法院适用特别程序审理抵押权异议案件,实行一审终审制,当事人不得上诉。此程序应在将来制定《强制执行法》时作出规定,目前可由最高人民法院用司法解释的方式作出规定。

抵押权由于不转移占有而发挥物的效用,以及优先清偿效力使得抵押物之用益价值及交换价值能充分利用。新颁布的《物权法》设立了若干抵

---

① 史尚宽:《物权法论》,中国政法大学出版社2000年版,第295页。台湾地区"民法典"第873条:抵押权人于债权已届清偿期,而未受清偿者,得申请法院拍卖抵押物,就其卖得价金而受清偿。第878条:抵押权人于债权清偿期届满后,为受清偿得订立契约,取得抵押物之所有权或用拍卖以外之方法,处分抵押物,但有害于其他抵押权人之利益者,不在此限。

押权新规则,有的规则较为详尽,有的规则还过于抽象。这些新规则的适用,需要我们结合实践中出现的新情况、新问题加以认真的研究,以调整日益繁荣的社会经济生活,促进社会财富的增长。

(作者单位:江苏省盐城市中级人民法院)

# “一房多卖”民事纠纷裁判规则研究

黄旭东　郑　治

[内容提要]　当前就房屋买卖市场中存在的“一房多卖”现象，司法实践中存在一些亟待解决的法律适用争议。“一房多卖”中数个买卖合同均应为有效合同，在此基础上，应确立合同优先履行及房屋归属规则、违约方损害赔偿规则，并应对先买人的撤销权、确认无效权的行使条件作严格的限制。

[关键词]　一房多卖　民事纠纷　裁判规则　物权法

近年来，随着我国房地产市场的深入发展和日益繁荣，房价不断攀升。由于市场发育不成熟、政府监管不到位，加之市场主体诚信意识的缺失和法制观念的淡薄，导致“一房多卖”现象大量出现，衡阳嘉华地产“一女嫁八夫”、深圳国基地产一房多卖套现近两亿，打开网络搜索引擎，类似事件不胜枚举。但是由于法律法规的立法滞后及理解适用上的差异，司法实践中对此类纠纷的处理不尽相同，如就各买卖合同的效力、标的物所有权的归属、先订立买卖合同的买受人及作为特定物债权的债权人能否行使撤销权等问题，常出现同案不同判的现象。① 本文拟在《物权法》框架下对“一房多卖”纠纷的裁判规则进行探讨，以期促进司法统一和司法公正。

---

① 在《物权法》之前，对一房多卖中排序在后的合同效力，有观点认为出卖人属无权处分，应为效力待定合同；《物权法》实施以后，对数份合同均为有效合同基本达成共识，但司法实践对讼争房屋的归属、违约责任的承担等的处理仍不尽相同。

## 一、"一房多卖"概述

### (一)"一房多卖"的内涵及类型

一物数卖,是指出卖人就同一标的物订立数个买卖合同,分别出售给数个买受人的行为。[①]"一房多卖",是指出卖人就同一房屋与买受人签订买卖合同后,在合同履行前又就该房屋与他人签订买卖合同的行为。"一房多卖"致使仅有一个合同能得到履行,而陷其他买卖合同于履行不能的状态。"一房多卖"现象不仅在以商品房开发商为一方主体的商品房买卖纠纷中屡见不鲜,同时亦大量存在于公民间的"二手房"买卖纠纷之中。

在司法实践中,"一房多卖"纠纷(其中一房二卖纠纷最为普遍)主要体现为两类,一是合同类纠纷,主要有:要求确认出卖人与其他买受人签订的房屋买卖合同无效;要求出卖人履行交付房屋、办理房屋产权转移登记等合同义务;要求与出卖人解除合同并承担违约责任等。二是物权类纠纷,主要有:房屋所有权确认纠纷;返还房屋纠纷;房屋迁让纠纷等。江苏省盐城市两级法院在2007年10月至2008年6月间计受理房屋买卖案件184件,其中涉及一房多卖的纠纷就有23件。

### (二)"一房多卖"纠纷的特征

1. 出卖方与不同买受人以同一房屋为标的物签订了多个买卖合同。标的物具有特定性,且同时存在多个债权,但由于两个完整的物权不能并存,而引发房屋所有权的归属纠纷。

2. 房屋的多次买卖均是在先买人签订买卖合同后,办理过户登记手续前发生的,若先买人已经办理过户登记手续,就依法取得了房屋的所有权,出卖方若再与他人签订房屋买卖合同,不构成一房多卖,而是涉及处分他人财产的问题。对此,台湾学者黄茂荣先生有精辟的论述:"二重买卖的构成以出卖人在先后两次买卖契约之缔约时均握有标的物所有权为前提。在第二次缔约时,出卖人已不再拥有标的物的所有权,则其第二次买卖,将不是二重买卖,而为他人之物之买卖。"[②]

---

① 王泽鉴先生曾言:"一物数卖,古已有之,在物价波动之际,最为常见,而此实多出于出卖人之罔顾信用,图谋私利"。参见王泽鉴:《民法学说与判例研究》(第4册),中国政法大学出版社1998年版,第162页。转引自王轶:"论一物数卖——以物权变动模式的立法选择为背景",载《清华大学学报》2002年第4期,第18页。

② 黄茂荣:《买卖法》,中国政法大学出版社2002年版,第27页。

3. 在前后数个房屋买卖合同中，出卖方存在违约或欺诈，而第一买受人一般无过错，其他买受人可能是被欺诈，也可能存在主观恶意。

4. 出卖方"一房多卖"的行为必然导致买受人利益受损，一般只有一方买受人的购房需求能够实现，其他买受人则得不到实现。

(三)"一房多卖"纠纷的成因

1. 房价的不断攀升是"一房多卖"纠纷出现的根本原因。在市场经济的环境下，追求经济利益的最大化是各主体进行市场活动的目的，房地产开发商和一些"二手房"房主自然也不例外。由于商品房的买卖是一项大宗消费，不同于普通的消费品，而且房地产开发市场容易出现大幅度的价格波动，一些房地产开发商和个人在经济利益的驱动下，为达到获取更多利润的目的，不惜违反诚实信用，破坏市场经济秩序，采取欺诈方式，将已出售的房屋以更高的价格出售给第三人，侵害先买人的合法利益，由此引起商品房的一房二卖甚至多卖纠纷。

2. 法律对合同生效与房屋所有权取得的规定不一致，使得一房多卖在法律上成为可能。如根据我国《物权法》第14、15条规定，不动产物权的设立、变更、转让和消灭，依照法律规定应当登记的，自记载于不动产登记簿时发生效力。当事人之间订立有关设立、变更、转让和消灭不动产物权的合同，除法律另有规定或者合同另有约定外，自合同成立时生效；未办理物权登记的，不影响合同效力。法律将合同的生效与房屋所有权的取得作了不同的规定，使得在合同生效与房屋所有权取得之间存在时间差，而从订立买卖合同到办理过户登记间的这一段时间间隔，给房主以一房二卖甚至多卖的可乘之机。

在房地产纠纷案件中，"一房多卖"引发的纠纷虽然在绝对数上不算太多，但由于此类纠纷具有涉案标的较大、必有一方或多方当事人的诉求难以实现等特点，导致当事人间矛盾非常对立，审理、调解难度大，且容易造成连环诉讼，引发涉诉上访。①

---

① 如赵某与顾某、王某一房多卖案，赵某先于2000年将房屋出售给王某，并交付房屋，但未办理过户手续。2005年，赵某又通过中介将房屋出售给顾某，并办理了过户手续。赵某为向顾某履行合同，将王某非法拘禁，逼迫其解除房屋买卖合同(赵某为此被判处有期徒刑1年，缓刑2年)。此后，三方为房屋的归属发生了多起诉讼(有行政、有民事)，并不断申诉上访，至今纠纷还未完全解决。

## 二、"一房多卖"合同效力的认定规则

对"一房多卖"中数个合同效力的认定,应当以单个房屋买卖合同的效力认定为基础。房地产买卖合同作为债权合同,是从双方订立合同时生效还是从双方办理了产权过户登记时才生效,理论界曾因此而形成两种不同的观点。而在早期的司法实践中,人民法院多采登记生效主义,最高人民法院就房屋买卖合同的效力问题曾作过多个批复,也均将房屋所有权转移登记作为买卖合同生效的要件,没有对物权行为与债权行为进行区分。[①] 对于这一问题,经过立法完善,已基本形成一致看法了。如《物权法》第 15 条规定:"当事人之间订立有关设立、变更、转让和消灭不动产物权的合同,除法律另有规定或者合同另有约定外,自合同成立时生效;未办理物权登记的,不影响合同效力。"《合同法》第 44 条规定,依法成立的合同,自成立时生效。法律、行政法规规定应当办理批准、登记等手续生效的,依照其规定。因此,房屋买卖合同只要符合合同生效的一般要件且没有《合同法》第 52 条规定的无效情形,就应认定为有效合同。

就一房多卖情形下各买卖合同的效力问题也曾存在认识上的误区,如认为同一房屋,已登记的买卖合同有效,未登记的买卖合同无效;认为同一房屋,签订在先的房屋买卖合同有效,签订在后的买卖合同无效,等等。这些认识上的偏差在很长一段时间内左右着法官对"一房多卖"行为的判断。其实,判断不动产一物数卖情形下数个买卖合同的效力,须以不同国家和地区物权变动模式的立法选择作为分析背景。按通说,我国现行法律关于物权变动采取债权形式主义模式。[②] 物权因法律行为发生变动时,当事人之间除有债权合同外,尚需履行登记或者交付的法定方式。也就是说,一方

---

① 如 1982 年最高人民法院在《关于王贵与柯作信江妙法房屋买卖关系如何确认的批复》中同意浙江省高级人民法院的意见,即"房屋买卖关系既未经国家的契税手续,也没有取得房管部门的认可,认定其买卖关系无效是适当的";1990 年最高人民法院在致黑龙江省高级人民法院《关于公产房屋的买卖及买卖协议签订后双方是否可以反悔的函》中认为,"签订房屋买卖协议后,提出解除买卖协议,未办理产权转移登记手续,应认定该民事法律行为依法尚未成立,一方反悔是允许的";1992 年最高人民法院在给贵州省高级人民法院《关于范怀与郭明华房屋买卖是否有效问题的复函》中认为,"农村的房屋买卖也应具备双方订有书面契约,经人证明,按约定交付房款以及管理房屋的要件;要求办理契税或过户手续的地方,还应依法办理该项手续后,才能认定买卖有效"。

② 王利明:"关于债权合同与物权合同无效与撤销权的关系",载《判解研究》(2001 年第 4 辑),人民法院出版社 2002 年版,第 20 页。

面,基于法律行为转移物权,事先需达成合意,此种合意并不是所谓物权合同,而仍然是一种债权合同。另一方面,必须通过一定的公示方法来完成物权的设定或转移。

在债权形式主义的物权变动模式下发生一物数卖,出卖人与第一买受人订立买卖合同后,如出卖人未向买受人进行标的物的交付或办理过户登记手续,标的物的所有权就不发生转移。因此,一房多卖并不构成无权处分。在一房多卖的场合,只要出卖人没与第一买受人办理过户登记,出卖人就仍保有房屋的所有权,其处分权限无任何限制,当然拥有再行处分的权利。因此其订立其后的买卖合同的行为均不是无权处分,其效力是确定有效的。其实无论是第一买受人还是其后的买受人,基于买卖合同取得的权利都是债权,即要求出卖人将房屋所有权移转于自己的请求权。与物权不同,债权之间既无排他性也无优先性,而是互相平等的。正由于债权无排他性,所以在同一标的物上可以同时成立两个乃至更多的债权;正由于债权无优先性,所以第一买受人不得以其债权成立在先为由来否定其后的买卖合同的效力。我国台湾学者也大多认为,出卖人以同一标的物为二重买卖,只要缔约时标的物所有权仍然归属于出卖人,出卖人便不会陷于自始主观不能给付,各买卖合同均属有效合同。①

## 三、合同优先履行及房屋归属规则

司法实践中,"一房多卖"诉讼几乎都和买受人要求出卖人履行合同有关,由于标的物的特定性,作为承担居中裁判责任的法院究竟应当判令出卖方向何人履行合同才能最大限度地做到社会效果与法律效果的统一呢?笔者认为应当遵守以下处理原则:

### (一)物权优先原则(登记优先原则)

根据法律规定,房屋所有权的取得以产权登记为要件,在产权未过户之前,所有权属于出卖人,哪个买受人办理了过户登记,谁就取得了房屋的所有权。基于物权优先于债权的原则,其他买受人只能向出卖人主张违约责任,而不能要求已取得房屋所有权的买受人注销产权登记。因此,在诉讼时,如果已有买受人办理了产权登记,则应确认该买受人已经取得了房屋的所有权,出卖人再向其他人履行合同已不可能,法院可以向其他买受人行使

---

① 黄茂荣:《买卖法》,中国政法大学出版社2002年版,第27页。

释明权,要求其变更诉讼请求,追究出卖人的违约责任。另外,根据《物权法》第20条的规定,当事人签订买卖房屋或者其他不动产的协议,为保障将来实现物权,按照约定可以向登记机构申请预告登记。预告登记后,未经预告登记的权利人同意,处分该不动产的,不发生物权效力。因此,在一房多卖的多个买受人中,对房屋买卖协议进行预告登记的买受人,依法应当享有优先得到合同全面履行的权利。

(二)诉讼优先原则

诉讼优先,是指在多个买受人均未通过登记取得房屋所有权的情况下,若其中一人率先提起诉讼,并已取得法院生效法律文书,即取得强制出卖人履行合同的权利的,其他买受人均不得再行要求出卖人交付房屋,而只能追究出卖人的违约责任。笔者认为,在司法实践中确立诉讼优先的原则至关重要。"一房多卖"中各买受人解决问题的方式是不尽相同的,有的会选择诉讼,有的会选择直接向卖方施加压力要求履行,有的则会受到卖方的再次蒙蔽,迟迟不主张权利;即使均采用诉讼的手段,也可能出现不同法院或法院的不同法庭同时受理的问题。因此,如果我们没有确立诉讼优先的原则,则会引发大量的申诉、信访行为,不利于社会的稳定,也会影响社会对法院公权力的信任。

(三)履行优先原则

即以买受人是否交付价金及交付的先后、是否实际占用房屋等因素作为判断优先权的依据。有一种观点认为,既然认可二重买卖合同的效力,就应该允许出卖人选择履行对象,既然出卖人在诉讼时仍然保有房屋的所有权,那么向谁履行合同就应该以出卖人的意志为准,出卖人选择向某一买受人实际履行,就意味着同时选择向另一买受人承担违约责任,这既体现了对当事人意思自治的尊重,也符合债权平等的民法原理。笔者并不否认债权的平等性,也同意应当尊重出卖人的选择权。但就"一房多卖"而言,其与动产的一物数卖存在着较大的差别,一房的数买者多为普通的百姓,妥善处理"一房多卖"中房屋的归属应是一个关系民生的问题,因此,如果任由出卖人选择履行对象,可能会滋长恶意违约,引发民众对法律的误解。因此,在诉讼中法院在房屋的归属问题上,可以基于公权力对出卖人的选择权进行干预。出卖方对合同履行对象的选择权应当主要体现在诉讼之前,进入诉讼程序后,应当受到公权力的约束。

在具体操作上,可参照2005年8月施行的最高人民法院《关于审理涉及国有土地使用权合同纠纷案件适用法律问题的解释》第10条的规定处理。[①] 该规定应当说对司法实践中处理“一房多卖”纠纷有一定的指导意义。笔者认为,在以我国为代表的债权形式主义的物权变动模式下,一物数卖情形下标的物所有权的归属应依如下规则作出判断:出卖人在与第一买受人订立买卖合同后,未将标的物交付给第一买受人或未与第一买受人办理过户手续,又与第二买受人订立买卖合同的,先占有标的物的买受人得取得标的物的所有权(即占有优先),先行支付购房款者可其后享有优先,未能取得标的物所有权的买受人得向出卖人主张违约责任的承担。另外,当事人均未履行合同义务时,后签订合同的买受人如果知道有先买人存在,一旦进入诉讼程序,在同等条件下,笔者更倾向于认可先买人的权利,因为后买人既然知道有先买人的存在,则其就非为善意买受人,因此,责令出卖人向先买人履行合同,更符合公平、诚实信用原则。

在司法实践中,将房屋判令归属已经履行较多权利义务的买受人,有利于维护社会秩序的稳定,赢得大部分群众对法院判决的认可,减少可能发生的讼累。但须特别注意的是,仅在基于出卖人的意思而进行房屋交付的场合,始有上述规则的适用,如果某一买受人在获悉存在其他买受人之后,自行撬门而入,抢占房屋的,则这种率先入住行为是法律不予认可的,亦不受法律保护。

## 四、违约方损害赔偿规则

赋予出卖人对履行对象的选择权,并不意味着出卖人有随意撕毁合同的自由。出卖人向某一买受人实际履行,就必然要对另一买受人承担违约责任。违约责任问题是整个合同法的核心问题,从诉讼的层面考察,绝大多

---

① 2005年8月施行的最高人民法院《关于审理涉及国有土地使用权合同纠纷案件适用法律问题的解释》第10条规定:土地使用权人作为转让方就同一出让土地使用权订立数个转让合同,在转让合同有效的情况下,受让方均要求履行合同的,按照以下情形分别处理:(一)已经办理土地使用权变更登记手续的受让方,请求转让方履行交付土地等合同义务的,应予支持;(二)均未办理土地使用权变更登记手续,已先行合法占有投资开发土地的受让方请求转让方履行土地使用权变更登记等合同义务的,应予支持;(三)均未办理土地使用权变更登记手续,又未合法占有投资开发土地,先行支付土地转让款的受让方请求转让方履行交付土地和办理土地使用权变更登记等合同义务的,应予支持;(四)合同均未履行,依法成立在先的合同受让方请求履行合同的,应予支持。未能取得土地使用权的受让方请求解除合同、赔偿损失的,按照《中华人民共和国合同法》的有关规定处理。

数与合同有关的案件都会牵涉到违约责任。因为如果合同双方都严格依照合同履行了义务,则根本不会引发纠纷。在一房多卖的场合,对于未获履行的一方买受人而言,合同处于履行不能的状态,故违约责任只能体现为赔偿损失。

我国《合同法》第 113 条第 1 款规定:"当事人一方不履行合同义务或者履行合同义务不符合约定,给对方造成损失的,损失赔偿额应当相当于因违约所造成的损失,包括合同履行后可以获得的利益,但不得超过违反合同一方订立合同时预见到或者应当预见到的因违反合同可能造成的损失。"根据该规定,损害赔偿额不但包括债权人已经遭受的损失(即现有财产减少的额数),而且包括可得利益的损失(即权利人财产应增加而未增加的额数)。大陆法系民法理论称前者为"所受损害",称后者为"所失利益",我国学者则以"直接损失"和"间接损失"的称谓来概括这两个范畴。合同履行后可以获得的利益,属于一种期待利益,对期待利益的赔偿要受可预见性规则的限制。民法理论一般认为,当买受人在签订合同之后,又与他人签订了转售合同的,转售利润(即转售价格与合同价格的差额)是典型的期待利益,而二重买卖中前后两个合同的差价也属于期待利益的范畴,王泽鉴先生即认为,二重买卖中"买卖标的物之涨价部分,系前买受人通常可期待之利益,应视为所失利益,列入赔偿范围之内。"最高人民法院《关于审理商品房买卖合同纠纷案件适用法律若干问题的解释》第 9 条规定,买受人可以请求返还已付购房款及利息、赔偿损失,并可以请求出卖人承担不超过已付购房款一倍的赔偿责任。但笔者认为,若请求出卖人承担不超过已付购房款一倍的赔偿责任远远不能赔偿买受人的损失的话,可借鉴我国台湾地区和美国等国家的做法,参照出卖人违约时的房屋市场价格或以出卖人出售房屋获得的利润作为赔偿的参照。

## 五、买受人的其他权利

### (一)解除权

出卖人给付不能,使买受人订立合同的目的无法实现,买受人当然享有解除合同的权利。我国合同法规定合同的解除,不影响解除权人要求赔偿损失的权利,但没有规定赔偿损失的范围。笔者认为,解除权行使的法律后果是恢复原状,即应当恢复到订约前的状态,由违约方赔偿守约方信赖利益的损失。一物多卖导致买受人享有损害赔偿请求权与合同解除权。买受人究竟是主张损害赔偿请求权,还是主张解除权,可根据具体情况,权衡利弊,自由选择。

(二)撤销权与确认无效权

这里的撤销权是指先买人请求撤销出卖人向后买人履行行为的权利。基于合同相对性原理而产生的债权法上的救济以事后救济性和财产补偿为其特点。即使出卖人有足够的财产可以赔偿买受人的损失,但就特定物买卖,买受人的特定利益将无法实现;而就特定品质标的物的买卖,买受人的利益能否实现也难以确定。在出卖人无力履行时,无论债权法上的救济设计多么周延、巧妙,都无济于事。于是,法学家们力图突破债的相对性,为买受人的利益寻求更广泛的救济渠道。我国台湾判例曾经依其"民法"第244条第2项的规定,赋予前买人撤销权,从而使前买人享有返还原物请求权。我国台湾地区"最高法院"1970年台上字第4050号判例认定,出卖人与次买人之间的行为为诈害债权的行为,前买人得行使撤销权,后买约一经被撤销,债权行为与物权行为均自始无效,次买人自始即未取得标的物所有权,出卖人得向次买人主张给付物之返还。①

在《中华人民共和国合同法》实施前,我国民法学界通说认为:撤销权行使的目的在于恢复债务人的责任财产,系为全体债权人的利益行使,而不在于保障债务人能否交付特定物。若许可特定物的债权人行使撤销权,则有害于交易安全,同时会使民法上物之交付及登记制度受其影响。因此只有在特定物债权转化为损害赔偿债权,债务人对此仍无资力时,方可行使撤销权。②

《合同法》第74条明文规定了债权人的撤销权制度。该条文虽未明确规定特定物的债权人不得单纯为保全自己的债权行使撤销权,但解释上一致认为:债权人行使撤销权恢复责任财产,是保全全体债权人的利益。且撤销权的效力在于直接变更债务人意思表示的效果,对第三人影响甚巨。倘在债务人尚有足够资产履行债务,并未对债权秩序造成根本影响的情况下,仅因个别债权问题,而无限制地允许特定物给付行为的撤销,显然逾越撤销权制度的原有机能,不利于交易安全的维系,故唯有当特定物债权转换为损

① 王泽鉴:《民法学说与判例研究》(第4册),中国政法大学出版社1998年版,第171页。

② 王家福主编:《民法债权》,法律出版社1991年版,第184页。

害赔偿债权后,债务人的总资力不足以清偿时,始有撤销权的发生。[①] 具体到"一房多卖"的司法实践而言,上文已经阐明了"一房多卖"的房屋归属的基本原则,如果赋予未获得房屋的一方(大多是先买人)撤销权或确认已经履行的合同无效权,则是对上述处理原则的突破,在司法实践中必须慎之又慎。只有符合最高人民法院《关于审理商品房买卖合同纠纷案件适用法律若干问题的解释》第10条规定的情形,即"买受人以出卖人与第三人恶意串通,另行订立商品房买卖合同并将房屋交付使用,导致其无法取得房屋为由,请求确认出卖人与第三人订立的商品房买卖合同无效的,应予支持"。其中对恶意串通的理解,笔者认为,应当以构成第三人侵害债权的认定标准为依据,不能仅以后买人知道前买合同的存在,即认定其存在恶意。

从法律上来讲,"一房多卖"是债权契约成立与所有权变动的时间差所致,由于任何一个制度都具有功能上的局限性和片面性,因此从根本上杜绝"一房多卖"是不可能的,法律、法院所能做到的,一是通过法律规定的完善尽量减少"一房多卖"行为发生的可能性;二是在"一房多卖"发生后,基于诚实信用和契约自由,在若干买受人之间进行公平的价值选择,并给无辜受害的买受人恰如其分的补偿,注意对各方当事人之间利益的妥善平衡,坚持效率、促进和谐!

(作者单位:江苏省盐城市中级人民法院)

---

① 谢怀栻:《合同法原理》,法律出版社2000年版,第184页。

# 对驰名商标司法认定“异化”现象的思考

## ——以虚构商标侵权诉讼为视角

贾　娟

**[内容提要]**　设立驰名商标制度是为了制止商标侵权或不正当竞争，但在商业竞争中却因企业的逐利和政府的不当鼓励而被“异化”为荣誉称号，甚至引发刻意制造纠纷、虚构商标侵权等问题。所以，应进一步细化驰名商标的认定标准，确立驰名商标司法认定的职权主义诉讼模式，加强对驰名商标司法认定的事后监督，禁止企业在商品和广告中宣传驰名商标，取消政府对获得驰名商标企业的奖励。

**[关键词]**　驰名商标　司法认定　异化

2001年7月17日，最高人民法院公布《关于审理涉及计算机网络域名民事纠纷案件适用法律若干问题的解释》，赋予人民法院依法认定驰名商标的权力。自此，我国驰名商标的认定形成了行政认定和司法认定并存的双轨制模式。近年来，我国各级法院依法认定了一些驰名商标，保护了中外驰名商标权利人的合法权益，产生了良好的社会效果，但同时也反映出一些问题。由于驰名商标的认定可以为企业带来巨大的广告效应及经济利益，有一些当事人就试图利用司法认定驰名商标以达到其商业目的，甚至不惜刻意制造纠纷，虚构商标侵权诉讼，使驰名商标保护制度脱离了其设立的初衷，驰名商标司法认定在商业竞争中被“异化”了。

## 一、驰名商标司法认定的"异化"现象:与立法本意背道而驰

### (一)"异化"表现

1. 诉讼"异化"。近几年我国通过司法认定的驰名商标数量急骤跃升,增幅惊人。据不完全统计,2001 年到 2003 年间,我国司法认定的驰名商标仅 10 件,2004 年 25 件,2005 年激增到 67 件,而 2006 年跃升到 94 件,目前还有上升的趋势。这种极不正常的增速与目前一些企业故意追捧驰名商标,滥用驰名商标司法认定和保护机制不无关系。由于司法程序相对于行政认定有着高效、低成本的优点,一些企业往往热衷于"司法认驰",甚至刻意制造纠纷,虚构商标侵权案件,借司法权力之手,将本不出名的商标,打造成"驰名商标"。如热极一时的"康王"商标案。2006 年 5 月,汕头康王精细化工实业有限公司向宣城中院提起诉讼,认为李朝芳注册的中文域名"中国康王"以及英文域名"www. Kanwan. com. cn",构成商标侵权和不正当竞争,要求被告立即停止侵权,并请求法院确认"康王 kanwan"商标为驰名商标。宣城中院经审理认定原告持有的"康王 KANGWANG"、"康王 kanwan"、"Kanwan"三件商标为驰名商标。被告李朝芳未上诉,该判决很快生效。但经调查发现此案有三假——假被告、假代理人、假案情:被告李朝芳对此案一无所知,从未收到过应诉通知书、举证通知书以及判决书;所谓的被告代理人孙中民的身份系伪造;是原告以李朝芳的名义故意注册"中国康王"域名以及英文域名"www. Kanwan. com. cn",然后恶意诉讼。后宣城中院以再审民事裁定,撤销了该案的生效判决。[①] 这是一起典型的假"司法认驰"案,亦是我国第一起撤销生效驰名商标判决的案例。

2. 宣传"异化"。在市场经济活动中,企业把驰名商标看成"金"字招牌、"国际通告证",是"品牌皇冠上最耀眼的钻石",纷纷把争创"驰名商标"作为其推行"品牌战略"的重要目标。一旦获得认定,就将"一案一认定,他案作参考"的驰名商标认定结果迅速"异化"和"膨胀"为"一案认定,全国通用,一次认定,长期有效"的不正当广告资源,通过召开新闻发布会、座谈会,在报纸、电视、网络上作广告等方式极力宣传,以期攫取更多市场份额和竞争优势。

3. 竞争"异化"。对驰名商标的跨类保护原本是为了加强对高知名度

---

① 小山:"康王之争中的驰名商标疑局",载《中华商标》2007 年第 7 期,第 57 ~58 页。

商标的保护，防止无权使用人将与驰名商标相同或相似的商标用于与该驰名商标不同类的商品或服务上，从而使相关公众对商品的来源或服务的提供者产生混淆，目的是为了制止侵权或不正当竞争。然而有些企业在获得驰名商标认定后，却利用驰名商标的跨类保护，将其作为打压其他商家，压制竞争对手的利器。

（二）"异化"危害

1. 损害驰名商标司法认定的权威。近两年来驰名商标司法认定过滥的势头，使人们对法院认定驰名商标的"含金量"产生了怀疑，损害了司法的严肃性和权威性。如2007年3月17日《新文化报》的"法院认定的驰名商标不能'邀赏'"一文中发表了某省工商局长的观点："中级以上人民法院在审理商标案件时，虽然也能认定驰名商标，但和国家行政机关认定的驰名商标不一样，这样的驰名商标不能称为'中国驰名商标'……只能称为'驰名商标'"。[①] 而事实上驰名商标的行政认定和司法认定都有法律明文规定，所确认的驰名商标也是基于同一法律标准，并无高下之分。

2. 背离驰名商标的立法本意。驰名商标不是一种荣誉称号，而是一个严格的法律概念，是法律对达到驰名度的商标进行的一种跨类保护。商标的驰名与否，只是个客观事实，这种事实非因认定而发生，也非因认定而改变。认定驰名商标，仅是法律为解决商标侵权争议而对商标驰名度事实的认定，是高驰名度商标获得保护的手段之一。如果脱离认定案件事实的立法本意而追求荣誉称号、广告效用等商业价值，这完全背离了设立驰名商标制度的初衷。对此，最高人民法院在第二次全国法院知识产权审判工作会议上明确指出："任何在法律保护范围以外衍生的非正常意义，都不是驰名商标司法保护的本意，人民法院不予支持。"

3. 影响国家知识产权战略实施。企业要走知识产权战略道路，必须加强品牌管理，注重商标尤其是驰名商标保护。但是，企业不能把驰名商标等同于品牌。品牌追求更多的是价值内涵，企业要想驰名商标为品牌助力，唯有在产品的核心竞争力上作出更多努力。而目前企业把更多的精力放到驰名商标的追逐上，把驰名商标当做不正当的广告资源，甚至利用驰名商标的特殊保护机制压制竞争对手，损害了公平有序、诚信经营的市场竞争秩序，

---

① 陶鑫良："我国驰名商标保护的误区及其出路（二）"，载《中国知识产权报》2007年11月21日第8版。

违背了鼓励创新、公平竞争的国家知识产权战略的要旨。

## 二、驰名商标司法认定"异化"的动因:利益与机制的博弈

利益是权利的重要基础,任何权利都指向一定的利益,是主体凭借法律实现利益的可能性。法律所调整的以权利和义务为内容的社会关系实际上是利益关系。[①] 企业之所以热衷于司法认定驰名商标,甚至不惜制造纠纷、虚构诉讼,实际上是认为驰名商标认定中蕴涵巨大的商业价值,可以为其带来商业利益。而当前驰名商标司法认定出现"异化"现象正是利益与机制相互博弈的结果。

### (一)驰名商标蕴涵的商业利益是"异化"的内在驱动力

现代企业在经营管理过程中,已经普遍意识到,知识产权并不仅仅是一种法律权利,其更是一种竞争工具和营销策略。商标是企业物化劳动和活劳动成果的高度凝结,是企业知识产权的一个重要组成部分。现代经济是一种注意力经济,商标不仅是企业产品的标记,还是产品质量、信誉和知名度的载体,更是联系企业和消费者的桥梁,是企业走向国内外市场的"金护照"。正是借助商标,消费者在购买商品的同时,也在向他人展示自己的品味、表彰自己的身份。[②] 驰名商标因享有很高的信誉度和知名度,蕴涵巨大的经济价值,已成为企业财富、声誉的象征,市场竞争的法宝。一旦某商标被认定为"驰名商标",则使用该商标的商品或服务价值骤增,商标本身作为无形资产评估的价值则会较之以前呈数十倍、上百倍的增长,驰名商标在某种程度上成为企业实现商业目的,扩展商业利益的法律筹码。

### (二)某些地方政府的角色错位是"异化"的催化剂

我国驰名商标法律制度起始于工商行政部门,从驰名商标制度构建之初就和政府机关有着密切联系。某些地方政府把本地驰名商标数量的多寡看成是自己政绩的体现,上级也往往把它作为考核下级官员的一项重要指标。所以,一些地方政府从发展本地经济、弘扬自身政绩的角度出发,往往对拥有"驰名商标"的企业予以高额奖励,并在税收等方面予以照顾,甚至以政府名义向消费者发布不恰当的"官方信息"对企业加以宣传。2002 年福建省泉州市政府下发了《泉州市人民政府关于争创驰名商标、著名商标

---

① 冯晓青:《知识产权法利益平衡理论》,中国政法大学出版社 2006 年版,第 3 页。

② 黄晖:《驰名商标和著名商标的法律保护》,法律出版社 2001 年版,第 118 页。

和名牌产品工作的通知》,该通知第5项规定:“凡获得全国驰名商标的企业,由市政府给予表彰,并由市财政一次性发给奖金100万元”。短短数年间,泉州市就拥有了150多件驰名商标,在“全国城市驰名商标排名榜”上仅次于上海和北京,位居第三。[①] 在2007年2月份吉林省举行的“商标的呼唤——争创驰名商标 振兴吉林经济”大型电视文艺晚会中,被认定为驰名商标的企业“喜丰”不仅得到省长的亲自颁奖,还获得了100万元奖金。其他各地政府亦纷纷仿效。为此有学者不无担心地指出,近年来我国一些企事业单位和一些地方政府上述行为屡禁不止,甚至愈演愈烈;与之伴随共生的权力寻租和权利滥用现象也已经屡见不鲜,甚至变本加厉。[②] 这实际是地方政府变相参与企业间不正当竞争的行为,是滥用政府公权力的表现,是地方政府的角色错位,不仅刺激了企业追求“驰名商标”认定的热情,更严重地损害了政府的公信力。

(三)司法认定机制的不完善是“异化”滋生的土壤

司法认定程序简便是企业热衷于“司法认驰”的重要原因之一。我国的驰名商标认定的两种方式中,行政认定要经地方工商局上报到国家工商总局,过程繁琐、程序严格、周期较长,至少需要2~3年的时间,有时甚至更长,成本较大。而司法认定受到民事案件审理期限的限制,短则1~2个月,长则9个月,而且程序简便,成本较低。曾有律师说过没有几百万元的“公关”费用以及三、五年的时间,行政认定驰名商标是拿不下来的。而司法认定驰名商标的商标侵权争议,尤其是在域名争议中,注册一个域名才几十元,加上诉讼费用,成本也不会超过万元。正因如此,很多企业都把“司法认驰”作为获得驰名商标的终南捷径。

司法认定的标准不统一为企业“司法认驰”提供了便利。根据《商标法》第14条规定,法院认定驰名商标主要考虑下列因素:相关公众对该商标的知晓程度;该商标使用的持续时间;该商标的任何宣传工作的持续时间、程度和地理范围;该商标作为驰名商标受保护的记录;该商标驰名的其他因素。这些要素看似简单,但在具体个案中的适用往往成为各方争议的

① 梁伟:“驰名商标保护制度的完善——从泉州现象谈商标法的修改”,参见中国法学会知识产权法研究会2007年年会论文。

② 陶鑫良:“我国驰名商标保护的误区及其出路(三)”,载《中国知识产权报》2007年11月21日第8版。

焦点,因为这些影响驰名商标认定的因素除少数(如"作为驰名商标受保护的记录")较易判定外,大多数只能由法官根据各种证据材料自由裁量,而面对同样的证据,不同法官可能会有不同的理解,从而导致司法裁判尺度的不统一。在实践中,各地法院认定驰名商标的比例差别较大,有的地区高达80%,有的地区较低,如北京不足30%。这种比例上的巨大差别在一定程度上反映出不同法院在认定驰名商标的标准和尺度上存在的差异。① 商标侵权之诉可由侵权行为实施地、侵权商品储藏地或者查封扣押地、被告住所地人民法院管辖。② 因此,企业可据此在全国数以百计的法院中有目的地选择到司法认定尺度相对宽松的法院进行诉讼。从目前情况看,当事人请求司法认定驰名商标的案件有向边远地区、基层法院发展的趋势,出现了驰名商标司法认定的"迁徙"或"外流"现象。③

## 三、规制驰名商标司法认定"异化":司法内部与司法外部的律动

法律不是万能的。要规制驰名商标司法认定的"异化"现象,防止当事人滥用驰名商标的认定和保护机制,既需要人民法院对涉及驰名商标认定案件的审慎、稳重处理,更需要企业、政府等社会力量的共同努力,做到司法内部与司法外部的律动。

### (一)司法内部的能动

1.进一步细化驰名商标的认定标准。

驰名商标的认定标准是判定一件商标是否构成驰名商标的本质要求。我国《商标法》第14条虽然规定了认定驰名商标应考虑的因素,但没有具体的认定标准,在实践中不易操作和把握。如认定驰名的时间点、相关公众的地域范围、商标持续使用的时间、广告宣传的费用、企业的税收数额等,都应有一个明确的标准和幅度可供具体把握。目前,最高人民法院正在进行驰名商标的司法调研,通过对各地法院已经审结的驰名商标认定案件的经验总结,制定有关驰名商标司法认定的司法解释,进一步细化驰名商标的认定标准。笔者期望通过这一司法解释的出台,能更好地统一全国的驰名商

---

① 北京市第一中级人民法院知识产权审判庭:"驰名商标司法保护中存在的问题及其解决对策",载《中国知识产权报》2007年10月31日第7版。

② 最高人民法院《关于审理商标民事纠纷适用法律若干问题的解释》第6条第1款。

③ 北京市高级人民法院知识产权审判庭:"司法认定驰名商标应慎重、从严",载《中华商标》2007年第9期。

标认定标准,树立驰名商标司法认定的严肃性和权威性,确保司法认定驰名商标审判工作健康有序。

2. 确立驰名商标司法认定的职权主义诉讼模式。

民事诉讼是当事人因民事权利义务争议而诉请法院加以审理并作出裁判的一种活动。[①] 当事人主义诉讼模式和职权主义模式是传统民事诉讼的两种模式。当事人主义诉讼模式强调当事人在诉讼程序中的主导权,在审理对象的确定、诉讼主张的证明、证据资料的提出,以及诉讼程序的推进方面都由当事人自己决定,法院处于中立的消极裁判者地位。权利本位、私权自治和程序公正等,是这一诉讼模式的基本理念。职权主义诉讼模式是与当事人主义相对立的一种诉讼模式。它建立在民事主体自由意志否定的基础之上,其本质或者基本倾向是束缚当事人的自由意志,限制当事人的处分权利。目前,中国民事诉讼模式已经悄然向当事人主义诉讼模式转变。[②]

民事诉讼中的驰名商标认定与普通民事诉讼有不同之处,普通民事诉讼较少涉及案外人乃至社会公众的利益,而只涉及案件当事人之间的权利义务。由于驰名商标具有强大的保护力,驰名商标的认定结果,将直接影响同行业的竞争者。尤其是司法实践中已出现了当事人虚构商标侵权诉讼以达到认定驰名商标目的的现象。因此,有观点认为,强化职权主义的司法主动干预,是审查驰名商标案件的主要诉讼模式,即构建判前审查制度,法院主动审查原告的商标、原告提供的证据、被告的主体身份、商标驰名的其他因素,以保护公共利益。[③]

第一,判前审查制度。涉及驰名商标认定的一审案件由中级以上法院管辖,具有部分知识产权案件管辖权的基层人民法院不得受理此类案件。若当事人申请认定驰名商标,基层法院应及时将案件移送中级法院审理。中级法院在审理过程中,根据当事人的申请确需认定驰名商标的,在判决前必须报省法院审核。上报的内容包括基本案情、当事人申请认定的理由、商标驰名的证据,以及中级法院的初步审查意见。目前,许多省高级法院已经

---

① 常怡主编:《比较民事诉讼法》,中国政法大学出版社 2002 年版,第 74 页。

② 常怡主编:《比较民事诉讼法》,中国政法大学出版社 2002 年版,第 93 页。

③ 参见“第九届全国部分省市知识产权审判研讨会综述”,载《知识产权审判指导》2007 年第二辑,人民法院出版社 2008 年版,第 84 页。

制定了由省法院内部审核驰名商标认定的意见,并向最高人民法院请示。[①]江苏省高级人民法院于2007年7月9日已建立了驰名商标认定案件判前审核制度。

第二,原告的商标。如原告在被控侵权的商标使用的商品或近似商品类别上已经注册了相同或近似的商标,原告可以以该商标权受到侵犯为由起诉,没有必要通过认定驰名商标的方式进行跨类保护。

第三,被告主体身份。重点审查被告经营主体的性质、设立时间、经营规模、地域范围等。从司法实践来看,被告主要是规模很小的一些企业或自然人。被告原则上应到庭,其委托代理人参加的,法院可主动向被告核实案情,以防原告虚构案情,制造假案。如南京中院审查一起原告请求认定驰名商标的侵权案中,法院在送达相关法律文书后,经主动调查发现被告经营场所已人去楼空、关门大吉。再向周围商家了解,这家店只经营了很短的时间就关门了。显然这样的被告是存在问题的,此案以原告撤诉而告终。[②]

第四,原告提供的证据。原告提交的证据,特别是原告证明其具备驰名商标条件的证据,无论被告有无异议,法院均应核对证据原件,对于当事人自行统计的生产、销售数据及广告宣传的范围等,如无相关证据佐证,即使对方当事人无异议也不应予以认可。另外,原告往往会提交各类名目繁多的民间机构评比、排名等所谓的荣誉证书等证据材料,如所谓中国企业文化促进会、中国市场品牌用户满意组织委员会等。事实上国家工商行政管理总局在1999年就已明令禁止这类非法乱评比、乱排序、乱颁奖等活动。这些证据明显不具合法性,法院在判决中不能以这些非法机构颁布的所谓"奖励证书"、"消费者喜爱品牌"等作为认定驰名商标的依据。

第五,被告行为真实性。当事人之间纠纷产生的原因,被告侵权行为的性质、持续时间、商标或标识的实际使用形式、原告办理委托代理手续的时间等,可以从原告的举证中加以分析。特别是涉及域名纠纷的案件处理,法院一定要加强被告行为真实性的审查。在人们已普遍接受网络的今天,原告一般情况下都会重视网络环境中的权利维护,往往不会等到其他人注册与自己商标相同或相似的域名时才去主张。另外,还应注意原告办理委托

① 参见浙江省高级人民法院《司法认定驰名商标情况的报告》。

② 姚兵兵:"让'驰名'远离误区",载《中华商标》2007年第12期,第18页。

代理的时间。一般情况下,发现侵权行为时间在前,委托代理时间在后。如果委托代理时间在前,发现侵权行为时间在后,这样的委托代理行为就值得怀疑,对这样的诉讼行为要有警惕性,防止当事人虚构商标侵权诉讼。如盐城中级人民法院审理的两起涉及域名纠纷的商标侵权案中,原告委托代理的时间就在发现侵权行为之前。后经法院调查,此两起案件均存在虚构商标侵权诉讼以求获得驰名商标的司法认定之嫌。[①]

第六,认定驰名商标的其他因素。法院可以在认定前征询工商、质监、劳动、环保等机构的建议,防止将不注重产品质量、违法用工、污染环境、缺乏诚信的企业的注册商标被认定为驰名商标,以切实维护驰名商标的知名性和美誉性。

3. 进一步加强对驰名商标司法认定的事后监督。

第一,继续贯彻执行驰名商标备案制度。2006 年 11 月 2 日,最高人民法院下发了《关于建立驰名商标司法认定备案制度的通知》,从而确立了驰名商标司法认定备案制度。最高人民法院要求通知下发前已经生效的涉及驰名商标认定的案件,在下发之日起两个月内,由各高级法院将一审、二审法律文书连同认定驰名商标案件的统计报表送最高人民法院知识产权庭备案,自通知下发之日起,各高级法院对于辖区内法律文书已生效的涉及认定驰名商标的案件,在法律文书生效之日起二十日内报最高人民法院知识产权庭备案。该备案制度建立的目的,是便于最高人民法院及时掌握、了解和研究驰名商标司法认定的情况和问题,进一步加强对全国法院驰名商标司法认定工作的指导和监督,统一驰名商标司法认定的标准。

第二,进一步公开驰名商标司法认定情况。为了使社会了解驰名商标司法认定的信息,最高人民法院也可以通过指定网站,定期发布驰名商标的司法认定情况,包括商标名称、商品类别、认定法院和裁判文书,以便公众进行监督和评价,从而督促人民法院处理好驰名商标司法认定工作。[②]

第三,依法启动审判监督程序。一旦发现虚构商标侵权诉讼以获取驰名商标司法认定情形,经核查属实的,应依法进入审判监督程序,撤销原判决和驰名商标的认定。

---

① 参见盐城市中级人民法院(2007)盐民三初字第 0025 号民事裁定书和 0031 号民事裁定书。

② 祝建军:"司法认定驰名商标存在的问题与解决",载《中华商标》2008 年第 5 期,第 24 页。

(二)司法外部的配合

1.禁止企业在商品和广告中宣传驰名商标。

企业热衷于获取驰名商标的一个重要原因就是把驰名商标作为广告宣传的卖点,以获取经济利益。但驰名商标并非法律授予商标权人的“荣誉称号”,而是一个严肃的法律概念。驰名商标仅仅说明该商标在全国为相关公众所知晓的程度和范围,离开具体的侵权案件或时间环境条件,是不能把某一商标仍然称为驰名商标的。个案的事实被强加并扩大到广告宣传中去,成为推销产品的手段,其实质就是为了获取不正当的市场利益。因此禁止企业在商品和广告中宣传驰名商标势在必行。至于法律依据,有学者认为,可以依据《广告法》第38条关于企业和销售者不得发布虚假广告欺骗和误导消费者这一规定。[①] 笔者认为引用此法律依据有所不妥。商标是使用在特定的商品或服务类别上的,若某企业在某商品类别上获得驰名商标的认定,但笼统地将驰名商标用在其所经营、使用的同一商标的其他类别的商品上进行广告宣传,这可以理解为虚假宣传;若广告宣传并没有将驰名商标用到其他的商品和服务类别上,则认定虚假广告是缺乏说服力和明确的法律依据的。

笔者认为,企业在商品和广告中宣传驰名商标,归根到底是驰名商标获得认定后商标权人使用商标的问题。目前,我国的《商标法》正在进行再一次的修改。因此,可借此契机,在《商标法实施条例》第6章“商标的使用和管理”中增加一条,规定不得使用驰名商标作为商品和广告宣传。只有这样,才可以正本清源,截断企业对“驰名商标”追逐的内在利益驱动,促使企业把更多精力转移到努力提高商品品质或服务上来,树立科学的商标战略,真正实现企业品牌战略的价值。

2.取消政府对获得驰名商标企业的奖励。

政府不能将驰名商标的认定数作为政绩的考核指标,更不能因此而对获得驰名商标的企业进行奖励或提供税收优惠等政策。一个成熟的政府更应注重运用财政、金融、投资、政府采购政策和产业、能源、环境保护政策,引导和支持企业创造和运用知识产权,鼓励和提升企业的自主创新能力。因此,建议政府取消对获得驰名商标认定企业的高额奖励和提供税收优惠等

---

① 邓忠华:“规范驰名商标司法认定的法律思考——以驰名商标司法认定的‘异化’现象为视角”,载《法律适用》2007年第12期,第17页。

政策，使企业只会因具体案情需要才申请认定驰名商标，这样一方面能发挥驰名商标制度的真正作用，保证市场的公平竞争；另一方面可以减少认定驰名商标过程中的权力寻租现象，提高政府的公信力。

（作者单位：江苏省盐城市中级人民法院）

# 从仲裁与诉讼的程序冲突看劳动争议案件的处理

朱文峰

［内容提要］　劳动仲裁是劳动争议诉讼的前置程序，而仲裁和诉讼间存在一定的程序冲突，这在很大程度上制约了法院对劳动争议案件的审理，也不利于对劳资双方合法权益的保护。有必要对实践中存在的具体冲突问题作出统一规定，但要最终解决仲裁与诉讼的程序冲突，就要取消仲裁前置程序、建立新型劳动争议处理机制。

［关键词］　劳动争议　仲裁　诉讼　程序冲突

劳动争议案件日益增多，如何正确解决这类纠纷，以维护劳资双方的合法权益，保障社会的稳定，是法律、法规赋予劳动仲裁部门和法院的共同责任。《劳动合同法》、《劳动争议调解仲裁法》的出台在很大程度上解决了原有的制度缺乏问题。但劳动争议仲裁前置程序并没改变，立法者设置仲裁作为诉讼前置程序目的在于：用仲裁的成本低、速度快、效率高的优势和诉讼的专业特征相结合，以保护劳动关系当事人的合法权益。然而，在劳动争议处理过程中，劳动仲裁与诉讼在程序方面的不衔接导致了司法实践中的许多审理难点。

## 一、瓶颈解析：劳动仲裁与诉讼的程序冲突及成因

### （一）冲突的表现

法律并未规定仲裁裁决认定的事实在其后诉讼程序中的效力，一旦当

事人提起诉讼,仲裁裁决绝大部分不发生效力,[①]法院又必须对争议进行重新审理。仲裁裁决也不对法院的最终判决产生实质性的影响,这样仲裁裁决前置程序的效力即显得异常"苍白",这对仲裁机关的劳动付出亦是一种不公平。[②] 总体说来,诉讼与仲裁的冲突焦点集中于徒有名无实际意义的仲裁前置制度,主要有以下几个方面:

1. 受理方面的问题。第一,司法实践中,仲裁部门和法院对"劳动争议"的理解不一致,从而导致受理范围上的偏差。发生仲裁受理,法院不受理;仲裁不予受理,法院却受理的尴尬局面。例如,就社会保险费交纳、赔偿保险待遇损失等纠纷,各地法院和仲裁部门在是否受理的问题上极不统一。第二,最高人民法院《关于审理劳动争议案件适用法律若干问题的解释》(以下简称《最高院劳动解释》)第2、3、4条规定,当事人不服劳动仲裁委以当事人申请仲裁事项不属于劳动争议、申请超期、主体不适格三种理由作出的不予受理的书面裁决、决定或通知而提起诉讼的,人民法院应当视情况作出处理。可见,法院只审查仲裁委的不予受理理由是否成立。然而,就仲裁委对申请人提出的申请并未全面审查或审查有误的情形,法院的审查范围如何确定?比如,仲裁委以申请人申请的事项不属于劳动争议为由作出不予受理决定,而法院经审查认为申请人的申请事项属于劳动争议,则按司法解释规定法院应受理,但法院同时又发现申请人存在申请仲裁超期现象,而仲裁委在不予受理决定中又未说明,那么,法院能否以申请人申请仲裁超期为由不予受理?

2. 当事人诉讼请求方面的问题。第一,《最高院劳动解释》第6条规定了当事人相较于仲裁增加诉讼请求的处理办法;但对当事人减少诉讼请求的却无相关规定。而该解释第17条规定,当事人对裁决中的部分事项不服起诉的,仲裁裁决不发生法律效力。该条司法解释只是对当事人不服部分裁决起诉后,原仲裁裁决书的整体效力作出了规定,而对于诉讼如何对未起诉部分进行处理没有具体规定,实际上是回避了劳动争议诉讼与一般民事案件审理程序如何衔接的问题。在司法实践中各地做法也不统一,有只针对当事人诉求判决的,也有既判决诉求部分,亦对未起诉部分复制仲裁裁决

---

① 仲裁裁决在争议进入诉讼后处于效力待定状态。

② 王秋香、刘小鹏:"我国劳动争议先裁后审体制的改革意义",载《社会科学家》2003年第99期,第37页。

相关内容作为判决主文的,[1]执法尺度很不统一,有损法律的严肃性。第二,请求确认不存在劳动关系案件,该请求属于"消极的确认之诉",相对于普通民事案件完全不同,在处理结果上无法用民事诉讼规则处理,法官在司法实践中就该类案件产生了很多困惑,例如,是否可以调解、是否可以撤诉等。

3. 判决结果与生效仲裁裁决相抵触的问题。《最高院劳动解释》第18条规定:"劳动争议仲裁委员会对多个劳动者的劳动争议作出仲裁裁决后,部分劳动者对仲裁裁决不服,依法向人民法院起诉的,仲裁裁决对提出起诉的劳动者不发生法律效力;对未提出起诉的劳动者,发生法律效力,如其申请执行,人民法院应当受理。"但若不同的劳动者为相同事实作相同请求,部分劳动者因不服劳动仲裁裁决起诉而获得与仲裁结果不同的法院判决,则会出现同样的情形不同的劳动者申请法院执行的依据却不一样,且执行结果亦不相同,该如何应对这样的尴尬局面?

4. 终局裁决情形下申请执行和申请撤销程序相抵触的问题。《劳动争议调解仲裁法》第47条规定了终局裁决的情形,用人单位对裁决即使有异议也不可以提起诉讼,即若劳动者15天内不起诉,该裁决即生效,劳动者即可据此申请执行,但该法第49条又规定,用人单位可以在30日内向中级人民法院申请撤销该裁决。若执行和撤销程序同时进行必然发生程序冲突,届时该如何处理?

(二)仲裁与诉讼程序冲突的原因分析

1.《民事诉讼法》对法院审理劳动争议案件的法律约束。目前法院审理劳动争议案件,程序法上只能适用《民事诉讼法》,并无与之相配套的"劳动诉讼法"。按照《民事诉讼法》,法院只针对原告的诉讼请求审理,但劳动争议案件的审理实行的是全面审理原则,在审理原告诉讼请求的同时,对被告的请求也须一并审理判决,从而出现法院在庭审程序、判决主文表述等方面均无法可循的局面。

2. 劳动仲裁前置程序制约诉讼。劳动争议诉讼主体必须是劳动仲裁主

---

① 例如福建省高级人民法院《关于审理劳动争议案件若干问题的意见》附件说明第4条:对于当事人减少仲裁请求即仅对仲裁机构处理结果部分不服的,人民法院应当全案受理,并根据仲裁请求范围进行全案审理并作出判决。理由是,仲裁是劳动争议案件诉讼的前置程序,当事人一旦依法行使诉权,仲裁机构的仲裁结果就处于效力待定状态,所以,人民法院应对全案进行审理并作出判决。

体;法院审理的事项必须在劳动仲裁事项范围内。如超越其中任何一方面,都违反了"先仲裁,后诉讼"的司法原则。[①] 劳动仲裁在起诉前提和审理方向等重大问题上对诉讼有实际制约作用。虽然《最高院劳动解释》规定,当事人增加诉讼请求的,审查该诉讼请求与诉争的劳动争议有无不可分性来处理,但在实践中,法官们可能更愿意认定为有可分性,让当事人申请劳动仲裁。[②]

3. 劳动争议仲裁委员会机构性质原因。首先,在法律法规适用方面。劳动仲裁机构在仲裁中大量适用劳动与社会保障部制定的行政规章及其他规范性文件;而法院仅将行政规章及其他规范性文件作为参照。两个劳动争议处理机构的不统一,造成了法律适用的混乱状态,法院对劳动仲裁机构也无法行使司法监督权。[③] 其次,劳动仲裁委没有独立的人权、物权和财政权,缺乏独立的机构序列、专门的人员编制和必要的办公经费。在劳动仲裁员的要求方面,虽然《劳动争议调解仲裁法》提高了原来的标准,但是相比律师、法官的学历以及必须通过国家司法考试的要求仍然太低。最后,按照《劳动法》、《劳动争议调解仲裁法》的规定,劳动仲裁委应由三方组成,但实践中,劳动仲裁委已经行政化,且独家办案。而《劳动争议调解仲裁法》对劳动仲裁委的性质并未明确规定,对其违法、违纪问题也无规定,如果仲裁委违法,劳动者也无法对其提起行政诉讼。相反,《劳动争议调解仲裁法》规定了终局裁决,这样劳动仲裁委的权力更趋向于准司法化,权力一旦没有约束,将会失控;而法院面临的监督可谓是全方位的,人大监督、上级法院监督、舆论监督、检察监督等,监督是公正的有效保证。因此,尽快出台对劳动仲裁委违法违纪行为的处罚规定,以规范劳动仲裁行为已成为当务之急。

## 二、运行机理:劳动争议案件处理程序的特质

### (一)劳动争议处理应当遵循的原则

《劳动争议调解仲裁法》第 3 条规定,解决劳动争议,应当根据事实,遵循合法、公正、及时、着重调解的原则,依法保护当事人的合法权益。该条是关于解决劳动争议应当遵循的原则方面的规定,具体有以下几点:

---

① 唐德华主编:《民事审判指导与参考》,法律出版社 2000 年版,第 295 ~ 296 页。

② 笔者经调查发现,实践中该情形很多,究其原因,可能是为避免矛盾、图省事。

③ 许建宇:"关于劳动法若干基本理论问题的探讨",载《法商研究》2000 年第 3 期,第 28 页。

1. 必须根据事实、从实际出发。处理劳动争议,要坚持马克思主义认识论和方法论,坚持实事求是,一切从具体实际出发,注重证据,注重调查研究,以客观事实作为分清当事人是非曲直和裁判的依据。

2. 必须以依法保护当事人的合法权益为归宿。劳动争议处理机构的作用是:维护当事人的合法权益,纠正违法或不适当的行为。调解、仲裁乃至诉讼程序的归宿和落脚点都是为了依法保护当事人的合法权益,既要维护当事人的实体权利,又要充分尊重当事人的程序权利。

3. 应当遵循合法、公正、及时的原则。合法、公正、及时可以说都是普适性的法律原则。[①] 它们虽然代表着不同的价值追求,但在处理争议的过程中又是有机统一、相辅相成的整体,最终的目的都是为了维护当事人的合法权益。

4. 解决劳动争议应当遵循着重调解的原则。劳动争议属于人民内部矛盾,劳动者与用人单位不存在对立的不可调和的矛盾。目前世界各国都普遍重视调解方法,我们更应使之成为解决劳动争议的重要手段。

(二)劳动争议案件处理的价值目标

1. 维护劳动者合法权益。处理劳动争议要充分考虑维护当事人,尤其是弱势群体的权益,首先是平衡论价值取向的贯彻。劳资双方的地位悬殊是客观存在的,关键在于给资方以适当的控制,给劳方以适当的扶持,而不能单纯强调当事人间权利义务的平等。只有在劳资双方之间寻求到一个平衡点,才能使双方利益得到兼顾,最终实现社会效益的最大化。

2. 兼顾公正和效率。处理劳动争议应兼顾公正和效率,公正要求通过程序的公正最终实现结果的公正。[②] 效率是以最小的成本,获取最大的收益,这不仅是现代司法的内在要求,更是劳动争议处理机制的内在价值和灵魂。[③] 公正与效率本身是一对矛盾,但二者之间又不是无法协调的。平衡论价值取向的结果,是在强弱之间、公正与效率之间达到完美的结合。

3. 以自愿为前提。处理劳动争议应以自愿为前提,即劳动争议中的权利义务关系的设立、变更和消灭,应取决于当事人自己的意思,原则上国家不进行干预。

---

① 张文显:《法学基本范畴研究》,中国政法大学出版社1993年版,第253页。

② 陈桂明:《诉讼公正与程序保障》,中国法制出版社1996年版,第12页。

③ 陈桂明:《诉讼公正与程序保障》,中国法制出版社1996年版,第12页。

4. 司法最终解决和诉权保护。司法最终解决是指一切组织不能彻底解决的纠纷,都可由法院通过审判方式即诉讼作为解决纠纷的最后手段,[①]法院的裁判具有最高的权威性和法律效力,对其他机关、团体、个人都具有约束力。诉权是一种宪法性权利,任何人在自己的合法权益受到侵犯时,都有权获得司法机关的救济。

5. 促进劳动关系和谐稳定。劳动争议最根本的特点就在于其主体一方是劳动者,劳动争议直接关系到劳动者基本生活的维持和工作权利的实现,也关系到其家庭的维持和稳定问题,因此,劳动争议是一个带有社会性的问题。必须解决现实中存在的突出问题:时效短、周期长、维权成本高、用人单位恶意延长劳动争议处理期限等。通过公正及时地处理劳动争议,维护劳动者的合法权益,使他们能够分享社会发展成果,有利于构建和谐稳定的劳动关系。

## 三、审判视角:基于现行纠纷解决机制下的司法救济

笔者认为,对司法实践中因仲裁和诉讼的程序冲突引发的审理难点可根据劳动争议处理的原则据以把握,从而达到争议处理的价值目标。

### (一)对劳动仲裁不予受理的司法救济

笔者认为,法院对劳动仲裁不予受理的案件,应进行全案审查,根据法院受理规定处理,不应受劳动仲裁不予受理决定的影响。理由在于:

第一,根据最高人民法院《对劳动部〈关于人民法院审理劳动争议案件几个问题的函〉的答复》的精神,劳动仲裁委不是劳动争议的当事人,法院审理劳动争议案件不应针对劳动仲裁委作出的处理结果进行。

第二,劳动仲裁只是进入诉讼的前置条件,法院对劳动争议的程序审查是独立的,只需根据法院审理程序的规定决定是否受理即可,而不应受到劳动仲裁程序审查的限制。[②]

第三,《最高院劳动解释》第2条规定:"劳动争议仲裁委员会以当事人申请仲裁的事项不属于劳动争议为由,作出不予受理的书面裁决、决定或者通知,当事人不服,依法向人民法院起诉的,人民法院应当分别情况予以处理:(一)对属于劳动争议案件的,应当受理;(二)虽不属于劳动争议案件,

---

① 常怡:《民事诉讼法学》,中国政法大学出版社2001年版,第73页。

② 李景森、贾俊玲主编:《劳动法学》,北京大学出版社1995年版,第83页。

但属于人民法院主管的其他案件,应当依法受理。”故法院应对全案事实进行审查。

(二)当事人请求确认不存在劳动关系案件(消极确认之诉)的处理

1. 被告未到庭情形的处理。用人单位对仲裁裁决存在劳动关系并涉及其他事项(如赔偿、待遇等)的裁决不服,向法院起诉,要求确认不存在劳动关系。该请求为否定的请求,即“消极的确认之诉”。[①] 法院在审理此类案件时,一般应实行“全面审理原则”,即不仅审查是否存在劳动关系,而且还应征询劳动者的实体请求,一并处理。但若劳动者经法院合法传唤,无正当理由拒不到庭,则法官在无法获知劳动者的具体请求,查明双方是否存在劳动关系时,如何处理?笔者认为,法院不能依据仲裁裁决中劳动者的请求事项判决。因为该争议的诉权在于劳动者个人,法院是“不告不理”,没有劳动者的真实意思表示,不可以强行判决具体事项。如果法院查明存在劳动关系,则可以确认存在劳动关系,并在判决中告知劳动者的诉讼权利另行主张,这样既保证了判决的合理、公正,又可确保劳动者的实体诉权。当然,该情形不仅适用于确认不存在劳动关系的案件,也适用于其他劳动争议案件。

2. 能否以调解方式结案问题。一般来说,判决主文的要求是明确、具体。而对调解书的主文要求却无相关规定。对确认不存在劳动关系的案件,法官在判决时可表述为:原告与被告不存在劳动关系。但是这样的表述是法院以司法权为基础作出的判断,而确认之诉本身就是请求法院作出判断,消极的确认之诉是请求法院确认否定的事实,若当事人自己协议不存在劳动关系,是否可以?笔者认为,此种消极的确认之诉可以由双方达成调解协议,并由法院确认。首先,最高人民法院《关于人民法院民事调解工作若干问题的规定》(下称《调解规定》)第2条不适用调解的案件类型并不包括劳动争议案件。其次,《调解规定》第12条规定了人民法院不予确认的调解协议情形,只要不违反该条规定,法院可以就劳资双方认可的不存在劳动关系之事实进行确认,并形成民事调解书,赋予其执行力。该调解等于间接确认了双方不存在劳动关系,更符合目前“大调解”的要求。

3. 能否裁定准许撤诉问题。最高人民法院《关于人民法院对经劳动争议仲裁裁决的纠纷准予撤诉或驳回起诉后劳动争议仲裁裁决从何时起生效的解释》(下称《准予撤诉或驳回起诉后裁决从何时起生效的解释》)第1条

---

① 常怡主编:《比较民事诉讼法》,中国政法大学出版社2002年版,第427页。

规定:“当事人不服劳动争议仲裁裁决向人民法院起诉后又申请撤诉,经人民法院审查准予撤诉的,原仲裁裁决自人民法院裁定送达当事人之日起发生法律效力。”但是,笔者认为,对于原告申请确认不存在劳动关系的案件,即使双方认可不存在劳动关系,原告也不能撤诉。因为原告在劳动仲裁裁决存在劳动关系的前提下,才申请法院确认不存在劳动关系的。原告一旦撤诉,则原确认存在劳动关系的仲裁裁决即发生法律效力,此时要么法院判决;要么调解结案,而不可撤诉。此为“消极确认之诉”劳动争议案件与其他劳动争议案件的异同。反之,若用人单位认为不存在劳动关系诉至法院,在法院审理后认为存在劳动关系,则可以撤诉。

(三)按撤诉处理仲裁裁决生效时间问题

《准予撤诉或驳回起诉后裁决从何时起生效的解释》的第 1 条虽规定了当事人撤诉或被法院驳回起诉后仲裁裁决的生效时间,但未规定原告起诉后,在开庭时无故不到庭,被法院裁定按撤诉处理的情况下,劳动仲裁裁决是否生效的情况。实践中各地法院做法不一。[①]

笔者以为,原告无正当理由拒不到庭的,应视同其放弃了诉讼权利,人民法院裁定按撤诉处理在效力上应和原告撤诉是一样的。但应特别注意的是:普通民事案件,即使出现原告未到庭是因为客观不能的情形(例如遇险、无通讯、交通工具等),而被法院裁定按撤诉处理的,原告撤诉后还可以再行起诉;但劳动争议案件因其存在仲裁前置的特殊性,准许撤诉或按撤诉处理的结果是原仲裁裁决发生法律效力,在法院裁定送达后,原告即丧失了诉权。若当事人要撤销法院的裁定,必须通过再审程序。因此,处理劳动争议案件原告未到庭的情形,法院必须审查原告未到庭的原因,区别处理,而不可以简单地裁定按撤诉处理。

同时,笔者认为,尽管存在上述原因,但是不影响法院裁定后的仲裁裁决生效时间,法院通过上述审查应该可以避免当事人按时到庭客观不能的情形,而且还有申请再审的补救措施,因此,在法院裁定按撤诉处理后,原仲裁裁决应自裁定送达当事人之日起发生法律效力。但是,笔者更希望,最高人民法院尽快出台相关解释,明确法院对劳动争议案件原告未到庭情形的审查程序和处理要求。

---

① 例如,福建省高级人民法院《关于审理劳动争议案件若干问题的意见》第 25 条:人民法院准予撤诉与按自动撤诉的案件,原劳动仲裁机构的处理结果发生法律效力。

(四)诉讼和仲裁请求不一致情形的处理

《最高院劳动解释》对当事人增加诉讼请求的情形作出了规定,但对减少诉讼请求的情形却无相应说明。在司法实践中,该情形不在少数,而且后果严重,因为,如果当事人"减少"了诉讼请求,法院根据不告不理原则不会对"减少"部分作出判决,虽然仲裁裁决对该部分请求已作处理,但仲裁裁决因当事人的起诉又不发生法律效力,从而使该部分事项因没有生效法律文书的确认而难以申请强制执行。笔者认为,对此情形,法院可以通过行使释明权来解决。

首先,法院审理案件应严格按照"不告不理"的原则,对当事人未提起诉讼的事项不应进行审理,也不应在判决或裁定中给予肯定。鉴于劳动争议案件的特殊性,法院在立案审查时或审理过程中应充分行使释明权,告知当事人法律后果:减少的诉讼请求不因其未起诉而生效,相反,因起诉而不生效。但不可以强行要求当事人补充,不能干涉当事人的诉权。其次,即使当事人在立案后认为应该全部主张,其还可以通过增加诉讼请求或提起反诉的途径进行救济,由当事人对其诉讼权利进行处理。

(五)部分当事人不服劳动仲裁裁决起诉情形的处理

对于仅有部分当事人不服仲裁裁决向法院起诉的,《最高院劳动解释》并未对仲裁裁决和法院判决结果不一致的情形的处理作出规定。有意见认为,既然部分劳动者不起诉,说明其自愿接受劳动仲裁裁决,有关权利义务只要按照裁决履行即可;还有意见认为,相同的事实,经劳动仲裁和诉讼后的司法处理结果应该一致,否则有悖法律的统一性。

笔者认为,如果未起诉的劳动者在他人争议判决后,发现劳动仲裁裁决确有适用法律、法规错误或者有法律规定的其他情形的,可以依据《最高院劳动解释》第21条第1款的规定申请人民法院不予执行仲裁裁决。同时,该条第2款规定:"人民法院在不予执行的裁定书中,应当告知当事人在收到裁定书之次日起三十日内,可以就该劳动争议事项向人民法院起诉。"据此,即可以解决在现行法律框架下,法院的判决结果和劳动仲裁裁决结果不一致的问题。但是,这样处理的结果可能会很复杂,笔者认为,应该允许法院将未起诉的劳动者追加为当事人,该仲裁裁决自其参加诉讼即处于效力待定状态;若未起诉的劳动者不愿参加诉讼,则表示其自愿接受仲裁裁决,法院也无须对仲裁裁决不予执行。

（六）法院对劳动仲裁裁决的效力确认问题

根据现行法律和司法解释规定，法院在审理劳动争议案件时，法律文书主文不涉及裁决是否正确的问题，即主文中不应有维持或撤销劳动仲裁裁决的内容。实践中，法官在撰写法律文书时时感困惑，如用人单位作为原告的案件，起诉要求撤销劳动仲裁裁决，经审理裁决是正确的，而主文又不能表述为维持裁决，那么主文只能表述为："原告某某于判决生效之日起几日内如何"这种表述方式让人感到不伦不类，与法律的规定也相悖。

笔者认为，在现行制度框架下，既然把劳动仲裁作为前置程序，那么文书的表述应该可以有维持或撤销的内容，否则这种劳动仲裁的实际意义何在呢？难道仅仅是个摆设而已？行政诉讼中，法院可以维持或者撤销行政机关的行政行为，而劳动仲裁这样的行政确认行为又为何不可呢？[①] 笔者注意到，《劳动争议调解仲裁法（征求意见稿）》的第五章规定了"申请撤销仲裁裁决"，裁决撤销后，可以由仲裁庭重新仲裁或法院直接判决，不知为何在该法正式出台时却取消了。

（七）终局裁决情形下执行和撤销程序冲突问题

笔者认为，之所以会出现这样的尴尬正在于《劳动争议调解仲裁法》规定的时间差异引起的，对于同一个终局裁决，却为相对方设立了不同的权利主张时间。实践中，各地法院的解决途径不尽统一。例如，江苏省高级人民法院和江苏省劳动争议仲裁委员会的《关于适用〈劳动争议调解仲裁法〉若干问题的意见》第16条规定，劳动者向基层法院起诉，用人单位向中级法院申请撤销的，中级法院应当不予受理，已经受理的，应裁定终结诉讼。由基层法院在审理劳动者不服终局裁决的诉讼中，对用人单位申请撤销的抗辩一并审理。同时规定，中级法院及基层法院在受理涉及终局裁决案件时必须进行审查。虽然该规定解决了司法实践中的问题，有利于法官的操作，但问题是该解释是否有悖于《劳动争议调解仲裁法》第49条中的由中级法院撤销终局裁决的规定呢？同时，基层法院审理后认为用人单位的抗辩成立的，对撤销该如何判决？

因此，笔者认为，由法院通过诉讼上的审限来解决较为合理。假设劳动者在收到裁决后立即向法院起诉，这样和用人单位向中级法院主张撤销的

---

① 笔者认为：法院只可以对仲裁裁决作出维持或撤销的处理。至于如何在民事诉讼中解决或者劳动争议案件是否可以参照行政诉讼处理，不在本文中叙述。

时间相差20多天，法院立案后到开庭审理的时间，如果适用普通程序，时间上没问题；如果适用简易程序，法官可在开庭时询问用人单位是否向中级法院申请撤销，并告知其若在开庭后申请的，应立即通知法院；如其申请撤销，法院可中止案件审理，以待中级法院的处理结果。当然，这样做可能会出现用人单位的疏忽或者故意，因此，笔者建议，此类案件的开庭时间适宜安排在劳动仲裁裁决送达30天后。但是，矛盾的最终解决应是对法条的修改，将30天的期限变更为15日，以和劳动者向法院起诉的时间相一致，避免不必要的冲突发生。

**四、立法建议：对现行纠纷解决机制的突破**

以上笔者探讨的是在现行制度框架下，因诉讼与仲裁程序冲突引发的审理难点的处理，建议最高人民法院以司法解释的形式予以规定。但是要从根本上解决程序冲突，必须取消仲裁前置程序，建立新型的劳动争议处理机制。

(一)《劳动争议调解仲裁法》规定的“一调、一裁、二审”模式弊端

仲裁前置程序弱化了劳动仲裁程序高效率的职能，与程序正义和效益的原则相悖，在客观上造成了一套体制繁杂、期限冗长的劳动争议处理程序，审理期限长，重复劳动多，[①]纠纷得不到及时解决；按照劳动仲裁前置原则，人民法院受理劳动争议，实际上是在劳动仲裁审理之后的一个新的司法审理程序，而审理工作从头开始，造成一事重复审理，浪费了审判资源；没有体现出仲裁自愿的要求，不利于当事人权利的及时保护。

(二)劳动争议处理模式建议

按照劳动和社会保障部的统计，2005年调解结案10.4万件，占结案总数的34%，2006年调解解决的有13万件，占全部案件数的29.1%，可见，调解是解决劳动争议一个行之有效的措施，而且能够节约大量的人力物力，缓和争议双方的矛盾，不会破坏业已形成的劳动关系，并为劳动关系的进一步发展奠定基础，有利于社会的稳定。在《劳动争议调解仲裁法》出台后，更应加大调解的力量，尽量以调解解决劳动争议。对于劳动争议处理机制，笔

---

① 例如，据统计，2003年和2004年，山东省劳动行政部门分别受理劳动争议案件18846件、21313件，而同期全省法院受理的一审劳动争议案件就分别高达15602件、14950件。

者认为,应该取消劳动仲裁前置程序,实行“一调、一裁终局制”①与“一调、二审终局制”②并行的双轨制纠纷解决机制。设立专门的劳动仲裁机构,调解未果的,可以由当事人选择劳动仲裁或者直接进入诉讼程序。这样才能最终解决本文讨论的诉讼与劳动仲裁程序冲突引发的问题。

(作者单位:江苏省滨海县人民法院)

① “一调、一裁终局制”指劳动争议经相关组织调解后,当事人自愿选择仲裁,该仲裁裁决一裁终局,对双方发生法律约束力,并可据此裁决申请法院强制执行。

② “一调、二审终局制”指劳动争议经相关组织调解后,当事人未选择仲裁,而直接向法院起诉,适用民事诉讼程序解决。

# 单务合同中的利益衡平

## ——试论保证人利益的合理保障

杨 奇

**[内容提要]** 保证作为典型的单务合同，在其设立和履行的过程中，保证人的利益常常被忽视。本文从利益衡量的思路出发，在参考各国法律规定及实践操作的基础上，探求合理平衡债权人与保证人之间利益的途径。

**[关键词]** 单务合同 利益衡平 保证人 利益保障

从古罗马时代被称为“最佳担保”，到成为现代金融的重要媒介，保证作为人的担保的典范，在历史和现实中都发挥着非常重要的作用。由于我国社会传统中强大的人情世故因素作用，人们常常因为给亲友帮忙而提供保证，保证在社会经济生活中的应用尤为普及。随着近年来市场经济的快速发展，我国的保证制度在经历了从散落于各法律文件中的原则规定到以《中华人民共和国担保法》(下称《担保法》)为主体的系统规定这一进程后，已有了极大的发展和完善，但是相对于新兴的经济与法治观念对我国传统民法的不断冲击，我国保证制度的发展仍然明显滞后于债法的整体发展水平，近年来保证纠纷的不断增多，正说明了我国保证制度存在明显问题。司法实践中，保证人与债权人之间的对抗不断加剧，普通社会主体极为排斥担任保证人，这些现实问题已导致保证制度的作用被大大削弱。笔者认为，产生这些问题的根本原因，是现行保证制度过于强调保证合同的从属性和单务性，强调保证人对债权实现的保障作用，而忽视了对保证人利益的合理维护，在调整债权人与保证人、保证人与债务人之间法律关系的理论指导上存在较大缺陷。

**一、债权人与保证人之间的利益平衡**

设立保证的目的是保障债权的实现，我们应当首先考虑债权人的利益，一切保证制度均应围绕这一宗旨制定。保证人的愿望是避免承担保证责任，而与保证人对抗清偿的利益要求相对应的是债权人实现债权的利益要求，保证人的这种利益要求不可能得到平等的保护，否则就违背了保证制度的立法宗旨。

作为保证合同的一方当事人，保证人与债权人的法律地位仍然是平等的，保证人的利益同样不能忽视。既然保证是单务的，保证人只有向债权人履行给付的义务，而没有要求债权人履行给付义务的利益所在，因此，立法需要从其他的角度实现债权人与保证人之间的利益平衡。在保证合同的履行中，保证人与债权人的利益必然不平等，立法应当考虑在其他地方给予保证人合理的补偿。考察国外的保证制度可以发现，虽然各国对维护保证人利益的做法各有侧重，但至少在两个方面的做法是相同的：一是规定保证成立的严格条件，以保障保证人在担任保证人之前有充分的机会衡量自己行为的后果；二是强加给债权人一些确定的提供信息的义务。这应当成为我国保证制度的有益借鉴。

（一）保证的成立

我国《担保法》对保证成立的形式要件规定得不够严格，这似乎对债权人有利，但导致债权人套取保证的可能大大增加，而这种保证通常都会产生纠纷。

法国、德国与瑞士均明确规定了保证的成立一定要采取书面形式，[①]对违反的制裁是保证无效。[②] 我国虽然也规定保证应当采取书面形式，但这个规定在司法实践中被理解为倡导性条款，即并不因为未采取书面形式而当然无效，理由是书面形式只产生证据的效力，有其他证据足以证明保证内容时，书面形式的要求就无足轻重了。最高人民法院在《担保法》实施前的司法解释中曾规定，口头保证有两个以上无利害关系人的证明即可有效成立。

笔者认为，立法者的思考不应当仅仅是要求以书面形式作成不得反悔

① 《法国民法典》第1326条、《德国民法典》第766条第1款、《瑞士债法典》第493条。

② 如《德国民法典》第125条的规定。

的证据,而应当要求保证人充分考虑其行为的后果。既然法律要求保证合同以书面形式订立,则口头保证合同不能因任何证据的证明而有效成立,即便是行为人对其所作的口头保证并不否认,保证人也可以当时的计算不充分为由拒绝承担保证责任。《担保法》中关于债务转移、主合同变更必须取得保证人书面同意的规定,可以成为这一推论的明证。但是我国《担保法》亦未明确规定口头保证无效,《中华人民共和国合同法》(下称《合同法》)第36条规定:“法律、行政法规规定或者当事人约定采用书面形式订立合同,当事人未采用书面形式但一方已经履行主要义务,对方接受的,该合同成立。”保证合同同样应适用该规定,即保证人自愿履行口头保证合同所约定的保证义务的,口头保证合同亦成立,保证人不得事后反悔。

除了保证合同的书面要求外,许多国家的保证制度都还规定了充当保证人应遵守一定的具体形式要求,法国民法对此尤其认真。例如在消费信贷中,信贷企业必须按要求签署保证书,保证文书必须包括一项书写按语,按语必须符合法律规定的格式,不遵照此项要求的后果为保证无效,如果义务承担是连带性的,还应使用特别书写条款。① 但这种认真可能也是过分的,债权人往往选择其他的担保方式,法国判例考虑到这些反应,谋求在保证人与债权人的利益之间达到新的平衡,其结果是清楚地区别两种保证,即普通人承担的保证和行业人承担的保证,法律只对前者加强保护。

当保证人在形式上对其承担保证责任的内容约定不明确时,我国保证制度中采取的是加重保证人责任的处理办法,最高人民法院认为只要以保证人的身份在文书上签字,即可认为保证成立,并且如果没有注明是一般保证,则视为承担的是连带责任保证,在司法实践中,尤其是民间借贷类案件的审理中,这种形式的保证极为普遍,并且往往成为保证人辩称其受欺诈的理由。笔者认为,法国的解决方法可以在保证条款问题上供我们借鉴,即区分不同的人适用不同的标准。例如,对一个专门从事担保业务的担保公司就不需要令其在保证合同上签字前履行什么手续,因为行为人完全了解保证的规则,这种行为人的范围还可以推广至正常的经营者,尤其是金融执业者。而对于一个普通的自然人,就应当令其在充分了解所做的保证的后果才能在保证合同上签字,债权人有义务证明保证人对其义务承担的后果是明知的,如果保证文书上没有明确记载,债权人就需要补充其他材料证明,

---

① 沈达明:《法国德国担保法》,中国法制出版社2000年版,第25~26页。

否则保证不成立。司法实践中有一个很好的做法，对于诉讼中提供的保证，法院总是事先向保证人充分阐明了提供保证的后果，这也意味着法院有责任防止保证人日后提出不知道保证后果的抗辩主张，普遍的做法是在卷宗中对已明确要求保证人充分衡量其行为后果的情况有详细记载。

（二）债权人的通知义务

保证合同是单务合同，债权人不负任何给付义务，但是近年来各国的立法都不断地对债权人强加一些提供信息的义务。

债权人取得保证后，往往高枕无忧，这可能导致保证人的可得利益流失，而保证人亦常常忘记自己的保证，错过采取保护自己利益之措施的机会。因此，保证人及时获得相关信息对维护保证人的利益是非常重要的。虽然债务人也可以提供信息，但保证人承担义务的相对方是债权人，出于利益平衡的考虑，由债权人负担这项义务是合理的。法律科以债权人通知义务的后果是，如果债权人未履行通知义务，保证人的保证责任相应消灭。最典型的例子是，债务人破产时，通常的做法是只通知债权人，并不通知保证人，如果债权人既不参加破产分配，又不告知保证人，保证人可能在不知情的情况下，因为未预先行使追偿权而遭受损失。对此，各国均规定债权人有通知保证人的义务，我国最高人民法院亦规定，债权人知道或者应当知道债务人破产，既未申报债权也未通知保证人，致使保证人不能预先行使追偿权的，保证人在该债权在破产程序中可能受偿的范围内免除保证责任。

考察各国的保证制度，对债权人的通知义务主要体现在保证合同订立时，债权人有义务将其掌握的债务形成的真实情况告知保证人。对于这一点，我国的立法也已充分注意。例如，借款是以新还旧，这个情况会影响保证人为自己利益的计算，债权人披露这些信息可能使保证人不提供保证，最高人民法院规定，对债权人不履行此类通知义务的后果是保证人在这种情况下不再承担任何民事责任。规定债权人的该项义务还有一层更重要的意义，当债权人明知债务人的欺诈事实时，沉默同样被认为是债权人对保证人的欺诈，而导致保证人免除保证责任，这一结论可从最高人民法院《关于适用〈中华人民共和国担保法〉若干问题的解释》（下称《解释》）第40条的规定中推出。该条规定："主合同债务人采取欺诈、胁迫等手段，使保证人在违背真实意思的情况下提供保证的，债权人知道或者应当知道欺诈、胁迫事实的，按照担保法第三十条的规定处理。"法国保证制度甚至认为，向外行保证人隐瞒主债务人的不可挽救的困境，不把自己占有的信息告知外行保证人的债权人同样违反一切合同当事人善意行事的义务,保证人得主张保证之意思存在瑕疵而请求免除其保证责任。[①] 但是,债务人的偿还能力毕竟是保证人应当承担的风险,过分要求债权人履行告知义务是不合理的,因此,债权人的通知义务必须严格限制,只能是法律明确规定的情形,不能任意地扩张解释。

在保证期间内,债权人亦有一定的通知义务。德国、瑞士的保证制度赋予保证人一定期限内的保证责任解除权,即保证人发现债务人经营状况恶化,或者有其他违背保证人与债务人之间协议的行为,保证人即可要求主债务人解除其保证责任,保证人得到债权人的相关通知就显得特别重要。美国的保证制度亦规定,当债务人未履行合同时,债权人应当就此事实及时通知保证人,如果债权人未能及时通知保证人而造成了保证人的损失,则保证人对此损失享有对债权人的抗辩权。[②] 而依照法国的规定,在对未来债务的保证中,债权人应该在遇到债务人首次不按约期付款的情形时即通知保证人,提供信息的目的是便于保证人采取保护措施。我国的保证制度对此尚未有任何规定,应当以国外保证制度的相关规定作为借鉴,规定债权人应当将债务人的违约行为及时通知保证人,否则,保证人对因未及时获得债权人的相关通知而遭受的损失享有对债权人的抗辩权。

## 二、保证的相对独立性对保证人利益的维护

当发生主合同无效、撤销、变更、解除等情形时,司法实践中仍然存在因为保证的从属性而加重保证人责任的思维惯性。为此,应当通过强化对保证的相对独立性的认识,抵制对保证人的苛求,以合理保障保证人的利益。

### (一)主合同无效对保证责任的影响

在不考虑独立保证的情形下,主合同无效,作为从合同的保证合同必然无效。但立法并未规定此情形下保证人的免责,普遍的观点是,保证人应当根据其过错承担相应的缔约过失责任。

在因主合同无效导致保证合同无效的情形下,保证人会因什么样的过错承担民事责任呢?司法实践中的做法是只要保证人知道或应当知道主合同的无效事由,即应承担责任。笔者认为,这种做法无疑是对保证人的过分

① 沈达明:《法国德国担保法》,中国法制出版社 2000 年版,第 23 页。

② 梁书文、单长宗:《中外合同法担保法问题研究》,人民法院出版社 1999 年版,第 211 页。

苛求。保证合同不仅是主合同的从合同,也是一个相对独立的合同,保证人并非主合同的当事人,合同无效的缔约过失责任只及于合同本身的当事人,并不存在保证人为主合同的无效承担缔约过失责任的任何法律依据,无论保证人的行为对主合同的无效起多大作用,该行为的后果亦只能由主合同的当事人负担。我们仅需要考虑保证人对保证合同无效的过错,而在保证合同系因主合同无效而无效的情形下,保证人对保证合同的无效只可能有一个过错,即明知保证合同无效而订立保证合同。保证人的这一过错主要侵犯的是债权人在订立保证合同时对获得有效保证的信赖利益,但是,如果债权人同样明知保证的无效事由,则不存在合法的可期待利益,保证人即无须承担缔约过失责任。

### (二)主合同被撤销对保证责任的影响

主合同被撤销则主合同溯及地自始无效,保证合同亦无效,这与主债务无效引起保证无效的情形没有实质区别,因此,对被撤销债务的保证的处理与无效债务的保证处理结果应当相同。

最高人民法院《解释》第41条规定:"债务人与保证人共同欺骗债权人,订立主合同和保证合同的,债权人可以请求人民法院予以撤销。因此给债权人造成损失的,由保证人与债务人承担连带赔偿责任。"笔者认为,这一解决方法值得商榷。合同被撤销后,当事人承担的亦是缔约过失责任,该责任的发生是基于当事人之间因互相接触与信赖而产生的一种法律上的特殊结合关系,与侵权责任完全不同,[①]故保证人与债务人共同实施欺骗的行为显然不能作为共同侵权而要求保证人与债务人共同赔偿。无论保证人在主合同的订立中起到多大的作用,保证合同的从属性不会发生任何改变,承担缔约过失责任的民事主体只能是合同的当事人,保证人并非主合同的当事人,即使保证人与债务人共同欺诈债权人,保证人亦不应因主合同被撤销而承担缔约过失责任,保证人只对保证合同的撤销承担缔约过失责任,这与债务人承担的责任不具有同一性,互负连带责任显然不合理。

### (三)主合同的变更对保证责任的影响

主合同的变更有两种类型:一是当事人协议变更;二是依法定事由的变更。我国现有的保证制度仅对当事人协议变更主合同的情况作了规定。《担保法》第24条规定,债权人与债务人未经保证人同意自行协议变更主

---

① 马强:《债权法新问题与判解研究》,人民法院出版社2002年版,第66页。

合同时,保证责任免除。然而现行的保证制度未涉及主合同依法定事由变更时对保证的效力影响。主合同当事人依法定事由主张变更主合同,即意味着放弃或丧失了对主合同的撤销权,但并不意味着保证人同样放弃或丧失对保证合同的撤销权,除非保证人在订立保证合同时明知可撤销或变更的法定事由的存在,保证人在得知债权人或债务人依法定事由变更主合同时,亦得以重大误解为由依法行使撤销权,要求撤销保证合同。当保证人放弃或丧失撤销权时,债权人与债务人变更主合同只要不是对合同标的或标的用途等作重大变更,保证人应当在原保证责任范围或变更后减轻责任的范围内承担保证责任。

(四)主合同被解除对保证责任的影响

最高人民法院《解释》第10条规定:"主合同解除后,担保人对债务人应当承担的民事责任仍应承担保证责任……"但是对保证人承担保证责任的范围与条件未作进一步解释。

主合同被解除产生两项义务:恢复原状与损害赔偿。关于主合同被解除的恢复原状义务,有学者认为,"恢复原状义务,与合同上的债务无同一性,又不是主债务的从债务,不包含在保证债务范围之内。"①笔者赞同这种观点,解除合同的恢复原状义务与合同无效的恢复原状义务同样都是否定了合同之履行行为的效力,基于合同有效履行的保证责任即失去了存在的基础,故保证人对因主合同解除而产生的恢复原状义务不承担保证责任,但债权人与保证人亦可约定对恢复原状责任进行保证。对于损害赔偿则需区分具体情况分别对待。当解除是双方当事人自行协商或基于行使约定解除权而达成时,可以参照主合同变更的规定,因为不会涉及对合同标的或标的用途的变更,并且往往是减少合同的债务内容,则保证人应在保证范围或变更后减轻的债务范围内承担保证责任。当解除是基于法定原因时,又要区别对待。因不可抗力而解除主合同,这种风险正是保证人应当承担的,故保证人应继续承担保证责任。因违约而解除合同时,债务人违约则保证人自然在原保证范围的幅度内承担保证责任;债权人违约时,保证人的风险因债权人的行为而增加,保证人无任何过错时,保证人应当免责。

---

① 徐康平、熊英:《担保法》,人民法院出版社2000年版,第49页。

## 三、保证人对债务人的追偿

为确保保证效益,保证制度有两项重要原则,即保证的附属性以及对保证人的要求偿还给予的保护。[①] 保证的效力不仅体现在债权人与保证人之间,亦应同样体现在保证人与债务人之间,而我国的保证制度却显然对后者有所疏忽。我国《担保法》虽然提出了保证人在代为清偿债务后对债务人享有追偿权,但仅有的两个条款对追偿权内容未作任何阐述。学术界和司法界对追偿权的性质、效力范围、行使方式均存在较大争议,这给保证人有效实现追偿带来了一定的阻碍。

### (一)比较法视野中的保证追偿

法国学者以两个途径解释保证人对债务人的追偿:一是代位追索,《法国民法典》第2039条所承认的保证人代位追索权正是关于代位权的一般民法原则的适用;二是对债务人直接追索,这是根据保证的附属性而产生的权利,在《法国民法典》第2028条有明示规定。保证人有权自主地任选其中之一。德国学者同样认为法律向保证人提供了两种手段:一是《德国民法典》第774条规定的被担保债权的法定让与;二是凭保证人与主债务人之间的法律关系为依据的追索权。保证人亦能自由选择其中之一。对保证人取得的代位权,学者们的意见几乎没有分歧。对于另一种对债务人的直接追索权,其取得的依据是有些分歧的。法国学者认为是依据保证的固有属性即从属性而取得,德国学者认为是以保证人与债务人之间的法律关系为取得依据,并认为基于不同的原因产生不同的后果,如果保证人完全因为与债权人的关系提供保证,则仅有对债务人的代位权,没有直接追索权。[②] 继承德国民法的瑞士和日本亦认为保证人依其与债务人之间的委托或无因管理关系享有对债务人的直接追索权。

法、德等国的保证制度区分代位权与直接追索权的意义在于,依代位权的原则,保证人代位取得主债权的同时,亦取得债务人为债权人设定的各项物的担保。但我国的《担保法》规定,债权人必须首先以担保物清偿债务,保证人仅对物的担保以外的债权承担保证责任,则不存在保证人在代为清偿债务后取得对债务人的担保物权的可能。最高人民法院对此作扩张解

① 沈达明:《法国德国担保法》,中国法制出版社2000年版,第14页。

② 沈达明:《法国德国担保法》,中国法制出版社2000年版,第203页。

释,当第三人提供的物的担保与保证同时存在时,为保障债权人实现债权,允许债权人自由选择实现债权的最佳途径。但是,当债务人提供担保物时,出于公平和诉讼效益的考虑,应当由最终的义务承担者首先落实清偿,以避免追偿的发生,故而仍然禁止债权人绕过担保物要求保证人代为清偿。据此,保证人代为清偿后,虽然在其他担保人财产之上设定的担保物权仍可能存在,但是此时保证人对其他担保人的求偿,与保证人取代主债权人地位而向主债务人行使权利的代位权完全不同。① 法、德等国规定保证人对债务人的代位权的基础是保证人代为清偿后,对债务人的担保物权仍然存在,而在我国既然不存在这种可能性,那么在追偿权中区分代位权与直接追索权便没有任何必要了。

多数国家的立法认为保证人对债务人的直接追索权是基于保证人与债务人之间的委托或无因管理关系产生的,这种追索权的实质为保证人就保证事务处理所需费用之偿还及因此所受损害填补之请求权。因此,它具有权利范围广的优点,保证人不仅能追索其支付给债权人的全部金额,还可以主张从其付款之日起算的利息以及遭受的一切损害赔偿,其诉讼时效从付款之日起算。当保证人是为部分债务承担保证责任,其对债务人的追偿与债权人对余额的支付要求竞合时,保证人与债权人享有平等的权利。直接追索权的效力主要由其他相关法律来规定,但保证制度亦赋予其一定的独特效力,例如日本法规定因无因管理而成立的保证,主债务人应于其当时受益限度内予以赔偿,如果违反债务人意思提供保证者,保证人只在主债务人现受利益限度内有求偿权。② 又如,保证人因债务人的委托提供保证,对无强制执行效力的债务清偿后仍可对债务人追偿。③

(二)我国保证制度中的追偿权

我国《担保法》专门提出了追偿权的概念,笔者认为,其实质即为前文所述的保证人对债务人的直接追索权,这种追偿权与代位权完全无关,最典型之处在于诉讼时效问题,代位权的行使必须在债权本身的诉讼时效以内,而最高人民法院的《解释》第42条第2款则明确规定:“保证人对债务人行使追偿权的诉讼时效,自保证人向债权人承担责任之日起计算。”

---

① 邱鹭风、叶金强、龚鹏程:《合同法学教程》,南京大学出版社2000年版,第237页。
② 《日本民法典》第462条。
③ 《瑞士债法典》第507条。

追偿权产生的基础到底是保证的从属性，还是保证人与债务人之间的法律关系呢？许多学者分析了保证人为保证的原因，是基于委任、无因管理或赠与，多数学者认为保证人与债务人之间的法律关系并不影响保证本身的效力，但对于是否影响保证人对债务人的追偿则没有定论。笔者认为，法国民法典的立法者考虑的基础是，保证人总是因为要为亲友帮忙而提供保证。随着市场经济的发展，尤其是近年来专门担保公司、担保基金的出现，保证人与债务人之间的交易性质越来越浓，法律关系也越来越清晰规范，双方之间权利义务关系的约定也会越来越丰富，尤其是涉及保证人预先向债务人行使追偿权，这一切必然会对保证人向债务人的追偿产生深刻的影响。解析双方之间的法律关系，尤其是确认债务人对保证人的委任关系，确认保证人自债务人处取得报酬的效力，对于提高社会主体担任保证人的积极性是非常有益的。因此，我国的保证制度应当确认保证人对债务人的追偿权是依据保证人与债务人之间的法律关系而产生，追偿权亦不是什么特殊的权利，而是在保证制度中对受托人和无因管理人的求偿权的汇总归纳。最高人民法院《解释》第 9 条规定担保人因无效担保承担的过错责任仍得向债务人追偿，亦说明倾向于支持保证人的追偿权是基于其与债务人之间的法律关系而产生，因为这种过错责任是缔约过失责任，而非保证合同本身的效力，这就排除了保证人根据保证的从属性直接向债务人追偿的可能，保证人只能是依据其与债务人之间的委任或者无因管理关系对过错责任行使追偿权。

（三）追偿权的预先行使与保证责任解除权

原则上，保证人应当在清偿债务后才能行使追偿权，但是学者们普遍赞同在一定条件下，保证人为维护自己的利益有权依据保证关系在清偿债务前对债务人采取一些合理的措施，以预防或减轻自己的损失。对此，各国的立法提供了两种途径：一种是事前追偿，如法国、日本和中国；另一种是赋予保证人解除保证责任的权力，如德国和瑞士。

事前追偿的理由是根据有关情况的显示保证人将不得不清偿债权人。我国的《担保法》仅规定了债务人破产时，保证人有权预先行使追偿权。相比之下，法国、日本的立法采取了更自由的规定。法国规定的事前追偿不仅适用于债务人破产和保证人被诉付款两种情况，在其他情形，例如债务已经到期时，保证人不愿意遭受债权人不及时追诉债务人的后果，也允许保证人为预防而行使，理由是他不应该超过他预计的情况承担债务人的无清偿能力。日本亦规定“债务在清偿期时”,保证人即可预先行使追偿权。

德国和瑞士从保证人与债务人之间的关系着手,规定在一定条件下,保证人可以向债务人请求解除保证责任。当债务人的经济状况恶化,或违反其与保证人之间的协议时,保证人的经济利益受到威胁,债务人负有注意不增加保证人责任的义务。如果保证人已经清偿债务,解除保证责任的请求即成为付款请求,该项请求权在保证人清偿债务前亦可行使。解除保证责任的方式是债务人清偿债务,或设定担保。以要求债务人清偿债务的方式解除保证责任与追偿权的预先行使在外在表现上并无重大区别。但以债务人设定担保的方式解除保证责任的规定值得商榷,保证合同的当事人是债权人和保证人,以此方式解除保证责任理应征得债权人的同意,否则有可能损害债权人的利益。①

比较事前追偿和保证责任解除权两种制度,笔者认为,后者的诉讼可能复杂,保证人要求债务人向债权人清偿并不容易实现,因为债权人并非解除权诉讼的当事人,债务人的清偿未必能令债权人满意,因而承认保证人有权预先行使追偿权更为有利。然而我国《担保法》对于预先行使追偿权的规定过于保守,仅仅规定债务人破产一种情形显然是不够的,最典型的情形是,债权人已经单独提起对保证人的诉讼,理论上保证人已经不可避免承担保证责任的后果,保证人如不能及时行使追偿权,可能遭受损失,例如,不能及时阻止债务人布置他的无清偿能力。考虑到保证人与债务人之间的法律关系,为防止二者之间可能发生协议纠纷,亦可以约定保证人可预先行使追偿权的条件。保证人对债务人的诉讼,往往可以避免债权人对保证人的诉讼,亦可简化债务消灭的程序,因此,更多地赋予保证人预先行使追偿的权利对于维护债的稳定是有益的。但是预先行使追偿权不允许对债权人实现债权造成妨碍。

## 四、余论

民法学研究的保证涉及三方利益:债权人、债务人与保证人,保证制度的调整范围不仅包括债权人与保证人之间的法律关系,还包括保证人与债务人之间的法律关系,因此,寻求保证在民法体系中的准确定位并非易事。法、德、瑞士等国的民法典均将保证作为一个有名合同在合同分论中加以规

① 刘心稳:《中国民法学研究述评》,中国政法大学出版社1996年版,第500页。

定,这产生一个后果,即保证制度应当遵守合同法的原则。无论是从地缘政治还是从立法年代来看,日本均与我国最为接近。日本在其民法典中以“保证债务”的名义将保证规定在债权总论中,国内不少学者的民法学著述也是在债权总论中以“债的担保”论述保证制度,①《合同法》亦未将保证合同收入有名合同之中,这产生保证是否受《合同法》调整的争议,这种争议在司法实践中产生现实的冲突。笔者认为,保证制度首先考虑的是债权人与保证人之间的保证合同关系,保证合同已成为现代社会中一种典型的有名合同,保证合同的相对独立性也愈来愈得到彰显,保证合同的成立、效力、变更、解除必须依靠合同法原理进行调整,仅仅在债权总论中规定保证的精义是不够的,提请全国人大审议的《民法典草案》将保证合同纳入合同分论中是一个正确的举措,这将产生有益的结果:保证合同的效力受制于合同法的基本原则,将促使保证的成立与履行走上更加规范有序的道路;保证的相对独立性更加突出,保证人作为合同一方当事人的利益将受到更多关注,得到更多合理的保障。这一切将最终促使保证制度得到更加积极和广泛的应用。

(作者单位:江苏省盐城市盐都区人民法院)

① 刘心稳:《中国民法学研究述评》,中国政法大学出版社 1996 年版,第 2 页;彭万林:《民法学》,中国政法大学出版社 2002 年版,第 3 页。

# 浅析劳务派遣关系中的雇主责任

## ——兼评派遣职员在被派遣岗位上造成他人损害责任之承担

陈菁华

[内容提要] 劳务派遣用工形式系一种特殊的双重劳动法律关系，其中用工单位和用人单位均系派遣职员的雇主，派遣职员在履行劳务过程中造成他人损害的，用工单位与用人单位应共同承担民事责任，这也是对派遣职员以及受侵害人权益的最大保护。

[关键词] 劳务派遣 法律关系 损害赔偿 雇主责任

近年来，作为一种新型用工和就业形式，劳务派遣在世界范围内快速发展。我国劳动合同法对劳务派遣中的用人单位、用工单位、派遣职员三方主体之间责、权、职予以规范，但对于派遣职员在派遣劳动过程中致他人损害的侵权责任没有涉及，实践中颇有争议，因此有必要从侵权行为法和劳动合同法的角度对这方面的问题加以研究。

### 一、劳务派遣法律关系的性质

劳务派遣是指劳动者由专门设立的、以营利为目的的单位招聘，该单位以雇主的名义向劳动者支付工资、缴纳社会保险费，将劳动者分派到第三人处，由该第三人负责劳动者的工作安排和监督劳动者劳动的就业关系。① 劳动合同法将劳务派遣单位称为用人单位，将接受以劳务派遣形式用工的

---

① 张荣芳：《被派遣劳动者劳动权利保护研究》，武汉大学出版社 2008 年版，第 9 页。

单位称为用工单位。劳动派遣与传统的劳动关系明显不同,将本为一体的雇用、使用相分离,形成用人单位、派遣职员和用工单位的三方关系,从而使问题复杂化。这种用工形式实质上把劳动管理事务划分为两部分:一是用工单位,它进行生产性劳动事务管理,包括工作岗位安置、劳动任务安排等;二是用人单位,它进行非生产性劳动事务管理,包括招聘、录用、工资支付和档案管理。虽然用工单位与用人单位的职权划分较为明显,但仍有很多问题较为模糊,如派遣职员在履行职务过程中侵权的责任承担问题等。

劳动关系是劳动力与生产资料相结合的社会关系。劳务派遣中用人单位与派遣职员之间是否存在劳动关系在学界有较大分歧,有以下几种看法。

1. 一重劳动关系说,认为派遣职员与用人单位和用工单位三者之间只存在一个劳动关系。据董保华教授总结:[①]对用人单位何以指挥监督派遣职员和接受劳动给付的依据的认识上,又分三种学说。一是劳务给付请求权让与说,认为用人单位将自己对派遣职员的给付请求权让与用人单位,用人单位基于此有权指挥派遣职员工作,并接受派遣职员的劳动给付。二是真正利他契约说。认为在劳动派遣中,用人单位与派遣职员建立劳动关系,而后将其派遣到用工单位,向用工单位劳动给付,符合利他合同的本质特征。三是双层关系说。[②] 认为劳动者的劳动力与一个单位的生产资料相结合,就存在一重劳动关系;与两个单位的生产资料相结合,就存在双重劳动关系。劳动派遣属于前者,故为一重劳动关系。但存在两个层次。用工单位只进行劳动过程的组织和管理,其他劳动管理事务则委托给用人单位代为实施,派遣职员与用工单位间形成劳动关系,而用人单位只是用工单位的代理主体。这里存在的一重劳动关系的双层运行,而不是双重劳动关系。日本采一重劳动关系说,《日本劳动派遣法》第2条规定:派遣劳动,为将自己雇佣之劳工,于该雇佣关系下,接受他人之指挥命令,为该他人从事劳动。欧盟、法国等大多数国家和我国台湾地区均采一重劳动关系说,我国湖北、福建等地的立法也体现了一重劳动关系理论。[③]

2. 双重劳动关系说。美国一些学者主张双重劳动关系说,认为,由于派

---

① 董保华:"劳务派遣的法学思考",载《中国劳动》2005年第6期,第11页。

② 王全兴、侯玲玲:"劳动关系双层运行的法律思考——以我国的劳动派遣实践为例",载《中国劳动》2004年第4期,第18页。

③ 薛孝东:"国内外劳务派遣立法比较",载《中国劳动》2005年第6期,第18页。

遣职员是由用人单位直接雇用,因此几乎所有相关事项上,用人单位皆须承担责任。至于直接使用的用工单位,由于美国法有所谓的"共同雇主"概念,因此用工单位有时亦须承担雇主责任。一般而言,用工单位是否需负担共同雇主责任的主要判定标准是用工单位对派遣职员行使监督管理权的程度。董保华教授主张双重特殊劳动关系说,①认为在劳务派遣中,用人单位和派遣职员之间,以及用工单位与派遣职员之间形成的都是特殊劳动关系,是介于"标准劳动关系"和"民事劳务关系"间的过渡状态,特殊在主体资格有瑕疵的劳动者与用工单位形成的一种用工关系,这里的"瑕疵"是指派遣职员与另一用人单位存有劳动合同。

事实上,一重劳动关系说只承认派遣职员与用工单位之间的劳动关系,在实际运作过程中会产生法律空位与保护不能。王全兴教授的一重劳动关系双层说,把用人单位看做用工单位的代理人,是受用工单位的委托招聘、代发报酬等的受托人。以代理人理论解释劳动关系,亦存在许多解释不通的地方。笔者赞同董保华教授的双重特殊劳动关系说,在用人单位与派遣职员之间和用工单位与派遣职员之间都存在劳动关系。只不过不同于普通的双重劳动关系,笔者称为"准双重劳动关系",探讨雇主替代责任将以此为理论基点。

## 二、雇主承担侵权责任的理论基础与判断标准

雇主对雇员的行为承担侵权责任的历史源远流长。20 世纪,英美法律已经建立起这样的原则:雇主应当就其雇员的行为承担侵权责任,此种责任被称为替代责任。在我国,虽然《民法通则》对此没有规定,但最高人民法院在《关于贯彻〈中华人民共和国民法通则〉若干问题的意见》第 175 条对雇主替代责任作了规定:雇员在受雇期间从事雇佣活动造成他人损害的,由雇主承担法律责任。②

雇主承担侵权责任的理论基础,一般存在三种理论,即报偿与风险一致说、手臂延长说、控制力说。③ 三种埋论各有偏颇,本文米控制力说,即控制

---

① 董保华:"劳务派遣的法学思考",载《中国劳动》2005 年第 6 期,第 11 页。

② 张新宝:《中国侵权行为法》,中国社会科学出版社 1998 年版,第 160 页。

③ [德]克雷斯蒂安·冯·巴尔:"欧洲侵权行为法中的替代责任",张新宝译,载梁慧星主编:《民商法论丛》(第 15 卷),法律出版社 2000 年版,第 515～520 页。

与监督理论。这种理论认为雇主之所以对其雇员的行为承担侵权责任，是因为雇主已经选任该雇员并委托他去完成雇主所交付的雇佣工作；而雇主一旦选任雇员并委托其去从事其职责范围内的活动，则应当对其雇员的行为加以控制和监督，防止其雇员损害他人行为的发生；如果雇主没有控制和监督好其雇员的行为，致使该雇员在从事雇佣范围内的活动时损害了第三人的利益，雇主即应对遭受损害的人承担侵权责任。

基于此理论，分析一下雇主与雇员之间雇佣关系的判断标准。无论大陆法系还是英美法系，雇佣关系都是一种隶属关系，它以雇员受雇主控制作为此种法律关系存在的基础。在欧洲大陆，控制理论是判断雇主与雇员之间雇佣关系的最重要的标准。① 如果雇主享有对其雇员发号施令或加以指导的权利，并且此种命令或指导是指示雇员如何完成其职务活动的方法、途径等，则雇主与雇员之间存在雇佣关系和隶属关系。这种雇佣关系是雇主承担替代责任的基本前提。根据这一理论，雇主实际上是控制他人行为的人，而雇员是被雇主雇佣来完成某种工作的人，雇员在完成此种工作时应当听命于雇主，服从雇主的指导。不同社会，雇主对雇员的行为加以控制的方式是不同的，在现代工业社会，雇主的控制方式已发生了变化，他们从直接控制方式转向间接控制方式。无论是哪一种控制方式，雇主对其雇员予以控制均可保证雇员的行为符合雇主的利益要求。② 因此，在某一个具体的法律关系中，在确定控制这一检验标准时，亦应结合其他各种因素作出判定。劳务派遣关系中，存在着特殊的双重劳动关系，因而有必要准确认定劳务派遣中的雇主地位。

## 三、劳务派遣中用工单位雇主地位之确立

目前劳务派遣业无序发展，出现诸多弊病的重要原因，是立法对劳动派遣中的用工单位与用人单位的责任规定并不明确。以美国为代表的包括加拿大、澳大利亚等国，基于双重劳动关系理论，建立了另一种分配雇主责任的模式。美国法律规定了“共同雇主责任”，即派遣机构与要派单位基于其

---

① ［德］克雷斯蒂安·冯·巴尔：“欧洲侵权行为法中的替代责任”，张新宝译，载梁慧星主编：《民商法论丛》（第15卷），法律出版社2000年版，第521页。

② ［德］克雷斯蒂安·冯·巴尔：“欧洲侵权行为法中的替代责任”，张新宝译，载梁慧星主编：《民商法论丛》（第15卷），法律出版社2000年版，第402页。

经济上的关联程度,共同对雇员承担责任。[①] 在我国的劳务派遣关系中,雇主应如何确定呢? 一般认为,派遣职员与用人单位订立了劳动合同,且用人单位履行了一系列的管理职能,因而用人单位是雇主当无争议,问题是用工单位是否具有雇主之地位。《劳动合同法》明确规定当劳动者在被派遣岗位上受到损害时,用工单位和用人单位应承担连带赔偿责任。但对于职员在被派遣岗位上造成他人损害的,法律未作明确规定,现实中也出现用人单位与用工单位相互推诿,导致派遣职员和第三人权益受损的情形。笔者以为,职员在被派遣岗位上造成他人损害的,应由用工单位与用人单位共同承担责任。

1. 用工单位与派遣职员的关系符合雇主责任的法理基础。雇主责任本质上是一种替代责任,其法律后果是致害人与责任人脱离。依控制力说,事情的发生出于谁的指挥,谁就应当承担责任,[②]而实际使用、控制他人行为的人便是责任人。劳务派遣中,对派遣职员的使用正是用工单位的主要目的,职员在工作时也是完全听命于用工单位的指导和控制的,与用人单位并无牵连,故而,用工单位回避不了其作为雇主的责任。因此,由用工单位承担责任既有理论依据,同时也符合社会正义。

2. 用工单位的地位决定了用工单位承担无过错责任。劳务派遣这种特定的用工形式把用人单位的雇佣与用工单位的使用结合在一起,使用人单位、用工单位在与派遣职员的管理关系上密不可分,形成了一个整体。在劳务派遣关系中,用人单位负有一定的选任义务,其与被选中的派遣职员之间订有劳动合同,用人单位有着一系列的管理职能,如派遣职员的人事信息档案、缴纳社会保险、代理支付工资,并且享有一定条件下解除合同的权力,承担着与劳动合同本身相联系的义务。基于用人单位的管理才产生派遣职员与用工单位间发生特定的劳动关系,这是首要的必不可少的前提条件,可以称之为间接控制或身份控制。派遣职员受用人单位的指派到用工单位,在用工单位的指挥监督下从事劳务,用工单位承担着与劳动过程相关的义务,可称之为直接控制或劳动控制。可见,用工单位与派遣职员之间的关系实

① 张丽宾:"劳务派遣的国际比较研究",载《中国劳动保障报》2002 年 9 月 28 日。

② 荷兰侵权法第 170 条规定:"依据主人与仆人的法律关系,主人对其有过错的加害之举具有控制力,则主人对仆人过错导致他人的损害承担责任。"张新宝译:"荷兰侵权法",载张新宝主编:《侵权法评论》2004 年第 1 辑,人民法院出版社 2004 年版,第 197 页。

质正是实际指挥与监督的关系。结合劳务派遣中用工单位与派遣职员的紧密关系,可以称其为实际雇主,而用人单位实为名义雇主。

3. 劳务派遣的法律性质决定了用工单位承担无过错责任。劳动合同法对用人单位仅要求依法设立,除此之外无其他关于资质方面的特别规定,因此,一般来讲,用人单位承担雇主责任能力较差,且并非实际雇主,也不重视对用工单位使用劳动力的行为进行监督,如由其独立承担责任,既不利于对派遣职员利益的保护,也不利于对受损害人合法权益的维护。加之,用工单位选择劳务派遣的动机之一正是通过劳务派遣来减轻雇主责任,试图将雇主责任尽可能地推托给用人单位。因此,为避免这种责任回避的可能性,在处理派遣职员履行劳动过程中发生致他人损害的纠纷时,应格外慎重。侵权法理论认为,雇主之所以对其雇员的行为负责,是因为二者之间存在选任与监督的关系。主张仅由用人单位承担侵权责任是囿于存在合同形式,并未从雇主责任规则的目的出发。梁慧星教授主持的《中国民法典草案建议稿》直接规定了"使用人责任"。其立法说明中指出:"此在大陆法系本来称为雇主责任,须以雇佣合同关系的存在为前提,后来扩大范围,只需构成使用与被使用关系,无论是否有雇佣合同,因此改称使用人责任"①。

随着劳务派遣用工形式的不断拓展,在法律尚无明确规定的情况下,对派遣职员在履行劳务过程中造成他人损害的情形不适用民商法领域中的合同相对性原则,而应从雇主责任规则和侵权行为法原理出发予以考虑,由用工单位与用人单位共同承担民事责任,这既是基于法理分析得出的结论,同时,也是对派遣职员以及受侵害人权益的最大保护。

(作者单位:江苏省大丰市人民法院)

① 梁慧星:《中国民法典草案建议稿附理由:侵权行为编、继承编》,法律出版社 2004 年版,第 76 页。

# 城市房屋拆迁程序中的利益衡平研究

夏 慧

[内容提要] 随着城市化进程的发展,城市房屋拆迁过程中的矛盾和冲突也愈演愈烈,究其根源当属拆迁程序设计不符合利益衡平的要求,所以,应该通过立法建立相应的拆迁运行、补偿、救济的衡平机制,以平衡拆迁法律关系中各方当事人的相关利益,真正使拆迁达到社会整体的"共赢"。

[关键词] 城市房屋拆迁 法律程序 利益分析 利益衡平机制

"房屋"两字从古至今承载了太多的内涵。"居者有其屋"是我们大多数人的梦想,这种心理上强烈的归属感体现在法律上就是对于居住权和财产权之关注。由于城市基础建设和配套设施的不健全,自新中国成立以来我们的城市就面临着发展"瓶颈"。为了克服此种硬件上的障碍,城市房屋拆迁工作在政府的主导下一直在坚决地推进,无数房屋被推倒,代之而起的是日新月异的城市面貌,与之相伴的却是大量的矛盾和纠纷,每年都会发生大量因拆迁引发的激烈冲突。如 2004 年 4 月,北京市崇文区黄振云在面临强制拆迁时,手持《宪法》进行抵制;亦有《物权法》出台后的重庆"钉子户"事件万人瞩目。因此,对城市房屋拆迁制度进行研究具有深刻的时代背景。城市房屋拆迁冲突不息、矛盾不断,暴露了当前我国城市房屋拆迁中的诸多问题。实体规则不完善和程序不公成为阻碍我国城市房屋拆迁工作健康发展的"软肋"。单从实体法角度考虑分析问题,难免有失偏颇。程序的公正才能最大限度地促进实体的公正,只有同样注重从程序的角度来考虑分析问题,才能更好地促进城市房屋拆迁顺利进行。

## 一、城市房屋拆迁法律程序概述

### (一)城市房屋拆迁概念

2001年修订颁布的《城市房屋拆迁管理条例》(以下简称《条例》)第2条规定:"在城市规划区内国有土地上实施房屋拆迁,并需要对被拆迁人补偿、安置的,适用本条例。"则城市房屋是指城市规划区内国有土地上的房屋。而城市规划区是指城市市区、近郊区以及城市行政区域内因城市建设和发展需要实行规划控制的区域。① 城市规划区的具体范围,由政府在编制的城市总体规划中划定。由于历史原因,城市规划区内既可能存在国有土地,也可能存在集体土地,而只有国有土地上的房屋才属于城市房屋拆迁的对象。房屋又分为住宅房屋和非住宅房屋。另外,《物权法》出台后明确了只有为了公共利益的需要才可以对公民私有的房屋和不动产进行征收,这符合城市房屋拆迁的本来面目,现行《条例》因此涉及对上位法的违反而面临再次被修订。在这样的语义下,我们可对城市房屋拆迁下这样的定义:城市房屋拆迁是指基于公共利益的需要对位于城市规划区内国有土地上的房屋进行拆除,并对被拆除房屋的权利人进行相应安置和经济补偿的法律行为。但由于现行城市房屋拆迁制度尚未被实质性变更,所以,本文也会对基于商业利益的城市房屋拆迁问题进行探讨,以期更全面地检讨城市房屋拆迁法律制度。

### (二)城市房屋拆迁法律程序的意义

城市房屋拆迁程序是指城市房屋拆迁过程中,房屋拆迁管理部门,拆迁人和被拆迁人应当遵守的法定方式、步骤、期间和顺序。因为房屋拆迁本身所特有的复杂性,要求房屋拆迁的法律程序必须具备相当的合理性、合法性以保证拆迁行为的正确性。在当代法治理念中,程序对于公权力的良性运作具有至关重要的意义,"从预防和约束政府专横的角度出发,程序是一项重要的公法上的技术"。② 在城市房屋拆迁领域同样如此,程序制约是保障拆迁合法性的重要途径。按照正当程序的要求,公民应当能够参与、陈述意见并影响拆迁决定和补偿方案的确定,从而得以在公开、公平与公正的程序

---

① 参见《中华人民共和国城市规划法》第3条第2款。

② 杨寅:《中国行政程序法治化:法理学与法文化的分析》,中国政法大学出版社2001年版,第43页。

中保障自身利益。然而由于我国长期以来程序观念淡薄,房屋拆迁领域的程序设置理念令人堪忧,公益性判断和利害关系人的参与明显不足,被拆迁人始终处于弱势地位,他们的权利极易受到侵犯。无论是在拆迁具体实施程序还是拆迁救济程序的设置上,都存在一种明显的利益偏向:现行的拆迁程序和救济程序极易被利用来侵害被拆迁人的利益,而且这种侵犯是合法的"侵犯"。因此,在拆迁运行机制中强调程序的作用就极为重要,程序的公正可以保证和维护实体的公正。当前的城市房屋拆迁需要进行一些根本性的程序调整,以程序意识为指导,充分考量当事人的程序利益,肯定和维护当事人的程序权利,实现利益的衡平。

## 二、城市房屋拆迁程序中的利益分析

### (一)调整城市房屋拆迁的现行规范

调整城市房屋拆迁行为的现行法律规范众多,层叠架构。在法律层面,有《中华人民共和国宪法》中关于公民私人财产保护的基础性规定,亦有散见于《民法通则》、《物权法》、《土地管理法》、《城市规划法》、《城市房地产管理法》、《合同法》、《民事诉讼法》和《行政诉讼法》等中,涉及拆迁行政权力行使和公民个人财产权保护的规定。国务院制定的行政法规是调整房屋拆迁活动最重要的组成部分,其中包括《城市房屋拆迁管理条例》、《城市私有房屋管理条例》、《土地管理法实施条例》和《城市房地产经营管理条例》等。在拆迁操作层面,主要有最高人民法院的司法解释、国务院各部委的行政规章、地方人大及其常委会的地方性法规以及地方人民政府制定的地方政府规章,包括最高人民法院 1996 年 7 月 24 日发布的《关于受理房屋拆迁、补偿、安置等案件问题的批复》,建设部 1991 年 7 月发布的《城市房屋拆迁单位管理规定》,1998 年 8 月 20 日发布、2001 年 8 月 15 日修订的《房地产估价师注册管理办法》,2003 年 12 月 1 日发布的《城市房屋拆迁估价指导意见》,2003 年 12 月 30 日发布的《城市房屋拆迁行政裁决工作规程》和司法部 1993 年 12 月 1 日发布的《房屋拆迁证据保全公证细则》等。

### (二)城市房屋拆迁程序中的利益分析

#### 1. 拆迁实施程序设置中的利益分析

按照《条例》的规定,我国城市房屋拆迁的基本步骤是:申领拆迁许可证—签订拆迁补偿安置协议—给予被拆迁人补偿安置—拆迁或强制拆迁。可见,城市房屋拆迁是一连串行为的组合,这一连串行为环环相扣,其最终目标只有一个:将被拆迁人的房屋拆除。而在房屋的拆除过程中,政府、拆迁人、被拆迁人就成为三方利益主体,由于各方在拆迁行为中的具体利益之诉求的差异,对同一拆迁事件的基本立场和态度也有所不同。然而,在此种利益诉求差异面前,我国的拆迁制度设计却缺乏必要的利益考量。

首先,在《条例》中我们没有发现"公共利益"的字眼,这就在法律依据层面上将公益征收和商业拆迁混同,使得商业拆迁也可以具有公益征收的效果和实施手段。其次,拆迁区域划定时被拆迁人的利益没有得到充分重视,被拆迁人甚至不知道为什么自己长久居住的房子被划入拆迁范围,而房屋拆迁管理部门和拆迁人要做的只是对被拆迁人做好"宣传、解释工作",①被拆迁人只能接受和服从,剥夺了被拆迁人质疑拆迁合法性和正当性的权利。再次,在拆迁许可证颁发的制度设计上,法规再次倾向了拆迁人。依照《中华人民共和国行政许可法》的规定,对于涉及当事人之间重大利益关系的行政许可,应当告知利害关系人享有听证的权利,而在《条例》中没有规定被拆迁人对拆迁许可证发放的异议权,这事实上再次剥夺了被拆迁人通过程序来维护自己合法利益的权利。最后,在拆迁补偿安置协议的达成和具体补偿安置的履行上,法规仍是将拆迁人置于有利地位。《条例》第13条规定,拆迁人与被拆迁人"应当"达成拆迁补偿安置协议,被拆迁人根本无权进行选择:如果同意拆迁人提出的协议,则意味着自己的损失可能并没有得到完全公正的补偿;如果不同意拆迁人提出的协议,则违反了《条例》的规定,拆迁人可以要求房屋拆迁管理部门进行裁决,将被拆迁人置于与政府部门对抗的法律地位,自己则超然事外。另外在被拆迁房屋的价格评估上,无论是评估机构的选定,还是评估方法的适用,也都对拆迁人有利,这就难怪越来越多的房地产开发企业卷入到这股拆迁的浪潮中来。因此,拆迁实施程序的设置未从根本上平衡拆迁当事人之间的利益,而是着重于保障拆迁项目的顺利进行,导致了城市房屋拆迁经常受阻的困境出现。

2. 拆迁救济程序设置中的利益分析

救济程序包括行政救济程序和司法救济程序。按照《条例》的规定,对于拆迁纠纷的解决是存在两种模式的。如果拆迁人与被拆迁人达成了拆迁补偿安置协议,因协议的履行发生争议的,双方当事人可以请求仲裁或诉讼;如果拆迁人与被拆迁人无法达成补偿安置协议,则需要走行政裁决和行

---

① 参见《城市房屋拆迁管理条例》第8条。

政诉讼的道路。[①] 前种途径,拆迁人与被拆迁人已经达成一致意见,如果仍存争议,则属于合同的理解和履行的范围,完全可以通过司法程序解决,因此,前种途径是应然之道。现在的重点是分析后种途径设置的利益考量及由此产生的法律后果。

事实上,国务院制定《条例》且希望首先通过行政裁决来解决拆迁纠纷,是为了加强行政监管力度,提高拆迁效率,尽可能降低拆迁社会成本,从这个意义上看该法规是有其合理性的。然而我们也应该看到这种行政裁决前置的做法实际上使政府部门陷入了一种两难的境地。根据《条例》规定,拆迁人与被拆迁人达不成拆迁补偿安置协议的,经当事人申请,由房屋拆迁管理部门裁决。目前申请裁决的当事人几乎全是拆迁人,如果拆迁管理部门不受理,拆迁人可以起诉管理部门不作为;如果受理,管理部门就必须在30天内作出裁决,并且要承受"充当拆迁人打手"的指责。如果被拆迁人对该裁决不服,可以在裁决作出后60日内申请行政复议或者在3个月内提起行政诉讼,拆迁管理部门因此走上了被告席。这样一来,一是拆迁管理部门在裁决、复议、诉讼、强制执行过程中始终冲在第一线,陷于矛盾的旋涡之中,耗费大量的精力;二是激化了与拆迁当事人的矛盾,成为信访投诉的对象;三是忙于行政裁决,出力不讨好,且在法理上也讲不通。[②] 可见,这种行政裁决前置的救济程序设置不但未能从根本上解决拆迁社会矛盾,且让政府和被拆迁人之间的矛盾在某种层面上激化了。这实质上是没有区分公益征收和商业拆迁的结果,在公益征收中,政府作为一方当事人适用行政手段前置的方法解决纠纷符合行政法的理念,在商业拆迁中,政府则应仅作为管理者存在,政府掌控一切的观念只能让纠纷和矛盾升级。另外,这个制度将法院也推到了一种尴尬的境地。法院对房屋拆迁行政裁决审查的是该行政裁决的合法性,对其合理性则不予审查。[③] 而政府部门作为发放拆迁许可

---

① 最高人民法院2005年8月1日颁布的《关于当事人达不成拆迁补偿安置协议就补偿安置争议提起民事诉讼人民法院应否受理问题的批复》指出:"拆迁人与被拆迁人或者拆迁人、被拆迁人与房屋承租人达不成拆迁补偿安置协议,就补偿安置争议向人民法院提起民事诉讼的,人民法院不予受理,并告知当事人可以按照《城市房屋拆迁管理条例》第十六条的规定向有关部门申请裁决。"这事实上是将《城市房屋拆迁管理条例》未明确的行政裁决前置程序明文化。

② 张承银:"中美城市房屋拆迁制度的比较与思考",载《城市房屋拆迁》2005年第8期,第56页。

③ 姜明安:《行政法与行政诉讼法》,北京大学出版社1999年版,第307页。

证的主管机关,其发放拆迁许可证的行为就已经赋予了拆迁行为行政合法性,在此基础上再由自己对拆迁中产生的纠纷进行裁决,审核部门和裁决部门集于一身的客观现实使得拆迁裁决难以达到公正,但却仍然具备"行政合法性"。法院很多时候也只能依据行政诉讼原理维持拆迁行政裁决,这样做的结果极大地损害了司法权威。因此,城市房屋拆迁救济制度的设计给行政机关和司法机关带来了极大的不利益,不符合效益的原则,需要进行利益衡平的设计。

## 三、城市房屋拆迁程序中的利益衡平机制之探讨

有利益必有冲突。法学本质上的利益衡平正是基于利益冲突而存在,以消解利益冲突为己任。它既包括实现衡平的法律努力,又包括通过努力而实现的衡平状态。[①] 法律首先确认是否保护某些利益,然后制定具体的法律制度来设定法律权利,以使非正当利益不受法律保护。为使正当利益得到弘扬,法律又具体设定权利的取得与丧失、权利的行使、权利的救济等诸规则,通过这些规则解决各主体之间的利益得失、利益侵害等冲突,从而保证各主体实现利益最大化。而无论在权利设定还是权利运行中,法律的利益衡平都是为了达到消解利益冲突的理想和目标。"法律必须对所有重要(社会典型的)的生活事件和利益冲突进行调整",[②]通过利益衡平机制来调整利益冲突,在各利益间形成一种制度范围内的秩序,形成一种体现最广大群体利益价值最大化的利益享有和分配状态,是利益衡平的最终目标。

### (一)拆迁运行机制之衡平

#### 1.听证程序之引入

听证制度是行政主体在作出影响行政相对人合法权益的决定前,由行政主体告知决定理由和听证权利,行政相对人随之向行政主体表达意见、提供证据,以及行政主体听取其意见、接纳其证据的程序所构成的一种法律制度。[③] 随着法治国家、法治政府的理念逐渐深入人心,听证程序也逐渐成为规范政府依法行政的重要手段。在城市房屋拆迁中,无论是对于被拆迁区域是否符合社会公共利益的确定,还是拆迁许可证是否应予颁发,都没有作

---

① 吴清旺、贺丹青:《房地产开发中的利益冲突与衡平》,法律出版社2005年版,第16页。

② [德]魏德士:《法理学》,丁晓春、吴越译,法律出版社2005年版,第21页。

③ 姜明安:《行政法与行政诉讼法》,北京大学出版社1999年版,第269页。

为重大利害关系人的被拆迁人的参与,而是简单的以一纸拆迁公告来履行告知义务,剥夺了被拆迁人的知情权和话语权,不利于维护被拆迁人的利益。而在城市房屋拆迁中引入拆迁听证机制至少具有以下价值:平衡公权和私权、降低行政成本、完善行政法律体系、扩大民主参与、推进透明决策以及强化现有拆迁法律的社会认可。① 可见,完全有必要在涉及公益的城市房屋拆迁中引入听证制度,在事前就让被拆迁人充分地参与进来。具体而言,在政府决定拆迁某个区域的房屋之前,应当预先公告,召集利害关系人听证,论证拆迁征收行为是否符合社会公共利益,以及拆迁征收的房屋在数量和范围是否与政府所要实现的公共利益相符。若被拆迁征收的利害关系人的意见与政府决策的决定不同,则被拆迁房屋的权利人有权提起行政诉讼,对政府以公共利益为目的进行的拆迁征收决定的合法性进行审查。在拆迁许可证的颁发上也应完全贯彻执行《行政许可法》的相关规定,赋予被拆迁人请求听证的权利。当然,引入听证制度绝不应当流于形式,应确实赋予被拆迁人提起异议甚至要求法院否决拆迁行为的权利,只有这样才是对公民财产权利的充分尊重。

2. 强制拆迁之规范

从现实情况看,行政机关对被拆迁人房屋的强制执行所引发的被拆迁人与行政机关之间的对立现象,已经严重影响了社会的稳定,不利于和谐社会的建设。《条例》在不区分公益征收和商业拆迁的前提下,设置了行政强制拆迁和司法强制拆迁两种路径,并对这两种强制拆迁方式设置了若干条件。然而仔细研究可发现,事实上司法强制拆迁只是行政强制拆迁的“变种”。按照《条例》规定,拆迁当事人之间达不成补偿安置协议的,经过房屋拆迁主管部门的行政裁决后房屋便面临着被拆除的必然命运。这是以行政公权力来保障房屋拆迁行为的顺利进行。如果被拆迁人对房屋拆迁行政裁决不服向法院提起诉讼,“诉讼期间不停止拆迁的执行”,②则该行政裁决的效力并未因此被暂停或终止。根据《民事诉讼法》,当事人可以向人民法院申请强制执行的前提是发生法律效力的民事判决、裁定、依法设立的仲裁机

---

① 马久健:“论城市房屋拆迁管理中听证程序的法律价值”,载《城市房屋拆迁》2005 年第 6 期,第 17 页。

② 参见《城市房屋拆迁管理条例》第 17 条。

构的裁决、调解书和其他应当由人民法院执行的法律文书的存在。[①] 房屋拆迁管理部门的裁决显然不是司法意义上的可引起强制执行生效的条件。答案很明显,这只是行政机关在其本身没有直接采取行政强制措施的情况下,向人民法院申请强制执行的另一种"行政强制"。因此,需要在遵循公益征收和商业拆迁的区分模式下对强制拆迁进行规范。具体来说,在公益征收模式下,由于拆迁是基于公共利益的政府行政行为,在履行行政行为程序的前提下,其强制拆迁具备行政合法性。在商业拆迁模式下,拆迁是当事人间的私法自治行为,不应该为拆迁人提供行政权力后盾,赋予其强制拆迁的保障,而应该由双方当事人自行协商,如果达成协议后被拆迁人拒不搬迁,则拆迁人可以请求法院判决,进而强制拆迁,这样即使法院不致沦为行政机关的附庸,也完全符合司法强制权行使的要件。

(二)拆迁补偿机制之衡平

根据《条例》规定,城市房屋拆迁补偿方式有货币补偿和产权调换两种。理论上,公正补偿的价格应该能够抵消被拆迁人的一切损失,房屋产权调换也应该能够保证被拆迁人的居住水平不低于拆迁前的居住水平。然而现实中的情形却是,被拆迁人在房屋被拆除后,所得到的货币补偿款根本不能满足其购买同样区位同样面积的房屋;若选择产权调换,被拆迁人又无法承担产权调换的差价,于是被迫退居城市的边缘。正因如此,被拆迁人总是极力抵制拆迁活动的进行或者要求尽可能多的补偿。而要从根本上缓解城市房屋拆迁所带来的负面效应,需要在拆迁补偿机制上设置公平合理的拆迁补偿标准和价格评估制度,走市场化的补偿安置道路。

1. 补偿标准的确定

补偿安置是城市房屋拆迁的核心内容,而补偿标准的确定又是补偿安置的重中之重。拆迁补偿标准可分为适当补偿标准和充分补偿标准。适当补偿是在综合考虑财产的社会效益和相关政策的基础上客观地予以补偿,这种补偿在量化形式上只能等同或接近于财产的实际价值。充分补偿则是不低于财产实际价值的补偿,是对财产实际价值的完全补偿。笔者认为,对于公益征收,首先应当贯彻的是充分补偿原则,在特殊情况下才可采取适当补偿的标准,而且这些特殊情况下的补偿标准也应当通过立法的方式予以

---

① 尽管《民事诉讼法》第97条也规定了可以先予执行的几种情况,但城市房屋强制拆迁显然不属于该法规定的三种必要情形之一。

确定,不能随意而为;对于商业拆迁,则应当在私法自治理念的基础上始终按照充分补偿的标准进行。

我们当前的拆迁补偿安置标准实际上忽略了一些按照市场化标准被拆迁人本可以获得补偿的因素。如对于土地使用权补偿价格的计算,虽然《条例》在确定补偿价格的时候提到了区位因素,但是区位仅仅是指某一房屋的地理位置,地理位置虽然会影响房屋的价格,却无法与土地使用权等同。在现行土地流转模式下,土地使用权已经实现了以出让、转让为主,划拨为辅的有偿流转制度,在这种模式下,一般而言房屋所有人取得的土地使用权是付出了相应的土地使用权出让金的,当其房屋被拆迁时,理应得到合理的土地使用权补偿。按照《条例》第 24 条的规定,区位因素以房地产市场评估价格确定,具体办法由省、自治区、直辖市人民政府制定。即区位价格的确定要通过省、自治区、直辖市政府制定的评估规则来计算,这给地方政府在制定评估规则时较多考虑自身利益,较少考虑被拆迁人的利益留下一个缺口。对被拆迁房屋的区位补偿本应相当于被拆迁人房屋的土地使用权价值,但是地方政府在制定评估规则时对这一部分的标准的确定往往低于政府因出让该土地使用权所获得的出让金。相形之下被拆迁人的利益无形之中就被侵害了。因此,在补偿标准上要明确对被拆迁人的土地使用权进行补偿。

2. 评估制度的重构

按照《条例》规定,城市房屋拆迁货币补偿的金额,根据被拆迁房屋的区位、用途、建筑面积等因素,以房地产市场评估价格确定,具体办法由省、自治区、直辖市人民政府制定。该规定明确要求以房地产市场评估价格确定补偿金额,只要评估机构实事求是,拿出一个符合房地产市场实际的评估价格,纠纷应该可以减少到最低限度。然而,当前绝大多数的拆迁评估报告因其评估价格不实而受到被拆迁人的质疑。为规范房屋估价行为,建设部于 2003 年出台了《城市房屋拆迁估价指导意见》,然而情况仍未改观。

《城市房屋拆迁估价指导意见》第 6 条第 2 款规定:“拆迁估价机构的确定应当公开、透明,采取被拆迁人投票或拆迁当事人抽签等方式”。表面上看这种方法似乎赋予了被拆迁人在选择拆迁估价机构上的完全自主性,实际上却非如此。被拆迁人对房地产评估这门专业技术及评估机构的了解有限,而由“市、县房地产管理部门应当向社会公示一批资质等级高、综合实力强、社会信誉好的估价机构,供拆迁当事人选择”的方法,实际上是将评估机构与房地产管理部门联系起来，让它们之间有一个“合作”的平台，也为权力寻租提供了空间。另外，作为拆迁人的开发公司大多数与房地产管理部门有着种种密切联系，特别是一些国有的房地产开发公司更是如此。如此，房地产估价机构便通过房地产管理部门与作为拆迁人的开发公司都成为了“同行”，拆迁估价机构的独立性值得怀疑。拆迁估价机构确定后，一般由拆迁人委托，如前所述，在众多的拆迁估价机构争抢饭碗的情况下，估价机构一旦获得拆迁人的委托，便会试图与拆迁人建立良好的合作关系以期获得下一个拆迁项目的评估委托，极易造成价格的低估。在确定评估机构时为了杜绝可能出现的这些不公正现象，笔者认为，最重要的是引入评估竞争机制，采用公开、公平、公正的招标投标方法来确定拆迁估价机构，而且应该打破拆迁估价机构的地域限制，不仅仅限于本市和本县，应当允许外地等级高、信誉好的估价机构申请参与竞争，①这样可以促使拆迁评估机构保持中立。

另外，在评估结果的认定和评估机构的责任承担上也应当进行更有效的规范。对于估价机构作出的估价报告，应明确仅能作为证据使用，如果有充分的理由推翻该估价结论则不应该采纳。同时应明确估价机构的中介责任，如果估价机构故意或过失作出虚假的估价报告致使被拆迁人利益受损害，估价机构应当承担相应的赔偿责任。

(三)拆迁救济机制之衡平

在拆迁过程中，拆迁当事人对补偿方式、补偿金额、安置房屋面积、安置地点、搬迁过渡形式和过渡期限等问题产生的任何纠纷都可以通过救济机制去解决。故拆迁行政救济途径和司法救济途径亦应进行制度衡平设计。

1. 行政救济机制之衡平

按照《条例》规定，拆迁行政救济方式主要是由房屋拆迁主管部门对拆迁纠纷作出行政裁决，在此基础上如果符合强制拆迁条件则进行强制拆迁，这样的程序至少从表面上看是在帮助拆迁人顺利拆迁，很难称得上是对被拆迁人权利的公正救济。《条例》第16条规定：“拆迁人与被拆迁人或者拆迁人、被拆迁人与房屋承租人达不成拆迁补偿安置协议的，经当事人申请，由房屋拆迁管理部门裁决。房屋拆迁管理部门是被拆迁人的，由同级人民

---

① 刘守君：“谈谈城镇房屋拆迁中的异地评估问题及解决办法”，载《中国房地产》2004年第10期，第49页。

政府裁决……”该规定将房屋拆迁补偿安置纠纷纳入行政管理范围,授予房屋拆迁管理部门对此类纠纷的裁决权,使行政裁决成为司法救济的必经程序,实质已经变相违反了《立法法》的规定。按照《立法法》第8、9条的规定,有关司法制度的事项只能通过法律来规定,属于法律绝对保留事项,但《条例》却为司法救济设置了必经的行政裁决程序,实质上在以法规的形式为司法救济设置障碍,违反了法律规定。另外,参考当前拆迁纠纷案例可以发现,申请房屋拆迁行政裁决的往往是拆迁人一方,其之所以愿意申请行政裁决,是因为其先期已经从管理部门取得了拆迁许可证,即已事实获得了房屋拆迁管理部门的支持,故而拆迁行政裁决自然很大程度上是对其有利的。所以,要使房屋拆迁补偿安置纠纷得到妥善解决,必须摒弃行政裁决为必经途径的法律救济制度,赋予拆迁当事人就补偿安置协议或搬迁发生争议时,直接向法院起诉的权利,而不必先经房屋拆迁主管部门裁决,且诉讼或仲裁期间应停止拆迁的执行。

2. 司法救济机制之衡平

拆迁司法救济主要通过民事诉讼和行政诉讼的方式进行,当然也伴随着司法强制拆迁作为保障。由于我国没有区分公益征收和商业拆迁,拆迁救济程序都统一按照先行政裁决后诉讼的途径进行,无形中为被拆迁人树立了政府这样一个强大的“敌人”,而拆迁的依据很大部分又是行政机关制定的法规和规章,因此,司法救济实际上沦为确保行政机关行政行为顺利进行的附庸,必须改变这一现状,让司法救济真正发挥作用。

首先,建立拆迁许可证的司法审查制度。根据现行规定,房屋拆迁管理部门在收到房屋拆迁许可申请后,经审查认为符合拆迁条件的,即向拆迁人发放拆迁许可证。而房屋拆迁许可证一经发放,不论被拆迁人是否同意,其房屋都逃不脱被拆除的命运。如此重要的一个关口,若不对其进行司法制约,将极具危害性。例如,行政机关在审查后,完全可以凭借自由裁量权发放拆迁许可证,就算最终被拆迁人获得了充分的补偿,其房屋终究已经无法恢复原状。因此,应当赋予被拆迁人就行政机关发放拆迁许可证的具体行政行为进行行政诉讼的权利,由法院根据公共利益的原则对拆迁许可证是否合法进行审查,用司法权来制约行政权,充分保障被拆迁人的合法权益。

其次,正确地区分拆迁民事诉讼和行政诉讼。对政府因公益而进行的拆迁行为引起的纠纷应当定性为行政争议,人民法院适用行政诉讼来受理和解决,如果行政诉讼的结果最终是支持公益征收决定,被拆迁人不按期搬迁则适用司法强制拆迁;而商业拆迁则属于拆迁人和被拆迁人间的民事行为,双方当事人因补偿安置而产生的纠纷适用民事诉讼程序来解决,若法院最终判决支持拆迁协议而被拆迁人不搬迁,则属于被拆迁人违约,拆迁人可以请求人民法院实施强制拆迁。这样的界分可以使得司法权限清楚、脉络清晰,确保法院在公正审理下作出公正判决。

城市房屋拆迁承载着诸多的利益关系,在我国加速城市化的进程中,城市房屋拆迁法律关系显得尤为复杂。不可否认,政府在城市化进程中发挥了积极作用、开发商为城市的发展亦作出了积极的贡献,更无法否定公共事业和基础建设对城市未来发展的重要性。但是,只有以程序意识为指导,充分考量当事人的程序利益,还拆迁法律关系以本来面目,才能平衡拆迁法律关系的相关利益,真正地使拆迁达到整体的"共赢"。

(作者单位:江苏省东台市人民法院)

# 完善我国股东派生诉讼制度的若干思考

朱立龙

[内容提要]　股东派生诉讼的基本功能就是解决公司纠纷，救济中小股东的权利。我国《公司法》对股东派生诉讼制度的规定相当原则，本文对股东派生诉讼的相关问题进行研究，以期对此类案件的审理提供思路。

[关键词]　派生诉讼　配套机制　构建

新修订的《公司法》虽以法律条文的形式确认了派生诉讼制度，但条款的数目太少，规定相当原则，缺乏可操作性，比如：诉讼费用缺乏规定，没有诉讼费用担保和补偿制度；前置程序不完备，没有对“不予答复”和“已予以书面答复”情形的处理；管辖和既判力条款缺失；诉讼主体不明，原告股东资格限制的不足，被告范围较为宽泛，公司地位也不明确；对诉讼和解程序的司法审查未作规定；等等。由于法律规定比较简单，配套的诉讼制度未能跟上，导致相同案件在不同法院的处理结果差异很大。为了让派生诉讼制度在审判实践中便于操作，体现法律规定的原本旨意，需要对相关的配套机制进行修改、完善与构造。

## 一、建立配套的诉讼费用制度

首先，要明确诉讼费用收费标准。由于派生诉讼涉及的诉讼标的巨大，需要预交的诉讼费用少则几十万元，多则几百万元，很多原告股东没有办法筹集这笔高昂的费用。如 2004 年 6 月，北京红石实业有限责任公司的 3 位股东汪钢、谢光学、姚军，以公司董事长潘石屹侵害公司财产为由，将其告上法庭，索赔 1 亿余元。就公司的损失而言，该案的诉讼标的实际达到十几个亿，按此计算，应当预交的诉讼费用应该是几百万元。由于在该案中原告采取了小股东受损额提起诉讼的诉讼技巧，但是这样算下来诉讼费仍然高达五十多万元。值得庆幸的是北京高院在相关法律并不十分明确的情况下，受理了原告的起诉。[①] 有学者认为，为保护广大股东依法提起派生诉讼的积极性，应借鉴日本的立法经验，派生诉讼的案件受理费不宜以请求金额为准计算，而应适用关于非财产案件的规定，每件派生诉讼的案件受理费为10元至50元。[②] 为防止原告股东滥诉，收费标准不应太低，笔者建议，根据我国经济发展状况设定一个可调节的诉讼费收取档次，标准以1万元以上10万元以下为宜。

其次，要实行诉讼费用担保制度。为防止原告股东滥诉，法院可根据当事人的请求责令具备一定条件的原告为公司或被告因参加诉讼而花去的实际费用提供担保，一旦原告败诉，则公司或被告可以从原告所提供担保的金额中获得诉讼费用的补偿。其目的在于运用利益调节机制来遏制恶意诉讼，以确保公司的正当利益和正常经营。[③]

最后，要建立诉讼费用补偿制度。在我国一般的民事诉讼案件中，原告胜诉时是无权要求被告偿还其所支付的律师费及其他合理费用的。但倘若机械地将这一规则适用于派生诉讼，必将极大地挫伤股东起诉的积极性。因此，我国应导入美国司法判例首创的诉讼费用补偿制度，即只要诉讼结果给公司带来了实质性的财产利益或者成功地避免了公司所可能遭受的损失，原告股东就其诉讼行为所支付的包括律师费用等在内的合理费用可以请求公司给予补偿。

**二、修改派生诉讼的前置程序**

由于原告股东提起派生诉讼的最终法律效果归属于公司，为防止股东滥用诉权，各国公司法均要求股东在起诉前首先应向公司董事会或监事会以公司名义对侵害人提起诉讼，被拒绝后，方可向法院提起派生诉讼。同时规定，在某些例外情况下，原告股东可不必经过前置程序直接提起派生诉讼。美国法规定原告股东提起诉讼之前向公司董事会提出相应请求，等待

---

① 章晓洪：《派生诉讼研究》，法律出版社2007年版，第146页。

② 刘俊海："股东的代表诉讼提起权比较研究"，载奚晓明主编：《中国民商审判》（第1卷），法律出版社2002年版。

③ 宋晓明、张勇健、张雪梅："公司法疑难问题"，载最高人民法院民二庭编：《民商事审判指导》2006年第2辑，人民法院出版社2007年版，第38页。

期为 90 日,除非他能够以确切的证据证明这种请求是徒劳的。依日本商法,原告股东必须向公司提交诉前书面请求,等待期为 30 日,若过了 30 日仍不见公司起诉,方可提起诉讼。如果在等待期内可能产生公司难以弥补的损失,股东可以立即提起诉讼。我国台湾地区"公司法"第 214 条规定:"继续 1 年以上持有已发行股份总数 10% 以上之股东,得以书面请求监察人为公司对董事提起诉讼。监察人自有前项之请求日起,30 日内不提起诉讼时,前项之股东,得为公司提起诉讼。"该法没有规定原告股东请求的例外情形。

我国《公司法》规定,在情况紧急、不立即提起诉讼将会使公司利益受到难以弥补的损害的,原告股东可以不必经过前置程序直接提起派生诉讼。这一规定太笼统,缺乏统一的衡量标准。在以下情况下,原告股东可以不必经过前置程序直接提起派生诉讼:(1)因等待法定期限将给公司造成不可弥补的损失;(2)董事会成员全部或过半数均为加害人;(3)董事们在所诉过错行为人的控制之下;(4)董事们否认所诉过错行为的发生;(5)董事们已批准过错行为并已实施;(6)如果原来提出书面请求的股东无法或放弃提起派生诉讼时,其他欲起诉的股东在原书面请求提交 30 日后,不必再提出请求即可径行起诉。①

## 三、修改派生诉讼管辖权的有关规定

我国《公司法》并未对派生诉讼管辖问题作出任何规定。关于对派生诉讼应否实行专属管辖的问题,学界一直存有争议。多数观点认为,派生诉讼是为了追究对公司有控制权的某些董事或股东违法行使权利给公司造成损失的责任,被告往往是控制公司的某些董事或股东,如果按照原告就被告的原则,由于被告人数一般不是单一的,确定管辖较为困难,可以借鉴日本的立法例,对派生诉讼案件由公司所在地的法院专属管辖,若公司的注册地与实际经营场所不一致,则以实际经营地为管辖地。这样做既有利于公司应诉和法院就近调取审理案件所需的资料,同时也便于查明案件事实真相,节约诉讼成本。

考虑我国《民事诉讼法》的整体体系和社会现实情况,对于派生诉讼的管辖不宜统一由公司所在地专属管辖,而应区分两种情况分别处理:(1)当

---

① 章晓洪:《派生诉讼研究》,法律出版社 2007 年版,第 161 页。

股东因为公司控股股东、董事、监事、高级管理人员等内部人员侵犯公司利益而提起代表诉讼的,此时由于纠纷发生在公司内部,案件事实往往涉及公司设立时各股东之间的协议、章程及董事、经理行为的审查与认定,有关证据也多在公司所在地,由公司住所地实行专属管辖为宜。(2)当股东因公司外部人员侵害公司利益而提起代表诉讼时,由于案件的实质是要解决公司与外部第三人之间的法律关系,公司作为实质性的原告应当向哪个法院提起诉讼,股东也应当向哪个法院提起诉讼。因此,该情形应当按照《民事诉讼法》的一般管辖原则来确定管辖比较合适。具体来说,《民事诉讼法》规定的级别管辖、地域管辖、移送管辖和指定管辖的原则在此情形应完全可以适用。此时如若强行规定由公司住所地管辖不仅有违《民事诉讼法》的基本管辖原则,而且会损害外部第三人的管辖利益。在当前恶意规避管辖现象严重、地方保护主义尚未杜绝以及不同地域法院之间管辖权之争频发的司法环境下,对股东代表诉讼实施绝对化的专属管辖,还可能导致以股东代表诉讼手段恶意回避案件管辖的现象,使股东代表诉讼沦为当事人肆意选择或变更案件管辖的工具。

此外,因为派生诉讼在我国初步确立,是新类型诉讼,涉及的人数众多,法律关系和诉讼程序相对复杂,且案件社会影响较大,法官在诉讼中享有很大的自由裁量权,而目前基层人民法院法官毕竟法律水平普遍偏低,一旦处理不慎,易引起群体性上访事件。所以,笔者认为,在派生诉讼的级别管辖问题上,原则上应由公司所在地的中级人民法院作为一审人民法院管辖,同时可授权国务院批准设立的经济技术开发区所在地的基层人民法院享有一审管辖权。①

**四、明确派生诉讼中诉讼主体资格**

首先是原告资格的确认。各国公司法对原告资格都设定了限制条件,主要表现在两个方面。一是持股时间的限制。英美法系国家采用"当时股份持有规则",即原告股东必须在其起诉侵害公司利益的行为发生时拥有公司股份(或身份)。大陆法系国家则采用"持股期限规则",即原告股东必

① 笔者曾做过粗略的调查统计,发现在经济欠发达地区,有的基层法院还没有受理过一起派生诉讼案件,而在经济发达地区,特别是在国务院批准设立的经济技术开发区所在地的基层法院,每年受理的派生诉讼案件数量有大幅增长的势头。

须在起诉前连续持有公司股份达到法律规定的一定期限。如德国为3个月以上,日本为6个月,我国台湾地区为1年。新修订的《公司法》第152条第1款规定的时间为6个月。最高人民法院在《关于适用〈中华人民共和国公司法〉若干问题的规定(一)》中规定:“公司法第152条规定的180日以上连续持股期间,应为股东向人民法院提起诉讼时,已期满的持股时间。”二是持股数量的限制。大陆法系国家都要求提起代表诉讼的股东必须持有一定数额的公司股份,如法国规定须持有公司股份5%以上。英美法系国家对原告股东须持有多少股份不加限制。新修订的《公司法》规定原告股东须持有公司股份1%以上。最高人民法院在前述司法解释中规定:“公司法第152条规定的合计持有公司1%以上股份,是指两个以上股东持股份额的合计。”

其次是被告范围的确定。世界各国对被告的范围规定不一,有两种代表性的立法模式。一种是以美国为代表的立法模式。根据美国法,凡是侵害公司利益的人,不管是公司内部的人,还是公司外部的人,只要是公司有权对其提出诉讼请求的人,都可以成为派生诉讼的被告,被告的范围由原告决定,派生诉讼被告对象就较为宽泛。另一种是以日本为代表的立法模式。日本商法对此作了较为限制性的规定,被告的范围为公司董事、监事、发起人、清算人、用明显极不公正发行价格认购股份者以及因行使决议权接受公司所提供利益的股东。根据我国《公司法》第152条第1款的规定,董事、监事、高级管理人员无疑可以成为该种诉讼的被告,但该条第3款又规定:“他人侵犯公司合法权益,给公司造成损失的,本条第一款规定的股东可以依照前两款的规定向人民法院提起诉讼。”如何确定这里的“他人”的范围,是一个需要认真对待的问题。笔者赞成将被告范围集中在公司董事、监事、高级职员和控股股东等内部相关人员。理由是:目前大多数国家的立法都将被告范围作了如此限制,美国的立法模式并没有表现出明显的优越性,实践中绝大多数派生诉讼都是针对上述人员提起的;派生诉讼制度的产生,最初就是为了追究这类人员应向公司承担的责任,将被告范围无限制地扩大,会造成股东滥用诉权。

再次是公司在派生诉讼中的地位。公司在派生诉讼中居于何种地位,两大法系基于各自的理论有不同的理解和观点。美国判例确立的原则认为,原告是为了公司的利益提起诉讼的,但作为公司意思表决机关的股东大会或者董事会并不批准该诉讼,因而公司不能成为具体诉讼的原告。公司又是派生诉讼必要的当事人,不仅诉讼的结果将归结于公司,在诉讼的过程中公司在某些情况下也有义务说明侵权事实,提供相关的证据,并表达对诉讼的看法和态度。为了便于解决上述问题并使判决能对公司直接产生效力,英美法系国家把派生诉讼中处于真正原告地位的公司当做形式上的被告。[①] 日本《商法典》第 268 条第 2 款规定:“公司可以参加诉讼,但在它的参加下会迫使诉讼延长或使法院的负担显著增大时,则不在此限。”即使公司不参加诉讼,按照日本《民事诉讼法》第 201 条第 2 款规定的“对于为了他人利益而担当原告或被告的确立判决对于该他人也有效”,派生诉讼的判决当然也对公司产生效力,为了让公司有机会了解派生诉讼发生的情况,并使判决的结果及于公司有合理的理由,法律要求诉讼提起人应在提起诉讼后的合理时间内将诉讼的事实以适当的形式告知公司。不管公司是否参加诉讼,只要判决给公司财产造成损失的,公司有权申请再审。对此,日本学界存在着三种观点:此种参加是从参加、此种参加属于共同诉讼的当事人参加、此种参加是属于共同诉讼的补充参加。[②] 第一种观点可以理解为相当于我国民事诉讼法上的第三人地位,而后面两种观点可以理解为相当于我国民事诉讼法上的原告地位。

在我国司法实践中,关于公司在派生诉讼中的地位问题,有两种观点。一种观点认为,公司既不是原告,也不是被告和第三人。另一种观点认为,可以将公司视为无独立请求权的第三人,其理由是公司与派生诉讼有绝对的密切关系,但公司由于不愿起诉而丧失了对派生诉讼标的独立的请求权,所以,将公司在派生诉讼中的地位定位于无独立请求权的角色是合理的。后者较适应于我国现行法律框架和诉讼实践,得到了很多法院的认同。如北京、江苏、上海等高级法院在关于审理公司纠纷案件的指导意见中均明确公司在派生诉讼中作为无独立请求权的第三人参加诉讼。笔者认为,公司既不宜作为原告,也不宜作为被告,而是处于独立地位的第三人,在诉讼中不辅佐任何一方当事人,对判决结果有上诉权、申请再审权和申请执行权。

最后是其他股东的地位。在派生诉讼中,诉讼的结果与其他股东的利益息息相关。但对其他股东在派生诉讼中处于何种地位,各国做法不一。

---

① 宣伟华:“股东代表诉讼初探”,载《法学》1996 年第 6 期。

② 柯菊:“股份有限公司之代表诉讼”,载林泳荣主编:《商事法论文选辑》(上),台湾三民书局 1984 年版。

在美国,当数个股东分别就同一事实提出派生诉讼时,若无其他限定因素,法院一般允许先立案的诉讼继续进行,其他诉讼则会被终止、驳回或合并到已立案的诉讼中去。当诉讼开始后,通常允许和鼓励其他股东加入到原告队伍中来。[①] 在日本,法律规定其他股东不得就同一标的再行起诉,但可作为"共同诉讼当事人"参加诉讼,权利义务等同于原告股东。股东可以参加原告股东提起的诉讼,并规定提起派生诉讼的股东在提起诉讼后负有对公司的告知义务,未规定原告股东对其他股东的告知义务。但在 2002 年商法修改时增设了公司的告知义务:当公司提起追究董事责任的诉讼或收到股东提起的代表诉讼通知时,应从速进行公告或通知相关股东。[②] 这表明在日本的派生诉讼中,其他股东即使不参加诉讼,对该诉讼仍享有知情权。在我国,借鉴日本的做法比较适宜。

### 五、在和解程序中设立司法审查制度

对于原告股东能否就公司的权利与被告和解,理论界有四种观点:肯定说、否定说、限制肯定说和修正限制肯定说。目前的通说是修正限制肯定说。修正限制肯定说认为,要经过法院审查和解协议是否对其他股东的利益有所损害,然后由法院决定是否允许和解。在这方面,美国法最具典型性。依美国法的有关规定,在派生诉讼中,未经法院批准并按其指定的方式将意定的和解或撤诉方案通知其他股东,并举行专门的听证程序由具有利害关系的股东陈述意见,原告股东不得撤诉或与被告达成和解。此外,美国允许法院在特定条件下根据公司董事会、委员会或者股东大会的请求,驳回派生诉讼。可见,美国对派生诉讼的和解审查是相当严格的。

最高人民法院《关于人民法院民事调解工作若干问题的规定》(以下简称《调解若干规定》)第 12 条规定,调解协议有下列情形之一的,人民法院不予确认:(1)侵害国家利益、社会公共利益的;(2)侵害案外人利益的;(3)违背当事人真实意思的;(4)违反法律、行政法规禁止性规定的。在派生诉讼中,不可避免地存在原、被告串通损害公司和其他股东的利益的可能。为防止在和解中原告股东与被告私下串通,原告股东获得个人利益后

---

① 段厚省:"股东代表诉讼中公司和其他股东的地位",载《法学杂志》1998 年第 5 期。

② 徐澜波、胡钧:"日本董事、监事制度的修改及启示",载《法学》2003 年第 2 期。

撤诉,应对撤诉进行限制,由法院对撤诉、和解协议进行司法审查。[①] 因此,在我国派生诉讼中,应借鉴美国的做法,双方当事人达成和解必须经过法院的司法审查:一是要审查和解协议不违反法律规定,审查时可直接以《调解若干规定》第12条规定的四种情形为审查标准;二是要把和解协议的内容以公告或者其他合理方式通知公司和公司其他股东,限期对和解协议的内容提出异议,逾期不提出时,才能确认和解协议的效力。

(作者单位:江苏省阜宁县人民法院)

① 宋晓明、刘敏、张雪梅:"民商事审判若干疑难问题——公司法"(下),载《人民法院报》2006年8月16日第5版。

# 被执行人财产申报制度的解读与运用

杨劲松　潘俊凡

［内容提要］　新修订的《民事诉讼法》正式确立了被执行人财产申报制度,对法院的执行工作有着广泛而深远的影响。但其规定过于原则,有必要对财产申报的主体、财产范围、申报期限、申报形式、财产异议审查、法律责任的承担等作具体规范,从而进一步保障债务的有效履行和债权的全面实现。

［关键词］　民事诉讼法　被执行人　财产申报制度

被执行人财产申报制度,是指被执行人在不能全部或部分履行生效法律文书确定的义务时,必须按人民法院的通知要求全面申报自己的财产状况,否则应承担相应法律责任的制度。2007 年新修订的《民事诉讼法》对此作了规定,本文从《民事诉讼法》第 217 条及相关法律规定入手,对我国被执行人财产申报制度的理解及在司法实践中的运用作初步探讨。

## 一、建立被执行人财产申报制度的必要性

我国的强制被执行人财产申报制度,经过理论界与实务界多年的研究和探索,已经形成了许多理论成果和实践模式。在《民事诉讼法》修订前,1998 年最高人民法院颁布的《关于人民法院执行工作若干问题的规定(试行)》第 28 条至第 31 条就规定了被执行人必须如实向人民法院报告其财产状况,以及人民法院为查明被执行人的财产状况和履行义务的能力所能采取的强制措施。这几条规定可以算作是被执行人财产申报制度的发端。各地法院在此基础上对被执行人财产申报作了更加具体的规定,司法实践中,对于快速掌握被执行人的财产情况,提高执行效率起到了一定的作用。

但因其仅为法院内部的柔性规定，且各地法院的做法又千差万别，没有一个统一的制度体系。同时，对被执行人拒不申报或不如实申报亦无相应的处罚措施，使这项制度不能充分发挥作用。

备受关注的“执行难”问题，最主要的还是被执行人的财产难以查明。强制执行能否取得实际效果，归根到底取决于能否找到被执行人的财产。其实，被执行人本人最清楚自己的财产状况，因此，被执行人诚实申报无疑是获得全面被执行人财产信息的最有效的途径。[①] 但与主动履行义务相比，因拒报、瞒报财产的违法成本非常低，直接导致了隐匿、转移财产现象高发，使申请执行人的权益受到了极大的损害，从长远角度看，则严重危害社会诚信体系的建立，也对法律的权威性和严肃性造成了极大的挑战。

人民法院在执行程序中可依职权调查发现被执行人的财产状况，那么，要求被执行人提供其财产状况也是人民法院行使调查权的一种方式。因而查明被执行人财产状况的责任，首先应当由被执行人负担，这是履行生效法律文书所确定的义务的延伸。《民事诉讼法》第50条第3款规定，“当事人必须依法行使诉讼权利，遵守诉讼秩序，履行发生法律效力的判决书、裁定书和调解书”。从法理上讲，一份生效的法律文书确定了被执行人须履行的义务，被执行人就应自觉地在法律文书规定的期间内全面履行。若不履行或不完全履行，在强制执行程序下，被执行人有容忍对其采取强制执行措施的义务，要求其申报财产理所当然地符合强制执行的本义。[②] 这是维护生效法律文书权威性、严肃性的要求，也是民事诉讼法的内在要求。[③] 实践中由于债务人没有履行法律文书确定的义务，而导致申请人启动执行程序。因此在执行之始，被执行人若不能立即履行义务，依法应进行财产申报，即在执行程序中，被执行人的义务主要表现为：要么主动履行义务，要么提供一定的财产供执行，要么在全面申报财产（且财产不足以履行义务）后表明自己确无履行能力，没有财产可供执行。然而，现实当中的被执行人往往既不履行偿债义务，也不提供其财产状况，甚至躲藏起来逃避执行。如何有效

---

① 江伟、谢俊：“我国被执行人财产查明制度的完善”，载《执行工作指导》第3辑，人民法院出版社2007年版，第73页。

② 江伟、谢俊：“我国被执行人财产查明制度的完善”，载《执行工作指导》第3辑，人民法院出版社2007年，第69页。

③ 章武生、张卫平等：《司法现代化与民事诉讼制度的建构》，法律出版社2003年版，第667页。

查找被执行人财产,一直是困扰法院执行的棘手问题。财产调查是所有执行强制措施中最为重要的基础工作之一,但由于法院只有搜查权而没有侦查权,调查被执行人财产状况的能力也是有限的。[①]

## 二、建立被执行人财产申报制度对执行工作的重要意义

新《民事诉讼法》第217条规定:"被执行人未按执行通知履行法律文书确定的义务,应当报告当前以及收到执行通知之日前一年的财产情况。被执行人拒绝报告或者虚假报告的,人民法院可以根据情节轻重对被执行人或者其法定代理人、有关单位的主要负责人或者直接责任人员予以罚款、拘留。"这是我国首次以立法的形式确立了被执行人财产申报制度,对执行工作的意义重大,并将产生广泛而深远的影响。通过《民事诉讼法》的修订,柔性制度上升为刚性法律,尤其重要的是,有了统一的法律规范,为该制度的正确适用和进一步健全完善提供了良好的法律基础。进入执行程序后,人民法院在通知被执行人履行生效法律文书的同时,要求被执行人申报财产,作为法院调查和采取强制措施的前置程序,有以下三方面作用:

1. 增强执行案件的法律效果和社会效果。强制执行以效率为首要价值,被执行人的财产查找更是如此。财产申报制度可以减少对被执行人财产的盲目调查,缩短了执行案件的办案周期。一般说来,执行法官办理一起执行案件,往往花费一半以上的时间在查找财产线索上,甚至有的案件由于无从查找被执行人的财产线索,以致拖上好几年未执结的。被执行人若能如实申报财产,执行法官可径行采取强制措施,使案件迅速执结,提高案件的执结率和执行标的额到位率,缩短执行周期。

2. 遏制和打击被执行人拒不履行法定义务的违法行为。强制被执行人申报财产,使一些有履行能力而不主动履行的被执行人逐渐浮出水面,令其产生思想负担,以致主动要求全部或部分履行判决。配合执行措施的综合施行,形成了内外协调、相互配合的执行工作合力,迫使被执行人自觉履行生效法律文书确定的义务,进一步推动了人民法院"执行难"问题的解决。[②]

3. 强化法官的证据意识,为进一步加大对拒绝履行的被执行人的惩处

---

① 张卫平:"关于民事执行中的'举证责任'",载《执行工作指导》第1辑,人民法院出版社2006年版,第96页。

② 丁巧仁主编:《执行改革理论与实务研究》,人民法院出版社2007年版,第132页。

力度，直至追究其刑事责任提供证据保证。许多有能力履行而拒不履行者，对执行强制措施虽看似无所谓，但还是惧怕追究刑事责任的。这就对执行法官的工作尤其是收集证据，提出更高的要求。而设立被执行人财产申报制度，并结合《民事诉讼法》第218、234条赋予人民法院对被执行人财产状况调查权的行使，能有效地规范这方面的工作。对人民法院依职权调查到的被执行人申报之外的财产，除采取查封、冻结、扣押等强制措施外，还应当制作笔录予以记载，以起到固定证据的作用。如能巧妙地运用收集的证据，教育和敦促被执行人自觉履行法律文书确定的义务，则有利于提高执行艺术和执法水平，从而进一步提高案件的执行效果。

**三、规范被执行人财产申报制度的具体操作**

修订后的《民事诉讼法》虽然确立了被执行人财产申报制度，但规定得过于原则，对如何申报，申报的主体、范围、方式、期限等未作明确规定。笔者认为，本着促使被执行人如实申报财产和保护被执行人的合法权益不受损害的原则，有必要对该制度予以规范化和具体化。

1. 财产申报的主体。财产申报的主体当然是被执行人，依照法律规定，还应当包括被执行人财产的代管人、继承人。根据《民事诉讼法》第209条规定："作为被执行人的公民死亡的，以其遗产偿还债务。作为被执行人的法人或者其他组织终止的，由其权利义务承受人履行义务。"也就是说，自然人死亡后，执行的效力及于其遗产；法人或者其他组织终止后，对法律文书的履行义务由其权利义务承受人承担。由此可见，生效法律文书所确定的实体义务，根据法律的明确规定应当转由被执行人财产的代管人或者继承人承担，那么，财产申报义务也应当及于被执行人财产的代管人或者继承人。如果代管人所代管的财产是被执行人拒不申报、企图隐匿或者转移的财产，在知悉被执行人未履行生效法律文书的情况下，代管人应当为被执行人或者替代其履行财产申报义务，因为此时的代管人是财产的实际控制者，具备财产申报的现实条件。代管人、继承人不知悉被执行人未履行生效法律文书的，则不承担财产申报义务。

2. 财产申报的范围。作为被执行对象的被执行人责任财产具有多样性的特征，即责任财产在实践中有多种表现形式，主要包括被执行人现有的财产、可取得的财产、非法处分的财产、未进行权属登记的财产和执行依据已经限定的财产等。[1] 人民法院决定受理执行案件的,应当在向被执行人发出执行通知书的同时,一并送达《被执行人财产申报表》,责令被执行人申报下列财产:(1)现金、银行存款、有价证券;(2)土地使用权、房屋等不动产;(3)交通运输工具、机器设备、产品、原材料等动产;(4)债权、股权、知识产权等财产权利;(5)预期可得收益;(6)其他财产。[2] 被执行人应当全面如实申报当前及收到执行通知之日前一年内的财产状况。被执行人申报财产具体包括两方面内容:一是申报被执行人享有权益的全部财产的名称、种类、数量、品牌、规格型号等;二是申报各类财产的自然状况,包括财产的形式、存在的处所、权属性质(是否为共有、共有形式)等。

当所申报的可供执行的财产足以履行生效法律文书所确定的义务时,可不再申报。这是因为,一方面,要保证被执行人在法律规定的范围内,用其全部的财产承担对生效法律文书所确定义务的履行;另一方面,要将申报范围仅仅限定在足以履行的尺度之内,以保护被执行人的合法权益不受损害。这样做的目的在于,保护公民对自己合法财产的自由处分权,使法律责任仅限于应当承担的义务范围之内。

当被执行人申报的财产足以履行生效法律文书所确定的义务时,被执行人可以提出对所申报财产的处分意见。前提是该处分意见不妨碍生效法律文书所确定义务的履行和权利的实现,或者处分意见得到申请执行人的同意。那么,执行法官应当认可该处分意见。这样有利于保障公民私有物权的充分行使,使其能够根据自己的合理意愿处分财产,尊重被执行人对特定物(如有特殊意义的遗产、纪念物等)特有的情感或者信仰。

3.财产申报的期限。被执行人应当在人民法院《执行通知书》指定的期限内申报财产,以避免因被执行人拖延申报而造成法院执行期限的延迟,有利于生效法律文书的及时执行,在一定程度上也可以限制被执行人对财产的隐匿、转移行为。申报的期限以被执行人足以完成申报行为的合理时间为限。

关于财产申报的截止期限和后续义务,在被执行人所申报的全部财产不足以履行生效法律文书所确定的义务时,被执行人对其后所取得和处分

---

① 杨与龄:《强制执行法论》,中国政法大学出版社2002年版,第43页。

② 参见2007年6月13日深圳市中级人民法院颁布的《贯彻〈深圳市人民代表大会常务委员会关于加强人民法院民事执行工作若干问题的决定〉具体实施办法》。

的重大财产，应当有继续申报的义务，且重大财产处分的行为应当征得申请执行人的同意。也就是说，若被执行人在初始执行后不能履行或不能全面履行生效法律文书所确定的义务，且案件仍在持续执行状态的，其申报义务自然应当随之持续，只不过后续申报的内容主要是针对其后取得和处分的财产。

4. 财产申报的形式。被执行人应当以书面的形式向法院申报财产状况，在被执行人不能书写时，可以通过法院制作询问笔录的形式进行申报。但无论哪种形式都必须由被执行人签字确认，以示是其真实意思表示。财产申报对被执行人是强制性义务而且有相应的法律责任，所以在形式上应当有严格的要求，使申报的形式符合有效证据的条件。只要被执行人所申报的财产客观存在，《被执行人财产申报表》或询问笔录可以作为认定被执行人是否具有隐匿、转移财产行为的有效证据。

5. 对被执行人财产申报的异议审查。被执行人申报财产后，人民法院对确认可作为执行标的物的财产，应当采取查封、冻结、扣押等执行措施。此时，与执行标的有利害关系的案外人可以就执行标的提出书面异议。根据《民事诉讼法》第 204 条的规定，人民法院应当自收到书面异议之日起 15 日内审查，理由成立的，裁定中止对该标的的执行；理由不成立的，裁定驳回。案外人、当事人对裁定不服，认为原判决、裁定错误的，依照审判监督程序办理；与原判决裁定无关的，可自裁定送达之日起 15 日内向人民法院提起诉讼。这样既可防止被执行人故意或者过失进行错误申报，逃避对自己财产的执行，损害利害关系人的合法权益，也可防止执行法官滥用权力、错误执行、不当执行，侵害案外人的合法利益。同时，如案外人提出了有理由的异议，对于确有争议的财产权属的确认，不应由执行法官在执行过程中解决。因为执行工作是为了实现生效法律文书确认的权利义务，而通过诉讼程序解决财产权属争议的过程，是执行过程中异议审查程序所无法替代的。

## 四、违反被执行人财产申报制度的法律责任

被执行人必须对当前以及一年之内的财产变动情况进行如实申报，拒不申报或者不如实申报应当承担法律责任。法律责任是同违法行为联系在一起的，是法律关系主体违反了法律规范所必须承担的，带有国家强制性的法律后果。违反财产申报制度的法律责任也不例外，它是违法行为和法律

制裁相联系的法律责任,即被执行人对自己违法行为必须承担相应的法律责任。违法情形主要有两种:一是拒不申报财产及其状况;二是不全面如实申报财产及其状况。不全面如实申报是特指被执行人所申报的财产,不足以履行生效法律文书所确定的义务,而另有隐匿、转移的情形,即被执行人有瞒报行为。《民事诉讼法》在制裁的设置上,不仅对违法行为本身规定了法律责任和处罚措施,还依照相关法律规定对被执行人拒不申报、瞒报的财产部分的所有权或处分权设定限制。具体有以下三个方面:

1. 被执行人拒不申报财产,或者隐瞒重大财产状况的,或者财产代管人知情瞒报的,人民法院可以根据情节轻重对被执行人或者其法定代理人、有关单位的主要负责人或者直接责任人员予以司法拘留、罚款。根据《民事诉讼法》第 104 条第 1 款的规定:"对个人的罚款金额,为人民币一万元以下,对单位的罚款金额,为人民币一万元以上三十万元以下"。罚款所得依法上缴国库,但应优先冲抵执行款项。情节严重构成犯罪的,按照《刑法》第 313 条规定追究刑事责任。

2. 被执行人既不履行生效法律文书确定的义务又不全面如实申报财产的,人民法院对其申报之外的财产权不予保护,视为被执行人自愿放弃对该部分财产的财产权益。其财产状况申报文书可以作为被执行人对拒不申报的财产部分不享有合法权益的初步证据,当被执行人基于事实而主张对该部分财产的权利时,人民法院重新确认对该部分财产的保护。而且,被执行人应当在规定的时效内提出确权请求,否则将丧失胜诉权。

3. 被执行人不全面如实申报财产的,在对法律文书确定的义务履行完毕之前,被执行人对不申报部分的财产的转让、赠与等处分行为无效,但第三人在不知情的情况下支付合理对价的善意取得除外。同样,被执行人对其隐瞒行为依法还应承担相应的法律责任,知情受让的第三人应承担同等责任。人民法院可以依据申请执行人的申请启动撤销权之诉。

在人民法院的执行工作中,查明被执行人可供执行的财产是强制执行的关键,同时也是执行的难点之一。确立被执行人财产申报制度有利于实现对被执行人财产状况的有效掌控,为执行工作全面正确地进行创造必要的前提条件,也强化了对隐匿、转移财产的抗拒执行行为的惩处力度,从而进一步保障债务的有效履行和债权的全面实现。

(作者单位:江苏省阜宁县人民法院)

# 民事审判适用实体法错误之辨析

郑　刚

［内容提要］　司法实践中，法官在适用民事实体法时会出现一些错误，这与法官素质、立法制度和司法制度等方面的因素有关。应根据维护法律的尊严和司法的统一、维护社会公共道德、尊重当事人处分权、注重诉讼经济、维护生效判决既判力等原则综合认定是否存在法律适用错误问题。

［关键词］　民事审判　法律适用　实体法　错误

法律适用是法官最为重要的工作，也是维护司法公正最为核心的工作，法官如何适用法律，以及适用法律的水平与能力如何，不仅直接关系到当事人合法权益的实现与保护，而且直接关系到司法的社会功能的发挥。司法实践表明，由于我国处在法治现代化建设的起步阶段，尚存在立法不确定性、法官素质参差不齐、司法体制有待完善等问题，加之程序运作中无法克服的规律性缺陷，从而导致了民事审判中适用法律错误成为常见的诉讼异端。这一方面降低了个案审判的公正性；另一方面也严重地损害了国家的司法权威。为了化解并最终将此错误在诉讼中降到最低限度，笔者拟对民事审判中适用法律错误问题进行粗浅研究。

民事审判适用法律错误，是指法官在立案、审理、裁判过程中违背民事诉讼程序法规定，或者未能严格按照实体法的规定，而作出的与法律规定不相一致的裁判。适用法律错误包括适用实体法错误和适用程序法错误。本文仅就适用实体法错误进行探讨。

## 一、民事审判适用实体法错误的表现形式

### (一)适用实体法明显的错误

由于我国的法律法规数量很大,各种法律、法规和司法解释错综复杂,因此,一个案件适用几种法律、法规条款的现象不可避免。法官在审理案件时,应当尽可能选择合适的法律,并注意适用的法律与案件事实的一致性。"如果一条完全确立的普通法规则或含义明确的制定法规则可以明确适用于某一案件的事实,那么显而易见,法官创造活动的范围就极为狭小了。当法官发现在这情形下没有其他切实可行的选择时,他只要将该规则适用于该案件的事实就可以了。"①如果此时,法官仍然不适用该法律规则,而去适用明显与案件事实无关或者存在明显差距的规则,就是适用实体法的错误。具体表现形式有:

1. 应适用甲法却适用了乙法。如王某诉某公司产品责任纠纷案,审判人员适用《合同法》判决,王某不服提起上诉,上级法院认为一审法院混淆了产品责任纠纷与买卖合同质量纠纷,产品责任纠纷属于侵权责任,买卖合同质量纠纷则属于违约责任,一审法院适用法律错误,应适用《产品质量法》。

2. 应适用此条款却适用了彼条款。这种情形往往是审判人员的粗心所致。如在准予撤诉的裁定中,将《民事诉讼法》第 131 条第 1 款"准予撤诉"的条款误写成第 130 款"缺席判决"的条款。又如判决担保人承担连带责任时,将《担保法》第 18 条"约定承担连带责任,从而承担连带责任"的条款与第 19 条"无约定或约定方式不明,从而承担连带责任"的条款不作区分。

3. 应适用几部法律、法规的规定,或应同时适用几个法律条款的,却只适用了其中一部分法律、法规或条款的规定;应适用一个法律条款的,却适用了几个法律条款。

4. 适用尚未生效的法律规范。某些法律的公布与施行时间之间往往存在一些间隔,因此在该法律公布后,并不能适用,直到施行之日方可适用。

5. 适用已经废止、撤销的法律、法规规定。

---

① [美]博登海默:《法理学——法律哲学与法律方法》,中国政法大学出版社 1999 年版,第 554 ~ 555 页。

(二)适用实体法隐蔽的错误

法官在审理案件时,遇到与案件事实相关的法律规则有两个以上的,法官应适用最贴近案件事实的法律。但是若法官舍近求远,不适用近似规则,而适用其他规则,这种适用法律的结果往往影响了判决的公正性,因而有错误的倾向,这也是适用实体法错误。具体的表现形式有:

1. 应适用特别法却适用了一般法。如啤酒瓶爆炸致人伤害案,关于损害赔偿,《民法通则》第119条规定:"侵害公民身体造成伤害的,应当赔偿医疗费、因误工减少的收入、残废者生活补助费等费用;造成死亡的,并应当支付丧葬费、死者生前扶养的人必要的生活费等费用。"《消费者权益保护法》第41条规定:"经营者提供商品或者服务,造成消费者或者其他受害人人身伤害的,应当支付医疗费、治疗期间的护理费、因误工减少的收入等费用,造成残疾的,还应当支付残疾者生活自助具费、生活补助费、残疾赔偿金以及由其扶养的人所必需的生活费等费用;构成犯罪的,依法追究刑事责任。"因受害人是消费者,根据法律适用原则中的特别法优于普通法的原则,《消费者权益保护法》是特别法,故应当适用《消费者权益保护法》。应当注意的是,所谓普通法和特别法是相对的概念,如《保险法》比之于《合同法》是特别法和普通法的关系;而在审理海上运输保险合同时,《保险法》比之于《海商法》中的是普通法和特别法的关系。①

2. 规避应适用的法律条文。如利用虚假广告损害消费者权益案,在审理中就适用《广告法》还是适用《消费者权益保护法》存有争议。《广告法》第38条规定:"违反本法规定,发布虚假广告,欺骗和误导消费者,使购买商品或者接受服务的消费者的合法权益受到损害的,由广告主依法承担民事责任;广告经营者、广告发布者明知或者应知广告虚假仍设计、制作、发布的,应当依法承担连带责任。广告经营者、广告发布者不能提供广告主的真实名称、地址的,应当承担全部民事责任。社会团体或者其他组织,在虚假广告中向消费者推荐商品或者服务,使消费者的合法权益受到损害的,应当依法承担连带责任。"《消费者权益保护法》第39条规定:"消费者因经营者利用虚假广告提供商品或者服务,其合法权益受到损害的,可以向经营者要求赔偿。广告的经营者发布虚假广告的,消费者可以请求行政主管部门予以惩处。广告的经营者不能提供经营者的真实姓名、地址的,应当承担赔偿

① 梁慧星:《裁判的方法》,法律出版社2003年版,第32-41页。

责任。”比较两个法律条款,显然《广告法》第38条的规定更能保护消费者,因此应适用该条款。如果适用《消费者权益保护法》第39条就有规避适用合适法律之嫌。

3. 错误理解、解释法律规定。如借款合同纠纷的债权人请求法院判决债务人偿还债务、抵押人在抵押物价值范围内承担连带责任。一审法院支持了债权人的诉讼请求。抵押人不服,提起上诉,二审法院认为,抵押权属于物权的范畴,一审判决错误地理解抵押权的性质,撤销一审法院关于抵押人在抵押物价值范围内承担连带责任的判决,改判债权人对抵押物享有优先受偿权。

4. 法律依据与事实不相符合。如某投资咨询公司诉某政府、某银行借款合同纠纷案,某政府是某企业的开办者,未投入资金。某银行为该企业的开办提供了虚假注册资金验资报告。一审法院根据最高人民法院《关于适用〈中华人民共和国担保法〉若干问题的解释》第27条的规定:保证人对债务人的注册资金提供保证的,债务人的实际投资与注册资金不符,或者抽逃转移注册资金的,保证人在注册资金不足或者抽逃转移注册资金的范围内承担连带保证责任。判决某政府对所开办的企业借款承担偿还责任,某银行对前述债务承担连带责任。某银行不服提起上诉。二审法院认为一审法院适用的法律依据与事实不相符合,应当适用最高人民法院《关于金融机构为行政机关批准开办的公司提供注册资金验资报告不实应当承担责任问题的批复》的规定,即某银行应当在为该企业提供的虚假注册资金范围内对该企业不能清偿的债务承担赔偿责任。

5. 应适用效力较高的法律规范却适用适用效力较低的法律规范。如1999年9月10日,沈阳市政府以政府令形式颁布了《行人与机动车道路交通事故处理办法》。该办法规定:在行人违章闯红灯、不走人行横道线,在机动车道内行走、进入封闭式机动车专用道和在机动车专用道内逗留五种情况下,行人与机动车之间发生交通事故,机动车无违章行为的,行人负全部责任。2004年4月1日上海市实施了《关于本市道路交通事故严格依法定责,以责论处的通告》,推出了类似规定。两家法院运用“撞了白撞”的法规对两起案件进行了判决:一是1999年5月24日深圳七龄童陈洋被车撞死,法院依据“撞了白撞”的交通事故处理办法,判决其父母向肇事方赔偿;二是2000年5月3日,上海陈氏老太在横穿马路时未走人行横道被撞死,司机不予赔偿。而当时我国《道路交通事故处理办法》第44条规定:机动车与非机动车、行人发生交通事故，造成对方人员死亡或者重伤，机动车一方无过错的，应当分担对方10%的经济损失。而我国《民法通则》第123条规定："从事高空、高压、易燃、易爆、剧毒、放射性、高速运输工具等对周围环境有高度危险的作业造成他人损害的，应当承担民事责任；如果能够证明损害是由受害人故意造成的，不承担民事责任。"[①]因此前述两个判决引起了各种议论，对后来的《道路交通安全法》的立法工作产生很大影响。

## 二、民事审判适用实体法错误的成因

### （一）内在因素

1. 法官的素质因素。

随着依法治国方略的实施和司法改革的深化，法官的素质问题正受到越来越多的关注。法官的权威来自法律，而法律规定是抽象的，如何使法律规定从抽象过渡到具体化，从而实现案件处理中的个案公正，这正是法官适用法律的职责所在。现在法院审判领域不断扩展，案件类型越来越多，案情日趋复杂，法律适用难度加大。这不仅使得法官的权力加重，也使其责任大大增强。面对这样一种权力，只有对法律有着深刻理解和准确把握，并能将其灵活运用到对具体案件适用的高素质法官，才能正确适用法律。而低素质的法官是不可能，也无法担当起公正适用法律的重任的。这就要求法官具备"在法官职业的行为道德框架内，根据一定的标准，运用知识和技能解决特定问题的能力"。这样法官才能坦然面对不断增多、案情迥异的各种纠纷，正确适用法律，作出明智、公正的裁判。[②]

2. 法律自身的因素。

事实上，法律本身是不确定性与确定性的统一，适用民事法律错误的部分原因也在于法律的不确定性。法律的不确定性体现在几个方面：一是法律渊源的不确定定性。我国民法的法源包括正式法律渊源和非正式法律渊源。正式法律渊源包括《宪法》、《民法通则》和各单行民事法律、行政法规、地方性法规和自治条例、部门规章、国际条约和国际习惯。非正式法律渊源包括判例、习惯、次要法源、政策（包括国家政策和党的政策）、民事司法解

① 郭卫华主编：《"找法"与"造法"——法官适用法律的方法》，法律出版社2005年版，第128页。

② 乔宪志、金长荣主编：《法官素养与能力培训读本》，法律出版社2003年版，第3~4页。

释、最高人民法院会议纪要和规范性意见、法学理论、立法资料。[①] 正式法律渊源因其由立法机构经过立法程序而形成，相比于非正式法律渊源较为明确，能够直接适用。而非正式法律渊源则难以把握。二是法律概念的不确定性。按概念的确定性程度不同，可以将法律概念分为确定性概念和不确定性概念，这是指有些法律概念确定性程度高或法律规定明确，有些法律概念确定性程度低或无明确法律规定。不确定性概念在运用时需要法官运用自由裁量权予以解释。三是法律规则的不确定性。从法律规则形式特征上看，可将其分为客观性规范和裁量性规范。裁量性规范指法律规则的部分内容或全部内容具有一定伸展性，须经解释方可适用且可适当裁量的法律规则。[②]

(二)外部因素

1.立法体制原因。

适用民事法律错误产生的立法原因在于立法的不确定性。立法的不确定性表现在:一是立法的超前性或滞后性。二是立法空间大、幅度大，在操作中过于灵活，也必然导致区域之间的法律、法规冲突。三是法律规范的发展变化性。正是由于法律规范的客观对象发生了变化，致使原有的法律不能适应需要，就必然需要新的规范代替它，这种客观对象的变化加大了法律的不确定性因素。四是立法过于原则。我国法律条款过于原则，弹性较大，民法、合同法都有这种情况。这种过于原则的立法虽然给法官提供了行使自由裁量权的广阔空间，但是又必然导致法官在审判时不好操作，从而增加了法律的不确定性因素。五是司法解释的不统一。六是立法弹性大。我国法律在立法上留有很大的空间，给予法官很大的自由裁量权，造成裁判上的不确定性，而法律规范的多样性、多变性又加大了这种不确定性，这就给正确适用民事法律带来困难。正是立法上的漏洞，立法上的超前或滞后，才使案件的审理更趋于复杂。这是适用民事法律错误产生的立法原因。

2.司法体制原因。

(1)在司法过程中法院时常会出现适用法律错误的现象，其原因在十:一是长期以来我国法院没有探寻裁判方法的能力与传统，在法学院的教育

---

① 周永坤:《法理学》,法律出版社2004年版,第54~73页。

② 周永坤:《法理学》,法律出版社2004年版,第211~217页。

中，对未来的法官没有进行法律方法的教育与培训。[①] 这使得部分法官法律适用的能力不够，在法律适用实际中，存在不少问题。如运用逻辑推理不够规范；不能正确解释法律，机械理解法律条文；不能正确适用原则性条款处理案件；不善于在疑难案件中运用价值判断和利益衡量进行辩证推理；不善于在案件处理中准确把握法律精神和价值目标，实现判决的社会效果。[②] 二是司法独立的程度还较低，各种干扰影响了适用民事法律的准确性。如媒体舆论的导向，地方保护主义的影响。三是法院审判制度的缺陷。我国目前法院实行的是独任制、合议制、审判委员会制。这种制度的好处就在于集思广益，克服个人的局限，但也存在弊端，就是大家负责，实际上无人负责。因此，合议庭讨论案子，大家都发表意见，最后作出认定裁判，由主审法官宣判。事发后追究起来是集体作出的决定，虽然也与个人有关，但是大大减轻了个人的责任。因此，司法界很多同仁在呼吁审判独立。这也是造成民事错案的司法体制方面的原因。

(2)检察院作为司法监督机关，具有审判监督的职能，虽然检察院可以对民事案件提起抗诉，但因该监督属于事后监督，因此，对法律适用错误的防范功能不足。

## 三、民事审判适用实体法错误认定的难点

### (一)法官的自由裁量是否得当

民法适用中存在许多不确定性因素，法官在法律适用中该如何对待规则，是否适用、该怎样适用，也有赖于法官的独立、自由判断，也就是说，不可避免地存在法官自由裁量的问题。自由裁量权是法官在法律出现漏洞、法律规定不明确或者严格执行法律导致明显不公正时，在法律的授权范围内，根据相关的法律价值、立法宗旨、立法原则、社会常识等判断标准，自由选择某种结论的权力。[③] 判断法官的自由裁量是否得当，即是否错误法律适用，这一问题极为复杂，也须极为谨慎。自由裁量权的行使应当遵守理性、目的

---

① 郭卫华主编：《“找法”与“造法”——法官适用法律的方法》，法律出版社 2005 年版，第 3 页。

② 乔宪志、金长荣主编：《法官素养与能力培训读本》，法律出版社 2003 年版，第 440 ~ 442 页。

③ 郭卫华主编：《“找法”与“造法”——法官适用法律的方法》，法律出版社 2005 年版，第 84 页。

性和道德标准。[①] 即必须有助于民法制度规定的妥当适用,必须有助于民法精神的实现,必须符合法治的基本要求。具体判断标准有:一是自由裁量应是在法律出现漏洞、法律规定不明确或者严格执行法律会导致明显不公正时进行。二是自由裁量应在法律规定的明示或默示的可以选择处理的范围内。三是自由裁量受到价值体系等因素的隐性的规制,比如符合法律的价值和原则以及价值序位。四是自由裁量权的行使还应当在程序的约束范围内。

(二)法官对法律的解释是否得当

法律解释是对法律规范含义的阐明。判断法官对法律的解释是否得当,总体要求是:对法律的解释应当以探寻立法者意志为首要目标,并力求使法律的解释结果符合变化了的客观情势。具体判断标准主要是解释者有无按照相关步骤解释:首先解释者应依历史的解释,确定立法者的意图、目的和立法者对各种主张的评价,从立法资料等历史材料中发现法典的固有含义;其次解释者在立法者或法条的“意思”无法认知,或对现代情势所产生问题未提供解决基准,或者虽有提供但已不适合现在的场合,则尽可能在法条的语义范围内,检讨可能的理由和基准;如果在语义范围内的检讨成为不可能,方可越过法条解释,但原则上应确认现在的法律适用符合立法目的的意旨。在尊重既有法律文本的同时又不完全局限于解释文本,通过解释去克服成文法的局限;在承认解释的主观性的前提下排除法官的恣意妄为,为法律解释的客观化提供规范的制度性保障。

(三)法官对法律漏洞的补充是否得当

法律规范对本应规定的事项,或因立法者的未能预见而未予规定,或因客观形势变化,造成法无明文规定,致使法律存在漏洞。对于法律漏洞,法官无法通过法律解释的方法予以解决,只能根据立法目的对之进行补充。判断法官对法律漏洞的补充是否得当,依据有三:一是法官在对法律漏洞进行补充时是否在把握宏观价值体系的基础上对各种价值进行了判断与衡量,对社会整体利益与个体利益表达了关注与体恤。二是法官对法律漏洞的补充是否符合该法律的立法目的。大多数法律都开章明义地阐明了立法的目的,该目的本身即体现了立法机关关注的核心问题,立法期望保护的法

① 井涛:《法律适用的和谐和归一——论法官的自由裁量权》,中国方正出版社2001年版,第6页。

律关系、期望限制的行为模式大致能够反映社会意识形态的进步程度与主流价值观。三是法官在对法律漏洞进行补充时是否履行了必要的谨慎程序。在填补法律漏洞时，法官的隐含权力非比寻常，其实质近似于立法权。因此，法治社会要求法官对法律漏洞的补充不应是随意的，也不是善变的。我国审判制度对此加以限制，如疑难案件的审判委员会讨论制度，又如请示制度都是对法官权力的有效限制。①

## 四、民事审判适用法律错误认定的准则

### （一）维护法律的尊严和司法的统一

司法公正是通过法官正确适用法律和诉讼当事人完全履行法院裁判来实现的。对当事人而言，他们的纠纷通过公正的司法救济的途径得到了最终的解决，这种解决所带来的不仅是他们的合法权益得到保护，还在于因为他们所期待的司法救济确实能够实现他们的正当要求，从而在他们内心或意识中确立了司法公正性和权威性，更在于他们在适用法律上的平等而使他们在相同的情况下得到了相同的对待。基于这种信念，法律的尊严和司法的权威无疑得到了维护。② 所以要最大限度地兼顾生效判决的稳定性和个案的公正实现，使二者相得益彰，即只有适用法律错误真正影响到司法公正的实现时，运用再审程序的纠错功能才符合对既判力作用补充的设计初衷。

### （二）维护社会公共道德

道德的目的是要加强社会的和谐程度，它以人民对道德规范所固有的正当性的内在信念为权威和保障，为人们指明了行为的正当方式。我国的社会主义公共道德注重对个人利益与国家、集体利益、眼前利益与长远利益、局部利益与整体利益的合理平衡，它在强调对个人利益维护的同时，更重视社会公众对公共利益的需求。因此只有在涉及公共利益、社会道德的案件的适用法律错误已真正影响到社会公德维护的时候，才能启动再审纠错程序。

### （三）尊重当事人处分权

民事诉讼的目的在于对私权的保护，而权利的自治性是私权的本质属

---

① 郭卫华主编：《"找法"与"造法"——法官适用法律的方法》，法律出版社2005年版，第213页。

② 乔宪志、金长荣主编：《法官素养与能力培训读本》，法律出版社2003年版，第448页。

性。私权的自治性表现在:权利的设定、行使、放弃均由权利人自主决定,其他任何人乃至法官都应予以尊重。据此,私权自治原则必然会从私法领域延伸到公法领域,从而深刻地影响民事诉讼的制度、程序和规则。它首先要求赋予当事人在诉讼中对实体权利和诉讼权利的处分权,民事诉讼被视为当事人实现实体权利的特殊手段,从而处分权成为连接民事实体法和程序法的桥梁。在民事诉讼中,民事主体对实体权利的处分是通过对其诉讼权利的处分来实现的。我国《民事诉讼法》第13条规定:"当事人有权在法律规定的范围内处分自己的民事权利和诉讼权利。"虽然我国民事诉讼法没有明确处分权的概念,但民事诉讼法第13条规定了处分权行使的范围,包括民事实体权利和民事诉讼权利两部分。

(四)注重诉讼经济

诉讼经济是指以最少的司法投入,获取最大的诉讼效益。它来源于西方经济分析法学派的经济效益主义程序理论,其核心思想是,所有司法活动和全部法律制度都以有效利用自然资源,最大限度地增加社会财富为目的。该理论主张运用经济学特别是微观经济学的观点和方法分析、评论法律制度及其功能,朝着实现经济效益的目标改革法律制度。强调经济效益必然涉及两个基本概念即投入和产出。前者指投入的各种资源,如人力、物力、财力等;后者指获得的成果或效果。这就要求国家合理地配置司法资源,确保司法资源的耗费降低到最小限度,同时使大量的案件尽快得以处理。

(五)维护生效判决既判力

既判力是指确定判决对后诉的拘束力。判决对诉讼对象的权利及法律关系作出的法的判断具有有权的确定力,这种效力相对于诉讼程序上的形式确定力而言,称为"实质上的确定力"或只对后诉产生效力,称为"既判力",这种效力因判决的确定而产生。[①] 它对后诉的作用有两个方面:一方面是不让违反既判力的当事人的主张进入后诉审理的消极作用;另一方面是要求后诉法院必须以产生既判力的判断为前提作出判决的积极作用。我国民事诉讼中,再审程序以"实事求是,有错必纠"为立法指导思想,这是民事再审程序获得其自身合理存在的哲学依据,同时也是"以事实为依据、以法律为准绳"的宪法原则在民事再审程序中的具体体现。在这种指导思想

---

① [日]中村英郎:《新民事诉讼法讲义》,陈刚、林剑锋、郭美松译,法律出版社2001年版,第229页。

下，我国民事诉讼追求的必然是客观真实，换言之，即追求实体的绝对公正。这在保护当事人的实体权益、保障法院公正判决以及判决错误的纠正上有一定的积极意义，但这种对实体公正追求的绝对化必然会导致法院的任何判决只要存在错误，不管错误性质如何，相应各级人民法院和人民检察院均可在任何时候、任何条件下提起再审程序。司法错误并不能完全与司法不公画等号，追求司法公正也不能一味地将所有的司法错误予以纠正。如果过分强调“有错必纠”的诉讼观念，对于同一项纠纷反复多次予以裁判的话，判决的权威性将难以维系，既判力理论将难以存活。[①]

随着我国现代化法治建设的进步、立法技术的完善、法官队伍素质的提高，适用法律错误的现象将得到改善。然而，因为民法的博大精深，民事纠纷的错综复杂，适用法律错误的现象绝不会消灭。而法律适用是法官最为重要的工作，也是维护司法公正最为核心的工作，因此，法官只有不断提高适用法律的水平与能力，才能有效减少适用法律错误的发生。

（作者单位：江苏省大丰市人民法院）

① 刘学在：“既判力论在中国的困境探析——以民事诉讼为视角”，载《北京科技大学学报》（社会科学版）2003年第3期，第32页。

# 制度构建

# 我国公司非破产清算制度研究

宋长琴

[内容提要] 修订后的《公司法》及其司法解释(二)对公司非破产清算制度作了规定,但在非破产清算人制度、非破产清算法律责任、公司非破产清算终结程序等方面的规定仍不完备,导致规避清算、清而不算、糊涂清算的情形大量出现。应通过完善清算人选任、解任和任职资格、完善清算人监督管理机制、完善非破产清算终结制度等来完善我国的非破产清算制度。

[关键词] 公司 非破产清算 制度完善

在现代经济生活中,公司作为重要的市场主体承载着投资者、债权人等诸多主体的利益。在非破产的情况下,当维系各方主体之间利益一致性的前提不复存在的时候,公司的终止亦即不可避免。为使投资者、债权人、职工乃至社会公众的利益得到有效的维护和平衡,在公司终止之前,必须通过一系列严格而公正的清算程序使公司与相关权利主体之间的权利义务归于消灭。随着公司制企业在我国经济社会发展中的作用日益突出,公司非破产清算制度也越来越引起立法者的重视。经过多年探索,2005 年修订的公司法已初步确立了公司非破产清算程序,[①]2008 年最高人民法院出台的《公司法》司法解释(二)又进一步对公司清算中的相关问题作了规定。但与法制发达国家相比,我国的清算立法仍处于起步阶段,许多理论和实践问题仍有待厘清。同时,经济生活中普遍存在的规避清算、清而不算、糊涂清算也使得进一步完善我国公司非破产清算制度显得尤为必要。

---

① 2005 年修订的《公司法》中关于公司解散清算制度的规定,主要是扩大了法院指定成立清算组的适用范围以及法院对清算方案、清算报告的确认权等,见第 184、187、189 条等相关规定。

## 一、公司非破产清算概述

(一)概念及特征

公司非破产清算是指公司由于破产、分立或合并以外的原因而解散的,由负有公司清算义务的主体按照法律规定的方式、程序对公司的资产、负债、股东权益等公司的状况作全面的清理和处置,使得公司与其他社会主体之间产生的权利义务归于消灭,从而为公司的终止提供合理依据的制度。其法律特征为:

1. 公司非破产清算是公司终止的必需程序。公司的终止是指法人资格的消灭,公司终止后,其民事权利能力和民事行为能力丧失,民事主体资格消灭,是公司在实体上的消灭。公司必须经合法清算并办理注销登记才能构成法律意义上的终止,即在实质上必经合法清算,了结现有债权债务关系;在形式上履行法定的注销登记手续。只有这两项条件同时具备,公司才能从法律上退出市场。

2. 公司非破产清算是法定清算,应当严格按照法定方式和程序实施。公司解散之后,负有清算义务的主体应当成立清算组,进行与清算有关的民事行为。其活动应当严格遵循法定方式和程序。

3. 公司非破产清算的主要内容是与财产有关的债务清偿和财产分配。公司清算的目的在于对以财产为核心的各种法律关系进行了结,使各利益主体的利益都能得到周到的关照,避免因利益不平衡而引起的纷争。

(二)法律价值

公司清算制度作为一项重要的法律制度,从其程序性规范到其实体性规范,从原则性的规定到具体制度都有着非常重要的价值。

1. 程序正义与结果公平的体现。公平历来是法律所追求的理想状态,但是,公平的结果并非顺其自然就能达到,它需要法律制度的保护才能够实现,其中程序正义是必要条件之一。“正当程序不只是说权利只要是法定的并符合一定标准就可以获得维护权利的程序,它还意味着这程序有助于得到正义的结果。”[①]公司非破产清算实际上就是通过正义的程序,保证清算结果的公平。对于大多数公司来讲,解散并非是一种理想的选择,常常是

---

① [美]路易斯·亨金、阿尔伯特·J. 罗森塔尔:《宪政与权利:美国宪法的域外影响》,郑戈、赵晓力、强世功译,三联书店 1996 版,第 189 页。

出于无奈，正因为如此，公司在解散的时候，会存在许多问题，如资产的评估或变卖、债权人的清偿顺序、投资人的分配比例等，这一切要达到公平、公正的结果，必须通过法定的程序才能实现。

2. 权利保护及制度平衡的需要。公司制度的基础是有限责任制度，有限责任制度的最大价值在于它像一层面纱，将公司的出资人与公司分离，出资人因为有限责任制度而不承担公司的债务，所以，有限责任制度最大限度地保护了出资人的利益。[①] 对这一不平衡状态的法律，立法者设计了许多其他的制度来平衡债权人和公司投资者的利益，如法人人格否认制度、清算制度等。清算制度可以使债权人的利益得到某种程度的弥补。

3. 交易安全与社会信用的保证。公司非破产清算的目的是为了清理债权债务，了结公司事务。如果公司在解散时未清算或未合法清算，则会使大量的债权债务得不到了结，而一个企业的债务不能得到清偿，就会影响到其他企业债务的清偿问题，且产生连锁反应，从而影响交易安全。因为“社会交易由个体交易构成，个体交易安全必然集合成整个社会交易的安全，所以交易安全的保护对实现社会经济秩序具有强烈的社会意义，交易安全也就成为社会公共安全。”[②]除交易安全外，清算制度还关系到社会信用，公司滥用退出制度，以不正当的方式和手段退出市场，势必会导致社会信用下降。

4. 经济自由与国家适度干预相协调发展。对公司来讲，在什么情况下、以什么方式退出市场是公司的自由，但是，在任何一个国家，这种自由都不可能是绝对的，都要受到国家的干预与制约。“只要有国家和政府的存在，企业的经营就不可能与政府无关，政府对经济的干预和调节就必然存在。”[③]国家对经济的干预体现在很多方面，对公司退出市场及其清算进行必要的引导和干预是其重要组成部分。这里，国家的引导与干预主要是为了保护债权人及相关当事人的利益，避免公司滥用市场退出机制损害国家、社会和债权人的利益。

5. 投资人利益与公司社会责任的辩证统一。公司不仅仅是股东实现利润的载体，它也承担着一定的社会责任。“在当代，企业已被作为社会的重要构成部分看待，企业的行为也被当做社会行为来认识，企业及其行为的价

---

① 江平主编：《法人制度论》，中国政法大学出版社 1994 年版，第 160 页。

② 江帆、孙鹏：《交易安全与中国民商法》，中国政法大学出版社 1997 年版，第 36 页。

③ 金硕仁：《政府经济调控与市场运行机制》，经济管理出版社 2000 年版，第 43 页。

值已不仅仅体现为增进微观利益,其经济价值只有在符合或有益于社会整体功利前提下才能得到肯定性的评价”。[①] 对于公司来讲,在其解散过程中,进行必要的符合法律规定的清算,对债权债务作必要的清理,对职工作出适当的安排等,以此维护社会经济秩序的稳定,这是公司承担社会责任的表现。

## 二、我国公司非破产清算制度存在问题分析

### (一)非破产清算人制度

根据现行法律、司法解释的规定,公司非破产清算人的产生方式有以下三种:(1)法律规定的人选。如《公司法》第184条规定,有限责任公司的清算组由股东组成。股份有限公司的清算组由董事或者股东大会确定的人员组成。(2)股东大会确定的人选。股份有限公司的清算组可由股东大会确定的人员组成。(3)法院指定的人选。根据《公司法》司法解释(二)的规定,强制清算的清算组成员范围为公司股东、董事、监事、高级管理人员;依法设立的律师事务所、会计师事务所、破产清算事务所等社会中介机构;以及上述中介机构中具备相关专业知识并取得执业资格的人员。

从现行法律看,我国非破产清算人制度至少存在以下不足:

1.清算人产生方式不完备。我国目前缺乏按章程选定清算人的规定。我国公司法对于有限责任公司及股份公司均未规定在公司章程中规定确定清算人的方式,这与其他国家(地区)的公司立法大相径庭。在遵循私法自治原则的公司法领域,法律应当充分尊重当事人的意思自治,我国公司法无此规定不能不说是一大缺憾。此外,有限责任公司清算人选定程序不明。根据公司法规定,有限责任公司的清算人为公司的股东,也就是说全体股东都有权参与清算。对于一些股东人数较少的公司较好操作,但对于一些规模较大、股东人数较多的公司,若全部股东都参加清算,势必会影响清算效率。若是一定范围内的股东,其产生程序亦不明确。另外,股份有限公司选任清算人程序亦不完善。股份有限公司的清算人由股东大会或董事会确定人选,这往往使股份公司的控制股东很容易凭借其在公司决策中的优势地位,通过确定公司清算人来实现控制公司清算的目的,使公司中小股东和债

---

① 卢代富、吴春燕:“企业运行中的国家干预法律制度研究”,载《现代法学》1998年第6期,第135页。

权人的利益很难得到保障且没有救济途径。且当法人是股东时如何产生清算人亦不明确。由于法人作为清算人必须指定具有民事行为能力的自然人为其代理人,这就产生了法人股东能委托多少数量的代理人,是根据出资比例还是以其他方式来确定代理人数量的问题。

2. 清算人解任制度不完善。我国《公司法》对清算组成员的解任没有作出规定,仅《公司法》司法解释(二)对强制清算时清算组成员的更换作了原则规定。解任制度的缺位,极有可能导致在清算中发现一些清算人心怀不良目的或不具备任职资格,却无法解除其职务,任其掌握清算大权,最终导致公司股东、债权人甚至公司职工的权益受损。

3. 缺乏对清算人的监督。我国目前公司清算制度的弊端之一就是清算人在清算过程中没有有效的监督机制。主要表现有三:一是缺乏债权人监督机制。无论是自愿解散还是强制解散清算,都缺乏债权人对清算人的监督制约机制,债权人无从了解整个清算程序的过程。在这种暗箱操作下,债权人的权益难以得到有力保障。二是实践中还存在着"监事会虚化"现象。监事会在公司运行过程中没有发挥应有的作用。这主要与我国公司法在监事制度方面存在的漏洞有关,监事会对清算人的监督没有明确的法律规定。这导致监事会在行使对清算人监督权利时无明显的法律依据,同时也不利于激励监事行使职权。三是法院监督机制仍不完善。《公司法》司法解释(二)对强制清算中法院的监督有一些规定,一定程度上完善了对清算人的监督机制,但法院在自愿解散清算中如何发挥作用尚不明确。总体来看,对清算人监督约束机制仍不尽完善,这就为清算人为职不廉、监守自盗或者与公司串通一气、逃避清算、损害债权人利益打开了方便之门。

4. 清算人任职资格不具体。我国《公司法》和司法解释仅对积极资格作了一些规定且不够完善,而消极资格的规定则完全付之阙如。如股份公司清算人可以由股东大会确定人选,但股东大会确定人选的资格却未规定。即只要是股东大会确定的人选,就有可能不受任职条件、资格的限制。这样就很难保证清算的公正、公平,也不利于保障公司中小股东和债权人的合法利益。

5. 指定清算人的规定还存在不足。《公司法》司法解释(二)在强制清算的事由、主体等方面作了一些规定,但仍存在一些问题,主要是缺乏程序保障机制。我国公司法并未像其他国家(地区)那样规定公司解散登记制度。在公司因各种原因解散需要清算时,对一般债权人而言,其很难及时了解到有关信息,甚至有可能待其知晓时,公司早已未经清算而注销。

(二)非破产清算法律责任

为保证公司非破产清算的公正高效,赋予有关清算主体主要是清算人和清算义务人在违反法律规定时承担一定的法律责任是必要的。清算主体的法律责任包括行政责任、刑事责任和民事责任。这里我们探讨的是清算人和清算义务人的民事责任。

1. 清算人的民事责任承担不完善。

清算人应在职权范围内执行清算事务,对公司负有善良管理人的注意义务及忠实义务,清算人违反这些义务,应对公司承担相应法律责任。《公司法》第 190 条第 3 款规定:“清算组成员因故意或者重大过失给公司或者债权人造成损失的,应当承担赔偿责任。”由此可见,我国公司法规定的清算人民事责任的性质是侵权责任,其主观要件是故意或重大过失,责任对象包括公司和债权人。《公司法》司法解释(二)以第 11、15 条等进一步予以完善。可产生清算组成员赔偿责任的主要情形有清算组未按照规定履行通知和公告义务,导致债权人未及时申报债权;执行未经确认的清算方案等。另第 23 条还对此类诉讼的诉讼程序进行了一些规定。司法解释的规定增强了《公司法》第 190 条的可操作性,但仍存在一些有待完善之处。具体而言:

(1)主观要件过于苛刻。按照公司法的规定,清算组成员只有在故意或重大过失的情况下给公司造成损失时,清算人才承担损害赔偿责任。换言之,清算人在清算过程中因轻微过失造成公司或债权人损失时不必承担损害赔偿责任。笔者认为,此规定过于苛刻。因为,非破产清算是严格依照法律规定的步骤和方法进行的,清算人依据自己的主观判断作出决定的极少,在这种背景下规定清算人只在故意或重大过失时才承担责任,并不合理。另我国公司法规定的董事、监事、高管损害公司权益应承担的赔偿责任并未要求主观要件为故意或重大过失。依常理,董事等作出决定的难度与清算人相比要小,因为董事面临的情况更为复杂。两相比较,将清算人赔偿责任限定为故意或重大过失未免过于苛刻,一般而言不利于保护公司股东和债权人利益。

(2)未明确规定该责任的性质。公司法及司法解释仅规定了清算组成员的赔偿责任,而未明确规定其性质究竟是按份责任还是连带责任,有没有追偿权等。《公司法》司法解释(二)的起草人员认为,清算组成员对外承担的是连带责任，对内可根据实际情况追究具体成员的民事责任。[①] 笔者认为，为避免实践中产生分歧，这种观点应参照司法解释第 20 条清算义务人内部责任分担的规定予以明确。

(3)可以主张损害赔偿的权利人范围过于狭窄。根据公司法及司法解释，清算人对公司和债权人造成损害时，应当承担损害赔偿责任。但忽视了公司清算涉及多方利益主体这一事实。公司清算不但涉及公司、债权人的利益，还关系到公司股东、职工及其他利害关系人的利益，清算人的故意或重大过失行为并不仅仅会造成债权人的损失，也有可能造成其他第三人的损失，公司法在此处却将权利人范围限制得过于狭窄，不利于对第三人利益的保护，也与清算制度的初衷相悖。

(4)对债权人承担赔偿责任的范围不够明确。目前主要有两种观点：一是认为清算人应承担公司对债权人债权的全部责任；二是认为清算人应仅对积极侵害债权人权益的行为和消极(不作为)损害债权人利益的行为造成的损失承担责任。[②] 第一种观点与清算义务的性质相矛盾。清算义务就其本质来说是法律为清算人所特别规定的法定义务，如果清算人违反该义务，不仅应承担行政、刑事责任，而且应当为自己的行为给他人所造成的损失承担赔偿的民事责任，但是其承担赔偿责任应以其行为所造成的损失为限，而不能任意扩大，否则将违背民法传统理论中“自己责任”的原则。后一种观点的不足之处主要是在具体诉讼中责任范围较难确定，债权人往往无法举证证明其受损的范围。鉴于清算人通常为公司经营者及具体侵权行为的实施者，对公司解散时的资产状况和其行为造成的公司财产的损失数额，具有更充分的举证能力与条件。所以，可以考虑由清算人承担举证责任。如果清算人无法举证，或者公司财产已下落不明，可以推定解散时公司财产足以清偿债权人债务，清算人应对公司现存财产不足偿还债权人的部分承担全部责任。

2. 清算义务人民事责任承担仍有大量实践问题需要解决。

我国《公司法》对清算义务人的法律责任规定较为原则，而《公司法》司

---

① 宋晓明、张勇健、刘敏：“最高人民法院《关于适用〈中华人民共和国公司法〉若干问题的规定》(二)的理解与适用”，载《民商事审判指导与参考》2008 年第 2 辑，第 38 页。

② 曹士兵：“关于企业歇业、撤销或被吊销营业执照后清算主体的法律责任问题”，载最高人民法院经济审判庭：《经济审判指导与参考》(第 2 卷)，法律出版社 2000 年版。

法解释(二)作了较为具体的规定。该司法解释规定的清算义务人的民事责任形式主要有:(1)清算义务人不作为的侵权民事责任。司法解释第18条规定了两种情形和责任方式,一是清算义务人未在法定期限内成立清算组,导致公司财产贬值、流失、毁损或者灭失的,应当在造成损失范围内对公司债务承担赔偿责任;二是清算义务人怠于履行清算义务或其他义务,导致公司主要财产、账册、重要文件等灭失,无法进行清算的,应当对公司的债务承担连带清偿责任。(2)清算义务人作为的侵权民事责任。司法解释第19条规定了清算义务人两种情形下作为应当承担的侵权民事责任,一是恶意处置公司财产;二是未经依法清算,以虚假的清算报告骗取公司登记机关办理法人注销登记。债权人发现清算义务人有上述两种情形的,可以主张清算义务人承担相应赔偿责任。(3)未经清算注销公司的民事责任。按照《公司法》的相关规定,公司解散后必须进行清算(因公司合并、分立除外),然后才能注销公司,未经清算的,不得注销公司。司法解释第19条规定了清算义务人欺诈注销公司应当承担的法律责任。该条规定公司未经清算即进行注销导致公司无法清算的,公司清算义务人应当向债权人承担相应赔偿责任。如果股东或者第三人在办理注销登记时承诺对公司债务承担责任的,债权人可以主张其承担相应民事责任,但不免除清算义务人的法律责任。此外,对未缴出资的股东,司法解释还规定有补缴责任。

《公司法》司法解释(二)的出台将会极大改变公司结束不清算、人去楼空的局面,对于督促清算义务人依法清算,规范法人退出机制,保护债权人利益,改善公司不诚信的状况将有重大影响。由于《公司法》司法解释(二)实施时间不长,许多实践中的问题尚有争议。

(1)举证责任问题。司法解释第18条未对举证责任作出规定。一种观点认为,适用因果关系推定和举证责任倒置的规则。即公司财产经强制执行不能清偿债务部分即应推定为清算义务人未及时清算所造成的损失,原则上清算义务人应当在此损失范围内对公司债务承担赔偿责任,如果清算义务人能够举证证明该损失非其未及时清算造成的,则可以免责。另一种观点认为,原则上应由债权人举证,有限度地适用举证责任倒置规则。①笔者倾向于第二种观点。因为,清算义务人承担的是侵权行为的民事责任,而一般侵权行为构成要件的举证责任是由主张权利人承担,法律没有规定

① 褚红军主编:《公司诉讼原理与实务》,人民法院出版社2007年版,第315页。

举证责任应当倒置。此外,此种责任已经是对股东有限责任的突破,如果一概适用举证责任倒置不仅会对清算义务人不公平,还可能导致债权人滥用诉权。当然由于债权人和清算义务人信息的不对等,债权人可能确实无法掌握公司的财产状况,可以有限度地适用举证责任倒置。债权人应当首先举证证明清算义务人怠于成立清算组进行清算以及公司财产出现不当减少合理怀疑的初步证据,之后,由清算义务人承担公司财产并未不当减少的举证责任。如清算义务人不能举出可采信的证据,则可推定其给债权人造成了损失。

(2)对公承诺责任的问题。司法解释第20条规定,公司未经依法清算即办理注销登记,股东或者第三人在公司登记机关办理注销登记时承诺对公司债务承担责任,债权人主张其对公司债务承担相应民事责任的,人民法院应依法予以支持。此规定即为清算义务人的对公承诺责任。关于对公承诺的性质,学术界有三种观点:第一种观点认为,法律不限制清算义务主体自愿承担公司的债务,因此,只要公司股东或其他清算主体承诺对公司债务承担清偿责任,依其承诺,人民法院可令其直接向公司债权人承担清偿责任;第二种观点认为,这种承诺只是股东与登记机关之间的内部意见,不能产生新的债权债务,股东不应为此而承担清偿责任;第三种观点认为,股东的这一承诺行为是对公司清算行为的保证担保,保证公司若未进行清算或在清算过程中存在过错,给债权人造成损失的则应由该股东对公司债权人承担保证责任。[①] 笔者认为,此类对公承诺较为类似于非典型的保证担保。因为清算义务人向登记机关申请办理公司注销登记时,如果公司有债权债务未清理,则清算义务人向登记主管机关所作的承诺,实质上是为了取得公司注销登记而作出的保证担保,登记主管机关凭其担保才同意办理了公司注销登记。之所以是非典型的保证担保,是因为一般保证担保是对未来发生的债务予以担保,而清算义务人所作的承诺是针对已经存在的债务。

(3)"民事责任"的界定问题。笔者认为,应当按照清算义务人的行为所造成的后果来确定。如存在不履行清算义务给公司财产造成损失的,应当在损失范围内对债权人承担赔偿责任;恶意处置资产的,在恶意处置资产范围内承担赔偿责任;侵占公司财产的,在侵占财产范围内承担责任。

---

① 丁巧仁主编:《公司法案例判解研究》,人民法院出版社2003年版,第491~492页。

(三)公司非破产清算终结程序

非破产清算终结有两种情形:一是以公司清算完结而终结,涉及的问题主要是一些程序问题;一是公司被宣告破产而终结。在此情况下,公司即在法院的主持下依照破产程序的规定继续清算,涉及的主要问题是如何实现由非破产清算向破产清算的过渡以及过渡中存在的问题。我国《公司法》关于清算终结仅在第188、189条中作了简单的规定。第188条规定的是清算程序非正常终结,即清算组在清理公司财产、编制资产负债表和财产清单后,发现公司财产不足以抵偿债务的,应当依法向人民法院申请宣告破产。第189条则规定清算报告应报股东会、股东大会或人民法院确认,并报公司登记机关,申请注销公司登记,公告公司终止。《公司法》司法解释(二)第16条则明确规定了强制清算的期限为自清算组成立之日起6个月,因特殊情况未能在上述期限完成清算的,清算组应申请延期。《公司法》司法解释(二)在一定程度上增强了清算终结程序的可操作性,但与其他国家(地区)的立法相比,还存在种种不足。

1. 司法解释对自愿解散清算的期限未予规定。同时,司法解释也未明确对强制解散中可延长清算期限的特殊情况的认定,且亦未规定可以延长的具体期限。这固然有公司清算情况纷繁复杂,难以统一界定的原因,但也给清算人清而不算、算而不结留下了很大空间。

2.《公司法》第189条虽然列举了清算报告的确认主体,但未区分自愿解散和强制解散这两种不同情况下具体的确认主体,司法解释也未作明确规定。依照司法解释第15条有关公司自行清算的规定,清算方案应当报请股东会或者股东大会决议确认,人民法院组织清算的,清算方案应当报请人民法院确认的规定,这似乎应解释为自愿解散时清算报告由股东(大)会确认,强制清算时由人民法院确认。

3. 清算报告确认程序不完善。按照公司法的规定,确认清算报告不属于须经代表2/3以上表决权的股东通过的情形,换言之,有限责任公司清算报告只须具有代表1/2以上表决权的股东通过,而股份公司的清算报告则须有出席股东大会的股东所持表决权的1/2以上通过。此处存在着表决权比例计算的问题,容易造成控股股东操纵清算报告的确认,从而损害小股东利益的情况。同时,我国公司法也未规定股东会或股东大会确认清算报告的期限,其后果就是股东会或股东大会可能有意或无意拖延清算进程。

4. 非破产清算向破产清算转换的程序未作明确规定。如转换的条件、转换过程中债权申报的效力以及非破产过程中处分财产行为在破产程序中的效力等问题均无相关法律规定，以致实践中产生大量分歧与争议。

## 三、完善非破产清算制度的构想

### （一）完善清算人选任、解任和任职资格的规定

1. 完善清算人产生办法。首先，增加公司章程约定清算人的规定。可借鉴他国（地区）立法经验，在规定法定清算人的同时，增加公司章程约定和排除法定清算人的规定，从而充分体现在私法领域对民事主体意思自治的尊重，同时也可进一步完善清算人的产生途径。其次，增加有限公司由公司董事作为法定清算人，如果公司章程或股东大会对公司清算人的人选另有规定或决议的，可以不受限制。这既有利于提高公司清算效率，也有利于增强董事的责任心，强化其法律责任。再次，由于特殊原因，导致公司清算人不能正常产生的，经公司本身或相关利害关系人申请，由法院来选任清算人。最后，完善清算人选任程序。为避免大股东控制清算人的选任，应提高表决清算人的股东（大）会决议的通过门槛，建议由出席股东所持表决权2/3以上通过。

2. 建立清算人解任制度。自愿解任仅适用于来自于中介机构及社会的清算人，而不适用于法定清算人和法院指任清算人，这在法理上可以基于委任关系解释，故无须在公司法中明文规定。目前需要完善的主要有三个方面：一是赋予股东大会依公司章程或股东（大）会决议对清算人的解任权；二是清算人不依法履行清算职责，或在清算过程中存在重大过失的，法律应当赋予有限责任公司的利害关系人、股份公司的监事会以及持有一定比例股份的股东申请法院解任清算人的权利；三是对当然解任的情形作出明确规定，建议参照我国台湾地区的规定。

3. 明确清算人的任职资格。清算人应当具有一定的专业知识，因为清算人要负责组织清算，而这期间可能涉及许多专业知识，并不是所有人都能胜任的。为确保清算的效率，应明确清算人自身的素质条件。规定股东大会确定的人选应参照《公司法》司法解释（二）第8条所规定的条件，并增加选定的清算人应是与清算无利害关系的人的规定。清算人的消极资格可以准用董事资格的规定。

### （二）完善清算人监督管理机制

1. 应加强法院的司法介入。法院介入清算，目前主要规定在强制清算

环节中,且并不完备。笔者认为,由于清算涉及公司、股东、职工、债权人、债务人等多种主体的利益,股东之间、股东与债权人之间、公司与职工之间等不同主体因清算活动产生的利益冲突需要权威裁判机关的介入。因此,在各方主体因清算活动产生争议时,应赋予法院一定的监管权。如清算组成员有碍清算事务的行为,法院可根据利害关系人的申请将该清算组成员解任。实践中,可由法院委托或者指定具有资质的机构来进行监督工作,让该机构对清算组工作的真实性、效率等进行监督,并对法院负责。

2. 应强化监事会的监督。监事会的基本职责是监督公司的业务活动,一般而言,监事会的监督对象是董事会和经理人。当公司进入清算后,董事会和经理人的职权丧失,在清算范围内,清算组取代董事会和经理人的职权,因此,清算公司的监事会的监督对象应当转化为清算组及清算组的清算行为。公司法或将来的司法解释对监事会此职权应当明确规定。

3. 应确立公司解散的公告制度。为保障权利人切实享有申请法院强制解散的权利,应当建立公司解散公告制度,即规定清算义务人应于公司解散事由出现之日起 10 日或 15 日内对公司解散进行公告。使各利害关系人才有公平的机会申请法院指定清算人进行清算。

(三)完善非破产清算终结制度

1. 完善清算期限的规定。统一自愿清算与强制清算期限的规定。借鉴各国立法经验,以清算组成立起 6 个月较为适宜,对于有特殊情况需要延长的,可以适当延长,但一般不得再超过 6 个月。

2. 明确具体的清算报告确认主体。结合司法解释对清算方案的确认主体,明确自愿解散时由股东(大)会确认清算报告,强制解散时由人民法院予以确认。

3. 明确清算报告确认的程序及期限。对于有限责任公司可采用人数加表决权比例的方法,即确认清算报告的股东人数及所持表决权均须过 1/2;而对于股份公司,则需要代表 1/2 以上表决权的股东出席股东大会,且出席股东所持表决权的 1/2 以上通过。章程有更高规定者从其规定。至于清算报告的确认期限,可借鉴日本和我国台湾地区的做法,有限责任公司的股东会确认清算报告的期限以 1 个月为宜,逾期不作确认又不能提出有效异议的股东可视为认可;股份公司应该在清算结束后,由清算人将清算报告送交各股东,上市公司则应将清算报告予以公告,并应在通知各股东或公告的 45 天后召开临时股东大会,决议确认清算报告。

4.增加账簿和清算资料保管的规定。借鉴他国(地区)立法例,公司清算终结后,由清算人保存账簿和清算资料;也可因利害关系人申请,由法院选任保管人,保管期限以10年为宜。这主要考虑与刑法关于追诉时效的规定相衔接,因为涉及公司经营的犯罪的法定最高刑多为5年以上不满10年,相应的追诉时效多为10年。保管人应尽到保管和注意义务,若因故意或重大过失造成公司账簿和清算资料的毁损或灭失,应承担相应民事责任。

(作者单位:江苏省盐城市中级人民法院)

# 试论基层法院司法职权的优化配置

黄德海　韩立勇

**[内容提要]**　基层法院的司法职权配置状况关系到其司法职能的发挥，目前基层法院由于在机构设置和人员配置方面存在诸多问题，影响了司法效能的发挥，所以，应建立以审判为中心、以当事人权利实现为目标的职权配置运行模式和内部管理协调机制。

**[关键词]**　基层法院　司法职权　优化配置

党的十七大报告明确提出："深化司法体制改革，优化司法职权配置，规范司法行为，建设公正高效权威的社会主义司法制度，保证审判机关、检察机关依法独立公正地行使审判权、检察权。"它与十六大报告提出的"完善司法机关的机构设置、职权划分和管理制度"内容相比，更加强调了法院内部司法职权优化组合的重要性，把"优化职权配置"在宏观"司法体制改革"与微观"规范司法行为"方面结合起来，对共同的司法制度价值目的"公正、高效、权威"的实现发挥了承上启下的作用和功能，是对新时期、新阶段深化法院改革，贯彻依法治国方略作出的一项重大部署。如何落实十七大党对司法的要求，进一步优化法院特别是基层法院的司法职权配置，是当前与今后一段时期需要解决的重要问题。

## 一、我国法院司法职权配置改革的历史进程

1999年10月，最高人民法院制定颁布"一五改革纲要"以来，各地高级法院相继出台了实施意见。至此，人民法院的司法改革已走过近十年的历程，以深化审判方式改革为中心的审判组织体系、内设机构设置、人事管理、内部监督等一系列机制改革取得一定的进展。审判独立、公开、司法统一、

法官职业化、审判管理非行政化、实体与程序并重等符合审判工作规律的现代司法理念，正逐步深入到法院管理和法官的司法活动中；同时，这些观念也逐步被社会所认可，成为推动法院改革的外部积极因素。回顾十年司法改革取得硕果的同时，我们不能否认，由于人们的传统习惯与司法积弊过深，缺少刚性的统一布局与规划的法院系统自身改革就不可避免陷入重围，受到来自系统内外重重阻力以及体制框架的限制，宏观的改革要求与司法成果间产生矛盾，甚至时代政治性的要求使得一些做法不得不走回头路，冲淡改革的成效。[①] 因此，2007 年 11 月 26 日，时任最高人民法院院长肖扬在全国法院司法改革工作会议上强调，要以党的十七大精神为指导，进一步深化人民法院司法改革。那么，在现有的政治框架下，要使得改革更加富有成效，对各级法院司法职权如何进行配置，特别是与人民群众对司法需求最直观、最贴近的基层法院在此基础上，如何解决独立审判与制约监督之间的关系，以及法院保障机制在实现"公正、高效、权威"的司法终极目标中怎样发挥作用就显得较为重要。当前，深化司法职权改革，优化司法职权配置，提高司法效率、实现司法权威和司法公正，已经进入了一个新的历史进程，具有更加明确和更高标准的要求。

## 二、当前基层法院司法职权与法官资源配置的现状

司法职权的配置涉及三个方面的问题：首先是国家的统一司法权如何在地方上配置；其次是不同性质的部门如何划分职权；最后是相同性质的不同层级之间以及同一个部门不同内设机构的职权配置问题。[②] 本文主要研究和探索具有审判职权的法院，特别是基层法院内设机构间职权配置的现状与问题。

### （一）"三个分离"的审判方式已建立，但亟待完善事项较多

立案与审判分离、审判与执行分离、审判与监督分离的审判运行方式，在基层法院已经建立并运行良好，改变了以往"审立并行"、"自审自执"等审判权力过度集中的弊端。但是，在运行中发现如下问题：一是缺少"一盘

---

① 参见江苏省高级人民法院主编：《2003～2005 年全省法院优秀重点调研课题汇编》，第 366～370 页。

② 陈卫东："优化司法职权配置建设公正司法制度"，载《法制日报》2007 年 12 月 20 日周末版。

棋”思想。立案和审判没有通盘考虑案件是否能够执结,没有为执行提供足够的条件与基础,常常出现“一判了之”的情况,甚至将当事人之间的对立转化给执行法官。执行工作有时也随意性大,在没有与原审判人员进行充分沟通的基础上,压制一方当事人“和解”或“放弃”权利,削弱了司法文书的既判力和裁判权威。二是案件“多头”办理。“三个分离”对权力的制约是行之有效的方法与手段,但对诉讼当事人来说带来诸多不便。面对不同的法官面孔,相同的诉求要表述数次,单就诉讼费负担与退取这一项,有时要在几个部门之间奔波,更不用说诉求的最终实现了。三是只审不监情况严重。经过改革而设立的审判监督庭,原本意是对刑事、民商、行政审判的案件形成业务监督和对申诉立案案件进行再审,而在现行法律以及司法实践中,没有充分体现对审判业务开展有效的监督,有的仅停留在对法律文书优劣的评判上。由于审判管理办公室的出现和民事诉讼法的修改,使得基层法院审判监督机构的职能受到较大削弱。四是审判质效考评不尽合理。主要表现在:(1)质效考评与司法审判的本质特征和规律不仅相悖,质效指标的效率性至少冲淡了司法的民主性、统一性、慎重性和权威性,特别是体现不了个案复杂劳动的差异性。(2)容易引发一些法院“数据注水”和“数据造假”。审判工作有其自身的特点,质效指标不可能逐年都会提升。因此,审判质效指标排序的后果,很可能刺激一些法院乃至法官在质效指标数据统计和上报时弄虚作假,从而影响审判管理工作的健康发展。(3)不能最终体现司法的社会效果。审判质效考评走向极端化,也很可能使一些业务庭和案件承办人用不正当手段,甚至用损害当事人合法诉讼权利的方式追求高质效指标,严重影响司法的社会效果。(4)增加了一线审判人员的精神负担。当今状况下的中国,法官本来就是一个高风险职业,心理压力较大。质效指标的不断攀升,考核力度的不断加大,明显加重了他们的心理负担,使得一些法官既不愿办案,又不得不整天忙于办案,备感疲惫。

### (二)综合部门职责分工明确,但服务审判中心工作意识不强

按司法资源配置和机构改革的要求,法院内设综合部门的职能划分更加明晰,但“精简、统一、高效和方便”的原则并没有真正体现,综合部门全心服务审判业务的初衷,在实践中并没有得到很好落实。随着司法权地方化趋势的加大和部门权益最大化的内力扩张,各个基层法院的综合部门愈来愈多,服务审判中心工作的质量和效率却在下降。造成这种状况的原因主要有:一是地方党政事务繁多。由于基层法院在地方的地位比较尴尬,不

少地方党政召开各种会议、举办种种活动，事无巨细都要拉上法院，当然有的法院也乐于参加，主动迎合。这些事务，无疑增加了法院领导和综合部门的工作量，并且综合部门的工作常常体现法院在地方党委、政府工作中的位次。因而，无论是法庭建设、政治宣传、队伍考核，还是“平安”“和谐”建设，都离不开综合部门的“摇旗呐喊”，这就势必造成综合部门增加，人数增多，但精力分散。二是考核评查繁多。俗话说“上面千条线，下面一根针”，基层法院不但要承担上级法院宣传、调研、信息、党风廉政等多项非审判性的考核任务，还要承担同级党政部门内容齐全、名目繁多的各类考核。有的考核甚至对综合部门的人数都规定硬性指标，否则不能过关达标。更令人担忧的是，抽调到综合部门的人员，往往都是审判一线上的骨干力量。三是非审判人员比重逐年增加。各级法院由于承担军转干部安置等任务，挤占了行政编制，使得法院法官缺员严重。就笔者所在法院而言，全院目前在编干警 127 名，非审判人员 47 名，占全院在编干警近 40%。加上院庭领导、综合部门人员等，实际不办案人员比例已超过 60%。四是综合部门缺少服务理念。综合管理部门事务相对繁杂，更多的指令直接来自院领导层，工作的重心自然向上转移，对上负责，加之部门利益甚至个人“权威”的偏私性，导致实践中服务审判一线的质量和意识下降。上述综合部门存在的问题可以通过对 35 名法官的调查可见一斑（详见表一）。①

**表一：综合部门运作情况调查统计表**

| 项目 \ 评价 | 肯定 | 否定 |
|---|---|---|
| 综合部门权力增大 | 34 | 1 |
| 综合部门服务质量上升 | 20 | 15 |
| 是否围绕审判中心工作运转 | 16 | 19 |
| 需要合并或重组 | 34 | 1 |

（三）司法职权配置的目的已明确，但困扰公正司法的因素还较多

司法职权配置的目的就是实现司法公正与高效，首先就要创造法官独立审判的环境与氛围。经过多年的改革与推动，法官独立审判和居中裁判

① 该表系笔者向审判一线从事审判工作的法官和部分院领导调查所得。

的角色定位已经形成。它是审判走向公正的前提,这一点已被多数人接受和认同。但是,在审判工作中还有诸多内外因素影响甚至掣肘着司法公正裁判。一方面,法院的宪法地位没有配置到位。法院应坚持党的领导,但应改变党对司法的领导方式,特别是人财物受制问题,使得独立审判的宪政原则难以得到落实。另一方面,法官的独立审判受到影响。这种影响来自多方面:一是行政干涉。法官的提拔、晋级、考核、奖惩均来自行政部门和系统内行政管理者,先天性不具有超然脱俗的环境,因而,在审判中,常常受到内外行政权力的干预。二是熟人社会的影响。中国是典型的"熟人"社会,通行"有人好办事"。法官生活在需要别人关心、支持、帮助的同学、同事、朋友、亲戚的生活圈子里,对于熟人的请托案件常常影响裁判行为。三是定案机制不合理。在很多法院,不少案件先是向庭长、院长汇报定调后,再行审理,虽然经过数次庭审方式的改进,这些情况有所好转,但仍存在"先定后审"的现象,特别是在刑事审判领域表现更为突出,影响了法官裁判的独立性。

(四)审判管理监督体系已建立,但缺少内在协调机制

公正高效的司法行为离不开管理,向管理要效益是近几年法院改革的成功之处,但多头管理容易形成资源的浪费。一是法官业绩的多头考评。法官的业绩就应当是综合评判,既有审判考核,又有司法政务,还有党风廉政方面,但在一个法院内不应形成部门重复考核。目前,审管办与政工部门、政工与纪监、审管办与审判监督庭等部门之间,对法官的考核有很大交叉。这样一方面浪费了有限的司法资源,形成重复劳动,另一方面可能政出多头,使法官无所适从。但与此同时,审判监督并没有有效地开展对法官审判业务的监督,审管办主要工作就是通报法官的审判业绩,对违规部门和个人没有处理权限;纪检监察部门仅是对违纪部分进行处理,因而,没有形成监督法官业务审判的合力。二是内部资源没有得到充分整合,信息资源共享还有待加强。综合部门为了自己的工作目标,各自开展工作,其记载的事项应当成为对干警业绩考评、奖励表彰、选拔任用的依据。然而,工作中有的信息没有记录存档,有的信息各自为用,互不交流,有的存档也没有发挥其应有的作用,没有形成一套行之有效的资源共享的考核评价体系。同时,还存在审判业务信息与综合部门互不交流的情况,审判部门不了解高层运行动态和要求,综合部门对上级文件的落实往往停留在"自说自话"的层面,审判部门对综合部门的事务性工作的重要性认识不足,常常敷衍了事。

### (五)法官的从业规定向专业化迈进,但法院的工作保障机制仍然缺失

尽管党的十六大报告早就提出了“改革司法机关的工作机制和人财物管理体制,逐步实行司法审判和检察同司法行政事务相分离”,但在司法职权的优化配置过程中,一些体制性的问题还没有发生根本转变。同时,社会对法官个体的要求却大大地提高,出现了法官的付出与其职业保障极不相称的局面。一是法官职业准入严格,但法官遴选渠道不宽。只有经过国家司法考试和国家公务员考试的人员才有可能被提名初任法官,这对法官职业化和专业化建设,防止司法主体泛化具有积极的重大意义。但是,拓宽法官来源渠道,从下级法院和社会优秀法律人才中选任法官的遴选渠道没有畅通。就从笔者所在法院来说,十年没有从社会上选任一名社会法官,也未被上级法院公开选调走一名法官(工作调动除外)。二是法官压力过大。通过十多年对法官队伍精简分流的改革,使法官的年龄结构和文化结构都有所改善。目前,笔者所在法院有127名在编干警,其中40岁以上70人,50岁以上人员占总人数的比例与1999年相比下降了18.6%;具有法官资格且有本科以上学历的76人,占总人数的比例60%,比1999年上升近50个百分点。在法官综合素质大幅提高的同时,面临着社会司法需求增大、案件增多的问题,出现了法官人员相对减少,法官工作和心理压力都增大的情形。下面是笔者所在法院十年来,民事案件与民事法官对比表,可以说明这个问题(详见表二)。法官职业化的法律规定不具体,执业的保障更没有统一规定。不少法官在“上访”、“闹访”扩大的事态和建设“和谐”社会双重重压下怕办案,面对大量积案与绩效考核下又不得不快办案。由于人手紧缺,很多法官要做打印文书、装卷宗、送达等该是书记员操持的事务。三是法官的行政化管理逐步强化。表现在:法院与法官均纳入行政管理运行模式,法官超额的特定劳动被量化为行政业绩进行考核,而不是根据司法特征设置管理;法官的工资、津贴一律依行政级别规定发放,没有体现应有的待遇;上下级法院关系等越来越行政化,宪法的监督与被监督关系正被实际上的领导与被领导关系所替代;法院内部院长、庭长、审判长等职称正演化为行政管理模式。法院管理行政化,使行政干预能十分通畅地进入司法领域,司法应有的特性就会弱化,法官独立司法的能力就会削弱,必然影响司法的中立与公正。四是以法官为中心的管理体系仍没有形成。法官与管理层的主次地位倒置,未能彰显法官在法院中的主体地位,不能真正实现符合司法

规律的审判建构和法院管理。[①]

表二:民事案件与民事法官对比表

| 项目<br>年份 | 审结民事案件数(件) | 民事法官人数(人) |
|---|---|---|
| 1998 | 1301 | 37 |
| 1999 | 1578 | 40 |
| 2000 | 1693 | 26 |
| 2001 | 1489 | 26 |
| 2002 | 1321 | 18 |
| 2003 | 1399 | 18 |
| 2004 | 1323 | 18 |
| 2005 | 1625 | 25 |
| 2006 | 1718 | 19 |
| 2007 | 2169 | 20 |

## 三、基层法院优化职权配置改革的思路与建议

法院改革是一项庞大的系统工程,既涉及立法权、司法权、行政权的配置等体制问题,又涉及法院改革措施与改革价值目标、本质特征以及改革的效果等机制问题。同级党委、政府对法院改革的态度往往决定了改革的成败,因而,依靠法院自身力量进行司法改革的措施是远远不够的,这就需要通过发动一场自上而下的全局性行动来维护改革成果,克服问题疾症,疏导各方关系。党的十七大报告把司法体制改革纳入了政治改革范畴,从政治文明的高度再次进行强调,必将引导改革进入到一种新的层面和目标。正如前首席大法官肖扬在全国法院司法改革工作会议上指出的,深化司法改革的五项基本要求的首要工作,就是立足中国特色的基本国情,不能急于求成,不要提出过高的不切实际的要求。正因为如此,当前,提出在法院之间以及法院内部实现对司法职权的优化配置是切实可行的,通过自身的努力能够将司法审判引入"公正、高效、权威"的"康庄大道"。经过对实践和现

① 参见江苏省徐州市中级人民法院:"合议庭在审判建构与法院管理的良性互动",载江苏省高级人民法院:《2005 年全省法院优秀重点调研课题汇编》。

状的总结、分析与思考,笔者认为可以从如下两个方面着手,确定新的改革重点。具体思路是:

### (一)建立以审判为中心、以当事人权利实现为目标的职权配置运行模式

司法审判是法院的主业,通过审判活动才能实现司法公正和保护当事人的合法权益,才能实现十七大报告提出的"公正、高效、权威"六个字的方向与目标。

1. 确立"大立案"理念,实行案件繁简分流。根据表二的统计分析得知,目前基层法院受理案件数大幅攀升,而审判一线人员却在下降。为确保判决的案件经得起推敲和历史的检验,把裁判的案件办成精品,体现司法的公正与权威,必须给法官留下足够思考的时间。因而,立案庭就必须对案件在审查立案与送达的基础上进行繁简分流,对简易案件立即移送,对复杂、证据有争议的案件实施排期,在做好风险告知的同时,做好案件的调解工作,力争使矛盾消除或为审理案件的调处做好前期工作。这既符合案件质效考评中调解率考核的需要,又符合构建"和谐"社会的大局要求,更为审判这个中心环节提供条件。针对法院从立案到最终执行要经过很多程序、面对多个环节的状况,要赋予立案庭对所立案件的流程监督权。即从立案到权利实现的全过程,均可通过"窗口"首问责任人一问到底,把诉讼过程透视得一清二楚,减少当事人往返徒劳奔波之苦,让当事人在诉讼过程中感觉到司法的亲和力和便民利民的司法宗旨。

2. 推行"执行一盘棋"工作机制,确立"大执行"的工作格局。立审分离、审执分离、审监分离符合审判工作分权制约规律,能够促进审判公正的实现。但由于流转环节过多,可能影响案件审理的效率,特别是对合法当事人权益尽快实现有消极因素。为此,有必要加强立案、审判、审监和执行之间的配合,以最小的司法成本实现当事人合法利益的最大化,形成法院内部解决"执行难"的工作合力,竭力维护生效裁判的权威性,使当事人利益不因司法的程序性而实际损耗。在建立相互协作形成"大执行"格局过程中,逐步建立和完善部门间定期沟通和协调机制。

3. 整合综合部门力量,提高服务审判执行工作的能力。目前,基层法院无论是法官资源,还是财物资源,或是领导力量的资源都是有限的,怎样把有限的资源投入到法院中心工作去,是改革必须思考的问题。现在,各级法院的院长、庭长几乎是套用行政管理模式,综合部门对行政长官负责,有限

的资源要首先满足行政事务的需要,然后才能考虑审判的需求。因而,十分有必要改变目前领导决定财力,财力制约法官的状况,建立以法官审判、执行为工作中心的资源配置模式。法官指挥司法警察,法官高度主导物资的使用分配;法官调集力量对司法前瞻性问题展开研究,以便指导实践;法官评定助理法官、书记员、速录员和司法辅助人员是否称职等。唯有这样,才能体现以法官为核心的权威,才能将有限的资源充足地使用在司法审判、执行工作中去,真正体现服务中心工作的质量和效率,才能提高司法的效率和公正。

(二)建立以整合审判资源为目的、以统一管理、考核、监督为措施的全面协调机制

法官这个职业群体,无疑应当是任何司法改革首先关注的重点。由于法官执业环境差、待遇与其付出极不相称,加上法官执业准入等因素造成法官大量流失,法官断层危机已经凸显。就笔者所在法院而言,35 岁以下审判法官仅有 4 名,45 岁以下具有法官资格的仅有 26 名,法官的缺少和断层已经影响到法院审判质量与效率。司法实践中,已出现上下级法院套印裁判文书共同差错的现象,案件的处理几乎像工业流水线生产的产品,失去了个案的特殊性,漏、错法律文书屡见不鲜,个别文书文字的差错甚至导致重大信访、缠访事件,花费了法院大量的人力、物力与精力。出现这些问题,责任不能全推在不堪重负的法官身上,唯有改革创新,才能舒缓法官的重压和法官人员严重不足的问题。

1. 改革法院监督制度,建立统一监督体系。新修改的民事诉讼法于 2008 年 4 月 1 日施行后,基层法院的审判监督庭仅具有审查与审理申请再审职能;新法规定上级法院受理当事人的申请再审案件后,基层法院审判监督庭仅有的一项事务即审查本级法院院长提起的“确有错误”的再审案件。因此,很有必要将基层法院审监庭与其职能相近的审判管理办公室合署办公。我们对 35 名法官进行问卷调查时,34 人赞同两个部门合并,以便可以节约审判资源。法院监督分为审判业务监督和审判纪律作风监督,为了维护司法权威与司法廉洁,有必要建立加强这两种监督的统一工作机制,形成“大监督”的工作格局。

2. 整合业绩考核资源,建立统一考核评价体系。基层法院政工部门负有对法官考核、培训和业绩评价等职能,而审判管理办公室主要从事的绩效考评与通报工作,也是一种对法官审判能力进行的考核,是对法官全面考核

的一项内容。因而,笔者建议双方加强联动,经常进行联手考核,及时互通考核结果。这样,一方面节约资源,避免重复劳动;另一方面,可以更好地实现法官业绩考评资源共享,改变被通报的问题与奖惩无关的局面和奖惩无据的状况,实现法官业绩档案动态管理、资源共享、充分运用、法官评价客观真实的考核作用。

3. 整合审判管理资源,建立法官全员参与法院中心工作的格局。面对法官的严重缺员和断层的客观事实,如果不采取切实有效措施加以改进,势必使法官职业化进程受到阻碍,很有可能回归到司法主体泛化的过去,使得改革本已存量不多的成果再次丧失。当前,可以从整合审判管理资源和综合部门法官资源来解决案件数量大幅上涨和法官短缺的困难。一是打破庭室之间界限,法官可以办理不同部门间的案件,既可解决部门案件不平衡问题,又可锻造复合型法官。二是综合部门法官可以审判人员的身份参加到相关审判业务部门办理案件,业务受其指导与管理。三是推行法官执业年限终身制,对退职、退位、退休的法官继续予以聘用。对这部分人员,可以在立案庭服务于案件分流工作;在法官员额制度下,可以承担法官助理的职责;在相关法律修改后,可以继续留任法官。

面对司法资源配置远不能满足人民群众对司法公正、高效与权威需求的客观情况,司法改革必须要围绕法官这个主体进行资源优化组合,在整合审判资源、优化职权配置、解决法官职业保障上等方面狠下功夫。只有解决好这些基础性问题,司法行政化、司法地方化、司法大众化等与司法运行极不相称的倾向与趋势才能被遏制,司法才能沿着其特有的规律运行,中国的司法才会有现代化的明天。

(作者单位:江苏省建湖县人民法院)

# 完善我国多元化纠纷解决机制之探讨

周 宏

[内容提要] 纠纷作为社会存在物,其解决途径不应局限于司法一个方面,一元化的纠纷解决机制存在诸多弊端,构建多个部门共同参与、多条途径共同推进的多元化纠纷解决机制,使诉讼机制与非诉讼机制有机结合,乃是应对纠纷日益增长现状的现实需求。

[关键词] 多元化 纠纷解决机制 完善

当前我国正处于经济社会转型期,社会矛盾的关联性、聚合性、敏感性不断增强,并且纠纷呈多样化、群体化、复杂化态势,给社会的稳定与和谐带来了严峻挑战。在这种背景下,对建立在法治基础上、能够满足社会不同主体需求的多方面、多层次的矛盾纠纷多元解决机制加以完善,对于和谐社会的构建具有重要的现实意义。笔者就完善我国多元化纠纷解决机制作一粗浅探讨。

## 一、当前我国多元化纠纷解决机制运行状况及原因分析

多元化纠纷解决机制是指在一个社会中,多种多样的纠纷解决方式以其特定的功能和运作方式相互协调地共同存在所结成的一种互补的、满足社会主体的多样需求的程序体系和动态的调整系统。[①] 通说认为,多元化纠纷解决方式既应包括诉诸法律的司法途径,也包括其他不诉诸法律的非诉讼途径;既包括民间的矛盾纠纷解决方式,也包括官方单独的或与民间相

---

① 范愉:“以多元化纠纷解决机制保证社会的可持续发展”,载《法律适用》2005 年第 2 期,第 2 页。

结合的矛盾纠纷解决方式。

作为我国非诉讼纠纷解决机制传统象征的人民调解，是在党着力推行基层民主及群众自治的历史进程中逐步形成的，在20世纪五六十年代一度相当发达，几乎承担着全面社会调整职能。“某种意义上，20世纪80年代以前中国社会调解的空前发达和成功，也恰恰是法制不健全的产物和象征。”[①]随着改革开放后社会主义法制建设的重点放在法律体系的制定和司法体系的完善上，对人民调解的建设和投入明显较少，导致人民调解工作明显弱化。直接表现为在诉讼案件逐年递增的情况下，人民调解的纠纷调处能力却呈现急剧下降的态势。据统计，全国人民调解委员会受理的纠纷总数与人民法院受理民事案件的总数已由80年代初的17比1，降至约1.7比1。1990年法院受理民商案件244万件，至2000年增长至471.01万件，而调解委员会调解的民间纠纷1990年为740.92万件，至2000年下降为503.1万件。傅华伶教授指出：“有讽刺意义的是，恰恰在西方社会寻找可供替代的纠纷解决方式并为社区司法的价值欢呼的时候，中国正通过将大众司法制度化和将公众参与形式化而遵循西方法律秩序的老路。”[②]很多人认为，随着法制和诉讼发展高潮的到来，调解将会不可避免地走向衰落。然而经过短暂衰微后，在社会纠纷暴发性增长的需求下，以人民调解为代表的多元化纠纷解决机制又重新焕发生机和活力。在一些地区司法实践、最高人民法院有关文件中都予以积极关注和推进。如江苏省高级人民法院大力推进“诉调对接”工作，在全省基层法院实践中形成了常州钟楼、苏州吴中、盐城滨海的三种诉前调解模式，取得了积极成效。以滨海法院为例，该院自2007年10月成立了融法律性、权威性、有效性、连贯性、便民性于一体的诉前调解服务中心的8个月内，共协调处理各类矛盾纠纷1105起，成功化解626起。在2008年上半年江苏全省法院民事案件受案数同比上升42.87%的形势下，滨海法院民事案件受案数仅上升7.73%；1～9月份，该院受案数同比还略有下降。其他诸如福建的莆田、厦门、北京的朝阳、上海的浦东、山东的青岛、东营法院也紧紧依靠当地党委政府以及相关社会组织建立了统一运作、相互配合，共同化解纠纷的联动机制。最高人民法院也于2004年

---

① 范愉：“当代中国非诉讼纠纷解决机制的完善与发展”，载《学海》2003年第1期，第77页。

② 傅华伶：“后毛泽东时代中国的人民调解制度”，载强世功编：《调解、法制与现代化：中国调解制度研究》，中国法制出版社2001年版，第310～311页。

制定了《关于人民法院民事调解工作若干问题的规定》(以下简称《规定》),明确了协助调解人、独立调解人、和解协调人、调解(和解)协议的司法确认等四项制度。可以说,这个《规定》的颁布是我国法院附设 ADR 制度勃兴的一个里程碑。[①] 同时,国家立法以及一些司法政策也在尝试着推进。如新颁布的《中华人民共和国道路交通安全法》中关于轻微交通事故"私了"方面的规定,使轻微交通事故当事人双方"私了"第一次得到法律正式认可。2007 年 4 月实施的国务院《诉讼费用交纳办法》明确规定调解结案的减半收费,也意在鼓励和倡导和为贵的理念。

然而在多元化纠纷解决机制构建较为火热的同时,其整体效能发挥偏低却是不争的事实,其具体表现为:一是在法院内部对多元化纠纷解决机制利用率不高。如在对南京市两级法院 214 名民事审判人员的调查中发现,不知道法院附设 ADR 的有 62 人,占调查总数的 33%;不了解最高人民法院 2004 年《规定》中法院附设 ADR 种类的有 149 人,占调查总数的 79%。[②] 从对最高人民法院 2004 年《规定》的了解与掌握程度,就可看出该规定在司法实践中主动运用的程度如何。南通市两级法院 2006 年上半年民事案件委托调解与协助调解的案件仅有 200 余件。[③] 二是协助部门参与率不高。在多元化纠纷解决机制推进中,法院要依靠当地党委政府,通过行政手段来整合非诉资源。而协助部门往往认为参与多元化纠纷解决机制只有义务而无利益而不愿参与。三是专业性纠纷解决机制欠缺。随着社会分工日益精细化,环境纠纷、知识产权纠纷、医疗纠纷等专业性要求较高,需要专业机构或行业组织来发挥其化解职能。受目前行业性管理自治组织纠纷解决能力的欠缺,其发挥作用也极为有限。

造成当前多元化纠纷解决机制运行效果不佳的原因是多方面的:一是非诉调解机构存在缺陷。由于受前一阶段对非诉纠纷解决机制重视不足、投入不够等影响,乡村、社区人民调解组织的专职调解人员严重缺乏,甚至是有名无实;且缺乏专业系统培训,法律业务素养不高,使得传统的调解方法和工作手段已无法发挥原先作用。加上人民法院与行政处理机制未形成

---

① 蒋惠玲:"法院附设 ADR 对我国司法制度的新发展",载《审判研究》2005 年第 1 辑,第 66~67 页。

② 姚志坚:"当前法院附设 ADR 的调查与思考",载《法律适用》2006 年第 4 期,第 41 页。

③ 顾卫平、黄卫:"诉调对接的功能定位与检讨",载江苏省南通市中级人民法院编:《和谐社会视野下的诉调对接》,第 169 页。

有效的衔接，双方对纠纷的认识、处理方式以及依据的规则、程序都有着明显差别，特别是行政调解协议缺乏法律效力，使得行政部门或行业性组织不愿参与调解。二是法院在对接非诉纠纷机制方面存在着偏差。首先在认识上，有的法院推动多元化纠纷解决机制的动机，是出于化解当前法院案多人少的矛盾，将部分法院难以办理的案件分流出去，存在被动性；其次在工作机制导向上，法院内部要求法官不得与一方当事人单独接触，要求尽量提高审判效率等，都不利于法官对接非诉讼纠纷解决机制；最后在程序规则上，由于最高人民法院2004年《规定》对协助调解人、独立调解人、和解协调人等调解模式规定得比较原则，对法院如何与社会资源衔接、如何启动终止非诉讼纠纷解决机制都缺乏明确规定，使得司法实践中操作性较差。三是立法缺失。当前我国尚没有专门的关于多元化纠纷解决机制的法律规定，使得多元化纠纷解决机制难以在全国均衡发展，整体推动。现有一些法律规定甚至对完善多元化纠纷解决机制起了抑制作用。如2004年5月1日施行的《道路交通安全法实施条例》导致交警部门不再主动组织双方调解，使得法院近年来受理的道路交通事故损害赔偿纠纷案件数激增。四是社会舆论导向偏差。近年来我国传统法治文化中的"厌讼"心理受到了新闻媒体、法学界的广泛质疑和批判，认为是权利意识和法律意识低下的表现。受社会舆论的影响，群众在发生纠纷时往往为争取权利而诉至法院，以对抗解决纠纷，抑制了多元化纠纷解决机制的生成与发展。

## 二、构建多元化纠纷解决机制的理念厘清

分析上述造成我国多元化纠纷解决机制效果不佳的诸多原因，笔者认为最主要的仍是理念上的误区。完善我国多元化纠纷解决机制，必须要厘清理念。

理念厘清一：非诉讼纠纷解决机制与诉讼机制之间并不是对立、不兼容的关系。非诉讼纠纷解决机制具有准司法性质、尊重当事人意思自治、程序的灵活性、规范适用的宽泛性等方面特征，这似乎与具有"对抗、判定"结构性要素的诉讼机制具有对立性和不兼容性。这其实存在着认识偏差。首先，民事纠纷作为一种私法性质的纠纷，在解决机制上应充分尊重冲突主体的意思自治，即当事人可以根据利益权衡选择不同的处理机制，只要这种选择不损害社会利益和他人利益，就应当允许。同时赋予当事人在纠纷解决方面更广泛的程序选择权，从法律上保证当事人对程序或实体上权益的处

分,也意味着国家对公民基本自由的尊重,以及对公民权利的多途径、多层次的保障。其次,现代法治社会相当多的纠纷并不能简单地归结为权利义务关系,而更多的是利益之间的平衡问题。非诉纠纷解决机制相对于诉讼的优势不仅在于其具有快速、低廉、简便及不公开、非对抗性等短期程序利益,而且其还有助于长远利益的维持。当代非诉讼纠纷解决机制的重要理论基础之一就是利益协调化,要求当事人在纠纷解决中不仅关注自身的利益,也要同时关注对方的利益;不仅关注眼前的利益,更应着眼于长远利益,尽可能在协商中寻求双方的互利和“共赢”。因此,诉讼理念也从原先的强调对抗性转变为当代的强调诉讼的合作性。最后,从近年来世界非诉讼纠纷解决方式发展趋势看,两者之间的对立性和不兼容性已得到了较好缓解。一些传统上禁止将裁判权授予非司法机构的国家(如英国)也正大力推行非诉讼纠纷解决方式,并使其获得正当性;还有不少国家已经开始在诉讼中引入了非诉讼纠纷解决机制。如美国于1990年出台了《民事司法改革法》,推广非诉讼纠纷解决机制。美国通过法院附设的ADR在审判前化解了大量纠纷,只有5%不到的起诉案件进入了审判程序。综上,非诉讼纠纷解决机制总体上是符合法治精神的,某种意义上是司法功能的延伸。

理念厘清二:在我国现阶段完善多元化纠纷解决机制与依法治国方略不会产生根本性的矛盾和冲突。对于正处于法治化进程加速推进的我国而言,树立司法权威、发挥司法功能,对于培养群众的现代法律意识、推动法治化进程具有重要意义。而诉讼是使法治具体化、生活化和形象化的最佳方式,也是使社会法律化的基本途径之一。[①] 在中国法治现代化的进程中,需要国家司法的统一,而不是当事人根据多样化的社会规范进行的自治;需要重视和加强的是公民通过正式的法律途径实现自身权利的意识,而不是通过非诉讼程序进行交易,达成妥协。对此,要认识到法治并不必然是以单一的国家权力及其价值观为基准的法律规则之治。多元化的价值理念、多元化的行为模式以及多元化的纠纷解决方式将会使现代法治更富有活力;社会法制化程度可以与自治化程度并行不悖、同向发展。同时,法律规则并不是孤立存在的,其他社会规范不仅同样有其存在的空间和正当性,而且双方之间能够保持互动状态。所以,现代法治国家应能够容纳各种社会权力及

① 范愉:“以多元化纠纷解决机制保证社会的可持续发展”,载《法律适用》2005年第2期,第6页。

其组织形式的存在,各种社会组织及其纠纷解决机制将会有更大的发展空间。反之,在当今我国如果一味地追求诉讼至上,其诉讼规则之刚性、程序之硬性缺陷以及超前移植国外现代司法制度只会带来诉讼的云集和迟延,只会加剧社会关系的冲突和对抗,不利于社会的和谐。这也可以从一些日本和韩国的法学家对本国法治现代化进程中经验和教训的反思中有所启迪。他们认为在法治现代化过程中,由于过度强调了“西化”而忽视了本国文化的“个性”,影响了社会的长远发展。① 现代法治的弊端正如过度开发对环境造成的破坏一样,必须从发展初期就给予高度关注,否则一旦在急功近利的大跃进中破坏掉了法治的基础,恢复和重建就需要付出更大的成本和代价,有些损失甚至是永远无法挽回的。② 因此,在当前我国法治化进程中仍应大力完善多元化纠纷解决机制。

理念厘清三:构建多元化纠纷解决机制并非与法院的司法机制相互独立、相互脱离。法院在完善多元化纠纷解决机制中应有正确的定位,在非诉纠纷解决机制与诉讼机制衔接中具有重要的作用。当前法院应转变一些模糊的观念。首先要摒弃抵制非诉机制的错误认识。最高人民法院原副院长刘家琛曾鲜明指出:“近几年来,在法院内部也出现了包揽一切矛盾纠纷、解决一切社会问题的倾向。似乎通过诉讼可以解决一切社会矛盾、一切社会纷争,可以包打天下。一些法院因为自身经济利益的驱动,而愿意主动扩大案源,以多收案、多办案为荣。”③这一倾向,必然要排斥非诉纠纷解决机制。当然这一理念也逐渐发生变化,随着法院对司法局限性和运作规律认识的深化,“解决纠纷”的司法现实主义已经取代“对正义执著追求”的司法理想主义;加上国务院《诉讼费用交纳办法》大幅下调了诉讼收费标准,也促使法院在纠纷解决中的利益动机将会降低,从而也促使了大部分法院不再抵制非诉纠纷解决机制。然而,这一理念在西部地区人案矛盾并不突出的法院来说还有一定市场。如有学者就“建立多元化纠纷解决机制会给法院带来哪些困难”这一问题在陕西省西安市两级法院调查时,受调查的88名法官中,认为法院受理的案件数会大量减少、法官之间的竞争会更加激烈

---

① 郭道晖:“多元化社会中法的本质与功能——第二次亚洲法哲学大会评述”,载《中外法学》1999年第3期。

② 范愉:“以多元化纠纷解决机制保证社会的可持续发展”,载《法律适用》2005年第2期,第6页。

③ 见2002年7月12日《人民法院报》。

的占到45.3%;认为司法的权威性会受到影响的占31.3%;认为法院的社会作用会降低的占30.4%;认为影响法院及法官的收入占28.4%。[①] 因此,应加强对非诉讼纠纷机制的正面宣传、正确引导,使法院内部形成对非诉纠纷解决机制的正确评价。其次,要摒弃将非诉纠纷解决机制作为化解当前法院不断增加的诉讼压力的私利性需求。目前一些法院为缓解诉讼爆炸,分流案件,意图通过非诉纠纷解决机制来帮助解决诉讼机制无法解决的矛盾激化和大量涉诉上访问题。这种褊狭的认识和做法,使得社会公众对法院推动多元化纠纷解决机制的动机产生怀疑,往往认为法院只是出于自身的功利性目的,向外界推卸负担。客观上通过非诉纠纷解决机制分流法院压力,能够为司法创造稳定发展的环境,有助于提高司法的整体效益。更重要的是,法院将一部分纠纷解决功能分流给其他纠纷解决机构,并通过对它们的监督、指导和制约,不但帮助和推动社会建立一个功能完备、服务成熟的纠纷解决机制,而且亦使司法自身的功能得到进一步延伸。从世界范围看,对非诉纠纷解决机制的监督已经上升为法院的重要职能,使得法院由传统的单一解决纠纷功能调整为解决纠纷、解释法律、监督非诉纠纷解决机构的三大职能。如果只把法官的角色定位于纠纷解决者,则是"丢了西瓜保芝麻",或者说对法官的认识只处于很浅的程度。[②] 因此,从长远看,法院对多元化纠纷解决机制的支持,不仅是关系司法机关自身和眼前的利益,更是关注法治的未来和长远发展。

### 三、完善我国多元化纠纷解决机制之构想

完善我国多元化纠纷解决机制,目标是解决纠纷,手段是多元化,关键是建立健全机制,从而构建以国家为主导,以司法为支撑,以社会为依托的合理、协调的纠纷解决体系。当前,完善我国多元化纠纷解决机制是一个积累、渐进的过程,必须与国情相结合。"在设计建构多元化纠纷解决机制之际,不仅要考虑到一个现有制度之间,还要考虑到社会成员的可接受程度、成本和运行的现实可能性。"[③]笔者在借鉴其他国家和地区经验基础上,结

---

① 康宝奇、杜豫苏:"透析当前中国多元化纠纷解决机制的冷与热",载西安市中级人民法院主办:《西安审判》2008年第2期,第43页。

② 蒋惠玲:"论法官角色的转变",载《人民司法》1999年第2期,第31页。

③ 范愉:"以多元化纠纷解决机制保证社会的可持续发展",载《人民司法》2005年第2期,第7页。

合当前我国社会状况，就完善我国多元化纠纷解决机制提出设想：

首先，注意多元化纠纷解决机制中的利益平衡。在完善我国多元化纠纷解决机制时要充分兼顾法律利益、政治利益、社会利益和当事人利益，充分关注各个利益相关者的实际利益，既不能为了减轻法院案件负担而盲目推行，也不能为了解决纠纷而不计成本。细分而言，一是对当事人而言，多元化纠纷解决机制必须有利于满足当事人的需求，方便当事人解决纠纷而不宜增加其解纠成本。特别是要让当事人自愿、自主的制度性尊重，当事人诉权、选择权的程序性保障以及调解主持人的中立性，就是要满足"当事人主义"定位的调解制度之基本程序要件。① 囿于当前我国民众的法律素养和诉讼能力整体不高的状况，尚需要对当事人的程序选择权予以必要的指导，让当事人选择对自己最有利的纠纷解决途径。二是对非诉纠纷解决机制的主体而言，必须要给予立法的肯定、政府资金的投入、司法的支持，让其解决纠纷"有职责、有利益、有支持"，才能发挥其化解纠纷的重要作用。三是对法院而言，既要关注法院内部解纷机制的协调完善和激励措施，又要妥善处理好与非诉解纷主体之间的关系，在尊重其主体地位的同时，应保留对其处理结果的司法审查和监督权，以让当事人获得司法救济的最终机会。

其次，改法院调审不分模式为诉前调解和诉讼和解并行的模式。长期以来，我国法院调审不分的运行模式，使法院本身隐含着强制的契机，导致法院调解中实体法对法官的约束被软化，②在审判实务中产生了诸多弊端。尽管最高人民法院2004年《规定》创新了协助调解、独立调解、和解调解三种借助社会力量的调解模式，但仍未跳出调审合一的模式。对调解制度进行改革在法学界已形成共识，借鉴世界上多数国家的调解程序均是独立运作于法院审判程序之外的做法，建议将现行的调审不分设置为诉前调解和诉讼和解制度。

第一，关于诉前调解制度。诉前调解制度吸纳了国家强制力与民众私权之间的优点，能够让当事人以低成本的方式解决纠纷，应当大力倡导。考虑诉前调解制度涉及方方面面，囿于文章篇幅，仅就几个方面作一探讨：一

---

① 范愉："调解的重构（下）——以法院调解的改革为重点"，载《法制与社会发展》2004年第3期。

② 李浩："论法院调解中程序法与实体的双重软化"，载《法学评论》1996年第4期。

是关于诉前调解的案件范围。我国台湾地区"民事诉讼法"依据纠纷的事件性质、居处环境、一定亲谊、标的金额过少、有非讼色彩等,共规定了11种强制调解的案件类型。这类案件起诉前必须经过调解,否则视为其起诉不合法或者视起诉为要求调解申请。近年来我国一些法院也积极试点,如深圳中院规定对婚姻家庭、继承亲属间财产等13类纠纷案件,实行调解前置程序;北京法院系统自2004年起对包括婚姻家庭与继承纠纷等7类案件实行开庭前须先行调解。为增强制度的合法性,建议国家立法对诉前调解案件范围作明确界定。具体案件范围,可参照最高人民法院《关于适用简易程序审理民事案件的若干问题》中规定的在开庭审理前应当先行调解的案件范围,如婚姻家庭纠纷、继承纠纷、劳务合同纠纷、交通事故和工伤事故引起的权利义务关系较为明确的损害赔偿纠纷、宅基地和相邻关系纠纷、合伙协议纠纷、诉讼标的额较小等7类纠纷。对属于此7类的案件,在进入诉讼前必须经过诉前调解。当然,对于涉及公共利益或涉及道德性、政策性原则的案件,也应将其排除在诉前调解范围之外。对不属于这7类范围的案件,必须是当事人双方合意达成一致意见的,也可进行诉前调解。

第二,关于诉前调解与诉讼程序的关系。在给予当事人纠纷解决便利的同时,必须保证当事人诉权的可救济性。因此,无论是强制诉前调解的案件还是当事人合意启动诉前调解的案件,都应当允许他们对诉前调解结果不满意时,仍可以向人民法院提起诉讼。为了防止当事人不合理地拒绝调解结果而恶意启动诉讼程序,可借鉴国外的做法。如在美国,拒绝调解的当事人如果在判决中没有得到比调解结果更有利的判决,即法院判决与调解决定之差额不超过10%(被告)或50%(原告),则将承担拒绝调解以后对方当事人所支持的诉讼费用。① 建议我国在有关立法中也要有类似规定,以体现对诉前调解的鼓励。

第三,关于诉前调解人员的聘任。借鉴日本、我国台湾地区对法院内调解员选任的条件,对照我国最高人民法院2004年《规定》中有关协助调解、独任调解及和解调解的规定,结合法院实际,建议诉前调解人员由法院工作人员与人民陪审员共同组成。一方面,从法官助理或从法官队伍中分流出一部分人员,专门负责诉前调解;并且为防止以往调审不分的弊端,应实行

① 白绿铉:《美国民事诉讼法》,经济日报出版社1996年版,第116页。

调解法官和审判法官的分离。另一方面,参照现行的人民陪审员选任标准,挑选能够胜任诉前调解的人民陪审员。此外,也应当对调解的期限予以明确规定。可明确诉前调解期限不得超过15日,防止时间迟延而达不到方便当事人的目的。在设置诉前强制调解制度后,对已进入审判程序的案件,应建立诉讼和解制度,鼓励当事人依法自行和解案件,并给予诉讼费用减免的激励。

最后,大力推动非诉纠纷解决主体的构建。现代多元社会解决纠纷应当主要依靠社会力量,依靠社会自治性和自我治理能力,从而实现纠纷解决机制从国家到社会的总体演变。针对当前我国非诉纠纷解决机制运行状况,需要从立法、市场、司法等方面加以推动、引导和投入。

第一,立法上要予以认可。当今不少国家已进行了非诉纠纷解决机制的立法。挪威、美国先后制定了《纠纷解决法》,欧盟、联合国也正在起草倡导适用调解手段解决社会矛盾、纠纷的法律文件。[①] 而我国尚缺乏立法支持。因此,建议制定相应的纠纷解决法,确认人民调解、社团调解等法律性质,明确调解纠纷的范围、工作原则、工作程序等,建立起"合法"引导"合意"的多重选择性调解方式。同时,立法上要确认行政调解的法律效力。当前,除劳动仲裁委员会的调解具有法律效力外,其他行政调解协议尚无确定力和法律约束力。而行政调解具有专业性、综合性、高效性、主动性和权威性等独特优势,在纠纷解决中具有不可替代的作用。不论从协议的形成过程还是从协议的性质来看,行政调解协议的内容均是双方当事人的合意,完全符合和解合同的构成要件。因此,应当从立法上认可行政调解协议具有民事合同性质。

第二,运用市场机制积极推动。在社会主义市场经济体制下,社会行业性组织的作用越来越凸显。行业性组织具有熟悉行业情况、与成员联系紧密的优势,由其来调解成员之间以及与行业有关的纠纷具有先天的优势。对于行业调解组织而言,如简单地依靠政府组织和社会倡导是难以激励参与纠纷解决的热情的,关键要依靠市场机制。在国外,"自20世纪70年代中期以后,营利性的ADR组织大量涌现,并在80年代取得突飞猛进的发展,ADR出现了产业的趋势。比如,1992年'司法、仲裁、调解服务有限公

---

① 张福森:"在全国人民调解工作会议上的讲话",载 http://www.wtolaw.gov.cn,2002年10月11日访问。

司'的营业收入超过了2000万美元,ADR成为一项有利可图的产业"。[①] 为了获取更大的经济利益和社会利益,现有的非诉纠纷解决主体纷纷推出各种调处纠纷的服务,而且市场经济还将继续引领着纠纷解决的需要与发展,塑造着各种新型的ADR乃至新的社会组织形式。当前我国行业调解明显不足,因此,要充分运用市场机制在环境保护、产品质量、工业技术、金融服务、房地产以及各地经纪人队伍中设立行业性调解组织,引导其以经济快捷的方式化解纠纷,通过技术手段和行业自治的方式,从而达到既化解大量纠纷又能获取一定利益的"双赢"的效果。

第三,司法上要予以支持。法院对调解协议效力的审核和司法确认如何,直接关系到非诉讼纠纷解决机制的实际成效。法院应积极能动地给予必要的司法支持。如当事人一方以显失公平为由对具有民事合同效力的人民调解、行政调解,申请人民法院变更或解决时,法院在审查时可依照《合同法》总则中关于合同效力的规定为依据。但对不具有合同效力的行业组织调解协议如何审查尚且欠缺。笔者认为应赋予其特定的确定力和执行力,否则不利于行业调解组织的建立,也势必增加当事人的诉累。建议通过立法专设法院的审查确认程序,具体可借鉴我国台湾地区"乡镇市调解条例"的有关做法,作如下规定:(1)调解协议经法院审核确认后与民事判决有同等的法律效力,权利人可直接向法院申请强制执行;(2)法院仅以确认之诉进行审理,仅确认协议是否有效,而非依合同性质可能进行的给付、确认,变更之诉。通过司法审查,保证了对非诉纠纷解决主体的必要监督,也能满足当事人对程序正义和实质正义的最低要求。

除了上述的立法上确认、市场的推动、司法上支持以外,对非诉纠纷解决机制还需政府的大力投入,如给予人民调解组织必要的员额配备、明确经费保障等;需要社会舆论的引导,让民众形成正确、理性的纠纷解决观等。

## 结语

在当今我国社会转型期,非诉纠纷解决机制作为新型的社会矛盾与利益冲突的调节器,它与诉讼机制之间是相互协调、互补的关系。而人民法院在促进、保障两者的衔接中应有所作为,亦能有所作为。期待着两种机制的

① 宁杰:"ADR热的冷思考",载《法律适用》2005年第2期,第22页。

协调、互补，在完善我国纠纷解决机制的多元化进程中发挥积极的社会功能。

（作者单位：江苏省盐城市中级人民法院）

# 错案责任追究中权力运行的制约

## ——以某基层法院一年发改案件为背景

刘长力

[内容提要] 对发改案件进行差错责任认定并实施责任追究，是人民法院行使内部审判监督权的主要方式，但是目前该制度的运行模式很不完善，缺少有效的制约机制。应通过设立专门的惩戒委员会，建立错案听辩制和认定票决制以及发改案件反议制等途径进一步完善错案责任追究制度。

[关键词] 错案认定 责任追究 权力制约

2007 年 4 月至 2008 年 3 月间，某基层法院被上级法院发回重审或改判的案件计 25 件，其中改判 3 件，发回重审 22 件。经该院审判委员会研究认定是错案的仅二件，错案处理措施是在民事系统内对承办法官通报批评一次，给予一人诫勉谈话一次。其余 23 件均被认定承办法官没有办错案的故意和违法违纪情况，不予追究承办人员个人责任。而在此 23 件非认定错案案件中，仅有 2 件向上级法院提出发改错误复议，有 3 件确系法官自由裁量权幅度内裁判，有 1 件是二审中出现新证据，其他因一、二审认知不同而导致发改的案件计 4 件，此外，还有 13 件以吸取教训的方式予以免责。发改案件的错案追究率为 4%，应吸取教训而免责的占发改案件总数的 56%。可见，差错案件的认定数比较少，被追究率低。

事实表明，错案追究制度在实践中并没有发挥其应有的监督制约功能，制度推行者起初希望以此来规范法官的司法行为，保证法官正确行使审判权，但实现司法公正的初衷并未取得理想的效果，而且由于制度实施中缺少相关配套措施，各家法院往往自行其是，标准和尺度有一定的随意性，使错案追究这一严肃的工作逐步演变成一种可有可无的点缀。笔者认为,目前的状况与错案追究运行中的制约与监督机制缺失有关。

## 一、错案追究的含义及其功能

对错案实施追究的权力来自于法官的责任与义务。法官代表国家行使司法权,为使该项权力运行在高效、公正、权威的轨道上,被视为社会最后一道正义防线的司法裁判权必须置于监督与制约中。为此,20世纪90年代初,河北省秦皇岛市海港区法院率先推行错案追究制,在随后的1993年全国法院工作会议上,该制度迅速得以推广,全国各级法院纷纷试行对法官内部责任的追究制度。

### (一)错案追究的含义

"错案"的定义,理论界与司法界有不同的认识,甚至同一个层面上的不同人也有不同的观点。从文字上理解,"错案"指"有错误的案件"。理论界有人认为错案是指"在认定事实上或者在适用法律上确有错误,必须按照审判监督程序改判的案件",①还有人认为错案是指"国家机关及其工作人员行使职权的行为违反法律规定,侵犯了法律所保护的权益的行为和事实……错案通常是因为侵犯了特定权利主体的合法权益才被确认的",②司法界也有不同的表述。陕西省高级人民法院表述为"审判人员在审理案件中,违反实体法与程序法致使案件造成不良影响,应由审判人员承担责任的案件",福建省高级人民法院认为是"审判人员在办案中故意或过失实施违法行为,导致发生严重后果或恶劣影响的,使当事人合法权益受损失,依法应予纠正的案件"。由于"错案"本身是一个很复杂的概念,在不同的语境下有不同的含义,因而上述不同的定义均具有一定的合理性,均以裁判结果错误作为错案的基础,相应归责也都是围绕这一核心进行的。

对于什么是司法裁判中的错案追究,也没有统一的认定标准。学者们认为,"它是我国司法机关为适应审判方式改革需要而自发产生的一项旨在加强司法机关工作人员监督,确保办案质量的措施",③或认为是"追究办

---

① 金汉标:"'错案'的界定",载《法学》1997年第9期。

② 杨立新:《错案赔偿实务》,法律出版社1997年版,第3页。

③ 王晨光:"法律运行中的不确定性与'错案追究的误区'",载《法学》1997年第3期,第4页。

错案件的责任制度”。[①] 1998年9月3日,最高人民法院公布的《人民法院审判人员违法审判责任追究办法(试行)》回避了错案追究这一概念,而用违法审判进行替代性表述,同时,对审判人员在审理、执行工作中应当追究责任的,概括为“故意违反与审判工作有关的法律、法规,或者因过失违反与审判工作有关的法律、法规造成严重后果的”。[②] 而上文提及之基层法院将错案追究归纳为:“审判人员故意违反审判纪律或过失造成严重后果的,以及业务不精,作风粗糙、责任心不强导致裁判错误并造成严重后果的,应依规定办法追究审判人员错案责任。”尽管理论界、司法界对错案追究的表述各有千秋,但有一点是共同的,即加强对司法审判的制约与监督,以维护司法公正的初衷是一致的。

(二)错案追究的功能

“功能”本不是法学学科的术语,法学借用这一术语是为了表达法的现象的一种特别属性。[③] 在现实领域,错案追究的功能与作用是密不可分的。首先,功能具有方向性的特征,而功能的方向来自于“一定意志的要求”。[④] 错案追究是社会大众针对司法领域出现为数不少的裁判者不依法办案、或者作风不扎实、或者贪赃枉法的客观现状,要求司法机关从业干警增强责任意识,提高队伍素质和执法水平,实现司法公正的良好愿望与意志。

其次,错案追究具有制衡机理,即对司法运行中行使审判权与执行权的主体进行制约的功能,使权力运行更加规范。根据权力制约力量来源不同,错案追究主要是责任对权力的制约,即基于司法独立审判权与法官违法审判责任不可分离的原则,要求司法权运行主体承担行使权力所引起的相应责任。一方面通过对具体的程序权力运行进行制约,另一方面通过对权力运行结果即所谓错案进行监督,由此可见,错案追究责任制制衡的机理体现在对司法权的制约与监督上。

正是这个良好的愿望和制衡功能支撑着错案追究走进全国各级法院,并作为司法审判权还权于法官、法官独立办案等审判方式改革的配套措施,由各法院在实践中参照实施。

---

① 周永坤:“错案追究制与法治国家建设”,载《法学》1999年第9期,第6页。

② 参见《人民法院审判人员违法审判责任追究办法(试行)》第2条。

③ 公丕祥主编:《法理学》,复旦大学出版社2005年版,第64页。

④ 公丕祥主编:《法理学》,复旦大学出版社2005年版,第66页。

## 二、错案追究的现状、问题及原因分析

### (一)错案追究的现状

1. 发回案件多,改判案件少。以上述之基层法院为例,2007 年 4 月至 2008 年 3 月,该院被上级法院发改案件计 24 件,其中改判的仅两件,不足总数的 9%,而发回重审的案件尚无最终定论,尚有待最终确认,在以裁判结果为评判错案标准的今天,自然影响错案的评定。

2. 错案认定难,追究责任少。按照最高人民法院《审判人员违法审判责任追究办法(试行)》和《审判纪律处分办法》的规定,有七种情形的发改案件是不认定为错案的,在社会各界对于什么是错案众说纷纭,甚至不少人对司法裁判行为适用错案追究持否定态度的情况下,让基层法院对法官的裁判是否构成错案进行评定,确是一件很困难的事,不少发改情形都能从不予追究的事项中找到"坐标"。就该法院而言,一年来发改的 25 件案件中,只有 2 件被认定为非故意造成的错案,在民事系统内通报批评和诫勉谈话(见表一)。可见,现实中错案追究认定难、追究少成为一种普遍现象。

**表一:某基层法院发改案件数与发改追究率(2007.4~2008.3)**

| 日期 | 2007 年 4~6 月 | 2007 年 7~9 月 | 2007 年 10~12 月 | 2008 年 1~3 月 |
|---|---|---|---|---|
| 发改数 | 3 件 | 7 件 | 6 件 | 9 件 |
| 追究数 | 1 件 | 1 件 | 0 | 0 |
| 追究率 | 33% | 14% | 0 | 0 |

3. 错案追究难,法官阻力大。各家法院在推行错案追究过程中,普遍遇到法官的抵触情绪。不仅因为各地采用裁判结果,即判决实体上的对错作为衡量错案的标准,加重了法官对客观真实与法律真实界定的心理难度,人为地将法官神化为"圣人",理想为无所不能的"神明"裁判者。在今天这个"诉讼爆炸"的年代,本就已是超负荷工作的法官,还要对案件裁判可能带来的错案追究担心,一方面使他们如履薄冰,负担更重;另一方面为规避风险,会采用高压调解等不当的方法与手段。无论是主观上的抵制,还是客观上消极应对,都增大了错案追究责任制的施行难度。

4. 错案追究配套措施少,改革成效不明显。由于法院的司法改革是以系统内为主,随着改革的不断深入,一些影响和制约改革的深层次矛盾日益

突出,特别是司法行政化趋势明显加强,使得以审判独立为核心的审判方式改革举步维艰,以至于许多时候错案的造成责任并不在法官,作为审判方式改革配套措施的错案追究制缺少应有的实施基础,追究者与被追究者都能“坦然”应对,出现“雷声大雨点小”的现象,对法官起不到教育、提高、警示与规范的作用,导致错案追究不力的现状与人民群众对公正高效、权威的司法制度建构愿望尚有不小的距离,改革成效不甚明显。

(二)错案追究制度实施中的问题及原因分析

1. 对错案追究认识上不统一。法院内部有不少法官甚至是相当数量的作为错案评判主体的委员们认为,错案追究缺少法律依据,它与法官独立审判的原则相违背,而且,无论在大陆法系还是英美法系国家的现行司法制度中,均没有错案追究的规定。因此对法官进行错案追究不适宜。而有同志又针锋相对地提出,目前我国法官素质没有达到不适用错案追究的水平,法官职业化程度不高,现实审判实践中还存有大量的司法不公、司法腐败现象,因此,必须站在政治的高度推进该制度。由于法院内部认识不统一,影响了错案追究的实施,削弱了它应有的功能。

2. 错案追究的规范性不够统一。错案追究是上级法院提出宏观要求,各家法院结合自身实际参照执行,各地做法不一,标准不同。一些法院在改革中存在过于追求“创新”以达到轰动效应的不良倾向,致使该项工作缺少必要的权威性,遭到法官们的不满与抵触,制度的执行力不高。

3. 审判权与错案追究权运行中主体的同一性。由于法官在我国并不是处于独立地位,许多案件受外部影响与干扰大,不少案件并不代表承办法官的意志,案件往往经过庭长、分管院长、院长的层层把关,过多地体现了审判权的行政化。而错案追究的行使又是由院、庭长组成的惩戒委员会执行,两者运行主体几乎同一。根据西方法语:“没有自己对自己的犯罪,也没有自己对自己的审判”,从心理学角度来说,人类有掩盖自己错误的倾向。可见,将错案追究权交给拥有审判权的法官就是自己审判自己,这是造成错案认定与追究少的根本原因之一。

4. 制约与监督的缺失。错案追究责任制本是运用责任追究来约束法官的司法权力,但当前,追究者与被追究者是“同志”,共事于一个单位,朝夕相处,在这个充满熟人味的社会里,大家都乐于做和事佬了。这里没有否认错案评判委员们的素质和自律性的意思,只是由于制度的缺位造成了这样的局面,即错案确认与追究职责履行不力,且处于无人制约与监督状态,这就是错案追究制度设置内部监督与制约的缺失造成的原因。

**三、改进错案追究权力制衡的一些设想**

错案追究既是一种权力,也是一种义务与责任,是两者的有机结合。"每个有权力的人都趋于滥用权力",这是孟德斯鸠给人类的贡献。因此对于权力必须予以制衡,以防止权力的滥用,在当前司法实践中,主要表现在不作为上,反言之,拥有对错案确认与追究的司法官员并没有认真履行自己的职责,是造成制度执行力不高,导致司法行为不规范频发,引发社会对司法公信力质疑的原因之一。故而,在法官惩戒机构尚未独立的情形下,应对审判权与监督追究权进行合理分工,以法官行为为错案认定的统一标准,通过一定程序的设置,制约错案追究中的不作为行为,并赋予法官充分的救济权力。

(一)改进审判委员会为错案认定主体的做法。权力制约是以权力分工为前提的,没有权力分工就没有权力制约。[①] 审判委员会既拥有审判权,又兼有错案认定权的机制是不妥当的,应重新分工,建立以权力制约权力的合理分工结构。审判委员会是法院内最高级的审判组织机构,担任对特别重大、疑难或复杂案件的讨论决定权,(见表2)势必影响对错案的追究工作。

**表二:2007年4月~2008年3月某基层法院发改案件与原审判委员会及审判长联席会定案比**

| 日期 | 2007年4~6月 | 2007年7~9月 | 2007年10~12月 | 2008年1~3月 |
|---|---|---|---|---|
| 发改案件数 | 3件 | 7件 | 6件 | 9件 |
| 审委会讨论案件比例 | 33% | 42% | 17% | 11% |

通过上表可以看出,对发回重审或改判案件原来通过审判委员会定案的就占约25%,加上经过审判长联席会议或院、庭长讨论决定的案件而被上级发回改判的,比例非常之大,让这些裁判主体再去确认发改案件的差错,否认先前行为,是一件很难的事,至少说缺少自然正义的程序。因此,笔者认为,应改变审判委员会作为确认错案且进行责任追究主体的做法。重

① 公丕祥主编:《法理学》,复旦大学出版社2005年版,第214页。

新建立惩戒委员会,成员可由院个别领导、法官和纪检监察等考核职能人员组成,工作时也可邀请审委会成员参加,具体从事对错案进行追究工作,但应坚持回避决议制度,即坚持“任何人不能担自己的法官”原则。

(二)实行错案听辩制和认定票决制。原承办法官认为被发回重审或改判案件符合错案追究的免责情形或认为发改错误的,应当在接到通知后,一定期间内当面向院惩戒委员会提出辩解理由,对评定为错案的,原承办人有异议的,可以书面向惩戒委员会申请复议一次。在错案被追究责任时,法官仍可向上一级法院的惩戒委员会申请复议。如果法官在接到通知后未按时申请免责认定,又不申请发改案件错误的,可确认发改案件为错案,直接追究其错案责任。在评议违法审判和差错责任案件时,原承办案件的庭长或分管院长可以向惩戒委员会作裁判情况说明,但不参加表决。惩戒委员会表决确认错案与处罚时采用投票制决定。

(三)推行发改案件反议制。为了进一步规范司法裁判行为,预防司法腐败现象,避免上级法院法官不当利用二审终审裁决权。应原一审法官之请,原人民法院惩戒委员会认为上级法院发回重审、改判错误的,可向上级法院惩戒委员会提请复查,并出席上级法院的审查会,提出申辩意见和理由,并可提出原审司法裁判无误、应予免责的请求与观点,供上级法院惩戒委员会参考决定。

通过上述的程序措施,可以将以实体错案结果为基础的错案追究模式逐步引向行为失范标准上来,一方面改变目前差错追究以“牺牲裁判的稳定性、法官的权威性和程序的正当性为代价的弊端”,①另一方面通过一系列程序性设置,使目前错案追究中权力制约与监督更加合理,在案件的裁判人与错案追究者之间建立起更加有序的、能彰显公正与和谐的错案追究制度,减少因功能偏离而产生的一种制度性的内在的紧张关系。

当然,建立和完善错案责任追究制度是一个长期性、复杂性、系统性的工程,涉及司法公正与权威这个根本性的制度问题,我们在进行司法资源优化配置过程中,既要结合中国国情,又要借鉴西方国家数百年摸索的经验。例如,美国联邦和州法院系统都设有法官行为调查委员会,专门处理法官的违法违纪行为;德国在法院设有内部纪律监督机构性质的法官职务法庭,就

---

① 孙笑侠等:《法律人之治——法律职业的中国思考》,中国政法大学出版社2005年版,第22页。

法官在违纪与惩戒方面进行裁决。监督机构也有设立在法院体制之外的，如加拿大的司法委员会，澳大利亚的议会调查委员会等。在对我国错案追究制度进行重构时，应首先考虑制度的合理性和政策措施的配套性。当前，先解决错案追究权力的分工与制约，改变错案评定的工作流程，只有脚踏实地走好这一步，我们的错案追究制度改革才会最终走向成功，才能推动司法行为进一步规范，才能实现司法公正、权威与高效的目的。

（作者单位：江苏省建湖县人民法院）

# 庭前审查与起诉书一本主义

## ——刑事一审庭前程序和起诉方式的完善

于 浩

[内容提要] 本文对我国刑事一审程序的庭前审查程序中存在的问题进行了分析,并借鉴国外"起诉书一本主义"的起诉方式,提出了修改和完善我国刑事一审庭前程序和起诉方式的构想。

[关键词] 庭前审查 起诉方式 起诉书一本主义

全国人大八届四次会议通过的《关于修改〈刑事诉讼法〉的决定》(1996年3月17日)对我国的刑事一审程序作了较大修改,确立了控辩式庭审方式,使我国的刑事审判程序向着"科学模式"迈进了一大步。但是,司法实践表明,这一改革措施并未完全达到立法者的预期目标,这与立法改革不完善、不彻底有较大关系。本文将从司法实践出发,运用刑事诉讼理论,对我国刑事一审庭前程序和起诉方式的修改和完善进行粗浅的探讨。

### 一、我国刑事一审庭前审查程序的现状及其利弊分析

通观世界各主要国家的刑事诉讼程序,无论大陆法系国家,还是英美法系国家,除日本实行彻底的"起诉书一本主义"而无庭前审查程序外,其他国家基本上都确立了类似我国庭前审查程序的预审制度,其差异主要是审查机构、审查人员、审查方式、审查范围和审查结果等方面有所不同而已。

#### (一)我国刑事一审庭前审查程序现状

刑事案件庭前审查是法院对控诉机关或个人提起的刑事诉讼案件进行接收、审查,进而决定将被告人交付审判的诉讼活动。它是法院行使审判权的前提性程序,其性质是对案件的接收、审查而不是审判,任务是解决所接

收的案件是否符合开庭审理的条件,应否将被告人交付审判。我国的刑事一审庭前审查在立法修改后已定位为程序性审查,[①]较之立法修改前的全面审查是一个重大的进步。根据修改后的《刑事诉讼法》第150条、中央六部委《关于刑事诉讼法实施中若干问题的规定》第35~38条、最高人民法院《关于执行〈中华人民共和国刑事诉讼法〉若干问题的解释》第116~117条等规定,我国刑事一审庭前审查程序的规定和执行情况如下:

1. 负责庭前审查工作的机构和人员,与负责开庭审判的机构和人员是同一的,都是刑庭的法官。[②] 最高人民法院《关于人民法院立案工作的暂行规定》规定,人民法院负责立案工作的专门机构,对刑事公诉案件进行立案登记,而不是立案审查。这一规定并不违背修改后的刑事诉讼法的立法精神。因此,刑事公诉案件的审查工作,就是刑庭的职能,司法实践中各级法院也是这样执行的。

2. 审查范围主要针对程序性问题。具体包括:(1)案件是否属于本院管辖;(2)起诉书指控的被告人的身份、实施犯罪的时间、地点、手段、犯罪事实、危害后果和罪名以及其他可能影响定罪量刑的情节等是否明确;(3)起诉书中是否载明被告人或被害人的身份等情况;(4)是否附有起诉前收集的证据的目录;(5)是否附有能够证明指控犯罪行为性质、情节等内容的主要证据复印件或者照片;(6)是否附有起诉前提供了证言的证人名单,证人名单有无分别列明出庭作证和拟不出庭作证的证人的身份;(7)已委托辩护人、代理人的身份;(8)提起附带民事诉讼的,是否附有相关证据材料;(9)侦查、起诉程序的各种法律手续和诉讼文书复印件是否完备;(10)有无刑事诉讼法第15条第2~6项规定的不追究刑事责任的情形。这十项内容均属程序性问题,与原《刑事诉讼法》相比,已不再审查"犯罪事实是否清楚、证据是否充分"的实体性问题。

3. 审查的方式是书面审查,法官在开庭前没有调查核实证据的权力。修改后的《刑事诉讼法》取消了原《刑事诉讼法》第109条关于"人民法院在必要的时候,可以进行勘验、检查、搜查、扣押和鉴定"的规定,说明自刑事

---

① 司法实践中,刑事自诉案件数量很少,影响不大,因此,本文仅以刑事公诉案件为研究的对象。

② 即使是人民陪审员参与开庭审理案件,刑庭的法官在开庭前也要负责一定的工作,特别是阅读起诉书和卷宗材料,以便把握庭审重点等。

诉讼法修改后,刑事案件的庭前审查方式只能是书面审查。

4. 案卷和证据材料的移送受到一定程度的限制。除简易程序案件外,适用普通程序审理的公诉案件只能移送起诉书、证据目录、证人名单和主要证据复印件或者照片。这已不是修改前的刑事诉讼法所规定的移送全部案卷和证据材料,表明立法者只允许法官和辩护律师在开庭前审阅主要证据材料。但是,实际情况并非完全如此。由于"主要证据"的范围由检察机关确定,有的检察机关不堪复印费用的重负,大量减少主要证据材料的复印数量;有的检察机关出于法庭攻防战术上的考虑,把次要证据材料作为主要证据材料复印给法院,只向法官移送有利于己方的控诉证据;有的检察机关则对争议不大的案件,将全部案卷和证据材料直接移送给法院,不搞主要证据复印件。

5. 审查后的处理结果主要是依法受理,决定开庭审判。对于检察院提起公诉的案件,法院都应当受理。经过庭前审查后,只要符合《刑事诉讼法》第 150 条的规定,法院都应当决定开庭审判,不得以起诉材料不充足为由而不开庭审判。当然,法院如果认为检察院移送的案件中缺少相关材料的,可以通知检察院在 3 日内补充材料;如果发现不属于本院管辖或者被告人不在案的,应当决定退回检察院;对于检察院撤诉后的案件,如果没有新的事实、证据而重新起诉的,可以不予受理;对于符合《刑事诉讼法》第 15 条第 2 ~6 项规定的情形的,应当裁定终止审理或者决定不予受理。在司法实践中,出现较多的退回案件的情形有两种:(1)对于可能判处无期徒刑、死刑而应由中级法院管辖的普通刑事案件,有的检察院出于种种原因,向基层法院提起公诉,被基层法院审查后退回;(2)被公安、检察机关取保候审或监视居住的被告人,在检察院向法院提起公诉后传唤不到或下落不明,因而案件被退回。因符合《刑事诉讼法》第 15 条第 2 ~6 项规定的不追究刑事责任的条件而被法院终止审理或不予受理的情形,是极为少见的。

(二)我国刑事一审庭前审查程序的优势

1. 设置刑事案件庭前审查程序,能充分发挥公、检、法三机关分工负责、互相配合、互相制约的功能。如果不经庭前审查,但凡检察院提起公诉的案件,法院全部受理、开庭审判,那么对于公安、检察机关来说就失去了程序监督的机制,在侦查手段、办案期限、强制措施等诸方面难以保证公正合法。

2. 通过庭前审查,对刑事案件进行把关和过滤,把不符合开庭审判条件的案件阻挡在庭审大门之外,对于保证刑事案件质量,保障不符合起诉条件的被告人不被交付刑事审判起到了非常重要的作用。

3. 由于现行的庭前审查程序定位于程序性审查，取消了庭前可以调查核实证据的规定，不仅使得法官专注于庭审活动，而且消除了“先定后审”、“庭审走过场”等不良现象。

4. 由于法官在开庭前已经审阅了主要证据复印件，甚至全部案卷和证据材料，因此，法官在庭审中容易把握案件的重点、焦点和难点，为提高庭审质量和办案效率打下了良好的基础。

(三)我国刑事一审庭前审查程序的缺陷

1. 由于庭前审查与开庭审判同属一个部门的工作职责，法官集庭前审查与开庭审判于一身，因此，刑事诉讼法修改前存在的“先入为主”、“庭前预断”的弊端仍然无法完全避免。尤其是死刑复核制度改革以后，各地中级法院为了保证死刑案件质量，大都与检察机关协商，在庭审前借阅死刑案件的全案卷宗和证据材料（有不少检察机关也乐于这样做）。由于法官在庭前审查中已经审阅了“主要证据”复印件及照片，或者全案卷宗和证据材料，往往在开庭前已对被告人有罪有了内心确信，对其应如何定罪量刑也有了较为成熟的看法，有时甚至已经“内定”了裁判结果。庭审中，有的法官对当事人所提的问题甚至连语气都会透露出偏袒控方，对被告人的翻供往往比较反感，甚至站到控方这一边去训斥被告人；有的法官对控辩双方详细的举证、质证感到多此一举；有的法官对被告人及其辩护人的辩解和辩护，往往是“你说你的”、“你辩你的”、“我判我的”，置之不理，最终使庭审形同虚设。这些现象必然导致庭审“形式化”、“走过场”，背离审判方式改革的初衷，案件的裁判结果往往不是以庭审调查的证据为基础，而是建立在侦查、起诉阶段制作的卷宗和证据材料之上，这严重违反了直接言词原则的基本要求。

2. 移送“主要证据”复印件及照片的做法，与刑事诉讼法修改前移送全案卷宗和证据材料的做法相比，更容易导致法官“先入为主”、“庭前预断”等不良现象的发生。因为，刑事诉讼法修改前移送的全案卷宗和证据材料，不仅有对被告人不利的证据，也可能有对被告人有利的证据。法官通过庭前审查，一般能够全面客观地把握案情，既可能形成被告人有罪和罪重的看法，也可能形成被告人罪轻和无罪的看法。现行移送的“主要证据”复印件及照片，因负责公诉的检察人员出于追诉的本能和职责，不太可能将被告人罪轻特别是无罪的证据作为“主要证据”复印给法院。而且，实践中法官和辩护律师也很难知晓被告人罪轻证据特别是无罪证据的存在,即使知道了,检察机关也不肯移送。这样,法官通过庭前审查往往形成的是被告人有罪、罪重的看法,很少情况下形成的是被告人罪轻的看法,不太可能形成被告人无罪的看法。

3. 移送"主要证据"复印件及照片的做法,大大增加了检察、审判机关的经费开支,形成巨大的浪费。有数据统计显示,检察机关平均每起诉一件案件需要复印约 60 张主要证据材料。按每张复印材料成本费 0.1 元,一台复印机使用寿命为复印 10 万张、价格 3.5 万元计算,自 2001 年以来全国每年提起公诉的案件达 60 万件以上,那么,全国检察机关每年开支的复印主要证据的费用至少高达 1600 万元以上。① 此外,"主要证据"复印件相对于全案卷宗和证据材料来说,明显是多余的。全国法院系统为保存"主要证据"复印件,在库房、设备、人员等档案管理方面也花费了很大的开支。这些在全国各地政法经费不足、纸张紧缺的今天,无疑加重了地方财政的负担和对环境资源的浪费。

4. 辩护律师阅卷权的行使受到了极大的限制。由于检察机关移送的是"主要证据"复印件及照片,法官在开庭前只能看"主要证据"复印件及照片,"城门失火,殃及池鱼",辩护律师在开庭前也就当然看不到全案卷宗和证据材料。加之,我国目前尚未建立庭前证据展示制度。这样,就严重削弱了辩护律师的知情权、阅卷权,无法充分行使辩护权,控辩式庭审没有在控辩双方情报信息对等的情况下展开,庭审功能就难以得到全面发挥。

**二、起诉书一本主义及其在我国的探索性实践**

从表面上看,起诉方式仅仅是控诉机关或个人单方面为追究犯罪而提起诉讼所表现出来的形式,研究价值不大。但实质上,起诉方式与一个国家的审判模式有着紧密的联系,其程序设计是否科学、协调,直接关系到刑事审判程序是否公正、合理的问题。综观世界各国,以英、美为代表的当事人主义国家,采取的是"起诉书一本主义"的起诉方式;以法、德为代表的职权主义国家,则采取的是"案卷移送主义"的起诉方式。② 而今两大法系国家存在着相互吸收对方有益因素而改良自身不足的趋势,如意大利于 1998 年

① 樊崇义:《中国诉讼法判解》(第一卷),中国检察出版社 2000 年版,第 200 ~204 页。

② 王以真:《外国刑事诉讼法学》,北京大学出版社 1990 年版,第 381 ~382 页。

修订刑事诉讼法，对检察官移送的案卷材料的范围作出了较大的限制，但尚未走向彻底的“起诉书一本主义”；日本则在第二次世界大战后大量吸收当事人主义的因素，开始实行彻底的“起诉书一本主义”，在开庭前禁止移送案卷和证据材料。

所谓“起诉书一本主义”，又称起诉状一本主义、唯起诉书主义，是指起诉时仅向法院提交起诉书，其中记载被告人的姓名、作为诉讼原因的犯罪事实和具体罪名，不得添附可能使法官就案件产生预先判断的文书、物件等证据，或引用该文书等证据的内容。[①] 日本现行《刑事诉讼法》第256条规定：“(1)提起公诉，应当提出起诉书。(2)起诉书应当记载下列事项：①被告人的姓名或其他足以特定为被告人的事项；②公诉事实；③罪名。(3)公诉事实，应当明示诉因并予以记载。为明示诉因，应当尽可能地以日时、场所及方法，特别指明足以构成犯罪的事实。(4)罪名，应当示知应予适用的处罚条文并予以记载。但处罚条文记载错误，只要不存在对被告人的防御产生实质性不利的危险，就不影响提起公诉的效力。(5)数个诉因和处罚条文，可以预备地或者择一地予以记载。(6)起诉书，不得添附可能使法官对案件产生预断的文书及其他物品，或者引用该文书等的内容。”该法第338条第4项还特别规定，由于提起公诉的程序违反“起诉书一本主义”的规定，公诉无效，作出公诉不受理的判决。[②] 从诉讼价值和构造方面来看，实行“起诉书一本主义”的国家，其刑事诉讼的主要目标是通过公平的途径解决控辩双方之间的争端。因为庭审程序与庭前程序实现彻底的分离，切断了侦查与审判的直接联系，将控方的主张与举证分为两个步骤，使控、辩双方影响法官形成心证的举证活动同步或依次进行，防止法官根据控方预先的举证而形成不利于被告人的预断；可使法官尽量避开在法律上不具有证据能力的证据，防止法官受到不能作为证据的材料的影响而作出非公正的判决，从而实现公正的审判。[③]

我国修改刑事诉讼法时吸收了英美法系当事人主义的一些因素，使得我国的审判模式基本具备了控辩式的特征。但是，我国的起诉方式在废除

---

① 杨春洗、高铭暄、马克昌、余叔通：《刑事法学大辞书》，南京大学出版社1990年版，第373页。

② 参见宋英辉：《日本刑事诉讼法》，中国政法大学出版社2000年版，第59、60、77页。

③ 参见宋世杰等：《外国刑事诉讼法比较研究》，中国法制出版社2006年版，第655页。

原来的全案卷宗移送制度时,并没有完全采取“起诉书一本主义”,而是改采一种介于两者之间的起诉方式,有学者称之为“主要证据复印件主义”。这不但没有避免原来“庭前预断”乃至“先定后审”的缺陷,反而使辩护律师的阅卷权受到了很大的限制,同时也浪费了国家宝贵的司法资源。如果我们进一步加大改革的力度,改采“起诉书一本主义”的起诉方式,那么控辩式庭审改革就能取得实质性的进展。具体来说,采取“起诉书一本主义”,能够促使担负追诉职能的公诉人在庭审证据调查中发挥其举证、质证的主导作用,否则将因举证不能或举证不力而承担败诉的后果。同时,实行“起诉书一本主义”,能够促使辩护方更加积极、主动地参与庭审、行使辩护权,以致增强法庭审判的对抗性,帮助法庭查明事实真相,为法庭公正裁判打下坚实的基础。此外,实行“起诉书一本主义”,能够有效防止法官产生对被告人不利的庭前预断,法庭审判将真正从无罪推定这一基点展开,法官为了形成正确的心证,必然在庭审中注重听证和听辩,保持裁判中立,实现公正审判。①

古语有云:“橘生淮南则为橘,生于淮北则为枳。”如果我们现在就引入国外的“起诉书一本主义”,结果会怎样呢?实践是检验真理的唯一标准,不妨检视一下我国有关法院探索性的司法改革实践的成效。江苏省滨海县法院依照最高人民法院《人民法院五年改革纲要》的有关精神,在现有的法律框架内,进行了刑事审判方式改革。该院出台的《关于实行刑事审判改革方案的实施意见》规定,在刑事审判庭内将副庭长以下的审判人员分成两部分,分别组成简审组和普审组,两个组相互独立,在院、庭长的统一领导下开展工作。简审组的职能是:负责所有刑事案件的庭前审查和第一次开庭前的准备工作;主持庭前证据展示活动,根据辩护人或诉讼代理人的申请,签发准许调查书,收集、调取证据材料;审理适用简易程序的刑事案件;在庭前审查和准备工作中,对于按照普通程序审理的刑事案件,在开庭三日以前,将全案证据材料退交该证据材料的提供方,包括检察机关和当事人、辩护人、诉讼代理人。普审组的职能是:审理适用普通程序的刑事案件,包括适用普通程序审理的“被告人认罪”的刑事案件和由简易程序转为普通程序的刑事案件。这一改革措施,将普通程序案件的庭前审查及第一次开

① 李奋飞:“从‘复印件主义’走向‘起诉状一本主义’——对我国刑事公诉方式改革的一种思考”,载 http://www.civillaw.com.cn/article/default.asp? id=16180,于2008年6月3日访问。

庭前的准备工作,与开庭审判工作实现了人员分离,彻底排除了庭审法官的预断,确保法官保持中立和超然的态度,改变了先定后审、庭审走过场的弊端,强化了庭审的对抗性,实现了庭审的实质化,也提高了审判人员的素质,从而实现了公正审判。该院这一举措自2005年2月开始试行,至2007年2月共审结各类刑事案件587件,其中普通程序案件占45%左右,无1件抗诉案件,上诉案件47件,二审改判案件4件,无1件因事实不清或证据不足而被发回重审或改判,办案质量有了明显的提高,辩方普遍叫好,控方也很赞同,法官受到了很好的锻炼。只是有一点,案件虽然都是在法定期限内审结的,但是平均办案速度与过去相比却有所下降。其原因有三:一是负责审理普通程序案件的法官在开庭前没有阅卷,庭审时为查清案件事实,需要进行详细的举证、质证和辩论,庭审走过场的现象虽已完全不存在,但庭审时间较之过去也有所增加;二是对被告人自愿认罪的案件,因法官在开庭前没有阅卷,仍与其他案件一样进行详细的举证、质证,造成了可快审而慢审的现象;三是少数法官业务水平不高或审判经验不足,对于可以在庭审中解决的问题,未能当庭解决。比如事实清楚、案情简单的案件的认证问题,因心里没底,当庭不敢认证,还要等到阅卷核实后再去认定;再如个别案情复杂、争议较大的案件,庭审重点把握不准,有关事实未能一次查清,还需再次开庭解决。但是,该院这一改革措施最大的收获是在现有的法律框架内,既完成了庭前审查工作,又解决了负责审理普通程序案件的法官的预断问题,使庭审法官能以平静如水的心态,客观地审案,公正地裁判。至于存在的上述问题,完全可以通过其他措施加以解决。

## 三、修改和完善刑事一审庭前程序和起诉方式的设想

我国刑事一审程序中实行庭前审查制度是必要的,引进国外"起诉书一本主义"的起诉方式也是必需的,但这两者又有一定的矛盾和冲突。如何协调和解决这一矛盾和冲突,来修改和完善我国刑事一审庭前程序和起诉方式呢?这就要求我们在建设公正、高效、权威的社会主义司法制度的过程中,既可借鉴、吸取国外先进的司法经验,不能盲目排外;又要兼顾本国的实际情况,不能照搬照用。当前,我们应当立足我国司法实践和转型时期的社会现状,放眼世界,参考联合国刑事司法准则和法治发达国家相关法律的

共性规定,修改和完善我国刑事一审庭前程序和起诉方式。① 为此,笔者提出如下设想:

(一)完善我国刑事一审庭前程序

在刑事一审程序中,对庭前审查及首次开庭前的准备工作,与开庭审判工作实行机构、人员的双分离,明确庭前审查及首次开庭前的准备工作由立案庭负责,将开庭审判工作作为刑事审判庭的职责。理由如下:

1. 现阶段实行刑事审查与刑事审判的机构、人员双分离是排除"庭前预断"的第一步,也是完全可行的。全国法院系统按照最高人民法院《人民法院五年改革纲要》的有关规定,已经普遍建立了立案庭,负责民商案件、行政案件、刑事自诉案件的立案审查和刑事公诉案件的立案登记工作,进行案件流程管理。几年来的实践证明,这一改革措施是正确、可行的。因此,将刑事公诉案件的立案审查和庭前准备工作交给立案庭,无须"伤筋动骨",只要给其适当调配、充实负责刑事审查的法官,立案庭就完全能够胜任这项工作。

2. 在我国设立证据展示制度已势在必行。各国刑事诉讼改革的经验向我们昭示,控辩式审判方式乃世界刑事诉讼发展的趋势,我国受此趋势的影响已经修改了刑事诉讼法,现在仍应沿着这个方向继续修改刑事诉讼法。而证据展示制度是控辩式审判方式中庭前程序的重要制度。② 在证据展示过程中,负责开庭审判的法官受不能接触证据材料的限制,不宜主持证据展示活动;同时,证据展示过程中经常发生的争议,又必须由有别于控、辩双方的第三者来依法作出裁决。因此,由立案庭的法官担当此任在目前是最佳选择。

3. 实行刑事审查与刑事审判的机构、人员双分离,符合联合国刑事司法准则。世界刑法学协会第十五届代表大会早在1994年9月10日就通过了《关于刑事诉讼法中的人权问题的决议》,认为"在审理和判决时,无罪推定原则要求法官对诉讼双方公正不倚"。为了保证这种公正确实存在,最可取的办法是:"负责判决的法官不应与接受对嫌疑人的起诉的法官为同一人。"③

---

① 朱立恒:"浅析刑事诉讼法再修改的理念",载 http://www.gmw.cn/content/2008-06/03/content_777458.htm.,于2008年7月28日访问。

② 许兰亭:《刑事一审程序理论与实务》,中国人民公安大学出版社2002年版,第217页。

③ 陈瑞华:《刑事审判原理论》,北京大学出版社1997年版,第408页。

4. 随着我国法治进程的不断发展和完善,对刑事侦查过程中侦查手段、强制措施等方面的异议进行司法裁决,必将摆上立法日程并成为司法者面临的问题。而由立案庭(或者新设的刑事审查庭等部门)的法官兼任裁决者是一个不错的选择。

(二)完善刑事一审的起诉方式

在刑事一审程序中,分类分段地实行移送全案卷宗和证据材料的制度及"起诉书一本主义"的起诉方式。亦即:庭前审查阶段,实行全案卷宗和证据材料移送至刑事审查部门(现阶段为立案庭)的制度;庭前审查结束至开庭审理前,对控辩双方在事实、证据方面没有异议且被告人自愿认罪的案件,实行全案卷宗和证据材料移送至刑事审判庭的制度,而对控辩双方在事实、证据方面有争议的案件,或者被告人不愿认罪的案件,或者可能判处死刑的案件,将控辩双方提交的全案卷宗和证据材料分别退还提交方,实行"起诉书一本主义"的起诉方式,待庭审举证、质证后,再将全案卷宗和证据材料移交法庭。理由如下:

1. 在庭前审查阶段,实行移送全案卷宗和证据材料的制度,既是必需的,也是必要的。负责庭前审查的法官没有必要排除庭前预断,而且针对全案卷宗和证据材料进行审查,才能全面发挥庭前审查程序的作用,真正达到审查的目的。

2. 在庭前审查阶段,移送全案卷宗和证据材料是实行证据展示制度的前提和基础,也符合 2008 年新修订的《律师法》的有关规定。因为《律师法》第 34 条规定,"……受委托的律师自案件被人民法院受理之日起,有权查阅、摘抄和复制与案件有关的所有材料"。这就要求人民法院必须为辩护律师提供全案卷宗和证据材料。

3. 在确保公正的前提下,提高诉讼效率是现代刑事诉讼的要求。[①] 由于司法资源的有限性,在诉讼中对不同类型的案件,按照"轻案速裁、重案慎判"的原则,实行繁简不同的程序,是当今世界刑事诉讼活动的发展趋势。为提高办理刑事案件的质量和效率,最高人民法院、最高人民检察院、司法部于 2003 年 3 月 14 日联合发布《关于适用简易程序审理公诉案件的若干意见》和《关于适用普通程序审理"被告人认罪案件"的若干意见(试

---

① 桑涛、李坤:"'宽严相济'视野下的刑事诉讼法再修改研究",载 http://www.zjjcy.gov.cn/llyd/llyj/200805/t20080523_11372.htm.,于 2008 年 7 月 28 日访问。

行)》,对部分案件的审判程序进行了简化。同时,中央六部委在《关于刑事诉讼法实施中若干问题的规定》中规定,适用简易程序审理的公诉案件,检察院向法院移送全部案卷和证据材料。多年来的实践证明,这些举措已经取得了良好的法律效果和社会效果。对于控辩双方在事实、证据方面没有异议且被告人自愿认罪的案件,实行移送全案卷宗和证据材料的制度,即使负责开庭审判的法官在庭前形成了预断,因为甄别事实、证据真伪已不是审理这类案件的主要问题,也就不会影响法官作出公正的裁判。而且,由于法官在庭前审阅了全案卷宗和证据材料,庭审时很容易把握重点和难点,庭审程序也可适当简化,能极大地提高办案效率。反之,对控辩双方在事实、证据方面有争议的案件,或者被告人不愿认罪的案件,或者可能对被告人判处死刑的案件,则必须在开庭审理前禁止移送卷宗和证据材料,这样才能排除法官庭前预断,有助于法官甄别证据、查清事实,最终作出公正的裁判。换句话说,事实、证据方面有争议或者可能判处被告人死刑的案件,审理速度慢一些是必须的,"慢工"才能出"细活",这类案件仅占全部案件的25%左右,对全部案件的办案效率来说也影响不大。此外,全国法院刑事法官通过多年来的教育、培训、调整和充实,整体业务水平已有较大幅度的提高,他们更需要在实践中经受"高压"锻炼。

4. 目前我国检察机关制作的起诉书基本上符合"起诉书一本主义"的要求。按照最高人民检察院《人民检察院刑事诉讼规则》第281条的规定,起诉书的主要内容包括:一是被告人的基本情况,包括姓名、性别、年龄、住址,是否受过刑事处罚,采取强制措施情况等;二是案由和案件来源;三是案件事实,包括犯罪的时间、地点、经过、手段、动机、目的、危害后果等与定罪量刑有关的事实要素,起诉书叙述的指控犯罪事实的必备要素应当明晰、准确,被告人被控有多项犯罪事实的,应当逐一列举,对于犯罪手段相同的同一犯罪可以概括叙写;四是起诉的根据和理由,包括被告人触犯的刑法条款、犯罪的性质、法定从轻、减轻或者从重处罚的条件,共同犯罪各被告人应负的罪责等。上述四项内容基本上符合"起诉书一本主义"的要求,当然,应当删除"被告人受过的刑事处罚"的情况,以免法官产生不利于被告人的预断心理。

(作者单位:江苏省盐城市中级人民法院)

# 司法信用的缺失与补救
## ——基于案件质量综合评估工作实践

王立新

**[内容提要]** 司法信用是现代司法的标志，从法院内部案件质量评估工作的角度出发，完善评估机制，对于维护和增强司法信用具有积极意义。针对当前司法信用缺失的现状，应通过优化司法权运行公开机制、执行裁判信用保障机制、法官司法能力评价机制等途径，有效构建起司法信用体系。

**[关键词]** 司法信用　案件质量评估　制度构建

### 一、司法信用[①]价值——与案件质量综合评估的契合

澳大利亚法官马丁指出："在一个秩序良好的社会中，司法部门应当得到人民的信任和支持。从这个意义出发，公信力的丧失就意味着司法权的丧失。"[②]案件质量综合评估实际上是法院为了弥补我国宏观司法体制和微观司法权力运作机制的缺陷和不足，也是为了使现行宪法和相关法律法规的法律监督机制得到有效的运转，从而实现司法公正和效率的现代司法价值目标，确立民众对司法的信任感和信心，恢复现代司法的应有权威。[③] 当前案件质量综合评估所涵盖的案件质量指标评估、案件质量评查、案件质量

---

① 本文中的"司法"是指国家审判权的行使。司法信用包括两个方面：一是司法本身（司法机构、司法人员、司法机制、司法程序）的信用问题；二是司法产品所表现出来的信用问题，主要是裁判文书的执行力问题。本文所探讨的司法信用主要立足于司法本身的信用问题。

② 转引自王志刚："法官要为提升司法公信力而努力"，载《中国审判》2006 年第 8 期卷首语，第 1 页。

③ 江苏省高级人民法院审判监督庭："案件质量监督评查的理论基础与制度构建"，载《人民司法》2005 年第 1 期，第 91 页。

监督三方面内容,注重了对公众司法需求的回应,成为保障司法权公正高效、公开透明、公信权威运行的"自净"监管系统,契合于司法信用的内涵和价值。

(一)体现公正高效的司法目标同一

公正高效是司法公信力的重要价值依托,也是司法公信力所追求的重要价值目标。司法越公正,社会公众对司法的信任度和尊重度就越高,司法的公信力和权威性就越强。如何评估司法公正并衡量公信度,这在司法实践中是通过案件质量综合评估体系设立的指标体现出来的。如四川高院、湖南高院、上海高院、福建高院都建立了审判质量与效率评估指标体系,通过评估公正指标、效率指标和效果指标对案件质量进行综合考核。江苏高院依据诉讼过程中反映审判质量效率的基本要素,构建了由25项指标组成的审判质量效率评估体系。同时辅之以审判运行态势分析、案件审理流程管理、案件质量监督评查、法官审判业绩考评等制度,既实现了对审判质量效率的全面评估,又切实把评估体系的导向和评估结果落实到了审判管理过程之中,增强法官队伍素质,促进司法公正和高效。①

(二)体现公开透明的客观属性同一

程序公正是司法信用的保证。司法信用集中体现在司法权的运行过程中,即具体的司法活动过程以及司法权运行的结果中,是司法权良性运行的客观表现。而案件质量综合评估是以控制司法权运行为客观载体,通过一整套能够保障法律准确适用的措施和手段,从实体到程序,从事实证据到法律适用,从庭审质量到裁判文书,对案件的立、审、执等各个流程节点和环节进行公开透明的动态监控,有效减少和杜绝审判过程中的各种违规和失范现象,由此形成保障法律准确适用的司法权良性运行常规机制。如北京一中院以案件审判全过程中的每一个司法行为是否符合法律的规定,是否按照党和人民群众的要求行使审判权为指导,建立了司法权良性运行的评价机制;广西高院构建了以案件流程管理、案件质量评查管理、违法审判监督管理、法官岗位目标管理和法官考评管理等有机整合的司法权运行监管机制,通过司法权的公开透明运行,以实现程序的正当性和结果的正当性目标。

① 本部分所涉及的上海、四川、湖南、福建、广西、江苏等高院及北京一、二中院的资料,均载《人民法院审判质量效率评估体系研讨会论文集》,2005年12月江苏省高级人民法院编印。

(三)追求裁判统一的司法价值同一

司法统一是司法公信权威的基本价值目标之一,是法律公正的具体体现和司法公平正义的原则要求。"法院和法官在解释和适用法律上不能自说自话和各行其是,必须通过一定的司法机制确保法院和法官司法的统一性。因为国家的法律是一个整体,必须保持和维护其整体的一致性,倘若对同样的法律规定有各式各样的理解和适用,有相互牴牾的裁判,必将破坏法律的严肃性、统一性和权威性。"[①]那么裁判统一性的维护在司法实践中大多是通过案件质量综合评查这一重要途径来实现的。江苏高院设立专门的案件质量评定委员会,对裁判文书的质量进行专项评查,遴选优秀案件和优秀裁判文书,并以优秀裁判文书专辑或案例汇编等形式指导审判实践,以此把握司法尺度的统一,防止适用法律的随意性。

## 二、司法信用缺失——从案件质量实证解读

亚里士多德认为,法治应包括两重意义:已制定的法律获得普遍的服从;而大家所服从的法律又应该是本身制定的良好的法律。[②] 司法也具有同样的要求,司法要有公信力,既需要公众普遍的认同和依赖,也需要法院和法官本身讲求信用,审判权的运行具有良好的运行状况。

关于司法信用缺失的原因,理论界和实务界进行了广泛的分析研究,限于本文笔者研究的实然角度,主要介绍实务界的几种具有代表性的观点。如最高人民法院审判委员会专职委员黄尔梅认为,法院自身影响司法公信的主观原因有五种:一是对中国国情和中国法律文化的研究不够,解决基于中国国情而产生的矛盾纠纷问题的理念和能力不强。二是人民法院的司法能力尚不能完全适应广大人民群众日益增长的司法需求。三是极少数的裁判不公、枉法裁判极大地破坏了司法公信力和权威。四是尚未建立一支合格的、足够的具有崇高法治理念和法律专业素养的司法专业队伍,影响了司法公正。五是执行不力,司法透明度不够高,判决文书说理不够充分,影响司法公信力,损害司法权威。[③] 四川高院"关于人民法院司法公信力建设的

① 孔祥俊:《司法理念与裁判方法》,法律出版社 2005 年版,第 74 页。

② [古希腊]亚里士多德:《政治学》,吴寿彭译,商务印书馆 1997 年版,第 199 页。

③ 黄尔梅:"运用科学发展观提高司法公信力增强司法权威",载《人民法院报》2008 年 10 月 21 日第 5 版。

调研”课题组通过调查、访谈等形式调研分析,认为五种因素影响法院司法公信力:一是法官职业公信力偏低。二是法院审判管理公信力较低。三是法院裁判公信力较低。四是司法程序公信力偏低。五是法院执行公信力偏低。[①] 山西省吕梁市中级人民法院院长王志刚在《中国审判》撰文认为,当前影响人民法院公信力提升的因素主要有以下几种:一是法官的职业化水平和司法能力。二是法院的整体司法水平和形象。三是当事人的法律意识和诉讼心理。四是法制传统和公民整体素质。五是司法体制和司法环境因素。[②]

笔者对以上观点进行归纳,认为当前审判权运行中各个环节存在的问题成为影响司法公信力的主要内在因素,可从一系列案件质量综合评估的代表性实例和数据多角度分析论证信用缺失。

缺失一:纠错自限“内热外冷”致信用缺失

实证材料:以被上级法院发回改判案件为例。如江苏某基层法院[③] 2006 年度共被上一级中级法院发回、改判案件 19 件,其中,因事实不清、证据不足而被发改的 8 件,占发改案件的 42.1%;因适用法律错误、量刑不当被发改的 2 件,占发改案件的 10.5%;因实体处理不当被发改的 5 件,占发改案件的 26.3%;符合收案条件而驳回起诉的 1 件,占发改案件的 5.2%;因二审出现新证据致原审事实认定发生变化被改判的 2 件,占发改案件的 10.5%;因程序违法而被改判的 1 件,占发改案件的 5.2%。对被发改案件及承办法官进行了通报,并对应当承担差错责任的法官给予了相应处理,但对“外界”从未公布。

被发改率是法院评估案件质量的一个最为重要的指标,是衡量案件是否公正的关键。凡建立案件质量指标评估体系的法院都将此指标作为衡量案件质量的一个标志。最高人民法院的案件质量指标评估体系中,将上诉案件被发改率和已生效案件被发改率作为司法公正指标中的二级指标。这

---

① 四川省高级人民法院课题组:“人民法院司法公信力调查报告”,载《法律适用》2007 年第 4 期。该课题为最高人民法院重点调研课题。

② 王志刚:“法官要为提升司法公信力而努力”,载《中国审判》2006 年第 8 期卷首语,第 1 页。

③ 该基层法院的案件质量一直居该市各基层法院之首,案件被发改率一直保持最低且持续下降。2006 年度被改判发回率指标,江苏省基层法院平均为 0.92%,该市为 0.96%,该院为 0.48%。本文主要以该基层法院在案件质量综合评估中的实例和数据,旨在说明法院案件质量存在问题的普遍性以及这些问题对司法公信力的影响。

是一个反向指标，指标值越高说明公正指数越低，公信度就低，反之所反映出的公正指数和公信度就越高。同时，被发改案件也成为法院案件质量评查监督的重点，江苏省高院将这类案件的评查称为重点评查案件。虽然法院内部对此类案件给予高度重视，纠正并进行督察处理，但出于“家丑不外扬”，对当事人或是其他社会公众并未公开法院处理错案的过程——为什么错？错在哪里？并未以司法诚意表明有错必纠的透明性、公正性，使司法信用大打折扣。正如英国哲学家培根所说的“一次不公正的判断比多次不平的举动为祸尤烈。因为这些不平的举动不过弄脏了水流，而不公的判断则把水源败坏了”。[①] 从实际社会来看，普通公众对于法律的真正感知，不是经过普法读法学习法律条文建立起来的，而是通过发生在自己身上或者生活周围的一个个鲜活的案例慢慢累积而逐渐得以明晰的。当事人和公众需要知道“这个案件为什么被判错，这个案件又是怎么样被纠正的”。“一个国家的司法如果不能得到民众最广泛的信赖，司法便会被扭曲，成为一种异化的力量。要想司法得到民众的信赖和获得广泛的民众基础，就必使司法体制及其运作具有‘透明度’。”[②]如果司法运作过程只满足于“内部运作”纠错，司法信息缺乏公开、透明，就不能满足社会公众追求公正心理的需求，程序正义也就失去了意义，司法的公信力就会受到威胁，因此，只有充分的司法透明才能真正和最大限度地消除不满。

缺失二：司法裁判遭遇执行终结导致信用缺失

实证材料：

1. 根据审判质量效率指标统计数据，2006 年度，江苏省基层法院执结率为 86.84%，该市为 87.5%，该院为 93.4%，列全市第 2 位。执行标的额到位率，江苏省基层法院为 81.41%，该市为 89.79%，该院为 92.43%，列全市第 3 位。向上级法院投诉率，江苏省基层法院平均为 0.4%，该市为 0.69%，该院为 0.45%，列全市第 2 位。执行案件投诉率，江苏省基层法院平均为 0.43%，该市为 0.59%，该院为 0.48%，列全市第 4 位。

2. 根据该院审判管理质评组对执行案件的评查以及对投诉案件的评查，在执结的案件中，以执行终结为结案的占执结案件的 32%，在执行终结的案件中，又以程序终结案件居多，占终结案件的 67%，实体终结的仅有

---

① ［英］培根：《培根论说文集》，水天同译，商务印书馆 1983 年版，第 193 页。

② 张卫平：“司法改革与司法的‘透明化’”，载《琐话司法》，清华大学出版社 2005 年版。

33%。投诉案件虽然很少,但在这为数不多的向上级法院的投诉案件中,96%是因执行不力、执行未到位甚至执行中的违纪违法行为而投诉。除客观原因外,法院自身的原因在于法官执行规范不力,集中表现为法院执行措施、执行程序采取的随意性和不透明性。

司法裁判的执行对司法绩效的评判有着关键性的影响,执结率、执行标的到位率、执行中止终结率等反映当事人权益实现的指标,成为案件质量综合评估的重要指标。执结率、执行标的到位率反映胜诉当事人权益实现程度,是正指标。执行中止终结率,反映中止执行终结执行的情况,防止滥用中止、终结方式虚增执结率,损害当事人合法权益,是逆向指标。投诉率则反映了当事人对法官的信任程度,是一种公信度指标,能够折射出审判执行的质量和效果。司法执行力是审判机关的终局裁判在法律上所产生的特定效力或司法拘束力。① 近年来,执行难仍是一个困扰法院司法的尖锐问题,并成为公众质疑法院裁判终决性和权威性的主要方面。② 通过上述材料显示,法院裁判没有得到全面履行。司法的公信在于法律的精神能够通过法官得到全面的贯彻执行,司法的诚信也在于司法规范对社会的承诺能得到完全的履行。如果执行案件中止终结案件偏多,当事人的投诉率偏高,不仅意味着法律权威的丧失,更是司法制度对自身承诺的一种失信,所以,司法公信力主要是源于执法的诚信。在现代法治国家,法院的判决都必须得到最大限度的执行,这不仅是法律尊严的体现,也是法院捍卫自己尊严的要求。在当事人看来,自己的合法权益得不到法律的支持,代表正义的法院显得无能为力,甚至于因为法院本身结案的需要,出现高执结率而履行虚化的内部冲突时,而当当事人面对一份无法执行的裁决,认为司法机关无法保护他们的权益时,将会对司法失望,并由此形成一种恶性的"因果循环":司法执行力缺失削弱了司法信用,司法权威性就不足;司法权威不高,司法裁判履行率就低,司法信用则会大大降低。只有当人们确信法律能够保护自己的合法权益,能给自己提供安全的保障时,才会使司法信用得到提升。因此,法院作为正义的最后一道防线,是对胜诉方合法权益进行保护的最终保

① 张英霞:"司法既判力论要——兼及司法既判力与司法公信力的关系",载《法律适用》2005年第1期。

② 四川省高级人民法院课题组:"人民法院司法公信力调查报告",载《法律适用》2007年第4期。

障,法官对于裁判执行力应当不被自己的行为所阻却,应当有效抵御来自程序外的任何压力而恪守司法诚信。

缺失三:裁判文书制作失范导致信用缺失

实证材料:

1. 通过对某基层法院2007年度近2300件案件的抽查,抽查比例为判决、调解案件的50%,评查出优秀裁判文书26份,裁判文书合格率达99.7%,但瑕疵率达27.6%,不合格裁判文书主要是被改判和发回重审案件的判决书。[①] 虽然裁判结果基本正确,但存在较大缺陷:一是缺乏过程性叙述,不能反映案件审理的整个过程,不能体现审判公开的全部内容。二是缺乏认证,只是证据的简单罗列,不能对双方所提交的证据分析采信,当事人看不懂证据为何采信与否。三是缺乏逻辑推理,在总结性说理裁决部分,大都只引用法条,不阐明法律适用的道理。

2. 有一记者在四川绵阳市盐亭县检察院看到,某法院的1份约2000字的民事判决书,错别字、漏字及混淆原、被告等竟多达15处。[②]

司法裁判是司法公信力的最终载体和结果。美国现实主义法学家格雷认为,即使是由立法机关颁布的制定法也不是法律,而仅仅是法的渊源,因为法律的意义及其效力,只有在法院审理案件中才能最终确定,司法判决构成了法律本身。司法公信力最终要体现在司法裁判上,法律的公信力也蕴涵在司法裁判中。[③] 裁判文书是人民法院解决纠纷的权威司法文本,不仅记录裁判过程,而且公开裁判理由,成为向社会公众展示司法公正形象的载体。“不管法院的法定和宪法地位如何,最终的书面文字是法院权威的源泉和衡量标准”,[④]理由充分、说理透彻的判决是增强司法权威的重要途径之一,当事人主要通过评价裁判文书来表明对诉讼活动的评价,通过对裁判结果的认同回应法官的信用。上述材料2中,一份判决书,有如此多的失误,当事人又怎么能信服并服从法院的判决呢?据立案部门统计,因裁判文

① 裁判文书合格率是法院案件质量评查的一个标志性指标。裁判文书瑕疵是指不影响程序公正、实体判决公正以外的差错。包括文字、数字、标点符号使用等出现的错误,法律文书排版、印刷不符合标准等。

② 材料来源于 news.163.com/08/0917/06/4M19A8R400011229.html - 53k,于2008年11月30日访问。

③ 关玫:“司法公信力初论”,载《法制与社会发展》2005年第4期,第135页。

④ 宋冰编:《程序、正义与现代化》,中国政法大学出版社1998年版,第307页。

书问题引起当事人上访申诉的占涉诉信访总数的31%。“司法审判是否具有正当性,是否为当事人乃至社会公众所接受,是否真正具有其应有的功能,一方面取决于审判程序本身是否合理,另一方面也取决于司法判决是否以一种恰当而可证的方式解释冲突。”①以裁判文书方式解决冲突,为法官提供了与公众沟通的桥梁,法官通过裁判文书公示自己的主观活动过程及其结论,公开法官被说服的过程,以便说服当事人并说服社会大众,达到取信于民。上述材料1中所反映出的问题,恰恰说明如果一份裁判文书缺乏认证断理,看不出判决结果的形成过程,缺乏说服力,这样的裁判文书反而影响公正司法形象,削减裁判文书在个案中展示法律灵魂的价值。因此,法官应当要求裁判文书不仅裁判结果正确,而且要充分体现认证和法律事实产生的过程,不仅要论证逻辑严谨,说理充分透彻,而且要符合法律文书格式规范,杜绝错字别字等低级错误,使裁判文书真正成为让公众看得见、感觉到的正义,增进公众对司法的认同感。

缺失四:司法程序非正当运行导致信用缺失

实证材料:在2006年度的“四项”案件专项评查中,对“四项”未结案件共128件进行了专项评查。其中,评查审限中断案件8件,依法延长审限未结案件12件,中止审限未结案件26件,暂停计算审限未结案件82件。变更案件审限的设置,实质上衍生了隐性超法定审限案件。在128件“四项”未结案件中,因扣除审限,实质上审限超过简易程序法定审限规定的有4件,超过普通程序法定审限的有2件。实践中程序设计的急功近利非正当运作,导致法定正常审执限内结案率反而下降。产生以上情况的一个重要原因是法官庭审能力不强,效率意识弱化。

现代法治理念要求在追求实体正义的时候应当严守程序正义。实践证明,只有切实尊重和遵守司法的正当程序,强化审判流程的规范化管理,司法效率才能真正有保证,司法公正才能真正得以实现。法官的审限意识不仅包含审限内办结、执结案件的自觉性和主动性,防止出现超审限案件,还包括不能片面追求压缩审限,人为造成审限压力,导致隐性超审限。如上述材料中,变通处理程序,随意额外增加程序以保证表面上的审限内结案,虽然从表面来看,审理执行期限缩短了,但实际审理执行天数并未缩短,效率

① 石金平:“论民事判决证明模式之选择与重塑”,载周道鸾主编:《民事裁判文书改革与实例评析》,人民法院出版社2001年版,第63页。

并未提高。对司法效率的追求应当符合程序正义的要求。相反,由于法官在程序上的不正当操作,导致程序信念丧失,审限被绝对延长,当事人对效率低下的不满情绪依然存在甚至更强。试想,如果当事人或其他公众知悉法院或是法官为片面追求所谓的效率而滥用权力,法官的素养及诚实守信的道德情操将会受到质疑,并进而伤害公众对法律的信仰和对法院法官的信任,从长远利益来看,司法将很难再唤回公众的信任和尊重,将会造成极大的负面影响。因此,提高司法能力,增强庭审功能,对法官尤其重要,法官要通过审判法庭的"剧场化"效应,提高当庭结案率,使每一个出入法庭的人都在参与庭审活动的同时接受程序和秩序的陶冶,使一般的公众普遍形成对法律的敬仰和尊重,从而达到公众对司法公正与效率的共鸣。

## 三、司法信用体系的构建——以案件质量综合评估内容为中心

司法信用的理想状态是司法权的运行与公正、高效、权威高度一致,司法权的内在运行与社会的心理认同达到高度契合的状态。世界各国学者普遍认为司法公信力高的主要标志有以下几个方面:一是法律具有至高无上的权威;二是司法成为重要的救济手段;三是法院裁判具有极高的权威;四是当事人对生效裁判申诉率低;五是法官的地位神圣不可侵犯。① 在当前司法现状与民众需求矛盾突出的特殊时期,在司法公信力标志的司法独立与司法体制改革仍然需要法官付出努力的时代背景下,笔者认为,明智选择应当是格外注重自我约束,建立以案件质量综合评估内容为中心的司法信用体系,提升信用指数,以司法信用赢得公众信任。

### (一)司法权运行公开机制

司法具有信用的基础就在于司法公正。"没有公开则无所谓正义。"② 法谚语:正义不仅要实现,而且要以看得见的方式实现。司法过程的公开有利于增强社会公众对司法的信心,可以使公众了解司法权及其运作方式,亲眼看见正义实现的过程,对由此产生的司法判决,容易被认同和接受。

1. 审判质效指标运行公开。一切通过司法程序解决利益纠纷的受众,都希望司法能用最有效率的运作方式实现其利益目标。审判质效指标设立的目的之一是使公众确信司法的运行能为其提供方便,产生巨大的效益,并

---

① 王志刚:"法官要为提升司法公信力而努力",载《中国审判》2006 年第 8 期卷首语,第 1 页。

② [美]伯尔曼:《宗教与法律》,梁治平译,三联书店 1991 年版,第 48 页。

最终带给当事人期待的合理利益。因此,审判质效指标运行情况公开,不仅要公布于法院系统内部,同时应对社会公开,让社会公众知晓法院与法院之间,法官与法官之间审判质量、效率、效果,评判审判公正程度,通过社会的评价促进公正高效司法。

2. 案件质量评查结果公开。在司法实践中,司法的信用与公众的信任往往是倒因果关系,司法是否具有信用最终通过公众的评价得以体现。因此,公众的评价内容不能忽视法院对自身案件质量的评查。可以通过定期发布法院对法官所结案件质量评查的情况,以一定量的案件质量分析,公众在了解法官审判压力的同时,加深对审判流程、程序、实体、适用法律的感性认识,增进司法情感沟通。通过评查能够实现审判的规范化,提高审判效率,从而使司法公正进一步得到保证。①

3. 案件质量监督纠错公开。美国司法行为守则要求,“无论是作为个人还是集体存在的法官,都必须尊重和珍惜公众对司法的依赖,努力增进和保持公众对法律制度的信心”。② 当前,瑕疵案件、差错案件、被发改案件,是公众关注的焦点,内部消化对公众来说无疑是法院为法官披上的“面纱”,降低了公众对司法的依赖程度。只有建立案件质量监督纠错公开机制,正视并公开错误,揭开“面纱”,加大有错必纠力度,满足公众“探密”心理,才能让公众在明理明法的前提下增进和保持公众的信心。

(二)执行裁判信用保障机制

美国第七巡回上诉法院曾在一次判决中这样来说明裁判力的价值:既判事项旨在确保司法判决的终局性。它不是一个更具技术性的实务或程序事项,它是一个基本的关涉到公共政策和私人安宁的实质正义的规则。它鼓励当事人信赖司法判决,阻止骚扰诉讼,并使法院能够脱身来解决其他的纠纷,其执行对于维持社会秩序来说是根本性的。③ 因此,保障和提升裁判执行信用是鼓励公众信赖司法判决,自觉维护法律具有至高无上权威的需要。

1. 规范中止终结诉讼程序。为追求审判效率,功利地运作程序、突破程

---

① 江苏省高级人民法院审判监督庭:“案件质量监督评查的理论基础与制度构建”,载《人民司法》2005 年第 1 期,第 90 页。

② 张忠斌、黄芙蓉:“关于司法的社会效果内涵之评析”,载《甘肃政法学院学报》2003 年 12 月总第 71 期。

③ 转引自汤维建:《美国民事诉讼规则》,中国检察出版社 2003 年版,第 376 页。

序、滥用程序所赋予的权利、规避程序所要求的义务，使得程序以一种不良的状态低效随意运行，反而扩大了程序设计的劣势，增加了诉讼成本，严重影响了司法效率。① 因此，对法律规定可以中止、终结结案的审理执行案件，中止、终结结案的条件及案件执行情况包括已采取的措施，应逐件逐项向当事人、向社会公众公示，并规定一个适度的公示期限，公示期满无异议的才可结案，防止中止、终结后的案件又重新立案再进入司法程序，导致“一案两讼”甚至“一案多讼”。对因申请延长执限导致执行期限较长的案件，法官应向当事人说明延长执限的原因，取得当事人的认同，减少执行投诉，杜绝执限“真空”。

2. 债权实现透明化。司法公信力要求司法行为要信守职约，包括司法行为的透明性、信息的公开性、司法职能的有限性、司法过程的可预见性等。因此，从某种意义上来讲，债权实现的过程即是取信于民的过程。对强制执行的款物，应通过公开交接款物程序，及时向社会公开每件执结案件的标的到位情况，让公众切实感知到司法裁判力的权威性。

3. 公告未执结案件。触动公众一贯视为不能走进的“雷区”，真正未执结的案件也是法院不能触碰的硬伤，通过公告未执结案件的原因，既可以发动广大人民群众的巨大力量，发现有利于法院执行的线索，又能起到取信于民，尊重公众司法知情权的效能，还有助于公众对法官执行行为进行监督。

4. 设立执行案件信息查询服务平台。建立执行案件信息库，将每起案件的当事人基本情况、收结案时间、强制措施实施、执行财产评估拍卖、执行标的、案件督办、中止、恢复执行等详细情况录入信息库，当事人可以在导诉台查询相关案件的执行信息，了解法院采取的所有执行措施，通过规范公开程序，满足当事人和社会各界对执行工作的司法新需求。

### (三)法官司法能力评价机制

“法律是靠人来执行的，司法的权力如果经过无知和盲从的非职业之手，那么再神圣纯洁的法律也会变质。”②法官是司法裁判的主体，是司法权力的具体操作者、执行者、代表者，其信用形象在很大程度上影响着公众对

---

① 张红、司缓：“程序运作视角下司法效率冷思考”，载万鄂湘主编：《现代司法理念与审判方式改革》，人民法院出版社 2004 年版，第 238 ~240 页。

② 转引自万鄂湘主编：《司法能力建设与司法体制改革问题研究》(上)，人民法院出版社 2006 年版，第 151 页。

司法信用的评判。在美国,在最可敬重的十种人中,法官排在第一位。[①] 在日本,京都大学历年来的社会调查表明,法官是社会公信度最高的群体。[②] 美国著名的第四任最高法院首席大法官马歇尔,凭借他的司法能力、司法智慧和自我约束意识,成就了他"一个法官所能得到的最伟大的位置"。[③] 司法公信力的主体依赖性决定了法官个人的能力在司法公信力建构中的非凡作用,直接影响着司法行为、程序、裁决的公众信服度。因此,一个有非司法主体直接参与且良好运行的法官司法能力评价机制,能够培植法官的司法能力、司法智慧和自我约束能力,极大地满足公众参与司法的新需求,增进司法信用。

1. 庭审能力评价。庭审是法院审判工作的中心环节,公众对司法的了解与评价主要是通过对庭审具体过程的感知来完成的。因此,让公众参与对法官庭审能力的评价在提升司法信用上尤其重要。以庭审为中心,以院庭长为主体,辅以人大代表、政协委员、社会公众随机听庭评庭的方式,考评法官查明事实、辨法析理、适用法律的能力,程序完整、效率兼顾的能力以及司法礼仪养成、庭审驾驭能力。特别注重公众是否在庭审中获取法律知识,满足其感触司法良知需要的心理感受而产生的信任回应。

2. 裁判文书制作能力评价。"裁判文书是法官责任、水平与良知的宣示",作为司法公信力的载体,通过自身的合理化改进,增强裁判文书的制作能力,是法院内部提升司法公信力的切入点之一。以法院内部考评为主导,将裁判文书优秀率、裁判文书合格率作为考核内容,优秀法官应当具有优秀裁判文书的制作能力。公开裁判文书的内容和范围,让公众以区别于法官评判裁判文书的角度,参与对法官裁判文书的评价,以此作为一项衡量裁判文书优劣的公众满意标准值,促进法官司法与公众参与司法的互动。

3. 破解司法难题能力评价。"法院是法律帝国的首都,法官是帝国的王侯。"[④]单独设立智慧法官评价标准,培养审时度势、拥有敏锐政治洞察力的智慧法官。对重大疑难复杂案件、社会影响重大的案件、法律没有明文规定的难题,甚至社会矛盾交锋需要通过司法途径解决的"政治案件",通过

① 陈桂明:《程序理念与程序规则》,中国法制出版社1999年版,第39页。

② 贺卫方:《司法的理念与制度》,中国政法大学出版社1998年版,第137页。

③ 孔祥俊:《司法理念与裁判方法》,法律出版社2005年版,第107~108页。

④ [美]德沃金:《法律帝国》,李长青译,中国大百科全书出版社1996年版,第361页。

法律专家、学者对法官实践经验、利益衡量、漏洞填补等司法能力的评判,评选出能够审理棘手案件的智慧法官,体现司法的定分止争价值,使社会和公众普遍遵从和信赖。

4. 多元化解决纠纷能力评价。目前司法实践中的一审陪审仅指人民陪审员参与合议庭审理的案件。随着多元化解决纠纷机制的广泛建立,需重新界定衡量司法社会效果的"一审陪审率",可将独任法官与人民陪审员共同参与案件的调解和执行,列入陪审率统计范畴。契合"诉调对接"解决纠纷与审判质效指标考核,在司法公信度指标中考量法官把握社情民意,化解涉诉信访、申诉上访的"亲民司法"能力,从而也促使公众能够更加有效地接近司法,正确了解司法,在介入司法中体验司法公信。

(作者单位:江苏省东台市人民法院)

# 现代法治下构建刑事调解程序之思考

## ——以基层法院审理刑事附带民事诉讼案件为视角

朱艳萍

[内容提要] 本文以应然的价值取向作为研究刑事调解程序问题的切入点，从我国基层法院刑事调解程序现状入手，分析我国刑事调解程序存在和发展的现实价值基础，并就此提出构建基层法院刑事调解程序的原则标准、功能设计、运行模式、职能定位等理论思考。

[关键词] 刑事调解 程序构建 刑事附带民事诉讼

随着现代法治社会的不断发展，和谐司法的理念不断渗入刑事诉讼领域，被誉为“东方之花”的中国调解，不再是民事诉讼领域的独有“宠儿”，在刑事诉讼领域同样有着旺盛的生命力。刑事调解对有效贯彻刑法罪责刑相适应原则，实现刑罚的公平与正义，挽回被害人的经济损失，减少当事人的上访，促进社会和谐稳定，具有十分重要的意义。据此，构建我国刑事附带民事诉讼调解程序，将调解作为刑事诉讼追求和谐境界的价值选择，真正促进现代刑事司法体系的完善，保障当事人诉讼主体地位平等，实现刑事诉讼的民主化，对推动我国刑事诉讼程序的改革发展必将产生深远影响。笔者将以法治社会下刑事调解程序的价值追求为研究基点，结合目前我国基层法院的现状，从刑事调解程序的具体操作层面展开思考，以期构建一个科学完备、正当有序、具有中国特色的基层法院刑事调解程序。

### 一、刑事调解面临的现实困境

（一）法律层面上的狭隘

我国刑事法律中涉及刑事调解的规定甚少，刑事诉讼法中根本未提及，最高人民法院《关于执行〈中华人民共和国刑事诉讼法〉若干问题的解释》(以下简称《若干解释》)中仅有第96、97条两条涉及。《若干解释》第100条规定:“人民法院审理附带民事诉讼案件,除适用刑法、刑事诉讼法外,还应当适用民法通则、民事诉讼法有关规定。”正因为刑事调解无统一标准,导致法官在处理附带民事诉讼时显得无所适从,各地法院各行其是,在实践中不断积累调解经验,创新调解方式,但都不足以摆脱目前刑事附带民事诉讼调解的无序状态。

(二)司法层面上的限制

一直以来,刑事法官的调解意识不强,一定程度上忽视了刑事调解工作;审判质效考评体系中对法官审判工作的考核指标又设置不合理,过分强调办案数、结收案比、平均审理天数这三项指标,刑事附带民事调解率却受冷落,致使法官在绩效考评利益驱动下,调解工作有粗略化的倾向;基层法院普遍存在着司法资源匮乏与案件数急增的双重矛盾困境,客观上限制了刑事调解的空间。

(三)思想层面上的滞后

《若干解释》第97条规定:“经调解无法达成协议或者调解书签收前当事人反悔的,附带民事诉讼应当同刑事诉讼一并判决。”我国现行刑事诉讼中的刑事调解制度体现的仍然是国家本位,以维护社会秩序为目的,由法官居中调解,体现的是国家对该权力的垄断,调解不成即行判决。① 这种价值取向足以使人们对刑事法官的裁判者与调解者的双重身份产生合理的质疑,从而带来“以判压调”、“强制调解”等不利于司法公正的负面影响。

(四)制度层面上的疏漏

司法实践中,因调解具有终局性、不可诉的特点,被告人假意调解带来的执行难问题普遍存在。刑事调解程序公开“不到位”,法官调解过程缺乏相应的制度规范和监督措施,亦没有调解责任追究机制,加之调解次数、时间、方式、结果等都不确定,调解过程存在很大的随意性,导致对调解工作的监督无法进行,正因为调解程序缺失监督、保障机制,从而产生了调解扭曲公正的“怪异”现象。

---

① 王瑞君:“刑事调解与刑事和解:法文化视角的对照与分析”,载《山东社会科学》2007年第3期,第102页。

## 二、刑事调解程序存在与发展之价值分析

### (一)追溯历史渊源——“和合思想”

和合思想是中国传统文化的精髓,是古代儒家哲学的根基,以“天人合一”为最高思想境界。几千年来,孔子、老子等倡导的“无讼”的和合思想根植于中国传统法律文化意识形态之中,“讼则终凶”、“无讼是求”,以追求定分止争为终极目标,智慧性地创造了“无讼”的传统诉讼理念。调解作为本土的解纷方式,它的生命力在于契合中国的无讼传统,崇尚和谐的思想文化,符合统治阶级对秩序和稳定的追求,此外,百姓厌讼、忌讼也缘于不堪诉累,[①]这些都使人们更愿意以调解方式来解决纠纷,中国传统法律文化无讼的价值取向是刑事调解得以存在和发展的思想基础,也为刑事调解程序的建立提供了深厚的现实基础。

### (二)借鉴先进理念——“恢复性司法”

恢复性司法以恢复原则作为核心原则,把维护和重建社会关系作为目标追求,通过促使犯罪人向被害人作直接真诚的道歉,减轻被害人对犯罪的痛恨情绪,恢复被破坏的社会关系,同时鼓励和吸纳社会公众参与,促使其相信现行制度能够为社区提供有效的安全保障。国家在刑事司法中所扮演的角色绝不应是矛盾的激化者和悲剧的制造者,如果能用调解解决,就不要用暴力解决。[②] 关注被害人的人权保障问题是一个世界性的主流,保护被害人获得经济赔偿的权利,主张被害人影响陈述,[③]给予被告人悔罪机会,并促成被害人与犯罪人的矛盾化解,这无疑为现代刑事诉讼发展提供了一个新视角。

### (三)存在的现实基础——现实社会之客观互动要求

1. 和谐社会对司法功能的现实要求与刑事调解程序追求化解纠纷的价值目标之间的互动。构建和谐社会要求刑事诉讼不仅能够准确及时地打击犯罪,而且能够有效地矫正、改造犯罪人,修复被破坏的社会关系和弥补被损害的利益,使各方诉讼参与人尤其是被害人与加害人之间能够化解矛盾,

---

① 汤尧:“刑事调解:从冲突到和谐的可能路径”,载《法律适用》2006 年第 12 期,第 25 页。

② 于同志:“恢复性司法的刑事政策意义”,载 http://xfzy.chinacourt.org/public/detail.php?id=1328,于 2008 年 4 月 21 日访问。

③ 陈瑞华:“定罪与量刑的程序关系模式”,载《法律适用》2008 年第 4 期,第 3 页。

和谐共处。调解有利于促使被告人自愿认罪服法,有利于被告人的改造,使得附带民事调解与刑事裁判达到"调解以情,听讼以法,情法两尽"的和谐境界。[①] 调解在较为宽松的氛围中让当事人权衡自己的各种权益,能够避免当事人之间因诉讼而导致的矛盾进一步加剧,从而彻底解决纠纷,减少新矛盾的产生。无论是立法者,还是司法者,都不应当只是消极地应对犯罪。斗争哲学与"严打"模式因其所导致的司法资源的过度使用、监狱人满为患的压力以及所进一步引发其他社会问题的隐患,应当得到反思和修正。[②]

2. 法治社会对保障人权的民主需求与刑事调解程序保障诉讼主体地位价值之间的互动。法律的终极目标是保障人权,依法最大限度地保护公民合法权益应是法治的目标。[③] 美国学者富勒曾说过:"法治的目的之一在于以和平而非暴力的方式来解决争端",因此,刑事诉讼的构建要更具包容性,给诉讼主体提供充分表达意愿的空间和机会,从而实现多元化的价值诉求。[④] 在以人为本的现代司法理念下,注重协调不同诉讼主体之间的利益追求,是司法民主的体现。在刑事调解程序中,被告人可以主动认罪并积极赔偿,免受更重刑罚;被害人可以获得更多经济赔偿,抚慰精神创伤,刑事司法中保障人权功能在刑事调解中凸显无疑。

3. 法院公正与效率的司法主题与刑事调解在公正前提下追求效率最大化的程序价值之间的互动。人民法院司法的本质要求是公正,法彦说:"迟到的正义非正义",公正与效率是司法的价值目标,是人民法院在21世纪的工作主题。有学者认为,调解价值取向的效率优先性与审判价值取向的公平优先性存在冲突。[⑤] 笔者认为,在刑事附带民事诉讼中,引入调解程序,恰恰可以找到公正与效率的有机结合点,在坚持公正的基础上最大限度地提高司法效率,在最短的时间内满足各诉讼主体的利益追求才能让其切身感受司法公正的实质内涵。

---

① 于军涛、刘美玲:"刑事附带民事诉讼调解之我见",载 http://www.dffy.com,于2008年3月2日访问。

② 于同志:"恢复性司法的刑事政策意义",载 http://xfzy.chinacourt.org/public/detail.php?id=1328,于2008年4月21日访问。

③ 苏峰:"情况判决与利益衡量",载《审判研究》(2007年第2辑),法律出版社2007年版,第215页。

④ 陈光中、陈卫东:《诉讼法理论与实践》,中国方正出版社2005年版,第137页。

⑤ 韩波:"诉讼调解的实证分析与法理思辨",载《法律适用》2007年第4期,第79页。

(四)发展的法律基础——刑事司法改革之内在需求

1. 公法与私法的相互交融。随着改革开放的不断发展,中国特色社会主义法律制度对法律的需求不再单一,公法与私法的交叉与融合成为必然。有学者指出:"附带民事诉讼本质上并不是刑事诉讼,但又有别于一般的民事诉讼,具有私法和公法双重属性。附带民事诉讼是私法与公法的交叉点,也只有民事、刑事诉讼相互结合、交互作用,才能实现良性互动。"并指出:"当公法方法与私法方法对私权保护发生重合时,私法方法应当是最优选择,公法方法则是最后选择。公法方法'越位',甚至企图'取代'私法方法是与法治精神背道而驰的。"[①]笔者深表赞同,在刑事诉讼活动中引入调解程序,有利于维护当事人的合法权益,有助于促进司法和谐。

2. 量刑轻刑化的发展趋势。在法治文明不断健全的今天,各种与刑罚相配套的社会矫正、教育体系日益完善,使得刑罚追求量刑轻刑化具有现实可能性,在刑事诉讼中注入人权保障因素,阻止刑罚的不断滥用,促进刑罚的轻刑化已成为国际刑事诉讼改革发展的一种趋势。在刑事法治观念的支撑下,人们趋于主张弱化刑罚惩治"恶"的层面,注重强化刑罚挽救"善"的层面。轻刑化的刑事司法理念已日益成为法官在处理刑事附带民事诉讼中践行法治原则、民主原则的重要体现,成为调解程序在刑事附带民事诉讼中得以存在和发展的现实土壤。

3. 刑事司法政策的客观要求。贯彻宽严相济的刑事司法政策是党中央在新的历史条件下长期打击、预防犯罪得出的重要结论,是发展社会主义民主政治的必然选择,是实现司法价值的客观要求,是促进社会和谐的应有之义。宽严相济的刑事司法政策为刑事调解提供了政策基础,刑事调解程序的产生则是在和谐司法视野下对刑事宽严相济政策的积极回应。在刑事调解程序下,对于一些情节轻微、社会危害性不大的犯罪,大量适用非监禁刑,可消除短期自由刑的弊病,尽快实现犯罪分子的社会回归,最大限度地保护被害人的诉权,促进刑事司法法律效果和社会效果的有机统一。

---

① 杨正明、李桂模:"私法方法在司法实践中的运用",载 http://www.chinalawedu.com,于2008年4月20日访问。

## 三、刑事调解程序构建之思考

### (一)刑事调解程序的功能设计

1. 程序的正当性。“公正的法治秩序是正义的基本要求,而法治则取决于一定形式的正当过程,正当过程又主要通过程序来体现”,这是约翰·罗尔斯在其《正义论》中关于程序正义的经典描述。程序正当性要求保证司法的独立性和法官的中立性,保障当事人的诉讼权益。刑事调解需依法调解,不能肆意将当事人的“合意”扩大化,离开法律轨道的调解程序是非正义的,是违背法治精神的,是没有立法基础的。

2. 适用的可行性。附带民事诉讼是一种刑事、民事诉讼相混合的诉讼,以刑为主,以民为辅,是两者的有机统一。司法程序的规范化要求执行某一项程序时需按运行规则办事,在具体操作时要程序严密紧致,适用方便可行,附带民事诉讼中的刑事调解亦应如此。

3. 效果的统一性。程序公正是实体公正的前提和保障,实体公正是程序公正的必然结果,也是司法活动的根本价值取向。刑事调解程序设计在确保程序公正和实体公正的同时,应力求取得审判程序的公正性与调解程序的效益性的完美结合、取得矫正被告人与保护被害人的双重效果、取得法律效果与社会效果的有机统一,让诉讼参与人在调解程序中真正感受到“实惠”,这既是刑事诉讼民主法治精神的要求,也是调解程序所要达到的价值目标。

4. 资源的节约性。诉讼爆炸与司法资源紧缺的矛盾是当前司法改革要解决的首要问题。刑事司法体系的运作主要依靠国家资源的投入来维持与推进,刑事司法资源的稀缺性与易耗性,决定了国家在刑事诉讼过程中总是力图以最少的诉讼资源投入来产出最大的案件解决数量,所谓“诉讼效率”或“诉讼经济”,即从诉讼过程的成本/收益分析角度而言。① 对此,笔者深表赞同,节约有限的司法资源,追求诉讼效率应该是刑事调解程序设计的关键。

5. 量刑的从宽性。为避免刑事附带民事判决因被告人存在接受服刑替代民事赔偿的不正当思想导致的执行难问题,在审理刑事附带民事诉讼案

---

① 左卫民:“刑事诉讼的经济分析——一个初步讨论”,载 http://www.chinajudicialreform.com,于2008年4月5日访问。

件时,经法院主持调解,当被害人及时获得民事赔偿,对被告人表示谅解,综合被告人的人身危险性及案情,依法适用非监禁刑,不能适用的,依法从轻处罚,让刑事被告人赔偿得明明白白,在量刑上充分体现对被告人的人文关怀,才使得刑事调解程序既符合宪法保障人权的要求,又能更好地发挥刑法惩治功能。

(二)刑事调解程序的原则标准

1. 依法明晰原则。刑事附带民事调解程序必须遵守刑法中的罪刑法定原则,按照以法律为准绳,以事实为依据的原则进行调解,使调解在法律范围内达成协议,避免被告人因怕判实刑而带来的"委曲求全"和被害人因无法律约束而带来的"漫天要价"等不公正调解现象。无论是任何形式的法律价值,都要体现在法律程序的具体规则之中,而不可能超然于法律规则之外的"彼岸世界"。① 调解程序也不例外。

2. 真实自愿原则。根据无罪推定的原则,被告人作出的有罪供述是被告人放弃防御权的表现,必须出自真实意愿和自由意志,而不能是在被强迫的情况下所作的选择。② 如果被告人不构成犯罪,附带民事诉讼就无从提起,刑事调解程序理应具备诉讼主体权利的保护和利益均衡的内在要求,遵守当事人自愿原则,特别是被告人的自愿。如果被告人没有赔偿能力时,法院不得要求被告人亲属代为赔偿,但亲属自愿垫付的可视为被告人赔偿,这也是充分体现法官中立地位及尊重当事人意愿原则。

3. 公开透明原则。刑事调解过程要公开,调解结果更要公开,允许新闻媒体的采访报道,增强调解的透明度,加强社会对调解程序的全方位、有效、有力的监督,这既是程序正义性的必然要求,也是法治社会诉讼民主的内在需求。实施"阳光调解",可以确保被害人的诉讼参与权和被告人的诉讼平等权,提高刑事法官的司法责任感,预防司法腐败,进一步增强司法公信度和树立司法权威。

4. 灵活适度原则。"久调不决"带来诉讼效率的牺牲是不符合刑事调解程序所构建的整体价值目标的,调解程序的过分延迟必会造成当事人的

---

① 陈瑞华:《问题与主义之间——刑事诉讼基本问题研究》,中国人民大学出版社 2003 年版,第107 页。

② 陈瑞华:《问题与主义之间——刑事诉讼基本问题研究》,中国人民大学出版社 2003 年版,第385 页。

诉累，进而影响司法公正。刑事调解程序的适用范围是有限的，刑事法官在处理刑事附带民事诉讼时要注重灵活性与原则性相结合，在当事人自愿原则下，不失时机地灵活运用调解程序规则，积极引导当事人以调解方式解决纠纷，适当限制调解的时间和次数，确保在最合理的时间内达到调解程序"案结事了"的刑事司法目的。

5. 程序简便原则。无论是以丧失法制原则违反法律程序追求所谓的司法高效，还是以降低司法效率追求无限期的司法公正，都是片面的，也是有害的。[①] 在司法公正与效率的双重价值追求下，需要考虑附带民事诉讼的复杂性和执行法律的不统一，使调解程序不能过于复杂，易于具体实施，能使各方权利在程序规则中得到充分保障。刑事附带民事调解程序正是基于被告人认罪前提下，仅对民事赔偿费用进行协商，有效减少当事人的诉累和司法成本，否则，在诉讼效率的考量下就丧失存在的价值了。

（三）刑事调解程序的运行模式考量

目前，基层法院在现有法律框架下实施刑事调解程序基本上采用的是合并模式为主、分离模式为补充的混合运行模式。刑事诉讼法第 78 条规定："附带民事诉讼应当同刑事案件一并审判，只有为了防止刑事案件审判的过分迟延，才可以在刑事案件审判后，由同一审判组织继续审理附带民事诉讼。"《若干解释》第 99 条规定："对于被害人遭受的物质损失或者被告人的赔偿能力一时难以确定，以及附带民事诉讼当事人因故不能到庭等案件，为了防止刑事案件审判的过分迟延，附带民事诉讼可以在刑事案件审判后，由同一审判组织继续审理。如果同一审判组织的成员确实无法继续参加审判的，可以更换审判组织成员。"在合并审理的大前提下，审判组织与调解组织及审判程序与调解程序均附条件地可分离。遗憾的是，《若干解释》中虽列举了导致刑事审判过分延迟的情形，但不具体，如"赔偿能力一时难以确定"如何认定？"确实无法继续参加审判"又指哪些？立法的疏漏导致司法实践中适用法律的困难，加之分案处理带来调解无望的现实，真正分案处理的极少。与此同时，司法理论界却对民事诉讼采用调审分离模式的呼声较高，建议审判与调解的完全分离，目的是避免公众对调审合一模式下"以判压调"、"强制调解"的尴尬评价。这种分离模式能否作为刑事调解程序

---

① 金俊银、吕方、陈海光："论法院公正与效率主题、创世司法与审判新貌——最高人民法院'公正与效率'世纪主题论坛综述"，载《法律适用》2002 年第 1 期，第 37 页。

构建的理论参考呢？就笔者所在法院统计数据来看，在刑事附带民事诉讼中，有85%以上案件都是在法院审理阶段达成调解协议的，且据中国法院网、人民法院报等媒体的相关报道，国内多数基层法院的刑事附带民事诉讼案件调结率达100%，社会满意度较高。这些数据充分说明，在经济不断发展和法制不断健全的今天，人们更愿意信任在刑事法官主持下的调解，且对调解的结果能给予普遍认同，刑事调解程序的建立存在着强烈的社会需求和现实可行性，相比调审分离模式下当事人的诉累、难以对接、经验不足等问题，这种混合模式下构建调解程序所表现出来的优越性足以让当事人取得调解"双赢"。因此，按照调解程序应纳入审判程序之中的整体构想，笔者认为现阶段构建刑事调解程序采用混合模式较适宜。

(四)刑事调解程序的内容设计

1. 人民法院的法律告知义务。法院对调解程序应充分行使释明权，在立案受理后，应向符合立案条件的原告人及被告人发放《适用调解程序建议书》，内容包括：告知调解程序的法律规定、适用条件、步骤、注意事项及法律责任等，在法律释明下使原被告双方对调解程序有足够的认识，增强参与调解的法律信赖感和认同感，从而作出理性的选择，最终决定是否同意适用调解程序，并在调解建议书上签字确认。有权提起附带民事诉讼调解程序的人放弃诉讼权利的，应当准许，并记录在案。

2. 当事人的程序启动权。大凡称得上"诉讼"的国家活动，都普遍具有一个共同的特征：负责裁判的机构和人员不得自行、主动地启动任何一项诉讼程序，[①]法官的司法独立性表现为以消极、被动方式运用法律裁决纠纷。基于不告不理的基本诉讼原则，按照当事人自愿原则，赋予当事人程序启动权。因犯罪行为遭受损失的被害人、已死亡被害人的近亲属、无行为能力或限制行为能力被害人的法定代理人及委托代理人、被告人及其亲属或委托代理人可主动提出启用调解程序，在不违反法律规定的情况下，法院应当予以准许。

3. 调解程序的启动条件。(1)有符合附带民事诉讼起诉条件的原告人；(2)调解赔偿责任人范围可参照适用《若干解释》第86条中的规定，但应以本案被告人同意为前提(被告人亲属自愿垫付的除外)；(3)原被告双

---

① 陈瑞华：《问题与主义之间——刑事诉讼基本问题研究》，中国人民大学出版社2003年版，第266页。

方有调解的合意;(4)被害人损失系本案被告人的犯罪行为造成;(5)原告有具体的赔偿请求和充足证据;(6)非人民检察院提起的附带民事诉讼;(7)刑事被告人自愿认罪。法院对调解程序的启动只能是简单的形式审查而非实质审查。

4. 调解程序的适用范围。基层法院刑事附带民事案件都集中在交通肇事、故意伤害、聚众斗殴等案件中,按照刑法罪责刑相适应原则,综合考虑被告人认罪,悔罪态度、主观恶性及社会危害性,被害人主观态度、客观实际等,以可能判处三年以下有期徒刑、拘役、管制等及确实得到谅解且认罪的被告人为对象,侧重于未成年犯,建议将刑事调解案件扩大适用于所有轻微侵财性、过失性犯罪及家庭、邻里纠纷导致的故意伤害等案件。

5. 建立调解量刑规则。司法实践中,有学者把因民事赔偿取得量刑从轻的现象称为"量刑减让式的辩诉交易"[①]或"缓刑和解",[②]法院将被害人提交的从轻请求书作为判决的证据采纳,并在判决书中予以载明,对这种事实上存在的做法,我们无须探究它的真正属性,但确有必要在调解程序中注意量刑的公正和均衡。首先,明确民事赔偿为法定从轻量刑情节;其次,赋予被害人量刑建议权;最后,明确调解结果对应的量刑幅度。

6. 完善审前调查程序。对被告人的家庭状态、工作背景、经济能力等作详细的调查,形成被告人的赔偿能力的评估报告,参照未成年人的审前调查工作来进行,此报告可作为启动司法救助程序的一项重要参考资料,避免司法救助程序的滥用和国家财政资源的浪费。同时也让那些企图因被告人将受刑事处罚而意图扩大赔偿要求进行恶意调解的被害人,在诉讼现实面前对调解期望值的追求趋于理性化和客观化,避免因被害人"误解与失望"而产生"缠访、恶访"的负面影响,从而保证调解程序科学合理有序地运行。

7. 健全调解保障机制。由于刑事附带民事诉讼中,被告人需承担刑事、民事双重责任,在启动庭前调解程序时,要避免陷入对被告人主观定罪的怪圈中,强化对侦查机关指控证据的审查和举证责任的分配,加强对被告人诉讼权益的保护,不要出现民事部分已赔偿,而被告人可能不犯罪的尴尬境况。通过建立程序性违法制裁制度和证据排除规则,完善司法人员责任追

---

① 高一飞:"刑事诉讼法适用",载《刑事法判解》第 9 卷,第 62 页。

② 周玉华、秦秀春:"山东高院缓刑与和谐社会——关于山东法院适用缓刑及缓刑和解的调查报告",载《人民司法》2006 年第 12 期,第 51 页。

究机制,完善当事人规避法律责任追究制,允许被害人对调解程序附加条件,避免发生被害人的“第二次受害”现象。

(五)刑事法官的司法调解职能定位

1. 明确审理程序与调解程序的法律关系。在刑事附带民事调解过程中,存在民事部分的判决和调解两个程序和刑事部分的判决程序,因此,当民事部分调解成功,民事部分就此终结,径行处理刑事部分,当民事部分不能调解时,法院作出刑事附带民事判决。调解程序应是部分审判程序的替代,而非完全替代,即调解程序是服务于审判程序的,应纳入审判程序的运行轨道之中。按照大陆法系的传统,定罪与量刑在程序上是不可分离的,刑事法庭通过一个连续的审理程序,既解决被告人是否构成犯罪的问题,又解决有罪被告人的量刑问题。[①] 在刑事附带民事诉讼中,我们可以直观地看出民事赔偿并不影响犯罪的定性,民事赔偿的结果只能反映在量刑方面,民事赔偿并不必然导致被告人刑事责任消灭。从这个意义上讲,调解程序也应纳入审判程序之中。

2. 明确法官调解权与当事人处分权的权属关系。在刑事附带民事调解中,法官实施调解权也是审判权的运用,确立调解权是审判辅助权,可以化解调解人来源开放性、调解权行使主动性、调解效益优先性与审判权构成的一系列矛盾。[②] 当事人选择调解程序,主要是因为当事人自愿达成的调解协议,最符合当事人自身的利益追求,也最接近现实意义上的实体公正,因此法院要以当事人意思自治为前提,在程序启用、运作等环节上要充分体现当事人的诉权。在刑事调解程序中,法官在行使调解权时应发挥司法控制职能,避免当事人对权利的滥用,更好地保障当事人充分行使诉权,确保诉讼程序的公平与正义,故而刑事调解程序中当事人处分权是第一位的。

3. 明确法官能动作用与中立地位的辩证关系。在社会主义法治条件下,人民司法既要强调中立性,实现规范司法,又要充分发挥能动性,通过能动司法,公正有效地解决纠纷。一般认为,司法能动必须符合法官中立的要求,一般不能突破中立的形式限制。法官在保持客观中立的前提下,可以通过个人能动的审判活动……拉近现实和法律的距离,实现法律效果和社会效果的有机统一。法官中立与能动的关系不是绝对冲突的双面,而是司法

---

① 陈瑞华:“定罪与量刑的程序关系模式”,载《法律适用》2008 年第 4 期,第 2 页。

② 韩波:“诉讼调解的实证分析与法理思辨”,载《法律适用》2007 年第 4 期,第 79 页。

追求实质正义下的有机结合和辩证统一。[1] 因此,在调解程序设计上既要对法官的调解参与度有所限制,又需明确法官在整个调解程序中的能动作用。调解法官在不偏袒任何一方的前提下,积极主动引导当事人参与调解程序,促进当事人达成调解协议是十分必要的。

(作者单位:江苏省大丰市人民法院)

---

① 参见公丕祥主编:《纠纷的有效解决——和谐社会视野下的思考》,人民法院出版社2007年版,第77、91、92页。

# 司法资源困境下立案调解机制探析
## ——立、调、结"三合一"纠纷解决模式

王元元

[内容提要]　针对基层法院民商事案件的受案范围进一步扩大，案多人少的矛盾日益突出的现状，应将有限的司法资源在各类纠纷中合理配置，将大量争议不大的纠纷导入立案调解机制，实行立案、调解、结案三合一，在现有条件下增强诉讼制度解决纠纷的机能，达到纠纷解决效果的最优化。

[关键词]　司法资源　纠纷解决　立案调解

2007年3月7日最高人民法院颁布实施的《最高人民法院关于进一步发挥诉讼调解在构建社会主义和谐社会中积极作用的若干意见》(以下简称《意见》)指出，在诉讼过程中，不论是在立案阶段，还是在一审、二审甚至再审过程中，人民法院都可以根据当事人的意愿对案件进行调解。对大部分适用简易程序的民事案件，都可以先期进行调解。《意见》对立案调解工作进行了强调，要求人民法院应当进一步完善立案阶段的调解制度。对此，不少法院组建了立案调解中心，开展立案调解工作，并取得了一些实效。下面笔者结合自身实践，对立案调解机制的价值、依据及建构作粗浅的探析。

### 一、立案调解的概念厘定及价值分析

#### (一)立案调解的概念及优势特征

立案调解是指立案法官在立案审查期限内，对有可能经过调解解决的民商事案件和刑事自诉案件在案件移送相关审判部门前，由立案庭专门负责立案调解的法官征求双方当事人意见，主持双方当事人通过自愿协商，达

成调解协议,化解纠纷的诉讼活动。当事人在法院主持调解下,如能达成调解协议,纠纷在立案阶段就可以调解解决。它有效地实现立案、调解、结案三合一,快捷、高效地解决纠纷,方便当事人诉讼,体现了司法为民的宗旨。

立案调解与诉前调解本质上都是一种通过调解来解决纠纷的模式和过程,但立案调解主要具有以下特征:第一,立案调解是在当事人将纠纷起诉至法院,并已作为诉讼案件进行立案受理,并且纠纷当事人自愿选择了在法院主持下的调解解决纠纷的方式。第二,立案调解是在立案审查期内进行的调解,适用于事实清楚、法律关系明确、争议不大的一审民商事案件和刑事自诉案件。国外和解制度中,在德国最近的一次民事诉讼法修正中,指导方针之一是"必须强化民事诉讼中的和解因素。在诉讼尽可能早的阶段,当事人的和解是最有效率的法律纠纷解决方式,同时也是对普通人最有利的方式"。基于此,德国通过采用和解辩论来强化民事诉讼中的和解观念。第三,立案调解由立案庭专门负责立案调解的法官主持,调解协议达成后即可由人民法院出具调解书,并当场送达当事人。日本1996年《民事诉讼法》第89条规定:"法院不管诉讼进行到任何程度,都可以尝试和解,或使受命法官或受托法官尝试。"在因当事人申请而开始的调解程序中,处理纠纷的一般流程是这样的:地方裁判所和简易裁判所每年从所属的法官中指定若干名充当该年度专门担任处理调解案件的人选,称为"调解法官"。第四,结案周期短,不受法庭调查、法庭辩论程序影响,可直接审查当事人争议的内容,大多数案件可以当日立案、当日调解、当日送达、当日结案。如当事人不同意调解或在规定期限内无法达成调解协议,案件应及时移转到审判庭,避免诉讼迟延。

(二)立案调解机制的价值及功能

推行立案调解这一审判模式的基本出发点是,区分案情,科学地实现案件的繁简分流,通过民商事纠纷的类型化解决,提高民商事审判的整体效率,同时降低案件的上诉率、申诉率、申请强制执行率。立案调解的价值及功能体现在以下四个方面:

1. 立案调解有利于实现司法资源的有效配置。随着时代的发展,社会对司法寄予了更高的期望。调解是法律赋予法院的一种解决纠纷的方式,其效力与判决书相同,是实现司法效益最大化的一种方式。将大量的争议不大的纠纷导入立案调解机制,可以有效地实现部分案件终结在立案阶段,减轻诉讼压力,实现司法资源配置效益的最大化。

2. 立案调解有利于快速解决纠纷,树立司法公信。当事人上法院打官司,总是期待平和、快捷地解决纠纷。立案调解为当事人快速解决纠纷的愿望实现提供程序依托,有利于矛盾双方达成共识,提高调解的成功率。此类案件无须经过排期、开庭、宣判等复杂的诉讼程序来审理,可在较短的时限内解决纷争,节省了当事人的时间和精力,降低诉讼成本,提高审判效率,体现法院便民、为民、亲民的司法宗旨,增强了当事人对法院的信任。

3. 立案调解有利于化解矛盾,定分止争,促进社会和谐。立案阶段是诉讼的开始,在纠纷刚起诉到法院进行调解是纠纷解决的最佳阶段。在美国,90%以上的案件都未到达开庭审理阶段,而在庭前准备程序以和解或其他通过谈判交涉的方法得到了解决。[①] 在立案阶段设置调解程序,抓住矛盾尚未激化的短暂时机,在较为宽松的氛围中让当事人权衡自己的各种权益,避免当事人之间因诉讼而导致的矛盾进一步加剧,从而彻底解决纠纷,减少新矛盾的产生。通过立案调解,妥善化解涉诉矛盾,促进了社会和谐稳定,实现法律效果与社会效果的有机统一。

4. 立案调解有利于促进多元化解决纠纷机制的形成。面对种类繁多、形态各异的民商事纠纷案件,适应多层次的司法需求,进行多元化的程序设计和运作,加快诉讼进程是西方国家乃至整个世界民商事审判改革的趋势,也是我国民商事审判追求的目标之一。加强诉讼调解,倡导完善多元化纠纷解决机制是化解矛盾、促进和谐的有效途径。体现程序公正与诉讼效率、符合中国国情和时代需求的立案调解制度是具有中国特色的多元化纠纷解决机制之一。力求调解范围多元化、调解阶段多元化、调解主体多元化,把调解作为解决纷争的优先选择,有利于推动诉讼与非诉讼纠纷解决机制功能互补、良性互动。

## 二、构建立案调解机制的依据

### (一)"和为贵"理念——立案调解机制构建的人文基础

诉讼调解是我国诉讼制度的重要组成部分,是人民法院行使审判权的重要方式。人民法院的调解工作经历了司法政策上的三次大的调整,从调

---

① [日]谷口安平:《程序的正义与诉讼》,王亚新、刘荣军译,中国政法大学出版社1996年版,第35页。

解为主，到着重调解，再到自愿合法调解，最终实现了诉讼调解的科学化和现代化。诉讼调解之所以在我国诉讼制度中处于如此显著的位置，源于调解制度的历史渊源和优势。中国传统的法律文化在诉讼方面的基本特征是厌讼、贱讼，以调处息争，实现无讼。古代法官息讼的常用办法是，通过对当事人双方进行道德教化，使双方产生羞耻之心，主动撤讼，即所谓的“以调息讼”。“和为贵”、“中庸”、“厌讼”已成为我国传统的诉讼观念和价值取向，而调解正是此种追求“天人合一”、“以和为贵”和谐理念的充分体现。尤其是党的十六届六中全会作出了构建社会主义和谐社会的重大战略决策，调解是符合广大民众诉讼意识和价值观念的纠纷解决方式。与裁判相比，它体现了低成本、高效率、人性化等优势。因此，对于有可能通过调解解决的案件，在诉讼的任何阶段都应当进行调解。从我国现行社会变革和社会纠纷解决的实际需要出发，应当建立一套既符合司法规律，又符合中国国情，使纠纷解决能取得最佳效果的诉讼模式，这就是和谐主义模式。这与立案调解的构建目的相吻合，通过立案调解减弱当事人之间的对抗，消弭双方的冲突，达到和谐共存。

（二）“案多人少”矛盾——立案调解机制构建的现实动因

当前我国正处在经济社会发展的关键时期，面临许多新情况、新问题，而且越来越多的矛盾纠纷进入到司法程序，尤其是 2008 年 4 月 1 日《民事诉讼法》修改后，基层法院民商事案件的受案范围进一步扩大，加之诉讼费低廉，呈现出“诉讼爆炸”、“诉讼洪水”现象，民商事纠纷大幅度与日俱增，全国基层法院法官人均年办案 120 件左右，有些地方的基层法官每年办案达四五百件。随着司法统一考试的实施，要想成为法官，必须首先通过司法考试，而每年的通过率仅仅在 10% 左右，法院人员老化，法官队伍处于青黄不接状态，案多人少的矛盾日益突出。因此，有必要将解决纠纷的关口前移，在立案时将案件进行筛选，实行繁简分流，对事实清楚、法律关系明确的一审民商事案件，双方当事人争议不大且均同意调解处理，如双方在法院的主持调解下，能达成一致协议，运用“立案、调解、结案”三合一的纠纷解决模式，在立案阶段就可以解决纷争。成功的立案调解无疑减轻了法院审判的压力，并增强了诉讼当事人对法院服务的满意度。在伦敦中心郡法院（CLCC）率先建立调解试点方案的雷·巴特法官称赞：“调解快捷、经济且免去了繁文缛节。最显著的特点是整个过程用户的高满意度。许多时候当调解结束后,当事人握着手一齐走出法院大门。”①

(三)追求效益至上——立案调解机制构建的经济基础

大量社会纠纷的客观存在,使得纠纷当事人总在追求自己在纠纷解决时获得最大的效益。因此,当事人上法院打官司,总是希望能够用最简单、最经济的方法迅速解决纷争。经济分析法学的归结点是以最小的成本获得最大的效益,法经济学理论从本质上讲就是“将经济理论运用于对法律制度的理解和改善”。法经济学家从经济学的供求法则、效益最大化、价值最大化三项基本原理出发,得出法经济学理论的核心思想——“效益”,用能够使价值得到最大化的方式分配和使用资源。将这个理论应用到法律领域,就会得出一个结论:财富最大化是诉讼的宗旨。纠纷过程的参加者都有自己的利害关系,为了最大限度地实现自己的利益而动用一切可以动用的手段。如果当事者和利害关系者从各自拥有的手段确认某个妥协点是能够得到的最佳结果,这样的解决即可获得。② 当事人期待尽可能以简便、快捷的方式解决纠纷,从而有更多精力从事社会经济活动,避免司法资源的浪费。

## 三、立案调解机制的模式建构

立案调解机制具有一定层次的程序理念,绝非仅仅是程序的简化。立案调解机制的建构需要在基本理念的指导下,创立符合理念的具体制度。

(一)立案调解遵循的原则

1. 自愿、合法的调解原则。立案调解是为保护当事人利益、便利当事人而引用的制度,那么当事人是否适用这个程序制度,应当由当事人自己选择,以保障当事人的程序选择权。对可能适用立案调解的案件,立案法官在立案审查7日内征询原告的意见,由其选择是否同意立案调解,如其有调解意向,通知被告到场,被告同意接受调解的,原、被告双方共同签署立案调解申请书。对于当事人不同意调解的,及时移转相关庭审理,法官不得以任何借口加以阻拦和干扰。

---

① 杜豫苏:“法官在调解中扮演的角色及优劣评价——中英两国诉讼调解制度比较”,载《法律适用》2007年第11期,第26页。

② [日]棚濑孝雄:《纠纷的解决与审判制度》,王亚新译,中国政法大学出版社2004年版,第11页。

2. 高效、快捷、有限原则。严格立案调解期限，防止诉讼拖延。对当事人申请立案调解的案件，由立案庭庭长当天分案，当天转承办法官，当天进入实质性调解阶段。对一般案件通常当天立案、当天调解、当天送达、当天结案。对进入立案调解程序的案件，一般应在立案审查期 7 日内调解结案。如当事人申请延长调解期限，立案阶段调解期限原则上不超过 15 日。对不能调解结案的，应迅速移转相关庭审理，避免案件积压，防止诉讼拖延。

3. 公平、公正原则。调解前，告知当事人在立案阶段为达成调解或和解的目的而作出的妥协或认可的承诺，不会在今后的诉讼中作为对其不利的证据使用，消除当事人对立案调解的顾虑。调解中，坚持公平、公正、能调则调原则，依法居中调解，绝不一味为达成调解协议而强制、违法调解，避免“合意的贫困化”，[①]损害任何一方当事人的合法权益。对当事人达成的调解协议进行严格审查，防止当事人利用调解恶意损害国家、集体和第三人的合法权益。

（二）立案调解机制的具体建构

1. 立案调解的适用范围。立案调解案件的类型在我国的法律和司法解释中并没有明确规定，实践中将事实清楚、权利义务关系明确，双方争议不大且当事人有调解意向的一审民商事案件和刑事自诉案件列入立案调解的范围，对二审案件一般不适用立案调解。

最高人民法院《关于人民法院民事调解工作若干问题的规定》第 2 条规定：“对于有可能通过调解解决的民事案件，人民法院应当调解。但适用特别程序、督促程序、公示催告程序、破产还债程序的案件，婚姻关系、身份关系确认案件以及其他依案件性质不能进行调解的民事案件，人民法院不予调解。”第 12 条规定：“调解协议具有下列情形之一的，人民法院不予确认：（一）侵害国家利益、社会公共利益的；（二）侵害案外人利益的；（三）违背当事人真实意思的；（四）违反法律、行政法规禁止性规定的。”据此，对于涉及婚姻家庭关系、人身权以及当事人之间关系密切的案件，如离婚、抚育、收养、扶养、劳动合同、工伤、相邻关系、医疗事故、交通事故、劳动争议、借款、合伙等案件，应当进行立案调解。对于当事人处分权受到一定限制和适用特别程序审理的案件，如涉及侵害国家利益、社会公共利益、集体利益的

---

① 唐德华、金俊银：《民事诉讼理念与机制》，中国政法大学出版社 2005 年版，第 461 页。

侵权赔偿案件、选民资格案件、宣告失踪和宣告死亡案件、认定公民无民事行为能力和限制民事行为能力案件、认定财产无主案件、适用督促程序、公示催告程序、确认身份关系、企业法人破产还债等依案件性质不能进行调解的民事案件,不能适用立案调解。

2. 立案调解机制的流程设计。当事人的合意及其比例大小是会发生变动的,程序的正当性是促使这种变动朝着积极方面转变的基本依据。因此,必须对立案调解机制的流程予以设计。

立案调解在立案审查7日内开展,立案庭在收到当事人提交的起诉状后,首先向当事人征询意见是否同意立案调解,同时明确告知当事人调解与判决两种结案方式的风险和利弊。如当事人有调解意向,则由立案庭庭长分案,当即将案件材料移交立案调解组,由专门负责立案调解的法官着手进行调解。立案调解的法官在向被告送达应诉通知时,征询被告的意见,如被告同意接受调解,立案调解便可进入实施阶段。如双方通过调解达成一致意见,双方签订调解协议后,由人民法院出具民事调解书,民事调解书由立案庭庭长签发,民事调解书与判决书具有同等效力。适用简易程序的一审案件,除当事人申请延长调解期限外,立案调解原则上在立案审查7日内进行,如当事人不同意调解或在规定期限内无法达成调解协议,案件应及时移转审判庭,防止诉讼迟延。

3. 调解与速裁程序的转化。对于经立案调解未达成一致意见的案件一般都进入审判庭,另行排期开庭,这无形中增加了诉讼环节。当事人到法院打官司,总是希望迅速解决纠纷。为把握当事人的期望,回应当事人的需求,体现司法为民的宗旨,在审判实践中可将事实清楚,争议不大,经过立案调解不能达成调解协议的案件,如当事人放弃答辩期的或不需要举证期限,则可由立案调解的法官直接开庭审理作出裁判。通过立案调解与速裁的结合,直接将一些简易案件消灭在立案阶段,减少案件流转环节,节约诉讼成本,提高审判效率。[①] 对于案情复杂、双方争议较大的案件,或当事人需要给足答辩期和举证期限的案件,移转相关审判庭审理,实现立案调解与审判的有机衔接。

(三)立案调解的保障机制

1. 拓展调解人员范围。为促进立案调解的有效开展,充分利用审判资

---

① 刘国海、张江涛:"调审分离　专人专职",载《人民法院报》2008年2月17日第6版。

源,可从以下几个方面考虑,拓展立案调解人员范围:(1)设立法官助理,协助立案调解。从法院不具备法官资格的人员中挑选出一些优秀人才担任法官助理,由其主持调解,调解书由立案调解法官确认后签发。(2)培养见习法官的调解能力。安排通过司法考试处于见习阶段的预备法官从事立案调解2个月,调解实绩纳入实习考核内容,锻炼其化解矛盾、调解处理案件的能力。(3)聘用调解经验丰富、精力充沛的离退休法官参与立案调解。退休法官是宝贵的司法资源,许多国家都有鼓励利用退休法官的制度,例如美国,调解员一般由很有地位的律师或者退休法官担任。(4)邀请人民陪审员、人民调解员参与调解。立案调解法官可以针对案件性质、特点、难易程度邀请具有相关专业知识、特定社会经验的人民陪审员、人民调解员担任特邀调解员,更加贴近群众,消除当事人的疑虑和不满情绪,充分发挥人民陪审员、人民调解员的特殊作用。

2. 激励当事人选择立案调解。针对有些当事人对立案调解认识不足,认为起诉到法院就是要法院判决,不愿意选择立案调解的实际情况,需要正确引导当事人接受立案调解。现行法律鼓励当事人协商调解,对调解案件仅收取一半诉讼费,对当事人选择立案调解方式可给予进一步激励,以立案调解方式结案的案件,财产案件诉讼标的额一万元以下的案件受理费可以免收;一万元以上十万元以下的可以按案件标准受理费的四分之一收取。当诉讼变得更便宜和更快捷时,许多人会受到鼓舞而提起诉讼。[①] 鼓励当事人选择以快捷、简便的方式处理纠纷,不断扩大立案调解的影响力,使这种成本较低、效率较高、有助于纠纷平和解决的纠纷解决方式,逐渐成为人民群众保护自己权利的一个理性选择。

(作者单位:江苏省东台市人民法院)

① [英]A. A. 朱可曼:"英国民事诉讼的改革",叶自强译,载《民商法论丛》(第6卷),法律出版社1997年版,第503页。

# 徘徊在理论与实践之间

## ——论我国刑事被害人国家补偿制度的建构

苏　颢

**[内容提要]**　我国应制定专门的刑事被害人国家补偿法,以穷尽其他救济手段、及时、有条件、适度补偿为原则,以暴力犯罪的刑事被害人为补偿对象,以刑事被害人穷尽救济途径仍得不到充分赔偿或补偿、对被害过错小、和司法部门合作且补偿不违反公共秩序为条件,将补偿数额和当地最低生活保障挂钩,由司法行政机关内设的国家补偿办公室负责补偿的实施。

**[关键词]**　刑事被害人　国家补偿　制度建构

刑事被害人国家补偿制度是指国家对受到犯罪侵害而未能从犯罪人或其他渠道得到充分赔偿的刑事被害人及其亲属通过相应程序给予一定补偿的制度。[①] 该制度已在多数发达国家和部分发展中国家广泛实施,并渐成国际潮流。然而在我国,刑事被害人国家补偿制度还徘徊在理论与实践之间。很多学者对该制度作了有益的探讨,提出了建构该制度的设想。一些地方并开展了试点,如青岛市政法委、青岛市中级人民法院、青岛市财政局联合出台了《青岛市刑事案件受害人生活困难救济金管理办法》及《实施细则》。但直至目前,我国仍未对该制度进行立法,补偿程序还不完善,申请机构比较混乱,随意性较大。在此背景下,最高人民法院于 2007 年 9 月下发了《关于进一步加强刑事审判工作的决定》,要求探索建立刑事被害人国家救助制度,积极开展刑事被害人国家救助,对因犯罪行为导致生活确有困

---

① 郭建安:“论刑事被害人国家补偿制度”,载《河南省政法管理干部学院学报》2007 年第 1 期,第 37 页。

难的被害人及其亲属提供适当的经济资助，努力使被害人的损失减到最低限度，化解矛盾，促进和谐。因此，加强对刑事被害人国家补偿制度的理论研究，提出构建符合我国国情的国家补偿制度设想，对于推进该制度在我国的确立无疑具有重大意义。

**一、刑事被害人国家补偿制度的起源与发展**

刑事被害人国家补偿制度最早可追溯到公元前 18 世纪古巴比伦王国的《汉穆拉比法典》，其中就有关于该制度的相关规定：如果未能捕获罪犯，地方政府应当赔偿抢劫犯罪被害人的财产损失。在谋杀案件中，政府应从国库中付给被害人的继承人一定数额的银子。①

近代以来，以菲利和加洛法罗为代表的刑事实证学派认为，犯罪被害人因种种原因不能得到赔偿，便转而通过犯罪以维持生存已经成为一种事实。因此，该学派建议应由国家对这部分犯罪被害人进行经济补偿。墨西哥在 1929 年，古巴在 1936 年曾尝试过这种制度，但均因资金不足而以失败告终。②

第二次世界大战后，被尊为犯罪补偿制度之母的英国大法官玛格丽·弗瑞女士，在 1957 年提出了建立犯罪被害人补偿制度的问题，引起了西方各国的重视。1963 年新西兰颁布了世界上第一部《刑事被害补偿法》，成为第一个对被害人进行补偿的国家。1964 年英国也颁布了《刑事伤害补偿计划》，1965 年美国加利福尼亚州也颁行了《暴力犯罪被害人补偿法》，1976 年西德联邦议会通过了《暴力犯罪被害人补偿法》，法国于 1977 年制定《犯罪被害人补偿法》，并将其编入刑事诉讼法典之中，增大了补偿的范围，将补偿的决定权赋予了法院。澳大利亚、加拿大、瑞典、德国、奥地利、芬兰也陆续通过立法建立刑事被害人补偿制度。在亚洲，日本最早颁行《犯罪被害人等给付金支付办法》，建立了被害人补偿制度。③

---

① 郭建安：《刑事被害人学》，北京大学出版社 1997 年版，第 52 页。

② ［日］大谷实："犯罪被害人及其补偿"，黎宏译，载《中国刑事法杂志》2002 年第 2 期，第 55 页。

③ 尹晓莉、付旋："日韩犯罪被害人补偿制度比较及其对我国的启示"，载《贵州工业大学学报》2005 年第 4 期。

## 二、刑事被害人国家补偿制度设立的理论基础

意大利著名犯罪学家恩里科·菲利的犯罪饱和理论告诉我们,犯罪是不可避免的。国家有责任保护公民的人身、财产安全,但却不能避免公民遭受犯罪侵害,因为犯罪的存在有其必然性。但将刑事被害人的补偿与国家责任挂钩却与各国的实践不相符,几乎所有建立被害人国家补偿制度的国家都对补偿原则、补偿对象、补偿条件、补偿数额等作了一定限制。如日本、法国、德国确立了避免双重补偿原则,即只有在被害人从其他途径获得的赔偿或补偿不充分时,国家才给予补偿。当国家作出了补偿后,被害人又从其他途径获得了充分的赔偿或补偿,应退回国家补偿;新西兰、英国、法国、德国、日本都将补偿对象限定为暴力犯罪的被害人;日本的《犯罪被害人等补偿金给付法》、我国台湾地区的"犯罪被害人保护法"都规定,如果被害人对于被害负有主要责任、被害人不与司法机关合作或对被害人进行补偿有悖正义理念的,国家可拒绝补偿;[①]至于补偿数额,日本、美国、英国都作了最高补偿额的限制。

关于刑事被害人国家补偿制度的理论基础,笔者赞同刑事政策理论。该理论主张,为维持、确保对刑事司法的信赖,通过对一定的重大犯罪的被害人进行补偿,以缓和社会的报应感情。建立刑事被害人国家补偿制度有其刑事政策上的意义。

其一,对刑事被害人的保护从应然角度看应该是全方位、多层次的。从保护阶段看,可分为诉前保护、诉中保护、诉后保护;从实施主体看,可分为罪犯赔偿、国家补偿、社会救济;从保护形式看,可分为物质赔偿(补偿)、精神抚慰。不同的保护手段功能不同。精神抚慰的功能是帮助被害人从犯罪的阴影中走出来,恢复正常的精神状态;社会救济的功能主要是为被害人提供物质帮助,摆脱因犯罪造成的生活困境;而国家补偿的功能应是在特定条件下通过对被害人进行补偿,以恢复由于犯罪而失衡的法秩序及国民对刑事司法的信赖,从而安定社会秩序。刑事被害人国家补偿制度不能代替其他保护手段,发挥其他保护手段的功能。

其二,各国实践证明了刑事政策理论的合理性。根据刑事政策说,刑事被害人国家补偿制度"第一,没有必要对所有的犯罪被害人都进行补偿,补

---

① 杨正万:《刑事被害人问题研究》,中国人民公安大学出版社2002年版,第344~348页。

偿对象应限定于,若不补偿,便不能使国民恢复对法秩序的信赖的程度和种类的犯罪被害人。第二,补偿金是根据国家的刑事政策,从一般预算中所支出的一种慰问金,数额较低也无妨。第三,不管是多么严重的犯罪被害人,当被害人一方具有被害原因(挑衅、过失)时,即使不予补偿也不会招致对刑事司法的不信任,因此,对这种情况应当不给付或减额给付补偿金”。①而上述的这些限制恰恰与已建立起刑事被害人国家补偿制度的国家的相关措施相吻合。

## 三、我国建立刑事被害人国家补偿制度的宏观建构

### (一)我国刑事被害人国家补偿制度的基本原则

其一,穷尽其他救济手段原则。刑事被害人的权利受到侵害后获得救济的途径包括犯罪人的民事赔偿、本人的社会福利或保险以及抚恤金和社会援助等。如果被害人通过这些途径获得了完全的赔偿或补偿,那么就无权再申请国家补偿。只有在被害人穷尽了这些救济途径后仍得不到完全的赔偿或补偿,才有权申请国家补偿。

其二,及时补偿原则。刑事被害人受到犯罪侵害,或身体受到严重伤害,丧失劳动能力;或死亡,其扶养的亲属失去依靠,此时的被害人或其扶养的亲属往往生活困难,难以维持生计,处于弱势群体的地位,急需帮助。而其他途径的救济有时不仅不能及时到位,还常常缺位,如犯罪人的民事赔偿,由于犯罪人经济困难,无力支付,法院的刑事附带民事判决往往落空,此时就需要国家救助来减轻被害人的损失和痛苦。因此在补偿制度的设计上应体现方便、快捷、及时的特点,国家应当及时向刑事被害人进行补偿,必要时可以先行补偿,使被害人尽快摆脱困境,从被害后的阴影中走出来。

其三,有条件补偿原则。对刑事被害人进行国家补偿必须符合一定条件,确切地讲,必须有利于恢复被破坏的社会秩序和国民对刑事司法的信任。因此,对于那些不与司法机关合作的、对被害有严重过错的被害人等就不能获得国家补偿,因为对这样的被害人进行国家补偿,与被害人国家补偿制度的理论根基相违背,因此必须对补偿对象、补偿条件作必要的限制。

其四,适度补偿原则。对被害人进行国家补偿必须有数额的限制,其中

---

① [日]大谷实:“犯罪被害人及其补偿”,黎宏译,载《中国刑事法杂志》2002年第2期,第55页。

有国家财力有限的原因,但主要还是刑事政策方面的原因。一方面,被害人被害不是国家的责任,犯罪的产生有其必然规律,所以,国家不必对被害人应从其他途径获得赔偿而未获得的部分予以补足;另一方面,被害人受害后若得不到犯罪人的赔偿,生活陷入困境,若再得不到国家补偿,必然会对刑事司法制度产生不信任,而此时国家如给予适当补偿,使被害人得以维持生计,摆脱困境,不仅有利于恢复被破坏的社会秩序,也能维护国民对刑事司法制度的信任。至于适度补偿的具体数额应结合具体情况予以确定。

(二)我国刑事被害人国家补偿制度的立法模式

根据我国的国情,笔者认为应选择单一性立法模式,制定刑事被害人国家补偿法。其一,不能选择附属立法的方式。对刑事被害人的国家补偿不仅有程序内容,还有实体内容,不宜附属于只规定程序法的刑事诉讼法,且也不便于实际操作。其二,综合性立法模式也不妥。在我国,被害人在刑事诉讼中权利如果受到国家侵犯,则可根据《国家赔偿法》的规定要求国家赔偿。被害人因犯罪遭受的物质损失可以根据民事实体法和民事诉讼法的规定单独提起民事诉讼或根据刑事诉讼法的规定提起刑事附带民事诉讼。被害人若无力聘请律师,则可根据《法律援助条例》申请刑事法律援助。也就是说,对被害人不同权利的保护都由不同的法律法规予以规定,故制定单一的刑事被害人国家补偿法,对于符合条件的刑事被害人给予国家补偿,是符合我国实际的。而制定综合的刑事被害人保护法,虽然从长远看更有利于对被害人的全面保护,但牵一发而动全身,立法难度可想而知,且时机尚不成熟。

(三)国家补偿的资金来源

资金来源是刑事被害人国家补偿制度的关键,很多国家都建立了专项基金,由相应机构管理,以保证补偿制度的顺利运转。综观各国立法,资金来源主要有以下途径:一是来自政府财政预算;二是来自对罪犯判处的罚金和没收的财产;三是来自特别收入。这主要是法国的做法,补偿资金主要来源于损害保险契约的特别捐,每一份损害保险契约应缴纳4法郎的特别捐;四是来自监狱的生产收入。监狱的生产收入是监狱组织罪犯生产劳动取得的收入。不同的国家采用的途径不同,有的国家采用单一途径,有的则多种途径相结合。由于我国财力有限,补偿资金不可能完全纳入政府财政预算,因此,借鉴他国经验,采取多种途径相结合的方式是切合实际的。我国有学者将这种多种途径筹措资金的方式概括为“四点法”,即国家财政拨一点、民间捐赠凑一点、从罚没款收入中划一点、向监狱生产赢利收一点。[①]

## 四、我国刑事被害人国家补偿制度的微观设计

### (一)补偿对象

国家补偿的对象主要是刑事被害人。所谓刑事被害人是指“因他人的犯罪行为(一般也包括尚不构成犯罪的违反刑事法律的行为)而受到伤害、损失或困苦的个人和实体”。[②] 从内涵上看,刑事被害人资格的获得并非要求加害人被成功地起诉。如果案件因加害人逃逸、线索不足等原因长期得不到侦破,或者实施加害行为者由于年龄、精神状况等原因不能获罪,受害者仍可称为刑事被害人。换言之,只要加害人实施了触犯刑事法律的行为,案件进入刑事诉讼程序,受害人都可称为刑事被害人。从外延上看,刑事被害人包括自然人和单位。根据我国刑法第30条的规定,单位是指公司、企业、事业单位、机关、团体。另外,如果刑事被害人死亡,其生前扶养的人失去了生活依靠,他们也应获得国家补偿资格。

但是,由于我国的财力有限,不可能将所有的刑事被害人都纳入补偿对象范围,故应根据国力,借鉴他国经验,合理确定补偿对象的范围。笔者认为,可将补偿对象限定为暴力犯罪的刑事被害人以及由死亡被害人生前扶养的人。应该注意的是,这里的暴力犯罪“并不在于刑法分则条文本身是否明文规定以暴力为犯罪构成要件,而在于行为人在实施犯罪时所采取的是否为暴力(包括以暴力相威胁)行为。也就是说并不是看犯罪人的行为构成了何种罪名,而是主要看他在实施的过程中是否对人身施加了有形物理力,即暴力”。[③]

### (二)补偿条件

具有国家补偿资格不一定就能获得国家补偿,要获得补偿还需要具备一定的条件。

首先,刑事被害人必须穷尽救济途径,仍得不到充分赔偿或补偿,生活陷入困境。也即,一方面,刑事被害人遭受侵害后,本人或其扶养的人生活

---

① 汤啸天:《犯罪被害人学》,甘肃人民出版社1998年版,第280页。

② 郭建安:《犯罪被害人学》,北京大学出版社1997年版,第5页。

③ 卢森:“谁有权获得刑事被害人国家补偿”,载《广西政法管理干部学院学报》2008年第3期,第60页。

陷入困境,难以维持生计。另一方面,刑事被害人穷尽了其他救济途径,仍得不到充分赔偿或补偿。犯罪分子的民事赔偿是刑事被害人主要的救济途径,然而,由于犯罪分子长期逃逸、案件得不到侦破或证据灭失等原因,造成犯罪不能成功被追诉,使被害人的民事赔偿请求落空;且即使罪犯被判处刑罚,若其无可供执行的财产,民事赔偿判决也只能落空。除民事赔偿外,还有社会保险、抚恤金或社会捐赠等救济途径,如果刑事被害人从这些途径获得了充分补偿,则不能获得国家补偿。

其次,刑事被害人对于被害没有过错或过错较小。我国台湾地区"犯罪被害人保护法"规定:被害人对其被害有可归责之事由,得不补偿其损失之全部或一部。对于被害人过错程度的判断主要应结合案件发生的具体情况、被害人的主观方面、被害人行为与被害的因果关系等方面综合考虑。如果被害人对于被害存在重大过错、负主要责任,则不能获得国家补偿。如果被害人对于被害过错较小,可以获得国家补偿,但补偿数额应和过错程度相适应。

再次,刑事被害人应和司法部门合作。根据权利与义务统一原则,刑事被害人享受获得国家补偿的权利就应该履行相应的义务,这主要是指与司法部门合作的义务,具体包括:案件发生后及时报案、及时提供犯罪线索、协助司法机关追诉犯罪等。刑事被害人的合作有助于节约司法成本,提高司法效率,有效打击犯罪。另外,从刑事政策角度讲,向与司法部门合作的刑事被害人提供国家补偿,可以增进其对刑事司法制度的认同感和信任感,促进其更加积极地提供司法合作,大胆揭露犯罪行为和犯罪分子。

最后,公共秩序保留的限制。所谓公共秩序保留是指给予刑事被害人国家补偿应该符合社会的公序良俗。《欧洲补偿暴力犯罪被害人公约》第8条规定:"对被害人进行补偿有悖于正义理念或公共政策的,可拒绝或减少补偿。"我国台湾地区"犯罪被害人保护法"第8条规定:"有下列各款情形之一者,不得申请遗属补偿金:故意或过失使被害人死亡者;被害人死亡前,故意使因被害人死亡而得申请遗属补偿金之先顺序或同顺序之遗属死亡者;被害人死亡后,故意使得申请遗属补偿金之先顺序或同顺序之遗属死亡者。"这些规定都是公共秩序保留的体现和运用。我国在制定《刑事被害人国家补偿法》时也应借鉴该限制条件,对不符合公共秩序保留条件的情形作出明确规定。

(三)补偿数额

各国补偿法对补偿数额都作了规定,归纳起来主要有以下几种形式:"一是只规定最高额,具体赔偿数额根据被害人的受害程度和生活状况来确定;二是规定最高额的同时规定最低额,在这个范围内进行补偿,被害人所受损失低于最低额的,不予补偿;三是根据伤残程度直接规定补偿数额;四是对补偿数额不作限制。"[①]我国有的学者认为补偿数额的确定,可以适当参照《国家赔偿法》中的赔偿数额予以规定;[②]有的则认为可以参考《最高人民法院关于审理人身损害赔偿案件适用法律若干问题的解释》确定补偿数额。[③]

笔者认为,上述我国学者的观点有失偏颇。其一,国家补偿的性质是一种救助,而非赔偿,也不是国家在罪犯无力赔偿时承担的补充责任。因此,在被害人应得到的赔偿不能到位时,国家并没有必要提供与赔偿数额相当的补偿;其二,国家补偿制度的理论根基是维持、确保国民对刑事司法的信赖,因此,国家只要提供适当的补偿,帮助被害人摆脱困境,保持对刑事司法制度的信赖即可。笔者建议,国家补偿数额可以和当地最低生活保障挂钩,以最低生活保障为补偿的最低限额,以最低生活保障的20倍为补偿的最高限额,在这个范围内,综合考虑受害程度、被害人目前的生活状况、被害人对于自身被害的过错程度、和司法部门的合作情况、当地经济发展水平等因素,确定补偿数额。

(四)补偿实施机构

从国外立法情况看,国家补偿实施机构一般分两类:一类是由法院或其他法律部门作为实施机构。如我国台湾地区规定由地方法院或其分院检察署实施。二是设立专门机构实施。如日本由设在司法行政部门的公安委员会实施。

我国多数学者认为应将实施机构设在法院。其理由是:法院是刑事案件的最终裁判机关,它使案件有了最终结果,确定了被害人,而案件在公安、检察机关时,因为没有形成最后结果,被害人的地位尚未定论;法院审判人

---

① 杨正万:《刑事被害人问题研究》,中国人民公安大学出版社2002年版,第341页。

② 孙谦:"构建我国刑事被害人国家补偿制度之思考",载《法学研究》2007年第2期,第61页。

③ 卢森:"谁有权获得刑事被害人国家补偿",载《广西政法管理干部学院学报》2008年第3期,第63页。

员熟悉案情,便于确定补偿的数量;审判机关有审级设置,可采取两审终局制,有利于对裁定的监督。[①] 由法院实施有其优越性,但应该看到,有很多案件进入不了法院审理程序,那么对这些案件中的刑事被害人获得国家补偿的权利如何维护呢?是否还要在公安、检察机关分别设立补偿机构呢?这样做显然是对司法资源的浪费。笔者认为,由哪个部门负责实施国家补偿,关键是看在制度设计时把国家补偿行为作何种定性。如果国家补偿行为定性为司法行为,则由司法机关实施,如果定性为行政行为,则由行政机关实施。国家补偿是基于刑事被害人的申请,经有关机关调查核实后,作出是否给予补偿的决定。国家补偿行为比较符合具体行政行为的含义和特点,因此,笔者建议在构建我国刑事被害人国家补偿制度时将国家补偿行为定位为具体行政行为,在各级政府的司法局(厅、部)内设立刑事被害人国家补偿办公室,负责国家补偿资金的管理和国家补偿的具体实施。

(五)补偿程序

结合他国立法经验,我国的国家补偿程序应包括申请、审查、决定、救济四个环节。

1. 申请。国家补偿必须基于刑事被害人的申请。案件立案后,司法机关就有义务告知被害人享有获得国家补偿的权利。被害人可以自案件立案之日起5年内向当地司法局提出申请。如果向办理案件的司法机关提出申请,司法机关应当接受,并及时转交给司法局。

2. 审查。司法局设立刑事被害人国家补偿办公室,对被害人的申请进行审查。审查的内容主要是被害人是否符合国家补偿的资格和条件。审查环节是补偿程序的关键,审查机构可向被害人所在地的居委会、民政部门、办理案件的司法部门了解情况,司法部门应予以配合,提供相关材料。

3. 决定。实施机构在对有关情况调查核实的基础上,应在1个月内作出决定。符合国家补偿条件的,决定给予国家补偿,一次性支付补偿金。不符合国家补偿条件的,驳回补偿申请。如果由于案件长期无法破获,或法院判决尚未作出等缘故,难以确定是否给予补偿的,可中止审查,对于急需费用治疗或维持生活的刑事被害人及其扶养的人,可以决定先行支付。

4. 救济。如果被害人对驳回决定不服,可以向国家补偿办公室所属的

---

① 孙永生、柴春元:“犯罪被害人国家补偿制度新探讨”,载《人民检察》2007年第19期,第28页。

司法局或上一级国家补偿办公室申请复议，复议机关应当在收到申请之日起5日内作出决定，对决定不服的，申请人可以国家补偿办公室为被告提起行政诉讼，受理法院应当在10日内作出裁判。

（作者单位：江苏省东台市人民法院）

# 司法调研

# 法官撰写裁判文书能力问题研究*

## ——基于对盐城法院裁判文书撰写情况的调查

盐城市中级人民法院课题组

[内容提要] 法官撰写裁判文书的能力是司法能力的一个有机组成部分,不仅对于树立和增进司法形象,而且对于发挥司法职能、化解矛盾纠纷、维护司法权威具有重要意义。虽然广大法官撰写裁判文书的实际能力正在逐步提高,但我们也冷静地看到,与司法工作的严肃性、严谨性以及高标准相比,当前法官队伍撰写裁判文书的能力还存在诸多不足,制约着裁判文书功能的发挥,也影响着司法的公信力。这些问题的产生,既有文化传统、司法体制方面的原因,也有法院内部法官素质和法院管理方面的原因,找准问题的症结所在有助于我们对症下药。就路径选择而言,当务之急是通过硬化撰写标准和规范来拉动能力的提升,通过强化质量监督评查来督促能力发挥的良性运行;长久之计是通过提高法官队伍素质和优化法官结构来夯实能力的根基。

[关键词] 裁判文书 撰写能力 调查研究

### 引言

人民法院作为国家的司法审判机关,承担着通过法律程序、依照法律规定解决社会矛盾纠纷的职责,在社会结构治理中发挥着不可或缺、无可替代的作用。随着我国法治建设进程的不断深入,人民法院的化解矛盾纠纷、维持社会秩序、维护公平正义的功能必将得到进一步强化。而人民法院职责

---

* 本文系2008年度江苏省法院系统2008年重点调研课题成果,课题主持人为徐清宇,负责人为吴海龙,课题组成员为刘仁海、周永军、唐雨虹。

的履行、职能的发挥,与其自身的司法能力密切相关。司法能力越强,司法职责就会履行得越到位,司法职能就会发挥得越充分;反之,司法能力越弱,司法职责就越难履行到位,司法职能就越难发挥充分。

法官解决纠纷能力是指法官运用法律解决和处理各种案件的本领,包括缜密的逻辑思维能力、敏锐的观察能力、扎实的法律知识掌握能力、娴熟的审判技术运用能力、良好的语言文字表达能力和自觉的创新发展能力。[①]这其中就包含了法官撰写、制作裁判文书的能力,因为裁判文书是法院出具给当事人确定各方当事人权利义务的法律凭证,是司法活动连接和面向当事人乃至社会公众的主要载体和媒介,是司法过程的集中反映和司法判断力的执行依据。如果说司法是一门艺术,那么裁判文书就是这门艺术的结晶。法官对具体案件的认知与评判,最终都体现在书面的裁判文书上。法律文书承担着将抽象、静态的法律制度运用于具体、生动的案件中的重要使命,从这个意义上说,法的价值最终要通过法律文书来实现。[②] 作为司法运作的终端和公共产品,裁判文书是司法公信力的最终载体和结果,司法公信力最终要体现在司法裁判上,法律的公信力也蕴涵在司法裁判中。[③] 所以,裁判文书是否撰写成功,直接反映了法官个人的业务素养和解决纠纷的能力,关乎法官能否将公平正义精神阐释出来,影响着司法裁判活动实现社会公平正义的程度。

此外,司法作为公力救济途径,应当体现出国家干预、解决纠纷的正当性。在各种纠纷解决机制中,诉讼的突出特点在于它的法律强制性,国家的意志在诉讼、审判过程和结果中都得到最大程度的张扬,当事人的自主意志受到最大程度的限制,所以,这样的裁判结果要获得被裁判者和整个社会的认同和信任,没有裁判文书证明裁判的公正性是无法想象的。裁判文书报告审理过程的价值主要在于,当程序本身的正当性资源不充分时为裁判者

① 公丕祥主编:《纠纷的有效解决——和谐社会视野下的思考》,人民法院出版社2007年版,第206~207页。

② 赵朝琴:“论法律文书的秩序价值——研究法律文书规范的一个重要视角”,载《中国律师》2007年第3期,第62页。

③ 曾娇艳、谢红丹:“让正义以看得见的方式实现——试论裁判文书与司法公信力”,载《北京邮电大学学报》(社会科学版)2006年第4期,第73页。

取得被裁判者的信任提供一种沟通的方式。[1] 司法解决纠纷实际上是以最和平、最文明、最公正的方式来解决社会中不可避免存在的各种纷争。[2] 这种“和平、文明、公正”的方式不仅根植于正当的诉讼程序过程中，而且落脚于优质的裁判文书上，要求裁判文书应当展现出理性的力量，以理服人，而不是强盗逻辑。所以，裁判文书撰写与制作的质量，关系到裁判文书是否能够被当事人所理解和接受，关系到纠纷是否得到真正化解。可见，法官撰写裁判文书的能力是整个司法能力的重要组成部分，对发挥司法裁判的作用、实现司法裁判的目的具有举足轻重的影响。

裁判文书，作为司法公正的最终载体，是法官向当事人和社会递交的“答卷”，是彰显法律公正和司法权威的“法律宣言”。[3] 本课题旨在对法官撰写裁判文书的实际能力进行调研，分析现状，查找问题，提出对策，以期对提高法官撰写裁判文书能力、提升司法裁判品质有所裨益。在调研过程中，我们立足实证调查，分三个时间阶段在全市法院随机抽样调取1090份裁判文书，对两级法院302位法官进行问卷调查，力求调研素材的客观性和调研结论的准确性。

## 第一部分　法官撰写裁判文书能力的历史与现状

### 一、法官撰写裁判文书能力的历史发展概况

#### （一）基础性调查与实证研究

1. 时段选择。今年（即2008年，编者注）是改革开放三十周年，这三十年是新中国成立以来人民法院的司法审判工作真正得到丰富发展的时期，司法职能逐步明确，法官数量蓬勃发展，职业化建设卓有成效，司法能力显著提升。特别是依法治国方略确立以后，人民法院在经济社会发展中扮演着愈来愈重要的角色。基于此，本课题在研究法官撰写裁判文书的能力时，主要立足于近三十年来法官队伍这方面能力的发展变化状况，更贴近法院发展的实际。在调研过程中，课题组将这三十年分为三个时段，以求窥视三

---

① 傅郁林：“民事裁判文书的功能与风格”，载江伟主编：《中国民事审判改革研究》，中国政法大学出版社2003年版，第496～497页。

② 王利明：《司法改革研究》，法律出版社2000年版，第26页。

③ 孙海龙、高伟：“裁判文书及其公信力现状调查和改革路径研究”，载《法律适用》2007年第5期，第35页。

十年来法官撰写裁判文书的发展脉络。第一时段为1990年以前,共调取裁判文书294份;第二时段为1991年至2000年,共调取裁判文书305份;第三时段为2001年至2008年上半年,共调取裁判文书491份。

2. 分析路径。法官撰写裁判文书,是综合运用各种知识,依据事实和法律对案件作出书面裁判结论的过程。法官作出的裁判文书,只有最大程度地摆事实、讲道理,才能尽可能以理服人让当事人接受,才能有效发挥定分止争的作用。所以,撰写裁判文书是一项较为复杂的智力劳动,法官撰写裁判文书的能力是文字表达、概括提炼、逻辑推理、说理论证等能力的综合体现。作为特殊的智力劳动成果,裁判文书的质量与法官个人的撰写能力密切相关。法官撰写裁判文书能力越强,就越可以保证其游刃有余地将裁判旨意表达出来,其所制作的裁判文书品质从总体上来说也应该更高;反之,法官撰写裁判文书能力越弱,即使其想表达出裁判的思想,也往往心有余而力不足,其所制作的裁判文书质量就越难以保证。因此,根据法官撰写能力与裁判文书质量之间的正比例关系,我们从裁判文书的质量中就可以大致勾勒出法官撰写裁判文书能力的线条。

3. 基本概貌。从三个时段裁判文书的比较分析来看,可以看出法官撰写裁判文书的能力呈现出一些发展性趋势,总体上表现为法官撰写裁判文书的能力有所上升。在第一时段被调取的294份裁判文书中,撰写较好的(指在调研过程中被课题组综合评价确定为优和良格次的,下同)为186份,占63.3%;撰写较差的(指在调研过程中被课题组综合评价确定为中和差格次的,下同)为108份,占36.7%。在第二时段被调取的305份裁判文书中,撰写较好的为211份,占69.2%;撰写较差的为94份,占30.8%。在第三时段被调取的491份裁判文书中,撰写较好的为427份,占87%;撰写较差的为64份,占13%。从中可以看出,随着时间的推移,裁判文书的质量在不断提高(如图1所示),这反映出法官撰写裁判文书的能力发生着积极的变化。

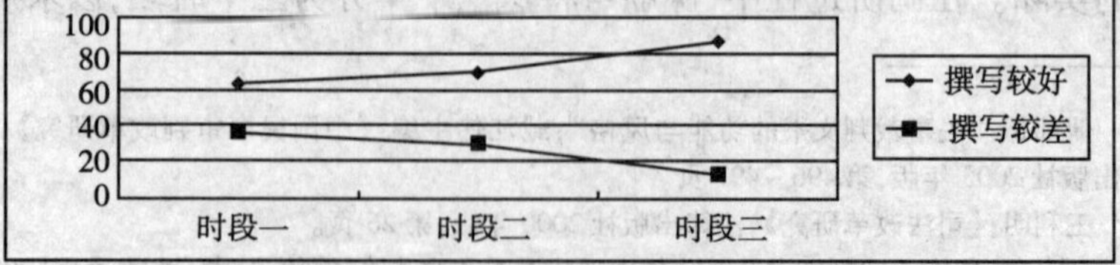


**图1:三个不同时段裁判文书较好、较差所占比例示意图**

除了直接从裁判文书中体现出来的法官撰写能力发展情况以外，与裁判文书直接打交道的广大法官的直觉也印证了法官整体上撰写裁判文书能力取得了进步。通过问卷调查发现，302位法官（包括分管院长8人、庭长72人、审判人员202人、质评人员20人）在回答“你认为近几年来法官撰写裁判文书的能力与过去相比是否有所提高”这一问题时，120位法官认为是“明显提高”，占39.7%；169位法官认为是“有些提高，但效果不明显”，占56%；只有12位法官认为是“没什么改变”，占4%；1位法官未作回答，占0.3%（见图2）。可见，不管提高的幅度如何，绝大多数法官都感觉到或者说认可了法官撰写裁判文书能力不断提高的事实。

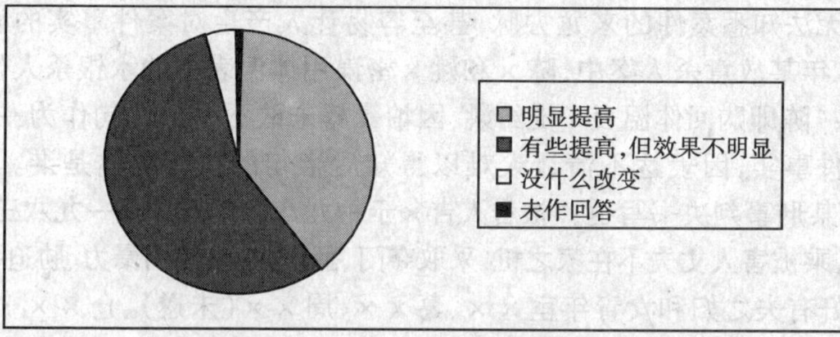


**图2：法官撰写裁判文书能力是否提高的问卷调查结果**

（二）三十年来法官撰写裁判文书能力提高的主要表现

1. 文字表达能力有所提高。作为一种书面的公文载体，裁判文书是以书面文字的形式表达出来的，所以语言文字表达能力是法官撰写制作裁判文书的基本功。这一基本功越扎实，制作出的裁判文书质量就越高。从调查的情况来看，法官在后期裁判文书中所体现出来的语言文字水平要明显好于前期，总体上第二时段的要好于第一时段，第三时段要好于第二时段，越到后面法官的语言文字能力越强。在抽样的裁判文书中，三个时段中语言文字的优良比例分别为58.5%、62.6%、86.4%，呈上升发展的趋势；而差的比例分别是7.1%、3%、0.4%，呈逐渐递减的趋势。在前期特别是第一时段的裁判文书中，法官的语言文字组织能力相对较弱，表现为有的随意性、口语化较为明显，有的字词生僻、语句晦涩让人难以读懂，有的表达不清、不准，易生歧义，有的校对不严，存在差错字，有的还存在语法错误等。如1989年某刑事案件的判决主文写道“陆×犯杀罪”，后用校对章改为“陆×犯杀人罪”。又如1991年某案件判决书写道：“被告人张×经营利为目的,将贪污、挪用的国家资金为赌本”,不仅前半句中的“以”错写成“经”,而且后半句语句不通。这些问题使得裁判文书的权威性、严肃性大打折扣。而在第三时段特别是最近几年,裁判文书中出现明显语言文字讹误的比例较小。

2. 事实概括能力有所提高。法官裁判案件是以事实为依据,所以把案件说清楚、概括事实是法官必备的基本能力。过去,法官们在裁判文书中普遍习惯于简明扼要地交待案情,寥寥数语,惜字如金。这种做法固然可以使裁判文书简洁明了,但问题是有的法官的概括能力有限,无法胜任用极短的文字把案件高度概括出来,很多情况下该说的没说,不该简的简了,结果不仅让人无法知悉案件的来龙去脉,甚至容易让人产生对案件事实的误会。如 1980 年某故意杀人案中,陈 × 和姚 × 密谋用体温表中的水银杀人,判决书写道:“陈即购回体温表一支给姚,因怕暴露未敢下手”,此句作为一个重要的案件事实,因表达不清让人难以得知后半句的执行主体是谁。又如 1983 年某刑事判决书写道:“被告人吉 × 于一九八〇年五月至一九八三年二月期间,乘被害人丈夫不在家之机,采取夺门、翻窗入室,使用暴力、胁迫手段,先后强奸有夫之妇和女青年宦 × ×、葛 × ×、周 × ×(未遂)、仓 × ×……此外,被告人于一九八一年至一九八三年八月间,调戏妇女四人。”作为对犯罪分子科以刑罚处罚依据的犯罪事实,陈述过于简单,最起码每起案件事实的时间、地点、情节都未交待,而且此案在事实中还遗漏了“被告人吉 × 曾犯盗窃、流氓罪两次被判刑”这一重要事实,仅在判决说理时提及。这样过于简单化的概括,往往使人对案件事实的准确性、裁判的依据产生合理怀疑,影响裁判文书的公信力。此后,多数法官在撰写裁判文书时已经注意到了事实的重要性,合理运用相当数量的文句进行概括,整理案件事实较为全面、准确、有依据,对同一案件中的多起事实能够一一陈述,较好地重现了案件发生的过程,特别是目前,许多裁判文书能够提炼出各方当事人的争议焦点,为下一步的分析论证奠定了良好的基础。从数据来看,裁判文书事实陈述优、良的比例从第一时段的 62.9% 提高到第二时段的 86.6%。

3. 证据运用能力有所提高。案件的事实靠证据来证明,充分运用庭审查明的证据可以分析、判断出据以裁判的案件事实,所以法官的证据运用能力对于裁判文书的质量和公信度有着不可忽视的影响。过去法官在撰写裁判文书时很少对证据进行分析运用,甚至对定案的证据都不予以交待,往往只是在案件事实后面用一句话概括为“以上事实有双方当事人的陈述及提供的书证、物证和证人证言为证,足以认定”,而当事人提供了什么证据、证据的内容是什么,都不得而知。裁判文书改革后,法官在撰写时比较注重证据的运用,而且不少优秀裁判文书不再是简单地进行证据罗列,而是对证据内容进行逐一分析确认,从而把证据的证明力合理地释放出来,使得定案证据一目了然,案件事实水到渠成。如响水县法院(2007)响民二初字第0215号民事判决,原告李×诉被告陈×船舶租赁合同纠纷一案,被告提出反诉。该判决书首先叙述了李×诉称内容,列出李×为支持其主张而提供的4份证据,然后叙述陈×答辩及反诉称内容,列出陈×为支持其主张而提供的8份证据,最后叙述了李×反诉答辩称内容,列出李×为支持其答辩意见而提供的1份证据。对每一份证据都写明了证据名称和证明目的,并根据双方当事人的质证意见,对每份证据的证明效力进行分析和确认,不仅证据罗列清晰而且证据效力明确,从而为认定案件事实打下了良好基础。

4. 说理论证能力有所提高。裁判文书的外在强制体现为国家强制力,内在强制体现为以理服人。人民法院的司法裁判对当事人的人身、财产等权益会产生确定性的调整作用,必须通过说明裁判的理由让当事人信服,才能提高裁判文书的公信力和执行力。可以说,说理部分是裁判文书的核心和精髓,也是裁判文书质量的关键所在。法官判案释理,实际上是中华法统的一大特色。《古代判词选》无不文情并茂,释理如镜,百年传颂。[①] 但我国在改革开放后司法工作复兴的很长一段时间中,法官在撰写裁判文书时普遍存在说理缺陷,说理是裁判文书最突出的问题,特别是早期的裁判文书,基本不作针对性的说理,往往都是千篇一律地说一些套话,而且说理极其简单,片言只语应付了事。一般刑事案件裁判的理由都是“被告人目无国法,应予严惩”,民商事案件裁判的理由是“证据确凿,应予支持”或“证据不足,不予支持”,而上诉案件的裁判理由也只是“上诉理由不足,不予采纳”等简单表述,至于裁判的具体理由则在裁判文书中几乎看不出来。随着时间的推移,裁判文书说理少、说理不充分、说理没有针对性的问题逐步得到改观,说理的效果也逐步得到提高。在三个时段中,说理论证方面优良的比例分别为58.8%、61.3%和81.9%,而差的比例分别为11.6%、6.6%和2%。

---

① 张慧清、关俭科:“从两大法系判释理谈我国裁判文书改革”,载《佛山科学技术学院学报》(社会科学版)2006年第5期,第77页。

## 二、法官撰写裁判文书能力的现状及存在的主要问题

### (一)现状分析

在调研过程中,我们将法官撰写裁判文书的能力略分为文字表达、逻辑结构、格式规范、事实认定、说理论证和裁判主文六个方面的能力。结合对第三时段裁判文书的查阅和有关数据的分析,可以看出近几年法官撰写裁判文书各项能力的基本情况:

1. 文字表达能力方面。第三时段491份裁判文书中,语言文字被评定为优、良、中、差的分别是153份、271份、65份、2份,各占31.2%、55.2%、13.2%、0.4%。多数裁判文书文义比较准确,语言比较缜密,行文比较流利,表达比较到位,体现出较高的语言文字水平。大多数法官都能熟练地运用法言法语撰写裁判文书,裁判文书的法律品位得到较好提升。而出现文字差错、语句毛病的情况较少,特别是文字上的低级错误出现的几率很小。

2. 逻辑结构能力方面。第三时段491份裁判文书中,逻辑结构被评定为优、良、中、差的分别是146份、273份、69份、3份,各占29.7%、55.6%、14.1%、0.6%。多数裁判文书能够较好地摆布结构框架,处理好各部分之间的关系,叙述的逻辑性比较合理。即使是一些较为复杂的案件,当事人意见、证据组成、案件事实、争议焦点、裁判评析等各部分内部及相互之间,能做到前后呼应、逻辑递进、繁简得当,思路较为清晰,很少出现前后冲突、思维混乱、颠三倒四等问题。

3. 格式规范能力方面。第三时段491份裁判文书中,格式规范被评定为优、良、中、差的分别是228份、205份、53份、5份,各占46.4%、41.8%、10.8%、1%。在各项能力表现中,格式规范能力被评为优的比例最大,而中、差所占的比例最小,说明法官掌握格式规范的能力表现最好。多数裁判文书能够较好地遵守规范格式,程式性很强,增强了其公文属性。但是,仍有极个别的裁判文书在格式上非常随意,严重损害了裁判文书的整体印象。

4. 事实认定能力方面。第三时段491份裁判文书中,事实认定被评定为优、良、中、差的分别是168份、257份、60份、6份,各占34.2%、52.3%、12.2%、1.2%。多数法官总结和概括事实的能力较强,在准确认定证据的基础上,能够有理有据地陈述案件事实。并且能够较好地把握住关键事实、重点情节,繁简得当,突出核心问题,准确认定案件事实。目前多数裁判文书事实认定部分都写得十分详细,特别是刑事判决书中对每一起犯罪事实

都作了详尽叙述，增强了裁判文书认定案件事实的可信度，避免了过于精简、语焉不详容易引起当事人和他人的误解和合理怀疑的问题。

5. 说理论证能力方面。第三时段491份裁判文书中，说理论证被评定为优、良、中、差的分别是140份、261份、80份、10份，各占28.5%、53.2%、16.3%、2%。目前裁判文书说理少甚至不说理的问题已基本得到解决，多数法官能够根据具体案件事实，运用相关法律知识，有针对性地阐述理由，论理部分的内容在裁判文书中占了相当的篇幅。但是说理论证方面被评为优的比例最小，说明法官说理论证的能力相对于其他几个方面的能力而言最为薄弱。

6. 裁判主文能力方面。第三时段491份裁判文书中，裁判主文被评定为优、良、中、差的分别是190份、237份、60份、4份，各占38.7%、48.3%、12.2%、0.8%。裁判主文是裁判文书的最终结果，具有对权利义务的司法判定效力，所以在整个裁判文书中尽管文字量不大，但是地位十分突出和显要。裁判主文如果出现差错，就是裁判文书最重大的失败，其他部分撰写得再好也无济于事。相比其他几项能力，裁判主文优良的比例居于第二位，仅次于格式规范能力，说明法官把握裁判主文的能力处于相对优势。多数裁判文书的裁判主文严谨准确、简洁明了、直截了当，可以准确界定当事人的权利义务和所应承担的法律责任，很少有拖泥带水、含糊其辞的现象。但是裁判主文必须用高度精练和精确的语言文字表达出来，对法官的能力是一项非同小可的考验，少数法官这方面的能力还有所欠缺，需要进一步锤炼。少数案件就因为仅仅是裁判主文出现瑕疵而引起当事人的非议，极个别案件还因裁判方法不当、语言表达不严而给案件执行带来困难。

（二）问题归纳

虽然法官撰写裁判文书的能力取得了较为明显的进步，但与高标准、高品质、高公信度的要求相比还存在一些不足之处，制约着裁判文书功能的进一步发挥，影响着司法的权威。从调研的情况来看，目前法官撰写裁判文书能力上主要存在以下问题：

1. 法官整体撰写能力不尽如人意。法官撰写裁判文书的综合能力对审判工作具有重要意义，在很大程度上决定着裁判结果的成败和裁判效果的高低。随着社会整体法治程度和公民文化素养的提高，人们的司法需求和评判标准也随之上升，越来越期待着法官写出高质量甚至令人拍案叫绝的裁判文书。同时，从法院内部而言，也需要法官撰写出质量上乘的裁判文书,以改善司法形象,提高司法权威。这些都需要法官有较高的撰写裁判文书能力与之相适应,尽可能制作出更好的裁判文书来。但从实际情况来看,法官整体上的能力还不尽如人意,存在整体性偏弱的现实问题,难以满足制作优质裁判文书的需要,成为审判工作良性发展的深层障碍。就目前裁判文书的质量而言,只有3%的法官认为很好,而认为较好的占53.6%,认为一般的占40.7%,还有2.3%的法官认为较差。

在调研过程中,我们对裁判文书质量不高的原因进行了调查,241名接受调查的法官中有29人认为是“法官思想上不重视”,73人认为是“法官的撰写能力确实有限”,12人认为是“签发人把关不严”,23人认为是“法院对裁判文书的制度管理不够”,101人认为是“案件太多,法官忙不过来”,3人认为是其他原因(见图3)。其中认为是“法官的撰写能力确实有限”的法官人数处于第二位,可见法官撰写裁判文书能力不足的现状得到了较广泛的认同。

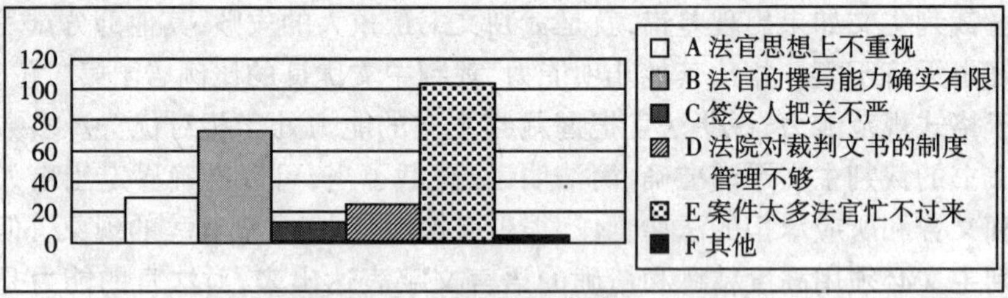


**图3:裁判文书质量不高的原因调查**

而在对法官个体撰写裁判文书能力状况进行调查时,2名法官认为是很高,110名法官认为较高,175名法官认为一般,18名法官认为较差,1名法官认为很差(见图4)。超过半数的法官仅认为一般,可见法官撰写裁判文书的能力仍然令人担忧,必须予以高度关注。

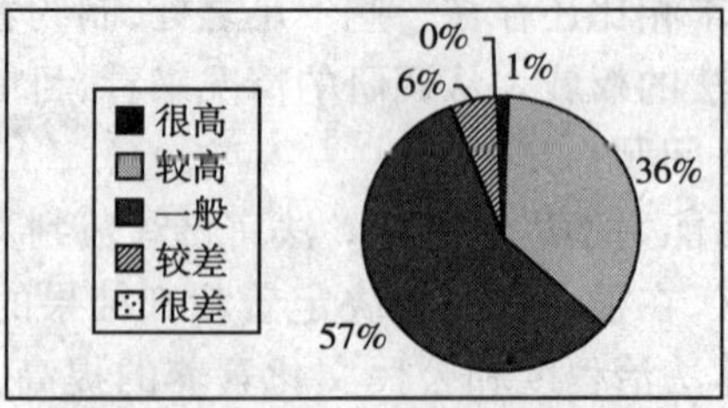


**图4:法官个体撰写裁判文书能力状况**

从调查数据来看,94.3%的法官认为目前裁判文书的质量属于较好和一般,可见大多数法官有能力撰写出质量中等偏上的裁判文书,基本能够满足审判工作的需要。但是,对撰写高质量裁判文书的能力,法官队伍内部显得信心不足,说明多数法官尚不具备这样的能力。在回答"你认为目前法院审判人员中真正有能力写出高质量裁判文书的人员比例大概有多少"这一提问时,299名法官中只有4人认为能够达到100%,而42人认为在80%左右,78人认为在60%左右,97人认为在40%左右,还有78人认为仅在20%左右及以下(见图5)。这些调查情况表明,目前法官撰写裁判文书的能力存在整体性不强、特别是高水平法官偏少的问题,亟待加以改善。

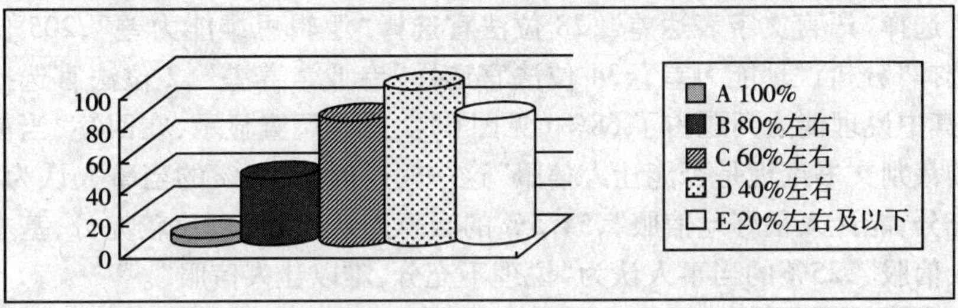


**图5:能够撰写高质量裁判文书的法官比例情况**

2.撰写能力存在不平衡性。法官撰写裁判文书的能力与其业务素质、写作水平、逻辑思维习惯、法律推理能力甚至审判经验、个人涵养、受教育状况等要素有着密切联系,个体差异决定了法官撰写裁判文书的能力水平高低不一,存在不平衡性,导致裁判文书的质量参差不齐。这些不平衡性主要表现为,一是上下级法院之间的不平衡,从裁判文书抽样情况来看,中级法院法官撰写裁判文书的能力整体上要优于基层法院;二是条线之间的不平衡,就三大审判条线法官撰写裁判文书的能力来说,刑事条线要优于民商条线,民商条线要优于行政条线;三是法官个体之间的不平衡,表现为法律专业出身的要优于非法律专业出身的,"科班"出身的要优于"非科班"出身的,文字功底强的要优于文字功底弱的;等等。

3.论理能力不足仍是突出问题。"陈述判决理由是公平的精髓。"①裁判文书的公信力是司法公正的生命,只有说理充分的裁判文书才会具有公信力。无论是大陆法系还是英美法系,虽然在司法方法上存在着这样或那

① [英]彼得·斯坦:《西方社会的法律价值》,中国人民公安大学出版社1990年版,第99页。

样的不同,但是两大法系有一点几乎相同,那就是十分强调法官在判决书中充分表述判决理由。[①] 裁判文书的成功与否关键在于说理部分。说理部分也是衡量一个人的法律知识涵养和写作水平高低的标尺。一篇好的裁判文书通常在说理上层次清晰、充分透彻。[②] 据调查,法官说理论证能力仍是撰写裁判文书数项能力中最薄弱的环节,也是最遭诟病的问题。在抽样调查的 491 份第三时段的裁判文书中,在文字表达、逻辑结构、格式规范、事实认定、说理论证和裁判主文六项能力上,说理论证方面被评为中和差的数量最多、比例最大,说明这项能力最为薄弱。根据问卷调查的情况也能发现同样的问题:在回答"目前法官撰写裁判文书能力中哪个问题最严重"时,33 位法官选择"语言文字表达差",28 位法官选择"逻辑思维能力差",205 位法官选择"分析说理能力差",34 位法官选择"专业素养差",2 位法官选择其他,其中说理能力问题占了 68%(见图 6)。另有调查显示,在回答"当前法院的裁判文书论理是否能让人信服"这一问题时,20.5% 的当事人认为"说理充分,能让人很好地信服",54.5% 的当事人认为"说理比较充分,基本能让人信服",25% 的当事人认为"说理不充分,难以让人信服"。[③]

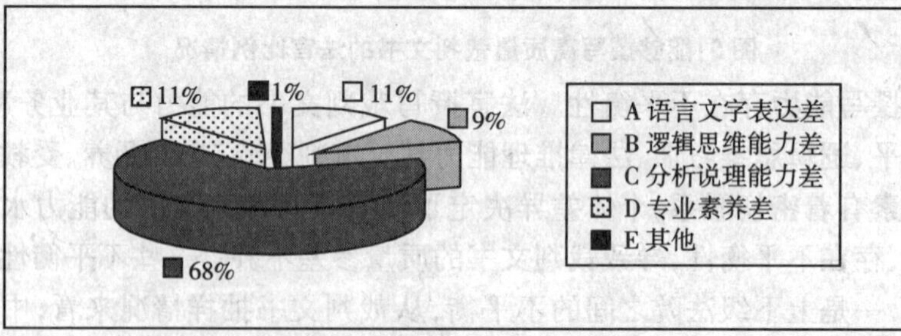


**图 6:法官撰写裁判文书能力中最严重的问题情况调查**

目前,法官说理论证不足的问题得到了较好的改善,多数法官在撰写裁判文书时能够克服过去说理过简的问题,"多说理"的趋势日渐明显,改变了过去"不讲理"的形象。但是说理论证能力仍存在一些较为突出的缺陷,

① 彭丹云:"民事裁判文书理由阐述之探究",载《福建政法管理干部学院学报》2006 年第 1 期,第 56 页。

② 张文录:"现代司法理念与裁判文书的改革",载《河北法学》2006 年第 4 期,第 154 页。

③ 孙海龙、高伟:"裁判文书及其公信力现状调查和改革路径研究",载《法律适用》2007 年第 5 期,第 35 页。

难以达到收发自如、拿捏有度的境界,主要表现为:一是说理论证抓不准要点。有的法官不能突出关键问题和焦点问题展开有效的说理论述,说理时不分轻重、不分主次、全面开花。二是运用法理进行说理的能力欠缺。有的法官不能熟练运用各个法律科目的基本原理,结合具体案情进行理论联系实际的评述,导致说理的理论性和专业性不到位。有的法官不能采纳恰当的法律观点,在裁判文书中采用一些非主流、非共识,甚至是片面、偏激的学术观点,导致了裁判思路上的问题,动摇了裁判文书的公信和权威。因为,裁判活动毕竟不同于学术研究,“学术研究可以追求纯粹性,可以大胆假设和天马行空地论证,可以标新立异、突发奇想和异想天开,但裁判必须具有稳妥性和可行性,不能随心所欲。”①三是说理的针对性不强。有的法官不能针对具体的案情和当事人的观点进行论证,说理时无的放矢、空洞无物。四是说理时不善于把握尺度和火候。有的法官对什么问题该论证、什么问题不该论证、什么问题该多说、什么问题该少说,把握不准,要么说不到位难以让当事人信服,要么“言多必失”被当事人抓住把柄。

4.叙事陈述能力不强。裁判文书不仅是对当事人权利义务确定和处分,而且也是对案件审理工作的一个书面总结。只有总结得好,裁判文书才能更有确定力。因此,裁判文书应当全面、准确、客观地反映整个审判过程,这需要法官具备一定的叙事陈述功底。实践中,我们发现法官在叙事陈述方面还存在一些不足:一是提炼概括不真。有的法官不能运用庭审中认定的证据把案件事实准确地“串”起来,存在前后矛盾、相互冲突、繁简不分、疏忽遗漏、丢三落四等问题。有的法官不能简明扼要地总结当事人的意见,也不对当事人提交的素材进行有效整合,在陈述当事人诉辩主张以及案情时抄搬当事人的诉讼文书。二是逻辑思维不畅。有的法官在安排裁判文书结构时,不能处理各部分之间的逻辑顺序关系,颠倒次序,思维混乱。如2002年某二审行政判决书在交待案件由来、出庭情况后,在当事人诉辩内容之前直接写一段事实陈述,让人难以判断这是当事人主张的事实,还是法庭认定的事实。三是过程反映不全。有的法官忽视诉讼程序的重要性,对案件的审理过程交待不全,诉讼过程中的一些程序性事项叙述过于简便甚至干脆忽略不提,如案件受理时间、开庭时间等,使人无法知道案件的前因后果、来龙去脉。四是指代称谓不准。有的法官在同一篇裁判文书中指称

① 孔祥俊:《司法理念与裁判方法》,法律出版社2005年版,第127页。

同一人或物时,前后不统一;有的法官在同一句话中指称相同关系的人或物时,相互不对称。如2002年某行政案件中,涉及1991年和2001年国务院先后颁布的两个《城市房屋拆迁管理条例》,该判决书在"本院认为"部分同一句话中两次提及1991年的《条例》,指称不同,分别用"原《条例》"和"老《条例》"指代,有失严肃。又如2001年某商事案件的裁判主文是"被告××医药公司在本判决生效后十日内偿付原告货款人民币××元",在同一句话中被告用简称,而原告却未用简称,存在不对称性。五是语言表述不精。作为一种裁判性的公文,裁判文书的语言文字有其特殊的风格和要求,具有鲜明的职业特色,即规范、严谨、准确、简洁,既要用法言法语,又不能脱离大众。这些要求说起来简单做起来难,要想完全达到这样的标准绝非易事。实践中个别法官在撰写裁判文书时,有的口语化、方言性的语言太多;有的白话连篇、全无文采;有的卖弄文字、故弄玄虚;有的烦琐冗长、不着边际;有的粗犷干瘪、缺血少肉;有的乱用简称、生造语词;等等。这些问题的存在,削弱了裁判文书的严肃性。

## 第二部分 法官裁判文书撰写能力不足的原因分析

### 一、思想传统方面的原因

言由心生。任何文字的东西均是作者思想意识和价值观念的反映,裁判文书也不例外,几千年来的思想文化传统会自觉不自觉地被反映在裁判文书的写作上。越是思想意识深处的东西,越是在发挥微妙的作用,越是需要我们去认真对待和深刻剖析。

(一)受传统"慎言"处世思想的影响

在中国传统思想中占相当统治地位的儒家学说奉行"君子欲讷于言而敏于行",[①]即使指导思想与儒家所推崇的仁义道德大相径庭、崇尚权谋策略及言谈辩论的纵横家,也认为"言多必有数短之处"。[②] 这些"慎言"思想,数千年来 直左右着人们的言行,至今仍是占据主流地位的处世哲学。这种思想对裁判文书写作极具影响,即使是在高度强调裁判文书透明开放的今天,仍有许多审判人员以"言多必失"作为写作时的信条,为了明哲保

① 出自《论语·里仁篇》。
② 出自《鬼谷子·本经符》。

身而不肯将自己的裁判思路和推论过程作抽丝剥茧式的详细记载，尽量回避比较敏感的事实和较为隐晦的裁判理由。加之当前法院办案所受的牵制掣肘因素很多，所受的信访申诉压力空前，为了达到“微妙”的裁判效果，慎言思想更具存在市场。

（二）受传统模糊思维方式和简约文风的影响

“中国传统的思维方式的一个重要特点是模糊性，人们在认识客观事物时，满足于通过直觉得到一个总体印象，而不习惯作周密的详细的分析。”[①]这一思维方式反映在文风上就是“简约含蓄”，和西方坦率直白的文风不同的是，我国的文风更讲究“说话讲三分”、“寄情于物”的含蓄意境，让读者去体会作者的“言外之意”。[②] 反映在裁判文书写作上，就是叙述案件事实时较为笼统，当详不详，对关系案件定性的关键事实使用模糊语言含混带过；裁判说理时多空洞性套话和概括性表述，而回避裁判结论形成的论证过程。如在某人身损害赔偿纠纷案件的裁判文书中，一些法官仅用原、被告双方“因故发生纠缠致原告受伤”之类的表述，模糊了事件的起因和纠纷的制造者等事实要素，却得出被告负80%责任的结论，降低了裁判的信服度。另外，许多裁判文书的说理部分笼统采用“无证据证实”、“证据不充分”、“本院不予采信”之类的套话，对当事人的主张仅用数字就予以驳回，却未阐明令人信服的事实理由和法律依据，难免会使当事人对法院产生“暗箱操作”和“故弄玄虚”的错觉。

（三）受“重实体、轻程序”司法传统的影响

尽管我们已经明显地意识到了这一有着上千年司法传统思想的不足，并且在着力改进，但很难在短期内从潜意识里根除，甚至在一部分法官的思想中“重实体、轻程序”的意识仍根深蒂固。所以，仍然有很多法官仅仅满足于给出一个结果，而忽略了推导过程，相应地就会对记载审理和裁判过程的裁判文书没有给予足够的重视。实际上，程序之于实体的重要性越来越突出，裁判文书实质上是对得出裁判结果的过程进行展示，无论是展示不足还是展示不当，都会影响裁判结果的公信度，相反，“即使判决没有准确地

---

① 居茜：“从模糊到精确——对司法裁判文书中模糊语言的规制”，载《苏州教育学院学报》2007年第1期，第79页。

② 这一点在立法之中也有所体现，所以在我国法律中可以见到许多原则性较强、操作性较弱的条文。

判定过去发生的事实真相,争端各方只要确信他们受到了公正的对待,他们也会自愿接受法院的裁判结果”。①

## 二、法官素质方面的原因

裁判文书归根结底是法官个体撰写出来的,对外而言裁判文书加盖法院章印,又是法院司法活动的产品,所以,裁判文书的撰写主体从宏观上讲是法官群体,从微观上讲是法官个体。裁判文书撰写能力不足,必然要从法官群体和个体方面找原因。我们认为,法官应当具有一定的专业知识,这是最基本的能力基础;进一步,法官应当具有从事法官职业所具备的特质,这是一个职业化水平和能力的问题;再进一步,我们需要一定数量的精英法官来提高司法影响力和树立司法形象。

### (一)法官专业化水平不容乐观

裁判文书撰写能力,从很大程度上反映了法官的专业化水平。司法活动有着很强的专业性。目前,我国法官专业化水平总体上还未达到很高的程度,并且呈现出不平衡的态势,尤其是随着少数法官学历层次的提升,更加大了法官队伍内部专业水平的差距。这种参差不齐不仅体现在东南沿海地区与西北内陆地区之间,也体现在同一地区法院之间和同一法院内部法官之间。

经调查发现,在法官队伍的裁判文书总体撰写能力有所提高的同时,仍存在不少问题,其中有相当一部分属于基本文字撰写能力方面的问题,这一问题又集中体现“准入门槛”较低时进入法院的那些法官身上。由于受教育程度相对较低,这部分法官一般没有受过严格的、高标准的、专业化的写作训练,有的法官制作的文书甚至没能达到最基本的作文撰写要求,出现错字、别字、病句连篇甚至大量语法毛病的问题。有的法官在裁判文书中将一个完整的事实叙述得颠三倒四,不知所云;有的乱用标点符号,造成阅读者理解上的困难,等等。还有不少法官归纳总结能力差,影响了文书的质量。如归纳当事人的诉辩主张时不少法官常常是不经过滤而照抄照搬当事人的原话,不仅造成了不必要的篇幅冗长,而且也影响了阅读者对该法官能力的怀疑;有的虽然对当事人诉辩主张进行了归纳,但是归纳得过于简单笼统而

---

① [美]迈克尔·D.贝勒斯:《法律原则——一个规范的分析》,张文显译,中国大百科全书出版社1996年版,第37页。

不能客观地反映当事人的真实意图，甚至出现歪曲当事人意思、漏列当事人诉讼请求或改变当事人诉的性质（如当事人要求确认房屋的所有权归己所有，却被归纳成要求对方迁让出房屋等）的现象；叙事条理不明、主次不分、无论与案情有关与否，将当事人提及的事实全盘照搬，不仅冲淡、掩盖了事件的主线，而且极易受当事人牵制，得出错误的结论，等等。

这些既是个体撰写能力方面存在的问题，也是法官综合素质不高的一种体现，且这类问题并不会随法官学历层次的提高而归于消灭，因为我国的法学教育中文书写作的课程所占的比重极小，可以说仅是象征性的。而在日本，在通过高难度的司法考试后，为了获得裁判官、律师、检察官资格，司法研修生在两年的期间内所受训练，有相当大一部分时间和精力都花在起草判决书上。① 所以从更深层次来说，由于缺乏严格的、系统的、专业化的裁判文书撰写培训，许多法官尚未真正培养起裁判文书写作的感觉和专业习惯，他们会将自身不良的语言习惯、天马行空、东扯西拉的口头表达方式和待人待事随性随意、不追求严谨的生活作风等个性特征不自觉地带到裁判文书的写作中去，这也是同样的写作问题会屡次三番发生的原因所在。加之，我国裁判文书的最终形成需经写作、核稿、签发等多道程序，故相当数量问题的存在，也从侧面说明裁判文书存在的问题不是定向提高某个人或某类人的撰写能力就能解决的，因为这些问题不仅仅是一个专属于个别人的现象，而是在法官群体中也有一定的代表性的现象。

（二）法官职业化程度不够理想

"职业的"往往表现为"经验的"，正如美国大法官霍姆斯在其《普通法》中所说的这句耳熟能详的话："法律从来就不是逻辑，而是经验。"司法是直接关系当事人权利义务的一门艺术，需要丰富的法律知识和日常体验打造出锐利的眼光，用来从纷繁芜杂的证据中认清事实并从激烈对抗的纷争中精准梳理出争议的焦点，接下来还要寻求实现法律效果与社会效果统一的最佳裁判结果，需要掌握好处理纠纷的尺度、火候、节奏等技巧，这些都可概括为经验。

如果把司法职业化简单归纳为专业、经验、表达三者合成的有机体，那么，"表达"就是专业和经验的最终汇集，裁判文书就是"表达"的载体。经

---

① 张慧清、关俭科："从两大法系判释理谈我国裁判文书改革"，载《佛山科学技术学院学报》（社会科学版）2006年第5期，第79页。

过调查,发现仅裁判说理一项就可以诊断出法官撰写裁判文书能力的“先天不足”,裁判说理,几乎是每份裁判文书的“内伤”。我们的法官在说理时习惯于将事实生硬“嫁接”到法律上去,“首先裁剪事实,而裁剪的目的在于让事实与法律规则强行靠拢,亦即通过削足适履的途径实现规则与事实的结合。”[①]这种先剪辑事实,再硬搬法条,然后直接依法条判决的逻辑说理套路,根本不考虑法律规定的原则性和事件的特殊性、偶然性和个别性之间如何有效衔接、融合的问题,也即欠缺了法律解释这个联系法律和事实的重要逻辑环节,这种生搬硬套的所谓“三段论”说理模式,不仅显得生硬、无因,且不能真正说服当事人,不能实现诉讼定分止争的目的。此外,正由于许多法官并未把自己看成是法律的解释者,不习惯于做法律解释工作,在遭遇法无明文规定的情况时就会显得信心不足,不能从法律原则或类似法律规定的立法精神、原理等解释入手,认真组织裁判理由,缜密论证裁判结论,最后只能导致裁判结果上的牵强附会和逻辑结构上的章法混乱。

(三)法官精英化程度不足称道

精英们的影响力从来就不可低估,缺乏精英的群体只能攀比“底线”和安于“平庸”。悲观一点讲,且不说达到“手中无法,心中无法,无法而治”境界的法官是凤毛麟角,达到“手中无法,心中有法,‘法官造法’”境界的法官寥寥无几,就连达到“手中有法,心中有法,人法合一,运用自如”境界的法官,也不敢言多。[②] 众所周知,在英美等法治发达国家存在一批精英法官,他们的能力保证了他们往往像著书立说一样撰写裁判文书,在裁判文书里表达思想、创立学理,成为后世学习借鉴的典范。而我国恰恰缺乏这样的精英法官群体,语言文字和法律专业知识上底气不足,欠缺舍我其谁的勇气与魄力,导致写出来的裁判文书往往平庸无奇,难以树立崇高的公众形象,不能产生深远的社会影响。调查中发现,如果某个法院有几个德高望重、业务精湛的法官,那么相比之下这个法院的裁判文书总体质量明显较高;在法院内部某个业务庭,如果有个别法官水平很高,则会带动其他人,否则,大家就会你看我、我看你地满足于随便写写、应付差事、签发了事。当然,中国之所

---

① 参见居茜:“从模糊到精确——对司法裁判文书中模糊评议的规制”,载《苏州教育学院学报》2007年第1期,第80~81页。

② 关于司法境界的妙论,参见袁春湘:“司法的三个境界”,载《法制日报》2006年8月30日第9版。

以没有产生著名大法官或精英法官,与合议庭联合署名制度也有一定关系,公示的裁判理由是合议庭评议的多数意见,个别法官的知识、才智、品行、经验、价值观等得不到充分的展示和张扬,不能激发说理的创造性与积极性。①

## 三、法院管理方面的原因

### (一)不重视裁判文书工作影响了能力提升

裁判文书作为司法审判活动的唯一"产品",不仅全面反映了司法审判的质量和效果,而且是沟通和联系法院与社会的纽带。其重要性毋庸赘言。但是,在法院内部,裁判文书并没有得到与其地位和作用相般配的重视和对待。虽然法院内部一直在强调提高裁判文书质量,但在很大程度上还是停留在口头上、表面上,没有落实在行动上、深层上,并未真正成为法院管理层自觉的、自发的思想认识。可以说,裁判文书并没有真正唤起法院发自内心深处的关注。裁判文书被普遍认为是无异于日常起居的一件事情,"会有哪个法官不会写裁判文书呢?""案件办不错,文书别写得太差就行了"等诸如此类的想法广泛存在。把裁判文书看得过于简单和无足轻重,当然就写不出高质量、高水平的裁判文书。

从两个明显的例子中也可以看出法院自身对裁判文书的忽视程度。一是关于裁判文书的教育培训没有引起重视。从目前上级法院组织的培训活动来看,关于实体法、程序法等审判业务的培训班经常举办,有的业务培训每年都有培训计划,成为制度化、经常化的工作。但裁判文书写作却几乎没有被纳入培训规划,不仅"配角"当不上,甚至连"露脸"的机会都很难获得。据了解,近几年最高人民法院也只是在 2007 年 7 月份举办过一次裁判文书写作培训。二是优秀裁判文书评选活动不够。从本省的情况来看,每两年举办一次优秀裁判文书评选活动,不仅时间跨度大,而且成效也不够显著。而最高人民法院尚未举办过一次全国性的优秀裁判文书评比活动。② 优秀裁判文书评选活动的不足,导致撰写裁判文书的激励机制欠缺,难以激发广

---

① 王启庭:"判决不同意见书的法律价值与制度构建——司法公开与裁判文书的创新",载《社会科学研究》2006 年第 4 期,第 112 页。

② 与之形成鲜明对比的是,最高人民法院组织的"学术论文讨论会"已经办了二十届,如火如荼,备受全国各级法院的推崇和关注,堪称"阳春白雪"。与其相比,作为法院本职工作的裁判文书撰写,虽然也是"创作",但总有些"下里巴人"的味道。

大法官创作裁判文书的热情。

(二)混乱的裁判文书“改革与创新”带来的负面影响

所谓的裁判文书“改革与创新”,大体上呈现出“急功近利”和“出风头”倾向。各地法院的裁判文书改革与创新,基本上是各自为政、率性而为、无章可循。不同法院之间,甚至同一法院不同职能庭之间、同一职能庭的内部之间的格式都不能统一,在格式创新的号召下,每个法官都以极大的热情创制出五花八门的个性化的文书格式,影响了文书的权威性。如对当事人举证的证据材料,有的文书列于当事人的诉辩理由之后,有的文书列在争议焦点分析之中,有的文书放在认定事实之前,有的文书放在认定事实之后;还有的法官拿首部的格式“开刀”,搞出许多令人“大跌眼镜”的样式来。其中最成问题的是关于裁判说理的创新,亟待规制。[①] 有的法院和法官缺乏裁判文书改革创新的必要性调研,而是将其作为一项展示政绩的表现,为改革而改革,为创新而创新,导致许多裁判文书方面的改革创新缺乏生命力,不针对案件本身特点而进行的创新是盲目的和不可取的。鼓励法官发挥主观能动性,根据不同的案件情况和难易程度灵活适用格式是正确的导向,但是这应该在统一的、合理的、有弹性的格式之下进行。否则,在当前法官素质还不够理想的情况下,盲目鼓励的结果只能使裁判文书的制作陷于一片混乱。根据我国实际,无论如何改革和创新,裁判文书不能脱离模式化轨道,个性化只能是个别情况下的例外。[②]

(三)现行案件质量评查运行方式带来的负面影响

当前,我省三级法院普遍设立了审判管理办公室,其中一项重要职能就是案件质量评查,其中包括对裁判文书进行质量评查。根据案件质量与裁判文书质量评查工作的实际运行情况来看,有三个方面的误区不利于提高裁判文书质量和法官的撰写能力。

1. 把案件质量评查集中于和等同于裁判文书质量评查。这与案件质量评查工作本身的难处有关,质评工作本来就难以开展,容易和办案法官之间形成对立,所以就复杂问题简单化,抽象问题直观化,矛头直向地对着裁判

---

① 王松:“创新与规制:民事裁判文书的说理方法”,载《人民司法·应用》2008 年第 5 期,第 24 页。

② 田荔枝:“个性化与模式化——对裁判文书写作的思考”,载《河北法学》2008 年第 7 期,第 160 ~ 164 页。

文书评查。如此一来,就忽略和掩盖了其他案件质量方面的问题,把注意力集中到裁判文书上,放大了裁判文书中存在的问题,给人一种裁判文书一无是处的感觉,打击了法官提高裁判文书质量的积极性。

2.把裁判文书质量评查等同于找文句错误。如果对裁判文书的事实认定、焦点归纳、裁判说理等实质性内容进行评价,不仅需要深入案件本身去体味,还要具备相当的业务水平和审判经验,更要具备胜人一筹的裁判文书撰写水平和素养,这些,在实际评查中都很难做到。所以,侧重于找找错别字、病句或者明显的程序性错误就成了裁判文书评查的主要内容。而仅靠查找这些"皮肤病"并不能从根本上解决裁判文书撰写问题。就文书质量而言,文字方面的问题固然重要,但更重要的是文书的逻辑结构、叙事、说理和裁判诸要素。由于评查人员大多未受过系统的、专门的文书写作培训,不一定能够看出文书中存在的深层次的问题(如逻辑错误等),有的即使能够指出症结之所在,也不一定能够提出令人信服的理由,而文书质量评查的深层标准的制定也就显得空乏无力,其结果也只能是流于形式,不能产生实际效果。正因如此,案件评查工作实践中有这样一个明显的现象:评查人员的评查结论不如上诉审法院法官在审理上诉案件过程中对原审法院裁判文书的评价来得中允和可信。所以,如何真正发挥裁判文书质量评查工作的重要作用,切实提高法院整体裁判文书写作水平就成了摆在我们面前的重要课题。

3.侧重于批评式评查而漠视了鼓励性评查。尽管评查工作的内容包括"评优"和"评差"两个方面,但实际操作起来人们往往把"评"和"批"挂起钩来,认为所谓"评查"就是"找错",忽视了评优工作,有时即使是评上一次两次也是流于形式、摆摆样子,为了完成领导交办的工作而已,远没有评差的力度大。在法官撰写裁判文书的整体水平还不够理想的境况下,鼓励往往会起到比批评更加有效的微妙效果。当然,精神、物质、政治待遇等鼓励措施要跟得上,评优活动才有意义,否则,评优的权威性和感染力都会大打折扣。

**四、司法体制方面的原因**

我国的司法体制与政治体制相适应,从根本上是符合我国国情的。但是,任何国家的任何制度都会在实施中,在文化、传统和现实的变与不变中,遭受摩擦和磕碰,从而在宏大交响乐中闪现出不和谐的音符,有时这种音符还会得到放大。前文论及的思想意识方面的因素和法官自身素质方面的因素,不仅单独影响了法官的裁判文书撰写能力与水平,而且参与放大了司法体制的个别方面对裁判文书撰写的消极作用。

(一)受法的历史渊源的影响

从历史渊源上讲,我国的司法体制在传统与属性上更接近于大陆法系。大陆法系源于罗马法传统,而罗马法确立的是"法典至上"、法官是遵从法律的"永恒的理性人"的原则,法官只能忠实地执行法律,而不得擅自篡越,法官是受法律程序控制着的"自动售货机"。"法官在法律活动中并不是重要人物,他们只能引用立法机关制定的法律来确立自己的判决。"①在这种体制下,司法承担着法律解释的功能,从根本上受到立法方面的限制,充分发挥法律智慧的积极性和能动性便在一定程度上被束之高阁,法官只受命和满足于解释法律,裁判说理远不及英美法系那样极尽张扬和自如收发。②

大陆法系的这种封闭型思维方式,致使裁判文书的写作模式形成了固定的套路,就是将案件事实借助于形式逻辑三段论的媒介挂靠在现有的法律条文上,然后由此得出结论。似乎无须严密的解释和说理,仅依靠逻辑技巧就可以正确裁判,所以裁判文书总是千人一面,没有特色,严肃性有余,论理性不足。而且大陆法系的裁判文书追求权威效应,其语言更讲求专业性,"极尽抽象之能事",较为晦涩难懂。总体而言,我国裁判文书亦应属于封闭型写作风格,但由于法官队伍的业务素质与大陆法系其他国家存在较大差距,加之长期以来,重实体轻程序,对格式的创设以及对法理性、实证性理由的分析说明等方面缺乏必要的重视,所以,我国的裁判文书存在认定事实主观、对认定依据论证不充分、裁判说理枯燥、除了运用法律条文外极少针对个案内在逻辑关系分析论证、对案件审理程序和过程交待欠缺等一系列问题。

(二)受司法体制行政性的影响

我国法院的各级领导和法官都纳入行政职级序列,法院的人事、政务管理具有很强的行政性,这与我国的政治体制相统一,与司法机关能担负起的

---

① [美]约翰·亨利·梅利曼:《大陆法系》,顾培东、禄正平译,法律出版社2004年版,第35页。

② 蔡杰、程捷:"封闭与开放:裁判文书说理风格之类型化检讨",载《法学论坛》2006年第2期,第128~129页。

政治责任相适应,但也在一定程度上为司法职能的弱化和异化留下了制度上的缝隙。裁判文书撰写,也受其影响。从裁判文书制作者角度讲,有的法官不重视对法律负责和对当事人负责,而是更看重对庭长、院长负责,认为多一事不如少一事,多一句不如少一句,对当事人说不清楚不要紧,只要能向领导解释清楚就可以了。从管理层角度讲,有的领导不重视裁判文书的法律效果和司法特性,而是更看重社会效果和政治属性,在模糊中求稳妥。在裁判文书的审核与签发流程中,有些院、庭长不是对格式规范和文字表达的准确性进行把关,倒是把那些法官处心积虑充分张扬法律理性与思辨的裁判说理部分的内容删改了。这样做的效果往往事与愿违。

(三)受保守的公文范式的影响

法院是国家机关,国家机关的文书有着内在的格式化和规范化要求,这在我国尤其如此。所以,裁判文书作为一种公文,并且是一种渗透着公权判断力的公文,它需要以相对固定的格式来体现其严肃性和权威性。我国的裁判文书格式经过多年的发展已经取得了长足进步,从20世纪90年代前各自为战的无一定之规,到90年代起诉讼文书改革,开始使用全国统一的固定格式,再到现在各地法院积极探索新的合理的格式创新,裁判文书的改革与发展轨迹彰示着国家法治化的深入和人民法律意识的增强。裁判文书中对案件的审理程序、对事实和证据的分析认证、对裁判结果的说理论证等增强案件透明度的司法公正因子越来越受到重视,也越来越得以强化,各地法院对裁判文书格式的要求越来越高。但是,从另一个方面来讲,全国性的裁判文书统一格式是1992年最高人民法院制定颁发的《法院诉讼文书样式(试行)》中明确的,裁判文书包括首部、事实、理由、判决结果、尾部五个方面,从形式到内容都过于简单、笼统,并愈显僵硬,在给法官设置了"规矩方圆"的同时,因没有"与时俱进"地与法治进程协调同步和及时更新,在一定程度上成了法官撰写裁判文书的束缚。当然,如前所述,有些法院为打破这一束缚,又走到了"模式虚无"的另一个极端。所以,如何在固守一定的格式和规范的同时设置出符合司法需要和彰显法治精神的裁判文书样式,是一个亟待解决的问题。

## 第三部分　提高法官裁判文书撰写能力的对策与建议

我国法官的裁判文书撰写能力,深受我国的法官职业化程度、法官队伍的结构与现状、中国特色的司法体制、特有的思想文化和司法传统等客观而宏大的背景的影响,这些问题,从前文的现状调查与原因分析部分已足见其根深蒂固和“如影随形”。对于这些问题的深入探讨和研究,论者极多,著述颇丰,不乏高见。但是,这些宏观方面的问题,并非一朝一夕所以形成,更不能靠高谈阔论予以解决。就法院自身而言,必须采取实实在在的举措加以改变。我们认为,当务之急有两个方面,一是制定撰写裁判文书的硬性要求和标准来改变目前相当程度上的“散漫”与“混乱”局面,以“逼迫”、督促和拉动撰写能力的提升;二是加强裁判文书的质量评查和监督管理,以保证能力的发挥得以良性运行。这两个方面的调研结论,已经被充分利用在我院制定的管理性文件《关于加强裁判文书制作管理的办法(试行)》之中,下文将试分析之,即本“对策与建议”部分的前两个层次。另外,能力的大小从根本上讲是由撰写主体自身的素质所决定的,所以,我们还会提出一些优化法官素质和组成结构的建议,即本“对策与建议”部分的第三个层次。

## 一、用制定撰写要求和标准来拉动能力提升

经调研发现,裁判文书格式或样式标准不统一,并且有47.8%的被调查法官认为格式并不重要,导致了裁判文书在形式上五花八门,其中又以执行、立案、民事裁判文书最为突出,格式的混乱和随意在很大程度上影响了裁判文书内在的、整体的质量。同时,关于裁判文书的规范性文件中对事实认定、法律适用、裁判说理等内容要素的规定或者过于原则,或者没有反映和针对各地法院裁判文书撰写中实际存在的问题,[①]导致裁判文书在内容方面也没有得以实质性改观。因此,制定出从形式到内容的撰写标准,使法官在撰写时有章法可资遵循,有标准可资参照,是拉动撰写能力提升的前提与保证。

### (一)统一裁判文书形式方面的撰写标准

1.技术标准,具体指字体、字号、数字、符号、计量单位的用法及文句摆布等,是指纯粹的文字符号类标准。最高人民法院对此并没有制定全国性的统一标准,江苏省高院在2004年5月出台的《关于深化裁判文书改革的意见(试行)》(苏高法审委[2004]7号)之附件“关于制作裁判文书有关技

---

① 如《法官行为规范》(法发[2005]19号)之“五、文书制作”部分,虽然从格式到内容作了看似较为详尽的规定,但客观上要么过于烦琐而不着要害,要么就过于理想而不切实际。

术要求的规定(试行)",[1]对这些方面作出了较为详尽的明确,非常有指导价值。尽管该技术标准制定于2004年,但从裁判文书质量评查情况来看,技术标准性错误几乎在每份裁判文书都可见到,并且出现的频率很高,属于"常见病"和"多发病",可见技术标准被忽视的程度。

2. 样式标准,指裁判文书的要素构成、各种要素的内部结构、各种要素之间的序列等形式上的标准和要求,即通常所称的"格式"。目前各地法院普遍适用的关于裁判文书样式的综合性标准,源于最高人民法院于1992年发布的《法院诉讼文书样式(试行)》,此后,最高人民法院又专门就刑事、行政、民事简易程序等裁判文书下发过文件。从调研的情况来看,同样是最高人民法院的标准,有的标准前后不一、有的标准需要前后参照、有的新类型文书尚没有标准,等等。同时,江苏省高院也先后制定了一些很有价值的标准,或修正、弥补了最高人民法院的不足,或填补了最高人民法院的空白,或更符合某种文书的制作实际和特点。总之,尽管上级法院已经制定了很多标准,但前后迁延、层级不一、繁杂难寻、适用混乱,很有必要进行整理、甄别和统一。

3. 印刷与装订标准,指打印、印刷、用纸、装订等"出厂"前的制作标准。调查发现,印刷与装订质量对提高裁判文书的公众认同度有着重要的形式意义。目前,各基层法院之间印刷用纸纸型不一,色泽深浅各异,装订方式千差万别,给人极不严肃的感觉,甚至有的裁判文书还不如当事人提供的起诉状规整。所以,非常有必要对用纸、印刷和装订标准进行统一,至少应当在具有终审权的中院所辖司法区域内进行统一。

(二)明确裁判文书内容方面的撰写标准

1. 文体标准。在调查中,我们发现文体方面的问题并不少见。如一份人身损害赔偿纠纷案件的裁判文书中写道:"这样一个前途似锦的花季少女竟然受到如此摧残",一份医疗损害赔偿纠纷案件的裁判文书中写道:"据了解,《医疗事故处理条例》不尽完善问题已经引起高层重视"。另外,我们还注意到另一类数量虽少、但值得关注的现象,就是某些文字能力较强的法官在制作裁判文书时刻意追求论文效果,溯本求源,广征博引,大侃各

---

① 该技术标准实际上还包括了本调查报告中所说的"印刷和装订标准"。实际上,印刷和装订标准相对于文字符号等标准而言,具有相对独立性,且在裁判文书制作流程中二者通常由不同的主体来负责,处于制作流程中的不同环节,所以,本调查报告将"印刷和装订标准"独立了出来。

全文。并且,已在文中引用过的条文在判决主文作出前就不必重复引用。[①] 法律、行政法规、地方性法规,可以直接引用;国务院各部委发布的命令、指示和规章,省级以下(不含省级)各级人民代表大会通过和发布的决定、决议,地方各级人民政府发布的决定、命令和规章,凡与宪法、法律、行政法规不相抵触的,可在办案时参照执行,但不能引用;司法解释中除"批复"外,可以直接引用,所引用的司法解释有对应法律规定时,法律规定应当放在司法解释之前,一并援引;省法院的业务性规范文件,可以参照执行,但不得引用。[②] 引用据以作出裁判主文的法律条款应当全面、完整、符合逻辑。引用的顺序一般应遵循先程序法后实体法、先特别法后一般法、先高效力等级法后低效力等级法的原则,兼顾案件发生、发展的先后顺序和裁判主文之间的顺序。[③]

5. 裁判主文标准。对裁判主文撰写应作如下规范:裁判主文应当针对诉讼请求进行表述,不得超出或遗漏诉讼请求进行裁判;裁判主文应当明确、具体、合法、便于执行;不得作含义不明、存在歧义、脱离实际、无法执行的表述;在裁判文书中,延误履行裁判的责任、诉讼费承担等,也要按照有关规定进行表述。

## 二、用加强裁判文书制作评查监督管理作为保障

### (一)加强制作流程节点管理

按照裁判文书制作的一般规律和正常流程,将裁判文书制作流程分为拟稿、核稿、签发、校对、印刷、装订、盖印等七个节点,分别进行管理,实行制作流程节点责任制。为反映整个裁判文书制作流程情况,适用统一的裁判文书拟稿纸样式,在拟稿纸上,流程中每个节点的责任人应当签名以示负责。拟稿纸同页应当紧接裁判文书全文,以避免换页等不规范行为。

---

① 何良彬、钟宏:"论裁判文书中法律适用的公开",载《法律适用》2006 年第 3 期,第 19 页。

② 最高人民法院于 1986 年 10 月 28 日答复江苏省高级人民法院的《关于人民法院制作法律文书如何引用法律规范性文件的批复》[法(研)复〈1986〉31 号]。

③ 关于在判决主文前引用法条的顺序问题,目前并无详细规定,《法官行为规范》(法发[2005]19 号)第 52 条仅规定了特别法优先于一般法和具体法优先于原则法的原则。这也是一个很有争议的问题。我们认为,越是有争议的问题,越是需要统一标准,因为:首先,这个问题不是一个有争议就可搁置和回避的问题;其次,在这个问题上,即使是最不合理的规定都要比没有规定要好得多。

拟稿由案件承办人负责，并对裁判文书符合全部制作标准承担责任。合议庭办理的案件，由合议庭其他成员核稿，核稿人对裁判结果是否根据合议庭合议意见作出、或根据审判长联席会意见复议后作出、或根据审判委员会意见作出等进行复核并承担责任。核稿人在对裁判结果进行复核的同时，还应当对作出裁判结果的主要理由和主要法律依据进行复核并承担责任。签发应当严格按照规定的权限执行。签发人对裁判文书符合全部内容方面的制作标准负责。独任审判的案件，核稿与签发合并进行。①

因为一旦签发，一个案件就完成了审理决策程序，随后就是印刷盖印后送达给当事人，所以，这是审判决策的关键环节，有必要对一些常见的司法不规范行为作出禁止签发的规定。其中，具备以下情形之一的裁判文书，不得签发：(1)违反管辖、回避、审判组织组成等程序法的规定，或剥夺当事人基本诉讼权利的；(2)认定的基本事实缺乏证据证明的、未对认定事实的主要证据进行质证并展示质证过程的，以及不符合本意见规定的其他事实认定标准的；(3)没有说理、说理明显不足、说理没有针对诉辩理由和争议焦点、缺乏对适用法律的关键问题的说理、说理与裁判结果不相统一等违反说理标准的；(4)裁判主文不按照合法定案组织的意见作出、超出或遗漏诉讼请求、表述不符合法律规定、不明确具体、不便于执行等违反裁判主文制作标准的；(5)签发人认为案件裁判结果有失公正，尚未提请上级领导与组织研究的，等等。

裁判文书签发后，由承办人或书记员进行校对，形成最终电子文稿，并发送到综合信息系统，校对人对发送到综合信息系统中的裁判文书与签发稿在形式和内容上保持一致负责。文印部门根据发送到综合信息系统中的裁判文书进行印刷。印刷人对印刷出的裁判文书与综合信息系统中显示的裁判文书在形式和内容上保持一致负责，并对纸张、纸型等符合印刷标准负责。装订人收到印刷人交付的裁判文书，并按照制作标准加盖骑缝章、"本件与原本核对无异"章和校对章后，方可在流程表的"装订人"处签字，然后送交加盖法院印章。出现差错的，装订人应承担责任。监印人员加盖法院印章前，负责对七个流程节点处是否由适格的责任人签字进行审核，并负责对是否按照规定加盖了骑缝章、"本件与原本核对无异"章和核对章进行审

① 这些关于拟稿、核稿、签发的建议，与最高人民法院2002年7月30日《关于人民法院合议庭工作的若干规定》（法释[2002]25号）的有关规定是一致的，但是更具可操作性。

节点责任制的规定进行,要体现"负责者担责"的原则。一般地,主要因技术标准、样式标准不符合规定造成基本合格、不合格的裁判文书,由拟稿人承担责任;主要因事实认定标准、裁判说理标准不符合规定造成基本合格、不合格的裁判文书,由签发人承担主要责任,拟稿人承担次要责任;主要因裁判主文标准不符合规定造成基本合格、不合格的裁判文书,由签发人承担主要责任,拟稿人和核稿人承担次要责任;校对、印刷、装订、盖印等节点责任人因过失导致裁判文书制作出现重大错误的,由该节点责任人承担责任;擅自更改、替换、伪造等故意违反裁判文书制作规定的,依法追究有关节点责任人的法律责任。①

## 三、用优化法官素质与结构来夯实能力根基

裁判文书撰写是思维活动的外在形式。从微观上讲,裁判文书说到底是每个法官撰写出来的,所以撰写能力高低的根源在于每个法官的素质;从中观上讲,裁判文书是合议庭联合署名或独任审判员单独署名的,所以撰写能力体现了每个审判组织的综合能力;从宏观上讲,裁判文书是人民法院司法活动的最终"产品",所以撰写能力代表与反映着法院整体的司法能力。与此对应,裁判文书的撰写主体也可分为法官、审判组织、法院三个层级。只有从这三个层级来考虑优化撰写主体的素质和结构问题,才能打好提高裁判文书撰写能力的根基。

### (一)大力开展提高法官撰写裁判文书能力的专项教育培训

法官撰写裁判文书能力不足的自身根源在于缺乏"法律头脑"。民国时期的燕树棠先生在他的"法律教育之目的"一文中说,法律教育的目的就在于养成法律头脑。而养成法律头脑须有四个必备条件:社会常识、剖辨能力、远大思想和历史眼光。② 因此,围绕这四个条件加强教育培训,是"固本

---

① 在要求裁判文书记载审理和判决的全过程的情况下,对裁判文书质量及其差错情况的评查也是评查案件本身的质量和差错问题的有效途径,因为这时案件证据、双方主张的事实和理由、法庭认定的事实和理由、裁判的依据和理由全部展现在裁判文书之中,能明显辨别出裁判错误的原因是因为审判人员认识上的偏差还是因为故意或过失所致,错案责任追究才真正具有针对性和可操作性。相同的观点可参见彭丹云:"民事裁判文书理由阐述之探究",载《福建政法管理干部学院学报》2006 年第 3 期,第 58 页。

② 徐清宇:"法学教育供给与司法职业需求的不对称及其校正——中国大学法学本科教育改革的基本出发点",载《政法论坛》2008 年第 2 期。

培元”之策。

1. 最高人民法院要制定全国法院的、高级法院和中级法院要制定本辖区法院的针对裁判文书撰写培训的 3 年或 5 年规划，或者把该项目作为总体性培训规划的重要内容之一。

2. 在培训规划中，应尊重现状，本着逐步提高的原则设置课程，分为格式与文字能力培训、逻辑思维能力培训、裁判说理与裁判技巧培训等三个层次依次推进。至于业务能力培训，因为与其他纯粹的专业性培训相重叠，可不再设置。

3. 在三个层次的培训中，都应贯彻这样的主线：所有的关于裁判文书撰写的培训都应当紧紧围绕对案件事实的把握驾驭能力和对法、理、情的融会贯通能力这两个核心内容展开，以免夸大了形式方面却掩盖了实质目的。

4. 教育培训方式可以灵活多样，可采取聘请专家、资深法官授课方式，也可采取内部互相交流学习的方式。

5. 为节约教育培训成本，可采用一种有效的补充方式：由培训处、审管办和研究室联合制订自学计划、指定自学书目、设置自学目标，交法官个人安排时间自学，然后通过考试来检查学习效果，以督促自身能力的提高。

（二）优化法院各部门之间的人员配置

从我们关于“裁判文书质量不高的原因”的问卷调查来看，241 名法官中有 101 名选择了“案件太多忙不过来”，可见，老生常谈的“人案矛盾”问题对裁判文书撰写也产生了明显和直接的影响。如果说我们对解决法院与社会之间的“人案矛盾”是力不从心的，那么对于解决法院内部之间的“人案矛盾”却可以有所作为。客观地说，有些法院对此所采取的一些“小打小闹”的动作并不理想。所以，人员优化配置问题应引起高度重视：

1. 人事部门应当对本法院具有审判职称的人员按照法律专业背景、审判经验领域、司法能力专长建立分类档案，以便于法官的最佳分配和优化组合。

2. 要切切实实地在调研论证的基础上进行综合部门的撤并整合，将人员压缩至最低限度；全院人员应彻底从综合部门向业务部门倾斜、在审判一线人员中向收案多的部门倾斜、在收案多的部门中向矛盾相对突出部门倾斜。

3. 与以上配置相配套，物质待遇、政治待遇、精神奖励等法官激励机制的重心，也要进一步向一线审判人员倾斜。

(三)优化合议庭结构

1. 组建“文字+业务+经验”合议庭模式。经调研发现,尽管撰写裁判文书所需具备能力是多元化的,但最基本的三个要素就是文字能力、业务能力和审判经验。在法官个体综合能力和水平还不够理想的现状之下,可走优势互补、形成合力的道路。所以,业务部门在组建合议庭时,应当考虑三个人中分别拥有但不局限于文字、业务和经验专长。

2. 组建专业化合议庭,能对某类案件的证据取舍、焦点归纳、事实认定、法律适用等熟练把握,是提高裁判文书撰写能力的有效举措。

3. 组建“师徒式”合议庭,①把刚进入法院工作或者刚具备法官资格不久的科班生,分配到合议庭时,明确由业务水平高、审判经验丰富的法官作“师傅”,进行传、帮、带,不仅能实现才力互补,还能解决法官断层问题。

4. 切实制定审委会委员办案的可行方案。② 审判委员会委员基本上是院领导和庭(局)负责人,由其组成合议庭并担任审判长,一是可以共同克服裁判文书撰写中遇到的难题;二是能起到模范带头作用;三是利于及时了解和发现裁判文书撰写、核稿、签发过程中的问题。

## 结语

从最高人民法院于 1999 年 10 月 20 日提出“加快裁判文书的改革步伐,提高裁判文书的质量。改革的重点是加强对质证中有争议证据的分析、认证,增强判决的说理性;通过裁判文书,不仅记录裁判过程,而且公开裁判理由,使裁判文书成为向社会公众展示司法公正形象的载体,进行法制教育的生动教材”③至今已 9 年有余。在此期间,盐城法院法官的裁判文书撰写能力发生了质的飞跃,但仍存在一些需要解决的问题,相信这些问题在全国都有一定的普遍性。通过调研,我们深刻地感受到,提高法官个体和整体的裁判文书撰写能力,人民法院责无旁贷,但是,这绝不是一个仅仅依靠法院自身的努力就能全面有效地解决的问题。所以,我们在本调查报告中提出了一些具体的、微观的、纯粹操作层面的对策和建议,一来希望能解决和应

---

① 这一建议取材于东台市人民法院“人才引航工程”的有关做法。

② 最高人民法院于 2007 年 3 月出台了《关于完善院长、副院长、庭长、副庭长参加合议庭审理案件制度的若干意见》(法发[2007]14 号),但该文件的实际执行情况并不理想。

③ 见《人民法院五年改革纲要》(法发[1999]28 号)。

对一些实际问题;二来想借此表达一种法院自身所不能解决的无奈。归根结底,法官撰写裁判文书的能力,需要融入与当事人的谅解与互动之中,才能焕发出勃勃生机并展示出无穷的前景,而欲达到这一境界,需要立法与制度层面的支持和保护。① 从这一角度来说,法官撰写裁判文书的能力经过近十年的发展之后,已面临新的发展"瓶颈",而欲打破这一"瓶颈",需要从立法层面着眼,从制度层面切入,这显然是任重而道远的。

---

① 以裁判说理为例,法国《新民事诉讼法典》对判决理由的要求是宁多毋缺,理由过多不会成为判决的瑕疵,多余的理由可视为不存在,缺少的理由则可能导致判决无效,当事人可提起上诉。如此一来,既消除了法官裁判说理时的后顾之忧,又不至于当事人抓着一大把说理上的"辫子"将矛头指向法官,因为法官如此作为是有法律依据的。

图书在版编目(CIP)数据

审判新视野.第2辑 / 徐清宇主编.—北京:法律出版社,2009.8
ISBN 978-7-5036-9725-8

Ⅰ.审… Ⅱ.徐… Ⅲ.审判—中国—文集 Ⅳ.D925.04-53

中国版本图书馆CIP数据核字(2009)第119330号



责任编辑/伍远超　　装帧设计/乔智炜

出版/法律出版社　　编辑统筹/法律出版社
总发行/中国法律图书有限公司　　经销/新华书店
印刷/北京北苑印刷有限责任公司　　责任印制/张宇东

开本/787×960毫米 1/16　　印张/23.25　字数/340千
版本/2009年8月第1版　　印次/2009年8月第1次印刷

法律出版社/北京市丰台区莲花池西里7号(100073)
电子邮件/info@lawpress.com.cn　　销售热线/010-63939792/9779
网址/www.lawpress.com.cn　　咨询电话/010-63939796

中国法律图书有限公司/北京市丰台区莲花池西里7号(100073)
全国各地中法图分、子公司电话:
第一法律书店/010-63939781/9782　西安分公司/029-85388843　重庆公司/023-65382816/2908
上海公司/021-62071010/1636　北京分公司/010-62534456　深圳公司/0755-83072995

书号:ISBN 978-7-5036-9725-8　　定价:48.00元
(如有缺页或倒装,中国法律图书有限公司负责退换)